租税条約の実務詳解

BEPS防止措置実施条約から情報交換・相互協議・仲裁まで

長島・大野・常松法律事務所　弁護士
藤枝　純

KPMG税理士法人　税理士
角田伸広

［著］

中央経済社

はしがき

　筆者らは，2016年10月に，OECD/G20のBEPS（Base Erosion and Profit Shifting）行動8-10「移転価格税制と価値創造の一致」及び行動13「多国籍企業の企業情報の文書化」に対応する『移転価格税制の実務詳解』を刊行し，次に，「実務詳解」シリーズ第2弾として，2017年12月には，BEPS行動3「被支配外国法人ルールの設計」に対応する『タックス・ヘイブン対策税制の実務詳解』を刊行しました。これら2冊については，移転価格税制分野とタックス・ヘイブン対策税制の分野における役に立つ実務解説本として一定の評価は得られたのではないかと思っております。

　今回は，「実務詳解」シリーズ第3弾として，BEPS行動15「多国間協定の策定」に基づく多国間の協議結果を踏まえた，行動2「ハイブリッド・ミスマッチ取極めの効果の無効化」，行動6「不適切な状況における条約特典の授与の防止」，行動7「恒久的施設認定の人為的回避の防止」及び行動14「相互協議の効果的実施」の勧告を反映した「BEPS防止措置実施条約」を主に採り上げて『租税条約の実務詳解』を執筆しました。「BEPS防止措置実施条約」は，OECD事務総長が国際租税の分野における歴史的な偉業の1つであると評価するほど重要な租税条約です。わが国も2017年6月7日に署名し，さらに，2018年9月26日に批准を完了したので，いくつかの国との間では2019年から適用が開始されます。

　「BEPS防止措置実施条約」が具体的に適用される場面は，今後大きな広がりを見せてくるものと考えられますが，同条約の適用場面で実務上参考となるよう精力的に執筆しました。「BEPS防止措置実施条約」の解説に際しては，平板な逐条解説は避け，関連のBEPS最終報告書において実務上重要と位置づけられた項目・論点に焦点をあてて掘り下げて解説を行いました。具体的には，筆者ら，特に角田の租税条約の豊富な実務経験を活かし，租税条約が実際に適用される場面を可能な限り挙げ，例えば，恒久的施設認定の人為的回避の防止については，従来の各国での恒久的施設への課税問題を具体的に解説し，また，相互協議の効果的実施については，わが国の主要な相互協議相手国である米国と中国における相互協議での論点を可能な限り詳細に解説し，最近の事例における課題や解決策への処方箋を示しています。

さらに,「BEPS防止措置実施条約」以外の租税条約における実務上重要な項目・論点についても解説を加えました。筆者らは,租税条約の分野でレベルを落とさずに実務上も役に立つ本は従来限られていたのではないかという認識の下,「BEPS防止措置実施条約」を含む最新の情報を盛り込んだ役に立つ実務解説本を執筆するという意気込みで本書を執筆しました。

　本書は,「実務詳解」シリーズ第3弾であり,「実務詳解」シリーズ第1弾の執筆企画の段階から著者らが目標としていた,国際課税における主要3分野での解説書を執筆することができたことに大きな感慨を覚えています。BEPSプロジェクトは,国際課税分野における100年に一度の大改革と評されているプロジェクトであり,同プロジェクトの実務上重要な進展内容についてタイムリーかつレベルを落とさずに有益な情報を提供することは,筆者らのような実務専門家の重要な使命ではないかと考えております。

　筆者らの力量不足により不十分な点も多々あるとは思いますが,読者諸賢のご叱正を糧に,今後の業務及び研究を通じ,将来の適当な機会に改訂版執筆の機会を持てるよう,さらなる研鑽に努めたいと考えております。

　なお,本書で表明する見解は,筆者らの個人的見解であり,筆者らの属する組織の見解ではないことをあらかじめ申し上げておきます。

　最後に,本書の執筆に当たっては,「実務詳解」シリーズ第1弾・第2弾と同様,中央経済社実務書編集部の奥田真史氏からは多くの有益な助言をいただき,また,長島・大野・常松法律事務所の遠藤努弁護士からは本書のEU関連部分等について協力を得たので,ここに感謝申し上げる次第です。

　平成30年10月

　　　　　　　　　　　　　　　　　　　　藤枝　　純　　角田　伸広

目　次

はしがき・i

序章
租税条約の近年の動向と本書の読み方　　1

 1　BEPS防止措置実施条約署名までの背景及び経緯………　3
 2　本書の構成………………………………………………　5
 3　本書の特徴………………………………………………　9

第1章
租税条約の基礎　　11

 1　条約の意義および憲法上の取扱い………………………　12
  1　条約の意義・12
  2　条約の憲法上の取扱い・12
 2　条約締結の手続…………………………………………　15
 3　租税条約の目的…………………………………………　16
 4　モデル租税条約…………………………………………　17
  1　国連モデル租税条約・18
  2　OECDモデル租税条約・21
  3　OECDモデル情報交換協定・27
  4　米国のモデル租税条約・27
  5　中国のモデル租税条約・32
 5　条約の解釈に関するルール………………………………　32
 6　租税条約の種類…………………………………………　35
  1　二国間租税条約と多国間租税条約・35
  2　国交のない国との租税に関する取決め・37
  3　社会保障協定・42

7　わが国の租税条約締結ポリシー……………………………………42
  1　租税条約締結ポリシーにおける日米租税条約の重要性・42
  2　源泉地国課税に関するポリシー・43
  3　トリーティーショッピング（条約漁り）防止策に関するポリシー・43
  4　非居住者の事業所得に関するポリシー・44
  5　二重課税排除方法に関するポリシー・44
  6　途上国との租税条約におけるみなし外国税額控除に関するポリシー・45
  7　軽課税国との租税条約に関するポリシー・45
  8　産油国との租税条約に関するポリシー・45
  9　仲裁規定導入に関するポリシー・47
8　租税条約の適用に関する届出等……………………………………48

第2章
BEPS防止措置実施条約の解説
53

1　BEPS防止措置実施条約の概要……………………………………54
  1　はじめに・54
  2　本条約の目的・55
  3　署名に至るまでの経緯・55
  4　署名後の手続・56
  5　BEPS防止措置実施条約の章及び条文の構成・59
  6　本条約の適用対象となる租税条約・62
  7　BEPS防止措置の選択及び適用・62
  8　選択の通告・64
  9　わが国のBEPS防止措置実施条約の適用に関する暫定的選択の概要・64
  10　わが国のBEPS防止措置実施条約の適用に関する確定的選択の概要・66
  11　BEPS防止措置実施条約の条文の分類・67
2　BEPS防止措置実施条約の解説
　　（前文，総論及びハイブリッド・ミスマッチ）……………………67
  1　はじめに・67
  2　前　文・67

3　適用範囲及び用語の解釈（第1部）・69
　⑴　第1条：条文の適用範囲・69
　⑵　第2条：用語の解釈・69
　4　ハイブリッド・ミスマッチ（第2部）・70
　⑴　はじめに・70
　⑵　第3条：課税上存在しない団体・70
　⑶　第4条：双方居住者に該当する団体・77
　5　国際的二重課税の除去のための方法・82
　⑴　第5条：二重課税の除去のための方法の適用・82
　⑵　留意事項・83

3　BEPS防止措置実施条約の解説（条約の濫用への対抗）………… 83

　1　はじめに・83
　2　トリーティーショッピングの具体例及び弊害・84
　3　条約の濫用（第3部）・85
　⑴　第6条：対象租税協定の目的・85
　⑵　第7条：条約の濫用の防止・88
　⑶　第8条～第11条：個別の条約濫用防止ルール・123

4　BEPS防止措置実施条約の解説（恒久的施設）……………… 133

　1　はじめに・133
　2　PE課税の基本ルール・134
　3　わが国の法人税法上の基本ルール・139
　4　BEPS防止措置実施条約（恒久的施設の地位の回避（第4部））・164
　⑴　問題の所在・164
　⑵　第12条：問屋契約及びこれに類する方策を通じた恒久的施設の地位の人為的な回避・166
　⑶　第13条（第1項～第3項）：特定の活動に関する除外を利用した恒久的施設の地位の人為的な回避・175
　⑷　第13条（第4項）：事業活動の細分化・191
　⑸　第14条：契約の分割・193
　⑹　第15条：企業と密接に関連する者の定義・195
　5　国連モデル租税条約のPE規定とOECDモデル租税条約のPE規定の比較・197
　6　諸外国のPE問題・202

5 BEPS防止措置実施条約の解説（相互協議手続の改善） ……………228
1 相互協議手続の目的及び概要・228
2 相互協議手続の実務上の運用概要・249
3 主要国との間の相互協議に関する留意事項・255
4 BEPS防止措置実施条約（紛争解決の改善（第5部））・274
(1) はじめに・274
(2) 第16条：相互協議手続・274
(3) 第17条：対応的調整・278
5 相互協議最終報告書の解説・283

6 BEPS防止措置実施条約の解説（仲裁） ………………………………308
1 仲裁手続の目的・308
2 租税条約における仲裁手続導入の経緯・308
3 仲裁手続・310
4 BEPS防止措置実施条約（仲裁（第6部））・316
(1) 第18条：第6部の規定の適用の選択・316
(2) 第28条第2項：仲裁対象事案の範囲に関する留保・316
(3) 第19条・319
(4) 第20条・323
(5) 第21条・325
(6) 第22条・326
(7) 第23条第1項・326
(8) 第23条第2項及び第3項・328
(9) 第24条・329
(10) 第25条・330
(11) 第26条・330
5 わが国が締結した個別の租税条約・331
6 国内手続・337

第3章
情報交換を含む行政支援に関する条約

1 税務行政執行共助条約 ……………………………………………………342
1 はじめに・342

2　税務行政執行共助条約の経緯・342
　　3　税務行政執行共助条約の署名国・343
　　4　税務行政執行共助条約の目的・343
　　5　税務行政執行共助条約の条文構成・344
　　6　対象となる租税・346
　　7　行政支援の種類・347
　　8　情報の交換・347
　　9　徴収の支援及び文書の送達・353
　　10　納税者の権利の適切な保護・355
　2　タックス・ヘイブン等の軽課税国との租税協定の締結……………357
　　1　はじめに・357
　　2　タックス・ヘイブン等の軽課税国との租税協定等・358

第4章
日米租税条約と日中租税条約の比較等　363

　1　はじめに……………………………………………………364
　2　日中租税条約とBEPS防止措置実施条約による修正……………364
　3　日米改正議定書による主要な改正点……………………………367
　　1　親子会社間配当の源泉税免除要件の緩和・367
　　2　利子の源泉税免除の拡大・367
　　3　役員報酬対象「役員」の範囲の明確化・367
　　4　外国子会社配当益金不算入制度の反映・367
　　5　仲裁手続の導入・368
　　6　適用開始日・368
　4　日米租税条約と日中租税条約のその他の比較………………………369
　　1　日本国の定義・369
　　2　国際運輸業所得・370
　　3　配　当・370
　　4　利　子・374
　　5　使用料・379

6　譲渡収益・381
  7　役員報酬・384
  8　教　　授・385
  9　二重課税の排除・385
  10　外交特権・388

第5章
遺産，相続及び贈与に対する租税に関する二重課税の回避及び脱税の防止のための日米間の条約等　389

1　遺産，相続等に対する租税に関する二重課税の回避及び脱税の防止のための日米間の条約……………390
2　個人による国際的租税回避への対応……………400
  1　平成25年度税制改正前までの課税強化・400
  2　平成25年度税制改正の内容及び改正の趣旨・401
  3　平成29年度税制改正・402
  4　平成30年度税制改正・403
  5　出国税等・403

序章

租税条約の近年の動向と本書の読み方

OECDは，2016年11月24日に，Base Erosion and Profit Shifting（「税源浸食と利益移転」，以下"BEPS"といいます。）防止のための条約関連措置を実施するための条約（「税源浸食及び利益移転を防止するための租税条約関連措置を実施するための多数国間条約」（Multilateral Convention To Implement Tax Treaty Related Measures To Prevent Base Erosion and Profit Shifting），以下「BEPS防止措置実施条約」又は「本条約」といいます。）の本文とその解説文書（Explanatory Statement To Multilateral Convention To Implement Tax Treaty Related Measures To Prevent Base Erosion and Profit Shifting, 以下「本条約解説」といいます。）を公表しました。本条約の採択は，BEPS行動計画15（多国間協定の策定）を基礎として，日本を含む多数の国が協議・交渉を行った成果です。

　OECD事務総長アンヘル・グリア（Angel Gurría）は，本条約の策定は，1869年に初めて二国間の租税条約が締結されたこと[1]，1963年に最初のOECDモデル租税条約が策定されたことと並ぶ，国際租税の分野における歴史的な偉業である旨のコメントを公表しています。

　そして，2017年6月7日に，日本を含む67か国・地域の代表が，パリで行われたBEPS防止措置実施条約の署名式に参加し，同条約の署名を行いました。この署名式は，それに先立つ同年5月に開催されたG7財務大臣・中央銀行総裁会議の共同声明において，「我々は，2017年6月7日に行われる「BEPS防止に向けた租税条約に関する措置実施のための多数国間条約」の第1回署名式を期待する。」（公表仮訳）と特別に言及されるほど注目されていました。

　本書は，上記のとおり，これまでの租税条約の歴史において，最も重要なものの一つと評価されているBEPS防止措置実施条約の主要な内容及び同条約において採り上げられている重要な項目を中心に解説を行います。

1　わが国においては，これまで，第一次世界大戦前の最初の租税条約として，1899年に締結された「オーストリア・ハンガリーとプロシア間の所得と資産に対する二重課税排除のための条約」に言及することが一般的でした（小沢進『Q&A　租税条約の実務（三訂版）』10頁参照）。ところが，上記OECD事務総長（Angel Gurría）は，それより30年も前の1869年に初めて二国間の租税条約が締結されたことに言及しています。この条約は，日本国内では余りよく知られていませんが，プロシアとザクセンとの間の二重課税排除のための租税条約のことです。

1 BEPS防止措置実施条約署名までの背景及び経緯

　上記の歴史的な偉業達成の背景としては，まず，OECD/G20による租税条約関連のBEPS対抗のための検討プロジェクトがあります。近年，米国等の一部多国籍企業が国際的な租税回避を図る事例が増加していました。その中には，租税条約を濫用して，いずれの国・地域でも課税されない，あるいは課税されるとしても租税負担が著しく軽減される結果となるBEPSの事例も少なからず存在しました。

　そこで，OECD 租税委員会は，BEPSに対抗するためのプロジェクトを2012年6月に立ち上げ，G20も巻き込んで対抗策の検討を開始し，2013年2月には"Addressing Base Erosion and Profit Shifting"（「税源浸食と利益移転への対応」）と題する報告書を公表しました。同年7月には，15項目にわたる「BEPS行動計画」（"Action Plan on Base Erosion and Profit Shifting"）を公表し，同年9月に開催されたG20サミット（サンクトペテルブルク）において報告しました[2]。その後，OECDは，さらに検討を重ねて，(i)「ハイブリッド・ミスマッチ取極めの効果の無効化」（行動2—2015年最終報告書）」（"Neutralising the Effects of Hybrid Mismatch Arrangements（ACTION 2：2015 Final Report）"以下「ハイブリッド・ミスマッチ最終報告書」といいます。)，(ii)「不適切な状況における条約特典の授与の防止（行動6—2015年最終報告書）」（"Preventing the Granting of Treaty Benefits in Inappropriate Circumstances（ACTION 6：2015 Final Report）"，以下「条約特典最終報告書」といいます。)，(iii)「恒久的施設認定の人為的回避の防止（行動7—2015年最終報告書）」（"Preventing the Artificial Avoidance of Permanent Establishment Status（ACTION 7：2015 Final Report）"，以下「PE最終報告書」といいます。)，及び(iv)「相互協議の効果的実施（行動14—2015最終報告書）」（"Making Dispute Resolution

---

2　上記の「BEPS行動計画」は次のとおりです。
　　行動1「電子経済の課税上の課題への対処」，行動2「ハイブリッド・ミスマッチ取極めの効果の無効化」，行動3「外国子会社合算税制の強化」，行動4「利子控除制限ルール」，行動5「有害税制への対抗」，行動6「租税条約の濫用防止」，行動7「恒久的施設（PE）認定の人為的回避の防止」，行動8「無形資産取引に係る移転価格ルール」，行動9「リスクと資本に係る移転価格ルール」，行動10「他の租税回避の可能性の高い取引に係る移転価格ルール」，行動11「BEPSの規模・経済的効果の分析方法の策定」，行動12「義務的開示制度」，行動13「多国籍企業の企業情報の文書化」，行動14「相互協議の効果的実施」，行動15「多数国間協定の策定」

Mechanisms More Effective（Action 14：2015 Final Report）"，以下「相互協議最終報告書」といいます。）を含むBEPSに対抗するための多くの報告書を，2015年10月5日にパッケージで公表しました。そして，これらの最終報告書は，同月8日に開催されたG20（ペルー・リマ）財務大臣・中央銀行総裁会議において採択され，同年11月15日開催のG20（トルコ・アンタルヤ）サミットにおいて正式承認されました[3]。

　BEPS防止措置実施条約は，(i)ハイブリッド・ミスマッチ最終報告書（第2部：条約に関する勧告），(ii)条約特典最終報告書，(iii)PE最終報告書，及び(iv)相互協議最終報告書の勧告内容を盛り込んだものです。

　まず，(i)ハイブリッド・ミスマッチ最終報告書は，ハイブリッド・ミスマッチへの対抗策を勧告しています。ハイブリッド・ミスマッチとは団体や金融商品について関係国で課税上の取扱いが異なることを意味しますが，かかる団体や金融商品を用いることによって二重損金算入等の二重非課税がもたらされる場合があるので，同最終報告書は，そのような効果を無効化するための方策を勧告しています。同報告書の第1部が国内法に関する勧告を，第2部が条約に関する勧告を示していますが，BEPS防止措置実施条約に盛り込まれているのは第2部の勧告内容です。次に，(ii)条約特典最終報告書は，トリーティーショッピング（条約漁り）への対抗策を勧告しています。トリーティーショッピングとは，「第三国の居住者が条約締約国の居住者を経由するなどして租税条約の特典を利用する現象」のことをいいます（増井良啓・宮崎裕子『国際租税法（第3版）』33頁）。また，(iii)PE最終報告書は，コミッショネア（わが国商法の「問屋」に相当するもの）アレンジメント又は類似の手法等を通じて恒久的施設（以下「PE」（Permanent Establishment）ということがあります。）の地位を人為的に回避する方策に対抗するための方法を勧告しています。最後に，(iv)相互協議最終報告書は，BEPS対抗措置の実施及び強化によって国際的二重課税が発生・増加する場合を慮って，国

---

[3]　BEPSプロジェクト（BEPS包摂的枠組み（Inclusive Framework on BEPS））参加国・地域の数は，2016年9月の時点で85となっていました（「税制の構造改革と国際課税への多面的な取組」討論会3―BEPS（税源浸食と利益移転）プロジェクト等の国際的な取組みの現状と課題―「日本租税研究協会第68回租税研究大会記録」144頁参照）。その後2018年1月の時点では，参加国・地域の数は111か国・地域となっています（池田義典「BEPSプロジェクト最終報告書―税務行政における主な対応と課題―」日税研論集「「税源浸食と利益移転（BEPS）」対策税制」所収（283頁。以下「池田・BEPSプロジェクト最終報告書」といいます。）。

際的二重課税を排除するための相互協議手続をより実効的なものとするための方法を勧告しています。なお，相互協議最終報告書は，相互協議手続の実効性の改善に仲裁手続が有用であることも指摘しています。

２ 本書の構成

　次の③において本書の特徴について簡単な説明を行ったあとに，本論においては，(1)租税条約に関する一般的な解説（第１章）に続けて，(2)BEPS防止措置実施条約の主要な内容を，同条約の基礎となった上記(i)から(iv)の最終報告書を踏まえて，また，わが国が近年締結した下記①ないし⑧の租税条約及び日中租税条約（後で定義します。）と対比させながら解説します（第２章）。

① 2013年１月24日に署名された「所得に対する租税に関する二重課税の回避及び脱税の防止のための日本国政府とアメリカ合衆国政府との間の条約を改正する議定書」（以下，同議定書による改正後の条約を「日米新条約」といい，2003年11月６日に署名され現在効力を有する条約を「日米租税条約」といいます。）

② 2013年12月17日に署名された「所得及び譲渡収益に対する租税に関する二重課税の回避及び脱税の防止のための日本国とグレートブリテン及び北アイルランド連合王国との間の条約を改正する議定書」（以下「日英租税条約」といいます。）

③ 2015年12月17日に署名された「所得に対する租税及びある種の他の租税に関する二重課税の除去並びに脱税及び租税回避の防止のための日本国とドイツ連邦共和国との間の協定」（以下「日独租税条約」といいます。）

④ 2016年１月21日に署名された「所得に対する租税に関する二重課税の除去並びに脱税及び租税回避の防止のための日本国とチリ共和国との間の条約」（以下「チリとの租税条約」といいます。）

⑤ 2016年10月12日に署名された「所得に対する租税に関する二重課税の除去並びに脱税及び租税回避の防止のための日本国とベルギー王国との間の条約」（以下「ベルギーとの租税条約」といいます。）

⑥ 2017年10月11日に署名された「所得に対する租税に関する二重課税の除去並びに脱税及び租税回避の防止のための日本国とデンマーク王国との間の条約」（以下「デンマークとの租税条約」といいます。）

⑦ 2018年1月15日に署名された「所得に対する租税に関する二重課税の除去並びに脱税及び租税回避の防止のための日本国とアイスランドとの間の条約」（以下「アイスランドとの租税条約」といいます。）

⑧ 2018年10月16日にマドリードで署名された「所得に対する租税に関する二重課税の除去並びに脱税及び租税回避の防止のための日本国とスペイン王国との間の条約」（以下「スペインとの租税条約」といいます。）

　上記第2章に続けて，欧州評議会/OECD税務行政執行共助条約やわが国が締結した租税情報交換協定について説明します（第3章）。さらに，1983年9月6日に署名された「所得に対する租税に関する二重課税の回避及び脱税の防止のための日本国政府と中華人民共和国政府との間の協定」（本書において「日中租税条約」といいます。）について，BEPS防止措置実施条約による修正前後を対比して示したあとに，日米新条約の主要な改正点について概説後，先進国間の租税条約の典型である日米租税条約と新興国との租税条約の典型である日中租税条約とを比較考察し，その際，関連する所得項目に関わる裁判例も簡潔に説明します（第4章）。最後に，「遺産，相続及び贈与に対する租税に関する二重課税の回避及び脱税の防止のための日本国とアメリカ合衆国との間の条約」の解説を行った後で，近年強化されてきている個人の国際的租税回避への対抗制度についても説明します（第5章）。そして，上記各解説の過程で，租税条約等の実施の際に実務上重要な役割を果たす「租税条約等の実施に伴う所得税法，法人税法及び地方税法の特例等に関する法律」（以下「実施特例法」ということがあります。）のいくつかの条項についても概説します。

　なお，第1章以降の解説において，次頁以降の判決に言及する際には，「判決1」等と表示することとします。これら判決の多くは，租税条約について有用な解釈を示していると解されます。

判決リスト

事案（主要な判決）	主要な争点	収載誌等
東京高判平成26.10.29（「判決1」）	OECDモデル条約コメンタリーと租税条約の解釈	税資264号順号12555
東京地判平成25.11.1（「判決2」）		税資263号順号12327
東京高判平成28.1.28（「判決3」）	準備的・補助的活動の範囲と恒久的施設該当性	月報63巻4号1211頁
東京地判平成27.5.28（「判決4」）	実施特例法の届出と減免の関係	税資265号順号12672
グラクソ事件 最判平成21.10.29（「判決5」）	タックス・ヘイブン対策税制（法人税）と租税条約の関係	民集63巻8号1881頁
東京高判平成19.10.10（「判決6」）	ニューヨーク州LLCの法人該当性	月報54巻10号2516頁，税資257号順号10798
さいたま地判平成19.5.16（「判決7」）		月報54巻10号2537頁
最判平成27.7.17（「判決8」）	デラウェア州リミテッド・パートナーシップの法人該当性	民集69巻5号1253頁
ガイダント事件 東京高判平成19.6.28（「判決9」）	匿名組合契約の利益の分配と日蘭租税条約の「その他所得」の関係	判時1985号23頁
東京地判平成17.9.30（「判決10」）		判時1985号40頁
東京高判平成17.1.26（「判決11」）	租税条約とセービング・クローズの関係	税資255号順号9911
東京地判平成16.9.17（「判決12」）		税資254号順号9751
東京高判平成10.11.16（「判決13」）	租税条約の下での芸能人の役務提供と恒久的施設	税資239号83頁
横浜地判平成10.3.30（「判決14」）		税資231号359頁
東京高判平成8.3.28（「判決15」）	租税条約と対応的調整	判時1574号57頁
横浜地判平成7.3.6（「判決16」）		判時1574号62頁
東京高判平成29.10.26（「判決17」）	要請に基づく情報交換の法的性質	ウエストロー・ジャパン
東京地判平成29.2.17（「判決18」）		裁判所ウェブサイト
東京地判平成22.12.3（「判決19」）	租税条約適用の始期	税資260号順号11566
東京高判昭和59.3.14（「判決20」）	わが国の課税権の範囲と大陸棚	行集35巻3号231頁
東京地判昭和57.4.22（「判決21」）		判時1040号11頁

東京地判昭和57.6.11（「判決22」）	国際運輸業による所得の範囲	判時1066号40頁
東京高判平成22.8.14（「判決23」）	米国法人のスピンオフによる株式割り当てとみなし配当	判例集未登載
東京地判平成21.11.12（「判決24」）		判夕1324号134頁
東京地判平成29.12.6（「判決25」）	剰余金の配当	判例集未登載
東京高判平成20.3.12（「判決26」）	利子の範囲	税資258号順号10915
東京地判平成19.4.17（「判決27」）		判時1986号23頁
大阪高判平成21.4.24（「判決28」）		税資259号順号11188
大阪地判平成20.7.24（「判決29」）		判夕1295号216頁
最判平成16.6.24（「判決30」）	ロイヤリティーと源泉地	判時1872号46頁
東京地判昭和60.5.13（「判決31」）		判夕577号79頁
最判平成15.2.27（「判決32」）	著作物の該当性	税資253号順号9294
最判平成18.1.24（「判決33」）	資産の譲渡等の取引の意義	判時1923号20頁
東京高判平成28.12.1（「判決34」）	不動産譲渡者の非居住者該当性	税資266号順号12942
東京地判平成28.5.19（「判決35」）		税資266号順号12856
最判平成17.12.19（「判決36」）	外国税額控除の濫用	民集59巻10号2964頁
東京高判平成16.11.30（「判決37」）	外国大使館と免税	税資254号順号9841
東京地判平成16.4.19（「判決38」）		税資254号順号9628
武富士事件 最判平成23.2.18（「判決39」）	住所の判定	判時2111号3頁
東京地判平成17.1.28（「判決40」）		判夕1204号171頁
東京高判平成29.5.25（「判決41」）	出国税と外国子会社合算税制	月報63巻11号2368頁
東京地判平成28.5.13（「判決42」）		月報63巻11号2404頁
国税不服審判所 昭和50.12.17（「裁決1」）	外国銀行本店とわが国支店間の内部利子	裁決事例集11集43頁
国税不服審判所 平成2.2.5（「裁決2」）		裁決事例集39集308頁
国税不服審判所 平成23.11.25裁決（「裁決3」）	準備的・補助的活動の範囲と恒久的施設該当性	裁決事例集85集204頁
国税不服審判所 平成29.8.31（「裁決4」）	日本法人の非居住者役員の給与	未公刊

3 本書の特徴

本書の特徴は，次の①～⑤にあります。

① BEPS防止措置実施条約の主要な内容を，上記 1 (i)から(iv)の最終報告書を踏まえて，掘り下げて解説をします。なお，恒久的施設（PE）については，BEPS防止措置実施条約及びPE最終報告書の解説の前に，PEに関する基本ルール及びわが国のPE課税制度の概要を解説します。その際，BEPS防止措置実施条約による修正に対応して行われた平成30年度のPEに関する税制改正の内容についても解説します。また，PE最終報告書の勧告及びBEPS防止措置実施条約による条約修正の流れを受けて，それを契機に，今後，新興国においてPE課税が強化される可能性があるので，中国，インド及び東南アジア諸国におけるPE課税の実務上の問題点も採り上げました。

② 相互協議手続については，国税庁において相互協議室長として日米及び日中間の案件を含む多くの相互協議案件を担当した税理士角田の経験及び知見に基づいて，実務上の問題点及び改善策を，相互協議最終報告書を踏まえ，具体的に解説します。また，相互協議手続改善策の一つである仲裁手続が今後開始される可能性も生じ，仲裁手続の重要性が高まってきていることから，BEPS防止措置実施条約の主要なテーマの一つである仲裁手続についても詳しく解説しました。

③ 従来の租税条約の実務解説書ではほとんど採り上げられなかった条約の憲法上の意義や「条約法に関するウィーン条約」（Vienna Convention on the Law of Treaties, 以下「条約法条約」といいます。）の下での条約解釈に関するルール，条約締結の手続，わが国の条約締結ポリシー及びモデル租税条約の種類・役割など，租税条約の基礎となる事項について最初に概説しました。

④ 租税条約の解釈に関する多くの判決及び裁決に言及し，又はこれらを引用して，わかりやすくかつ理論的レベルも落とさずに解説しています。租税条約の分野で，これだけ多くの判決及び裁決を題材に解説を行っている類書は従来なかったのではないかと思います。判決及び裁決例の分析を含め実務経験が豊富な弁護士藤枝による法的分析を加えている点も本書の特徴です。また，読みやすいように図表等も掲載し，さらに，租税条約等に関する参考情

報等を【租税条約トピック】や【コーヒー・ブレイク】欄に記載するなどしています。

⑤　本書は，国際課税実務の最前線で活躍している弁護士と税理士の共著です。藤枝は，弁護士業務を行う傍ら，平成17年4月より，東京大学法科大学院法学研究科，一橋大学国際企業戦略研究科，神戸大学大学院法学研究科トップ・ローヤーズ・プログラムを含む複数の大学院において，実務家教員として，租税条約を含む国際課税の講義を担当してきております。次に，税理士角田は，国税庁では国際業務課長及び相互協議室長等を歴任し，租税条約等に基づく情報交換及び二重課税回避のための相互協議等の実務をリードし，OECD租税委員会ではOECDモデル租税条約及び移転価格ガイドラインの改訂並びにBEPS行動計画の策定等の議論に参画した経験を有し，現在は税理士として最先端の国際課税実務に携わっています。このように，両者とも租税条約に関わる実務を含む国際課税の最前線での経験が豊富なので，法理論に加えて実務経験に基づいた解説を行っています。

第1章

租税条約の基礎

1 条約の意義および憲法上の取扱い

1 条約の意義

　条約とは，文書による国家間の合意をいいます（芦部信喜，高橋和之補訂『憲法（第6版）』313頁）[1]。

2 条約の憲法上の取扱い

　わが国の憲法には，次の(1)～(4)のとおり，条約について定めたいくつかの条文があります。

(1) 憲法7条5号

　憲法7条5号は，天皇の国事行為の一つとして条約交渉に関する全権委任状の認証を定め，さらに，同条8号は「批准書及び法律の定めるその他の外交文書を認証すること」を定めています。

(2) 憲法61条

　憲法61条は，条約の締結には国会の承認が必要であること，また，その際の衆議院の優越を定めています。そして，国会の承認は，「条約に対する民主的コントロールを意味するものであるから，原則として「事前」に行わなければならず，緊急やむを得ない場合に限って，「事後」に行うことができる」と解されています（樋口陽一等『注釈　日本国憲法　下巻』1093頁）。

(3) 憲法73条3号

　憲法73条は，「内閣は，他の一般行政事務の外，左の事務を行ふ。」として，条約締結について同条3号に次のとおり定めています。

---

[1] 条約法条約2条1項(a)は，条約とは，「国の間において文書の形式により締結され，国際法によって規律される国際的な合意（単一の文書によるものであるか関連する二以上の文書によるものであるかを問わず，また，名称のいかんを問わない。）をいう。」と規定しています。

「条約を締結すること。但し，事前に，時宜によつては事後に，国会の承認を経ることを必要とする。」

憲法73条3号の条約の範囲は，次のように解されています。

「条約という名称の有無にかかわらずいわゆる実質的意味の条約をすべて含むが……，それらの条約を執行するために必要な技術的・細目的な協定や，条約の具体的な委任に基づいて定められる政府間取極め（行政協定と通常言われるもの）は，原則として含まれない。」[2]（芦部信喜，高橋和之補訂『憲法（第6版）』314頁・315頁）。

(4) 憲法98条2項

憲法98条2項は，「日本国が締結した条約及び確立された国際法規は，これを誠実に遵守することを必要とする。」と定めています。そして，「日本が結んだ条約および確立された国際法規は，特別にそれらを立法手続で定める必要なしに，当然にすべて国内法として法的拘束力を有する」（宮澤俊義，芦部信喜補訂『全訂日本国憲法』808頁）と解されています。本条項の「条約」は，上記(3)の憲法73条3号の条約の範囲よりも広く，「「条約」と呼ばれるもの（形式上の条約）はもとより，協定・協約・議定書・憲章等と呼ばれるものも含む」とされています（『注釈　日本国憲法　下巻』1493頁）。上記98条2項の趣旨等を根拠に，条約は法律に優位すると解されています（同書1500頁）。すなわち，「日本の国内法秩序上条約は，批准・公布されれば自動的に（国内法上の特段の措置なく）国内的効力を有し，国内法律に優先する」と解されています（藤谷武史「国際租税法の法源と規範構造」（現代租税法講座『国際課税』所収）37頁）。

租税条約も上記条約にもちろん含まれます。例えば，所得税法162条及び法人税法139条1項は，租税条約において国内源泉所得についてそれぞれの条文の規定と異なる定めがある場合には，租税条約の規定が優先する旨定めています。金子宏東京大学名誉教授も，「所得税法162条および法人税法139条は，条約優位

---

[2] 「条約の規定を補充するために，当事者間で書簡を交換してなす合意の形式を交換公文（exchange of notes）」と呼びますが，これも広義の条約の一種と解されます。「ただし，正式の条約と異なり，国会の承認は必要でなく，その性質は，国内法源における委任立法に類似する。租税条約においては，交換公文の形式が利用されることが少なくない」とされています（金子宏『租税法（第22版）』107頁）。

確認した上で，条約に別段の定めがない限りは所得分類について所得税法及び法人税法の規定による旨を定めたと理解すべきである。」と述べています（同『租税法理論の形成と解明　下巻』132頁）。

上記法人税法139条1項は次のとおり規定しています（下線は筆者によります。）[3]。

「日本国が締結した所得に対する租税に関する二重課税防止のための条約（以下この条において「租税条約」という。）において国内源泉所得につき前条の規定と異なる定めがある場合には，その租税条約の適用を受ける外国法人については，同条の規定にかかわらず，<u>国内源泉所得は，その異なる定めがある限りにおいて，その租税条約に定めるところによる</u>。この場合において，その租税条約が同条第1項第4号又は第5号の規定に代わって国内源泉所得を定めているときは，この法律中これらの号に規定する事項に関する部分の適用については，その租税条約により国内源泉所得とされたものをもってこれに対応するこれらの号に掲げる国内源泉所得とみなす。」

【租税条約トピック①】　そのままでは適用できない租税条約の条項

わが国においては，上記のとおり，租税条約は国内法に優先して適用されますが，租税条約の条文の中には，そのままでは適用ができないものもあります。

例えば，「一方の締約国内において生ずる利子に対しては，当該一方の締約国においても，当該一方の締約国の法令に従って租税を課することができる。その租税の額は，当該利子の受益者が他方の締約国の居住者である場合には，当該利子の額の10パーセントを超えないものとする。」という規定の場合，税率が0％から10％までの数値となってしまい，具体的に適用すべき税率が特定しません。そこで，租税条約を国内法として実施するための"橋渡し"となる法律が必要となります。それが，「租税条約等の実施に伴う所得税法，法人税法及び地方税法の特例等に関する法律」（実施特例法）です[4]。

上記の例に関しては，租税条約で規定する限度税率10％を用いる旨が規定されています（同法3条の2）。

---

[3]　平成30年度税制改正の結果，後述のとおり，恒久的施設についても，同様に，租税条約の規定に置き換わる旨が定められました（改正後法人税法2条12号の19）。

[4]　なお，平成22年度税制改正前は，「租税条約の実施に伴う所得税法，法人税法及び地方税法の特例等に関する法律」でした。「租税条約」から「租税条約等」に変更されたのは，後述のとおり，通常の租税条約のみならず，情報交換協定も対象に含めたためです。

わが国の上記条約優位の原則に対して，条約と国内法との間に優劣がないという原則を採る国も存在します。金子名誉教授は，この原則の問題点を次のとおり指摘しています（同書133頁）。

　「アメリカやドイツでは，条約と国内法とは同位であり，その間に優劣の関係はないという考え方が伝統的にとられてきた。その結果，租税条約締結後に，その規定に抵触する国内立法がなされると，「後法は前法を廃す」（lex posterior derogate priori）の原則によって，条約の規定は無効となる。これが，いわゆるtreaty-overrideの問題である。treaty-overrideの中には，租税回避を封ずることを目的とするもののように，必ずしも条約の趣旨・目的に反しないものもあるが，他方では条約の規定の趣旨・目的に正面から反するものも少なくない。このようなtreaty-overrideを黙認すると，条約は形骸化し，存在意義を失うおそれがある。」

【租税条約トピック②】　後法優先の原則と租税条約

　米国においては，米国連邦憲法の規定（6条2項）及び判例により，上記のとおり，条約と法律は同位に置かれ，後法優先の原則が適用されるために，条約と抵触する国内法が後日成立し，当該国内法が条約に優先して適用される場合が生じ得ます。日米租税条約29条（協議の要請）が次のように規定しているのも，米国の国内法の制定によって，先に合意した条約の内容が悪影響を受けてしまう場合があることを慮ってのものです。

　「一方の締約国が他方の締約国においてこの条約に関連する法令に実質的な改正が行われたと認める場合又は行われることとなると認める場合には，当該一方の締約国は，当該改正がこの条約上の特典の均衡に及ぼし得る効果を決定するため，及び適当な場合にはこの条約上の特典について適当な均衡に到達するためにこの条約の規定を改正するため，当該他方の締約国に対し書面により協議の要請をすることができる。当該要請を受けた締約国は，当該要請を受けた日から3箇月以内に，当該要請をした締約国と協議を行う。」

2　条約締結の手続

　条約締結は，通常，次の手続を経ます（『注釈　日本国憲法　下巻』1092頁）。

(i)　全権委員の任命	(iv)　署名（記名調印）
(ii)　全権委任状の発給	(v)　批准
(iii)　交渉	(vi)　批准書の交換又は寄託

上記のとおり，(ii)全権委任状及び(vi)批准書には天皇の認証が必要です（憲法7条5号及び8号）。

　上記(iii)の交渉についてより細かく言えば，交渉相手国の選定後，「①交渉の開始，②非公式協議，③正式交渉，④基本合意，⑤内閣法制局審査」という手続が踏まれます（志賀櫻『詳解　国際租税法の理論と実務』233頁）。そして，わが国の通常の二国間租税条約の実際の交渉は，基本的に，後述の「OECDモデル租税条約をベースにするものであるから，同モデル条約およびそのコメンタリーを参照しながら行われる。そして基本的な枠組みはOECDモデル租税条約を所与の基礎として，具体的な議論は，日本および交渉相手国それぞれの重要関心事項を中心に行われている。」と説明されています（同頁）。

　上記(v)の「批准」に関連して，条約法条約2条1項(b)は，「「批准」，「受諾」，「承認」及び「加入」とは，それぞれ，そのように呼ばれる国際的な行為をいい，条約に拘束されることについての国の同意は，これらの行為により国際的に確定的なものとされる。」と定めています。なお，上記(vi)の批准書の交換は，「租税条約のような実務的かつテクニカルな条約においては行われない」ようです（志賀櫻『詳解　国際租税法の理論と実務』233頁）。ただし，BEPS防止措置実施条約も，また，欧州評議会／OECD税務行政執行共助条約も，上記(vi)の批准書の「寄託」手続を定めています（BEPS防止措置実施条約条約39条参照）。

　上記のとおり，条約の締結に対しては国会の承認を経ることが必要です（憲法61条）。そして，国会の承認が終了した後，国内手続を終えたことを相手国に通知します。BEPS防止措置実施条約の場合には，2018年5月18日に国会の承認が終了した後，2018年9月26日に批准書（受諾書）をOECD事務総長に寄託しました。

3　租税条約の目的

　「租税条約の本来の目的は，二重課税を防止することにあるが，租税法の執行における国際的協力の促進（情報交換による脱税の防止・執行共助）ならびに相手国政府に対する自国民の保護（権限のある当局間の協議等）も，その重要な目的」となっています（金子宏『租税法（第22版）』107頁）。

　従来，租税条約の第1の目的は二重課税の回避，第2の目的は脱税の防止と解されていましたが（増井良啓・宮崎裕子『国際租税法（第3版）』23頁。以下，増井・宮崎「国際租税法」），最近はBEPSの弊害が考慮され，二重非課税の濫用防止も重

視されてきています。

> 【コーヒー・ブレイク】
> 　例えば，日本法人が外国支店を設けて事業活動を行い利益をあげると，当該利益（所得）は，全世界所得課税制度を採用するわが国の法人税法の下でわが国の課税に服し，さらに，支店が所在する外国においても当該支店に帰属する事業所得は通常課税されるので，国際的二重課税が生じます。このような二重課税は企業の国際的事業活動を阻害するので，二重課税を排除するために，わが国においては外国税額控除制度が設けられています（法人税法69条）。
> 　これに対して，国際的二重非課税としては次のような例があります。平成21年度税制改正の結果，外国子会社からわが国の親会社が受け取る配当の95％分については益金不算入とする外国子会社配当益金不算入制度が創設されました（法人税法23条の2第1項）。他方，例えば，オーストラリアにおいては，同国の法人が支払う償還優先株式（Mandatory Redeemable Preference Share）に係る配当は損金に算入されるため，その結果，子会社が所在するオーストラリアにおいても，また，親会社が所在する日本においても上記5％を除き課税されないという国際的二重非課税状態が発生します。わが国における平成27年度税制改正の結果，支払地国で損金算入される配当については，益金算入することとされたので（同条2項1号），現時点ではこのような二重非課税問題は生じなくなりましたが，逆にいえば，当該改正までは二重非課税が生じていたことになります。上記は，後述のハイブリッド・ミスマッチの典型例です。

　条約特典最終報告書は，租税条約の目的が二重非課税の機会を生じさせるために利用されることではない旨を明確化することを勧告しました。すなわち，同最終報告書は，OECDモデル租税条約が，その前文において，租税条約を締結する国が脱税及び租税回避の機会を創出せずに二重課税を排除することを意図するものである旨を明示することを勧告しました（最終報告書パラグラフ72）。これを受けて，後述のとおり，BEPS防止措置実施条約6条も，その旨規定しています。

4　モデル租税条約

　実際の租税条約の締結又は改正の際に基準又は参考とされる様々な種類のモデル租税条約があります。以下において，モデル租税条約の解説を行います。

1　国連モデル租税条約

　国連経済社会理事会による「先進国と開発途上国との間の国連モデル二重課税条約」（United Nations Model Double Taxation Convention Between Developed and Developing Countries，以下「国連モデル租税条約」といいます。）2017年版の条文構成は，次のとおりとなっています。条文構成自体は，下記2のOECDモデル租税条約とほぼ同様です。

第1条　人的範囲	第17条　芸能人及び運動家
第2条　対象税目	第18条　退職年金及び社会保障給付
第3条　一般的定義	第19条　政府職員
第4条　居住者	第20条　学生
第5条　恒久的施設	第21条　その他所得
第6条　不動産所得	第22条　財産
第7条　事業所得	第23条A　免除方式
第8条　国際海運及び航空運輸	第23条B　税額控除方式
第9条　特殊関連企業	第24条　無差別取扱い
第10条　配当	第25条　相互協議
第11条　利子	第26条　情報交換
第12条　使用料	第27条　租税の徴収における支援
第12A条　技術上の役務への対価	第28条　外交官
第13条　譲渡収益	第29条　特典を受ける権利
第14条　自由職業所得	第30条　発効
第15条　給与所得	第31条　終了
第16条　役員及び上級管理職員報酬	

　従来，モデル租税条約と言えば，下記2のOECDモデル租税条約の重要性が指摘されることが多かったように思いますが，近年，中国やインド等が経済力を強め国際的に発言力を増すにしたがって，国連モデル租税条約の相対的な重要性が次第に高まってきているように思われます。いわゆる「サービスPE」の議論が活発化してきていることを含め，後述のとおり，BEPSへの対抗措置の検討等を契機としてOECDモデル租税条約において恒久的施設の範囲を広げようとする最近の動向も，中国やインド等の新興国が国際的な舞台で発言力を増してきていることと無関係ではないように思われます。

4 モデル租税条約 ◆19

　国連モデル租税条約の特徴は，下記2のOECDモデル租税条約と比較して，源泉地国の課税権の範囲が広いことです。例えば，国連モデル租税条約の12条（使用料）は，源泉税の免除を定めておりません。また，5条（恒久的施設）3項は，次の規定内容となっていますが，OECDモデル租税条約の対応規定と比較して，「恒久的施設」の範囲が広くなっています（下線は筆者によるものです）。

> 国連モデル租税条約5条（恒久的施設）3項
> 「「恒久的施設」には，次のものも含まれる。
> (a) 建設工事現場若しくは建設，組立て，据付工事又はこれらに関連する<u>監督活動</u>でその現場，工事若しくは活動が<u>6箇月</u>を超える期間存続するもの
> (b) 企業が使用人その他の職員を通じて行う<u>役務の提供</u>（コンサルタントの役務を含む。）であって，このような活動が単一の事業又は関連する事業についてその課税年度において開始し，又は終了するいずれかの12箇月の間に183日を超える期間一方の締約国内において行われるもの。（2011年改正）」

　具体的には，建設工事等に関する上記3項(a)号については，後述のとおり，OECDモデル租税条約の場合は12か月を超える期間存続しなければ恒久的施設に該当しないのに対して，その半分の期間（6か月）で該当することになります。また，OECDモデル租税条約には言及がない監督活動が明記されています。さらに，国連モデル租税条約5条3項(b)号は，上記の「サービスPE」と呼ばれているものですが，OECDモデル租税条約には(b)号に相当する規定はありません。このように，同条約に比べて，国連モデル租税条約の場合には，恒久的施設の範囲が広くなっており，その分，源泉地国において事業所得として課税できる範囲も広くなります。なお，国連モデル租税条約とOECDモデル租税条約の恒久的施設に関する規定の比較検討は，後で敷衍して行います。

> 【租税条約トピック③】　国連モデル租税条約の改訂
> 　国連モデル租税条約は，2017年4月に改訂されました。2011年版にいくつかの改訂が加えられましたが，技術上の役務への対価（Fees for Technical Service（以下，本欄において「FTS」といいます。））に関する条項の追加も含まれています。
> 　技術上の役務への対価について，支払地国内のPE（恒久的施設）の有無を問わず，支払地国において一定の限度税率で支払総額に課税することを認めるFTS条項は，日本とインドとの租税条約（12条）及びパキスタンとの租税条約（13条）に規定されています。
> 　従来，国連モデル租税条約にはFTS条項は含まれていませんでしたが，2017年改訂版に

おいてFTS条項が導入されました（12A条）。技術的役務は，経営上，技術上，又はコンサルティングの性格を有しているもので，従業員への支払い，教育機関での教育への支払いや個人的な役務は除かれています。技術的役務提供については，重要な価値を有し拡大しているにもかかわらず，電子商取引の発展により，PEに帰属する所得とは認識されず，税源が流出しているとの懸念が，新興国及び開発途上国にあったものと考えられます。そのため，実質的には，使用料の海外への支払いに対する源泉課税の範囲を拡大するものであり，源泉地国課税権の確保・拡大の動きと捉えることができます。

FTS条項の追加以外の2017年の主要な改訂に係る議論は次のとおりです。

(a) 標題及び前文

条約の標題及び前文において，条約が，トリーティーショッピングを含む租税回避又は脱税の機会を創出すべきでない旨規定されました。

(b) 人的範囲（1条）

課税上透明な事業体及び居住者への課税を明確にするセービングクローズが盛り込まれました。

(c) 居住者（4条）

個人でない双方居住者の条約上の居住性を決定する新しいタイブレーカールールが盛り込まれました。

(d) 恒久的施設（5条）

恒久的施設認定の回避防止が盛り込まれました。

(e) 海運，内陸水路運輸及び航空運輸（8条）

標題を国際海運及び航空運輸に変更し，航空運輸の定義を変更しました。

(f) 配当（10条）

25％を超える直接持分に対する配当へ軽減税率が適用される要件を変更しました。

(g) 使用料（12条）

国連モデル租税条約コメンタリーへの13.1から13.4の追加が承認されました。なお，使用料に対する課税を検討する小委員会において，ソフトウェア関係の使用料支払い並びに産業的，商業的及び科学的装置の特徴についてのコメンタリーを作成しました。

(h) 譲渡収益（13条）

4項において不動産化体株式を有する企業の範囲を修正し，5項も整合的に修正しました。

(i) 免除方式（23条A）及び税額控除方式（23条B）

居住者である一方の締約国は，所得及び財産に係る免除又は所得及び財産に係る税額の控除を，他方の締約国が行っている場合には，免除又は税額の控除を与える義務がないことを明確にする修正を行いました。

(j) 相互協議（25条）

BEPS行動計画14に係る最終報告書を踏まえ，紛争解決に関するコメンタリーを追加しました。なお，国連モデル租税条約においては，仲裁条項は設けられていません。

(k) 特典を受ける権利（29条）

条約の特典を受ける権利に係る第29条を新設し，条約特典の適用に係る条項として，特典制限条項，第三国における恒久的施設に関するルール及び主要目的テストを新設しました。

> **【租税条約トピック④】　建設工事PE成立までの期間**
> 　わが国と先進国との間の租税条約では，後述のOECDモデル租税条約と同様，12か月超の期間が定められています。これに対して，インド，中国，インドネシア等新興国との間の租税条約の多くは，国連モデル租税条約の上記5条3項(a)号と同様，6か月超の期間を定めていますが，タイとの租税条約においては3か月超（5条3項），また，オマーン，クウェートとの租税条約においては9か月超（5条3項）が定められています。

2　OECDモデル租税条約

　次に，OECD租税委員会による「所得と財産に対するモデル租税条約」（Model Double Taxation Convention on Income and on Capital, 以下「OECDモデル租税条約」といいます。）について概説します。

(1)　OECDモデル租税条約の歴史

　OECDモデル租税条約の起源は，「国際連盟（League of Nations）で1921年より開始された国際的二重課税を排除するための議論にある。」と説明されています（川田剛・徳永匡子『2017 OECDモデル租税条約コメンタリー逐条解説（第4版）』（以下，川田・徳永「コメンタリー逐条解説」といいます。）6頁）。その議論の内容については，淵圭吾教授の著書において詳細な解説がされています（同『所得課税の国際的側面』第2章「租税条約のネットワークの形成」81頁～154頁）。より具体的には，まず，専門家から成る「委員会の報告書は，1927年4月に提出されたが，その中には，二国間租税条約のモデル草案が含まれていた。」（同書102頁）そして，「1928年10月，国際連盟総会で，5つ（内所得税を取り扱ったもの3つ）のモデル租税条約案が報告された。これが最初の国際的モデル租税条約である。」とされています（川田・徳永「コメンタリー逐条解説」7頁）。その後，いくつかのモデル租税条約が作成され，さらに，多くの二国間租税条約が締結されたものの，モデル条約間で「いくつかの大変重要な論点について無視できない違いが含まれ」たり，また，「租税条約間の規定の相違点が多かったりという状況」が生じ，「租税条約中の諸原則・定義・手続等の調整，解釈の統一化の要請が高ま」っていきました（同書7頁）。

　1961年9月にOECDが正式に設立されると，OECD財政委員会（Fiscal Committee）

は，1963年7月に，「所得及び財産に対する二重課税回避のための租税条約草案」（「1963年租税条約草案」）を公表しました。前述のとおり，OECD事務総長アンヘル・グリアが国際租税の分野における歴史的な偉業の一つとして指摘したのが，このOECDモデル租税条約の策定です。「OECD理事会は，加盟国政府に対し，加盟諸国間で租税条約を締結・改正する際，この租税条約草案に従うべきことを勧告し」，1963年租税条約草案は，「その後の租税条約交渉で広く受け入れられ」ました（川田・德永「コメンタリー逐条解説」8頁・9頁）。さらに，その後，「加盟国の税制の変更，国際課税関係の増加」等に伴って「解決すべき租税問題がより複雑になっていた」ことから，「財政委員会は1963年租税条約草案の改正に着手し，そして1971年以降は租税委員会（Committee on Fiscal Affairs），特に第1作業部会がその仕事を引き継ぎ，1979年，新たなモデル租税条約とそのコメンタリーを公表」しました（同書9頁）。「1992年には，1979年以降に作成された租税委員会報告書に示された勧告を取り込んだ，新しいモデル租税条約が公表され」，以後，「1994年，1995年，1997年，2000年，2003年，2005年，2008年，2010年，2012年及び2014年にモデル租税条約及びコメンタリーが改正されて」います（同書10頁）。

　2018年9月末の時点では，2017年版のモデル租税条約とそのコメンタリーが最新のものです。2017年の改訂は，上記序章①の(i)ハイブリッド・ミスマッチ最終報告書（第2部），(ii)条約特典最終報告書，(iii)PE最終報告書，及び(iv)相互協議最終報告書の勧告を反映したものです。

(2)　OECDモデル租税条約の役割

　OECDモデル租税条約が実際の租税条約の締結又は改正において非常に重要な役割を果たしていることについては，次のとおり説明されています。

　　「租税条約については，OECDモデル租税条約が存在しており，ほとんどすべての2国間租税条約がこれにならっている。」（志賀櫻『詳解国際租税法の理論と実務』100頁）

　　「OECDモデル租税条約は，OECD加盟諸国の租税条約の締結・改正において，その基礎として広く採用されている。また，OECD加盟国のみならず，OECD加盟国と非加盟国，又は非加盟国同士の租税条約交渉においても，参考とされている。さらに，先進国と新興国間の国連モデル租税条約の作成においても，

OECDモデル租税条約が基礎として利用され，OECDモデル租税条約の重要な規定やコメンタリーが取り込まれている。」(川田・徳永「コメンタリー逐条解説」15頁)

(3) OECDモデル租税条約の条文構成

OECDモデル租税条約（2017年版）の条文構成は次のとおりとなっていますが，条文構成自体は，上記の国連モデル租税条約（2017年版）とほぼ同様です。

第1条　人的範囲	第17条　芸能人及び運動家
第2条　対象税目	第18条　退職年金
第3条　一般的定義	第19条　政府職員
第4条　居住者	第20条　学生
第5条　恒久的施設	第21条　その他所得
第6条　不動産所得	第22条　財産
第7条　事業所得	第23条A　免除方式
第8条　国際海上運輸及び国際航空運輸	第23条B　税額控除方式
	第24条　無差別取扱い
第9条　特殊関連企業	第25条　相互協議
第10条　配当	第26条　情報交換
第11条　利子	第27条　徴収共助
第12条　使用料	第28条　外交官
第13条　譲渡収益	第29条　特典を受ける権利
第14条　［削除］	第30条　適用地域の拡張
第15条　給与所得	第31条　発効
第16条　役員報酬	第32条　終了

OECDモデル租税条約の特徴は，上記の国連モデル租税条約と比較して源泉地国の課税権の範囲が狭いことです。これは，国際的二重課税の防止を企図したためです。

例えば，OECDモデル租税条約12条（使用料）は，源泉税の免除を定めております。すなわち，同条1項は，「一方の締約国において生じ，他方の締約国の居住者が受益者である使用料に対しては，当該他方の締約国においてのみ租税を課することができる。」と定めています。

また，同条約5条（恒久的施設）3項は，次のとおり，恒久的施設が成立

ためには工事現場等が12か月超存続することを求める内容となっていますが，上記の国連モデル租税条約の対応する規定と比較して，「恒久的施設」の範囲が狭くなっています（下線は筆者によるものです。）。

> 第5条（恒久的施設）3項
> 「建設工事現場又は建設若しくは据付けの工事については，これらの工事現場又は工事が<u>12箇月</u>を超える期間存続する場合には，恒久的施設を構成するものとする。」

さらに，OECDモデル租税条約には，「サービスPE」に関する国連モデル租税条約5条3項(b)号に相当する規定はありません。ただし，後述のとおり，PE最終報告書の勧告を踏まえて，OECDモデル租税条約5条においても，後述のBEPS防止措置実施条約第4部と同様，代理人PE（後で定義します。）を含め恒久的施設に該当する範囲を拡大する条文が盛り込まれました。なお，上記OECDモデル租税条約5条3項は，監督活動を明示していませんが，下記OECDモデル租税条約コメンタリーは，監督活動も含まれると解説しています（パラグラフ50）。

　上記のOECDモデル租税条約は，あくまで租税条約を締結又は改正する際のモデルであり，条約そのものではありません。したがって，OECDモデル租税条約は，法的拘束力をもたず，また，裁判規範となるものでもありません。
　後述の平成26年10月29日付け東京高裁判決も，「法的に拘束力を有するのは，OECD加盟国が締結した租税条約であり，モデル条約はそれ自体に拘束力」はないと説示しました（判決1。なお，原判決は平成25年11月1日東京地裁判決（判決2）です。）。

(4) OECDモデル租税条約コメンタリー

　OECDモデル租税条約コメンタリーは，実務上，条約の解釈において重要な役割を果たしています。この点に関し，次のような説明がされています。
　「モデル租税条約の各条項には，当該条項の具体例及び解釈を示したコメンタリーがある。このコメンタリーは，OECD加盟国政府の代表者が租税委員会で起草し合意したものである。コメンタリーは，法的拘束力をもつ各国の締結した租税条約の付属書として作成されたものではないが，租税条約の適用及び解釈に，特に紛争の解決において非常に有益である。加盟国の税務当局及び納税者は，租

税条約の解釈に際してコメンタリーを参照している。また，多数の加盟国の裁判判例においてもコメンタリーが引用されている。」（川田・徳永「コメンタリー逐条解説」19頁・20頁）。

なお，OECD加盟国は，各条文のコメンタリーの末尾に，「条文に対する留保」(Reservations on the Article) 又は「所見」(Observations on the Commentary) を付することができます。これらの行為は重要で，特に，「条文に対する留保」を付さない場合には，該当条文及びコメンタリーの内容について承認しているとみなされてしまいます[5]。

また，日米租税条約5条4項の適用範囲が主要な争点となった東京地裁平成27年5月28日判決も，「OECD理事会は，OECDの加盟国（日本及び米国を含む。）が二国間条約の締結又は改定に際して，OECDコメンタリーによって解釈されるものとしてのOECDモデル租税条約に従い，その課税当局は，OECDモデル租税条約に基づく二国間条約の規定の解釈適用においてOECDコメンタリーに従うべきとの勧告を行っていることが認められる」と判示しています（判決4。同判決は，東京高裁平成28年1月28日判決（判決3）によって支持されました。）。

> 【租税条約トピック⑤】　OECDモデル租税条約コメンタリーの役割
> 　わが国の最高裁判所（以下「最高裁」といいます。）は，次のとおり，OECDモデル租税条約に関するコメンタリーが日星租税条約［筆者注：日本とシンガポール間の租税条約のことです。］の「解釈の補足的な手段」に該当するとし，同コメンタリーの内容も検討した上で，わが国のタックス・ヘイブン対策税制は，同租税条約7条1項の規定に違反していないと説示しました（最高裁平成21年10月29日判決（判決5））。
> 　「日星租税条約は，経済協力開発機構（OECD）のモデル租税条約に倣ったものであるから，同条約に関してOECDの租税委員会が作成したコメンタリーは，条約法に関するウイーン条約（昭和56年条約第16号）32条にいう「解釈の補足的な手段」として，日星租

---

[5] 上記のとおり，OECDモデル租税条約は，OECD加盟国と非加盟国，又は非加盟国同士の租税条約に影響を及ぼすので，OECD非加盟国も，OECDモデル租税条約の条文やコメンタリーに同意できない場合の留保等を記載しています。具体的には，コメンタリーの後ろの「OECDモデル租税条約に対する非加盟国の立場」というタイトルの下，各国の留保等が記載されています。なお，条約法条約は，「留保」の定義を次のとおり定めています（2条1項(d)）。
　「留保とは，国が，条約の特定の規定の自国への適用上その法的効果を排除し又は変更することを意図して，条約への署名，条約の批准，受諾若しくは承認又は条約への加入の際に単独に行う声明（用いられる文言及び名称の如何を問わない）をいう。」

税条約の解釈に際しても参照されるべき資料ということができるところ，日星租税条約7条1項に相当する同モデル租税条約7条1項についてのコメンタリーは，同項は，法的二重課税に関する規定である旨を明確に述べ，また，措置法66条の6のような形のタックス・ヘイブン対策税制が同モデル租税条約に違反するか否かについて，7条等の関連規定の各コメンタリーは，その文言を理由として，違反しないものとしている。」

　さらに，日本とアイルランド間の租税条約（「日愛租税条約」ということがあります。）の下で，アイルランド居住者である匿名組合員の利益分配金がいわゆる「その他所得」（同条約23条）に該当し，わが国の源泉所得税が免除されるかどうかが争われた事案があります。

　東京高裁は，同事案において，まず，租税条約の解釈と上記コメンタリーの関係について次のように説示しました（平成26年10月29日判決（判決1）。なお，同判決は「コンメンタリー」という表現を使用しています。）。

　「法的に拘束力を有するのは，OECD加盟国が締結した租税条約であり，モデル条約はそれ自体に拘束力はなく，コンメンタリーは，法的に拘束力を有する租税条約の具体的な条文の解釈に当たって参照する余地があるとしても，租税条約の具体的な条文を離れて，それのみで，条約と同等の効力を有する独立の法源となると解することはできない。……そのため，「租税回避を目的とするような取引については，源泉課税を制限する租税条約の適用を否定する」旨を定めた租税条約の規定がないにもかかわらず，コンメンタリーのパラグラフの記載がそのような一般的法理を定めているとの主張を前提として，コンメンタリーのみに基づいて源泉課税を制限する租税条約の適用を否定し，課税することはできないというべきである。」

　東京高裁は，上記の判断を踏まえて，「日愛租税条約には，21.4パラグラフの第2段落に挙げられたような規定又はその他の規定によって，源泉課税を制限する日愛租税条約23条の適用を否定する具体的な条項は定められていないから，同条の適用を否定することはできない。」として，控訴人（国）の主張を退けました。

【租税条約トピック⑥】　コメンタリーの改訂と条文の解釈

　OECDモデル租税条約に関する上記コメンタリーは，コメンタリーの改訂と条文の解釈について，次の二つの場合で取り扱いが異なる旨を述べています。まず，同モデル租税条約の条文が改正され，それに関連してコメンタリーの改訂も行われた場合には，改訂後のコメンタリーは，改正後の条文にのみあてはまり，改正前の条文の解釈には参照されません。これに対して，モデル租税条約の条文自体は改正されず，コメンタリーのみの改訂が行われた場合には，改訂後のコメンタリーは，通常，それ以前に締結された租税条約の条文解釈の際に参照されます（序論パラグラフ35）。

3　OECDモデル情報交換協定

　OECDは，上記のモデル租税条約に加えて，締約国間で租税情報の交換を行うことを目的とする租税情報交換協定（Tax Information Exchange Agreement；以下「TIEA」といいます。）に関するモデル（Model Agreement on Exchange of Information Tax Matters：以下「OECDモデル情報交換協定」といいます。）も2002年に採択しています。なお，同モデル協定には，「二国間バージョン」と「多国間バージョン」があり，コメンタリーも存在します。上記OECDモデル情報交換協定及びわが国がタックス・ヘイブンと締結した情報交換協定については，第3章において解説します。

4　米国のモデル租税条約

　米国財務省はモデル租税条約を公表していますが，これは，他国との租税条約交渉を行う際の米国政府の基本的立場を表明したものです。したがって，米国は，日本との租税条約を含め他国との租税条約について，自国のモデル租税条約に基づいて交渉を行うことになります。米国財務省は，2016年2月に新しいモデル租税条約（"United Staes Model Income Tax Convention"，以下「2016年版米国モデル租税条約」又は「新モデル租税条約」ということがあります。）を公表しました。これは，2006年版の米国モデル租税条約を改定したものです。

　米国モデル租税条約の最も大きな特色は，租税回避（条約漁り）を防止するためのLOB（Limitation on Benefits）条項を設けていることにあります（22条。なお，2016年版はLOB条項をさらに精緻化しています（「2016年版米国モデル租税条約前文」（後で定義します。）参照）。米国は租税回避（条約漁り）に対抗するためのもう一つの方法である主要目的テスト（PPT）の採用には消極的であり，2016年版も主要目的テスト（PPT）を採用していません。新モデル租税条約は次のような条文構成となっており，OECDモデル租税条約の条文とほぼ対応しています。

第1条　一般的範囲 　（General Scope） 第2条　対象税目 　（Taxes Covered）	第3条　一般的定義 　（General Definitions） 第4条　居住者 　（Resident）

第5条　恒久的施設 （Permanent Establishment）	第18条　年金基金 （Pension Funds）
第6条　不動産所得 （Income from Real Property）	第19条　政府職員 （Government Service）
第7条　事業利得 （Business Profits）	第20条　学生等 （Students and Trainees）
第8条　海運及び航空運輸 （Shipping and Air Transport）	第21条　その他所得 （Other Income）
第9条　特殊関連企業 （Associated Enterprises）	第22条　特典の制限 （Limitation on Benefits）
第10条　配当 （Dividends）	第23条　二重課税の排除 （Relief from Double Taxation）
第11条　利子 （Interest）	第24条　無差別取扱い （Non-Discrimination）
第12条　使用料 （Royalties）	第25条　相互協議 （Mutual Agreement Procedure）
第13条　譲渡収益 （Gains）	第26条　情報交換及び行政執行共助 （Exchange of Information and Administrative Assistance）
第14条　給与所得 （Income from Employment）	第27条　外交官 （Members of Diplomatic Missions and Consular Posts）
第15条　役員報酬 （Directors' Fees）	
第16条　芸能人及び運動家 （Entertainers and Sportsmen）	第28条　事後の法改正 （Subsequent Changes in Law）
第17条　退職年金，社会保険等 （Pensions, Social Security, Annuities, Alimony, and Child Support）	第29条　発効 （Entry into Force）
	第30条　終了 （Termination）

　米国財務省は，2016年版米国モデル租税条約を公表するに際し，"Preamble to 2016 U.S. Model Income Tax Convention"（「2016年版米国モデル租税条約前文」）も同時に公表しました。その中で，租税条約関連のBEPS最終報告書に対応するコメントを行い，2016年版米国モデル租税条約に下記の規定を盛り込みました（同条約前文8頁・9頁。なお，恒久的施設認定の人為的回避の防止に関する改正規定

は盛り込みませんでした。)。

1. 前文を改正して、租税条約の目的は、脱税又は租税回避を通じた租税の免除又は軽減の機会を創出することなく所得税の二重課税の排除を行うものであるとする趣旨を明記しました。すなわち、2006年版米国モデル租税条約の前文は、二重課税の排除と脱税の防止のみを記載していましたが、2016年版米国モデル租税条約は、前文に、トリーティー・ショッピング（条約漁り）の取決めを含む租税回避防止目的も記載しました。これは、後述のとおり、BEPS防止措置実施条約6条に対応するものです。より具体的には、次のような文章を記載しています。

「米国政府と＿＿＿＿＿国政府は、所得に対する租税に関して、脱税又は租税回避を通じた非課税又は租税の軽減（第三国の居住者の間接的な利益のためにこの協定において与えられる租税の免除又は軽減を得ることを目的とする条約漁りの仕組みを通じたものを含む。）の機会を生じさせることなく、二重課税を排除するための条約を締結することを意図して、次のとおり協定した。」

2. 工事現場、工事等は12か月を超えて存続する場合には恒久的施設に該当しますが、これを分割する租税回避に対抗する規定を設けました（5条3項）。これは、後述のとおり、BEPS防止措置実施条約14条に対応するものです。

3. 配当所得について5％の軽減税率の適用を受けるためには、10％以上の直接株式保有が12か月以上継続する必要がある旨の継続保有要件が追加されました。これは、軽減税率の適用を受けるために事前に株式を追加取得するような租税回避を防止するためのものです（10条2項）。この条項は、後述のとおり、BEPS防止措置実施条約8条に対応するものです。

なお、米国モデル租税条約では、25条の相互協議手続規定において、相互協議の申立を両締約国のいずれに対しても行うことができる旨定めていますが、これに対応した規定は、後述のとおり、BEPS防止措置実施条約16条及び2017年改訂版OECDモデル租税条約25条1項に盛り込まれました。また、以下のとおり、いわゆる「ベースボール方式」による仲裁手続を定めていますが、これに対応した規定は、後述のとおり、BEPS防止措置実施条約23条1項に盛り込まれました。

米国モデル租税条約は、相互協議において合意を得ることができない場合に仲

裁に進むことが可能である旨規定し（25条6項），仲裁に進むための要件を規定した上で（7項），仲裁手続のルールを定めています（9項）。9項j)号は，以下のとおりベースボール方式の仲裁手続を定めており，両締約国の権限のある当局により提出された解決案から二者択一による決定を行うこととしています。

【租税条約トピック⑦】　米国モデル租税条約25条（相互協議手続）9項j)号

「仲裁パネルは，書面により締約国の権限のある当局に決定を伝えなければならない。仲裁手続における仲裁パネルによる決定は，各調整又は同様の事項及びいかなる閾値の問題に対しても，締約国の権限のある当局により提案された解決策のいずれか一方に限定されなければならず，決定に至る根拠又は他のいかなる説明も含んではならない。仲裁パネルの決定は，他のいかなる事案においても，本条約の適用に関して，先例となる価値を有してはならない。」

こうしたベースボール方式による仲裁は，米国大リーグの年俸等の契約交渉において使用されている方式を起源としています。これまでのOECD方式では，仲裁パネルの独自判断による決定を前提に，両締約国の権限のある当局がより強い力で自国の提案へ引き寄せる綱引きのような側面があり，相互協議での譲歩が引き出されていなかったとの指摘がありました。しかし，ベースボール方式の仲裁では，仲裁パネルが両締約国の権限のある当局の譲歩案の合理性を考慮して二者択一で判断するため，相互協議において，自国の提案をより強く主張するよりも，合理的な譲歩案を提示した方が採用される可能性が高いと考えられることになり，相互協議での譲歩が引き出される効果があるとされています。

2016年版米国モデル租税条約は，新たに，「特別税制」（special tax regime）という定義を導入しました（3条1項1号）。特別税制には，能動的事業活動を行っていない法人に対する特恵的な15％未満か通常税率の60％未満への税率引き下げや課税ベースの恒久的縮減等を行う外国の法令，規則の制定，通達の発遣，執行実務等が含まれます。

そして，特別税制の用語は，具体的には，可動性のある所得である11条（利子），12条（ロイヤリティー）及び21条（その他所得）の条項に導入されました。そして，これらの所得の受益者である一方の締約国の居住者が他方の締約国の支払者と所定の関連者であり，かつ，居住地国における特別税制による便益を享受している

場合には，条約上の特典は受けられないものとされています（11条2項c)号，12条2項a)号，及び21条2項a)号）。

なお，2016年版米国モデル租税条約1条8項は，軽課税国である第三国に所在する恒久的施設帰属所得に対する軽課（実効税率15%未満又は居住地国の通常法定税率の60%未満）を利用して行う租税回避に対抗するために，租税条約上の特典は享受できない旨定めています。この条項は，後述のとおり，BEPS防止措置実施条約10条に対応するものです。

2016年版米国モデル租税条約28条は事後の国内法改正（Subsequent Changes in Law）に関する規定です。これは，租税条約締結後に，一方の締約国が国内法で，上記のような15%未満か通常税率の60%未満への税率引下げを行ったり，ほぼ全ての国外源泉所得への課税を居住者に免除する特典を創設したりして，租税負担を大幅に軽減するような改正を行った場合には，条約締結の際には念頭に置いていなかった軽課税等の結果をもたらすリスクがあり，また，条約交渉によって合意された課税権の配分を維持することの妥当性に疑義も生じてしまうため，両締約国間で，課税権の適切な配分を実現できるように，改正交渉を行うとしています。

2016年の米国モデル租税条約改訂は，これまでのtreaty shoppingだけでなく，regime shoppingに対抗するものであると評価されています。

なお，米国財務省は，米国モデル租税条約の技術的説明（technical explanation）も公表していますが，同条約の条文の内容を正確に理解するのに有用です[6]。

---

6 ドイツにおいては，租税条約交渉の基礎となる"The German Model"が，また，オランダにおいては，租税条約政策"Memorandum on Dutch Tax Treaty Policy"が，それぞれ公表されているようです（川村晋策「租税条約における仲裁制度の現状と課題」（租税資料館賞受賞論文集第24回上巻所収（以下（川村「租税条約における仲裁制度の現状と課題」といいます。））19頁・20頁）。わが国は，モデル租税条約を有していませんが，上記のとおり，原則OECDモデル租税条約に基づいて交渉を行っています。ただし，これに併せて，日米租税条約やEU主要国との租税条約も参照にしているようです（青山慶二「租税条約による課税権の配分等の諸機能」（「税源浸食と利益移転（BEPS）対策税制」所収）4頁参照）。

5　中国のモデル租税条約

　中国は，米国のようなモデル租税条約も，また，技術的説明（technical explanation）も公表していません。

　しかし，中国の国家税務総局は，2010年7月26日付けで「『中華人民共和国政府とシンガポール共和国政府の所得の二重課税の回避と脱税の防止に関する協定』および議定書条文解釈に関する通知」（2010年国税発75号）を公表しました。この通知は，中国・シンガポール間の租税条約の解釈を示したものですが，中国と他国（日本を含む。）との租税条約についても同様の条文がある場合には，上記通知の内容が中国政府の解釈として扱われることになると考えられています。したがって，上記通知は，実質的には，米国モデル租税条約の技術的説明（technical explanation）と同様の役割を果たしていると思われます。そして，上記通知は，例えば，外国企業が中国子会社又は関連会社に人員を派遣し，当該外国企業の業務に従事させる場合のサービスPEについて，恒久的施設の認定を行う際に，次のような点を考慮に入れるとしています。

(i)　指揮命令権が外国企業にあり，また，業務リスクを外国企業が負担しているか否か
(ii)　出向者の選定権限が外国企業にあるか否か
(iii)　外国企業が給与を負担しているか否か
(iv)　外国企業が利益を取得しているか否か

⑤　条約の解釈に関するルール

　わが国は条約法条約を批准しています。したがって，わが国が締結した租税条約の解釈についても，条約法条約第3節「条約の解釈」のルールがあてはまります。条約法条約は，条約の解釈のルールとして，具体的には，次の31条〜33条を規定しています（下線は筆者によります。）。

「31条　解釈に関する一般的規則
1　条約は，文脈によりかつその趣旨及び目的に照らして与えられる用語の通常の意味に従い，誠実に解釈するものとする。
2　条約の解釈上，文脈というときは，条約文（前文及び付属書類を含む。）

のほかに，次のものを含める。
　(a)　条約の締結に関連して当事国の間でされた条約の関係合意
　(b)　条約の締結に関連して当事国の一又は二以上が作成した文書であってこれらの当事国以外の当事国が条約の関係文書として認めたもの
3　文脈とともに，次のものを考慮する。
　(a)　条約の解釈又は適用につき当事国の間で後にされた合意
　(b)　条約の適用につき後に生じた慣行であって，条約の解釈についての当事国の合意を確立するもの
　(c)　当事国の間の関係において適用される国際法の関係規則
4　用語は，当事国がこれに特別の意味を与えることを意図していたと認められる場合には，当該特別の意味を有する。」

　上記31条の規定は，条約に限らず，法令規則等を解釈する際にあてはまる一般的ルールのような内容です。なお，上記2項柱書に関して，後述のとおり，BEPS防止措置実施条約6条は対象租税条約の前文の修正を定めていますが，そのように修正された前文の内容も「文脈」に含めて解釈されることに留意する必要があります。

「32条　解釈の補足的な手段
　　前条の規定の適用により認められた意味を確認するため又は次の場合における意味を決定するため，<u>解釈の補足的な手段</u>，特に条約の準備作業及び条約の締結の際の事情に依拠することができる。
　(a)　前条の規定による解釈によっては意味があいまい又は不明確である場合
　(b)　前条の規定による解釈により明らかに常識に反した又は不合理な結果がもたらされる場合」

　上記のとおり，最高裁は，わが国のタックス・ヘイブン対策税制が日星租税条約に違反しないという結論を導く過程で，OECDモデル租税条約に関するコメンタリーは，上記条約法条約32条の「解釈の補足的な手段」として，OECDモデル租税条約に倣った日星租税条約の解釈に際しても参照されるべきであると説示しました（<u>判決5</u>）。

「33条　二以上の言語により確定がされた条約の解釈
1　条約について二以上の言語により確定がされた場合には，それぞれの言語による条約がひとしく権威を有する。ただし，相違があるときは特定の言語による条約によることを条約が定めている場合又はこのことについて当事国が合意する場合は，この限りではない。
2　条約文の確定に係る言語以外の言語による条約は，条約に定めがある場合又は当事国が合意する場合にのみ，正文とみなされる。
3　条約の用語は，各正文において同一の意味を有すると推定される。
4　1の規定に従い特定の言語による条約文による場合を除くほか，各正文の比較により，第31条及び前条の規定を適用しても解消されない意味の相違があることが明らかになった場合には，条約の趣旨及び目的を考慮した上，すべての正文について最大の調和が図られる意味を有する。」

上記33条1項但書に関して，例えば，日独租税条約の議定書は，「日本語の本文及びドイツ語の本文の解釈に相違がある場合には，英語の本文による。」と定めています。また，上記33条3項の「条約の用語」に関連して，日米租税条約3条2項は，租税条約で定義されていない用語の意義の解釈について，次のとおり規定しています。すなわち，「国内法を参照して条約上の用語を解釈する」とされています（増井・宮崎「国際租税法」29頁）。

【租税条約トピック⑧】　租税条約上の用語の意義（日米租税条約3条2項）
「文脈により別に解釈すべき場合又は両締約国の権限のある当局が第25条の規定に基づきこの条約の適用上の用語の意義について別に合意する場合を除くほか，この条約の適用を受ける租税に関する当該一方の締約国の法令において当該用語がその適用の時点で有する意義を有するものとする。当該一方の締約国において適用される租税に関する法令における当該用語の意義は，当該一方の締約国の他の法令における当該用語の意義に優先するものとする。」

例えば，日米租税条約15条が言及する「役員」については，条約上に定義がないため，同条約3条2に基づき，わが国においては，わが国の法令に従い，「取締役，執行役，監査役等が含まれ」るとされていました（『改正税法のすべて（平成25年版）』757頁・758頁）。ただし，日米新条約の下では，「役員」は「取締役会の構成員」と定義されました（日米改正議定書6条，日米新条約15条）。

6　租税条約の種類

1　二国間租税条約と多国間租税条約

　租税条約には様々な種類のものがありますが，まず，租税条約の締結国（地域）が2つか3つ以上かで，二国間租税条約と多国間租税条約に分類できます。

(1)　二国間租税条約
　ア　所得に対する租税等に関する租税条約
　租税条約の主流は，二国間で締結される所得に対する租税条約です。例えば，日米租税条約，日独租税条約，日英租税条約，日中租税条約等がこれに該当します。2018年10月1日現在，わが国は59本の二国間の所得に対する租税条約を締結し，70か国・地域に適用されています。条約の数よりも適用国・地域の数が多いのは，旧ソ連・旧チェコスロバキアとの条約が複数国へ承継されていることが原因です。

　イ　遺産，相続及び贈与に関する租税条約
　日米間においては，1954年に締結された「遺産，相続及び贈与に対する租税に関する二重課税の回避及び脱税の防止のための日本国とアメリカ合衆国との間の条約」があります。わが国は，米国以外の他国とはこのような条約を締結していませんが，後述のとおり，平成29年度税制改正により相続税及び贈与税の無制限納税義務の範囲が見直され，国外財産を含めたすべての取得財産に係る相続税及び贈与税の課税範囲が拡大されたことから，国際的な二重課税のリスクが高くなったとして，米国以外の国との相続税条約の締結も要望されている状況にあります[7]。
　現状では，上記日米間の条約がわが国の締結している唯一の遺産，相続及び贈与に対する租税条約になりますが，同条約については第5章において概説します。

---

[7]　日本税理士連合会の平成29年6月22日付け「平成30年度税制改正に関する建議書」19頁。ただし，「世界的にみても，資産移転税を欠く国がかなり存在する中で，租税条約の締結範囲拡大を通じて二重課税を排除しようとする気運は存在しない。」という指摘もあります（増井良啓「国際課税の制度設計」（『現代租税法講座国際課税』所収12頁）。

ウ　情報交換を主体とした租税協定

二国間租税条約の中には，二重課税の除去等を目的とせずに，情報交換を主体とした租税協定があります。例えば，2010年に締結された「脱税の防止のための情報の交換及び個人の所得についての課税権の配分に関する日本国政府とバミューダ政府との間の協定」（以下「バミューダとの情報交換協定」ということがあります。）がこれに該当します。2018年10月1日現在，わが国は11本の情報交換協定を締結し，11か国・地域に適用されています。情報交換協定については，第3章において解説します。

(2)　多国間租税条約
ア　多国間租税条約の種類

多国間租税条約も相当古い時代から存在するようです。

例えば，1921年6月に，オーストリア，ハンガリー，イタリア，ポーランド，セルビア＝スロベニア王国，ルーマニア間で，租税条約が締結されました（淵圭吾『所得課税の国際的側面』82頁）。現在では，ノルディック諸国間の条約（The Nordic Convention on Income and Capital）やベネルクス諸国間の条約（The Benelux Convention）が存在します。さらに，移転価格課税事案の仲裁について，1990年7月に欧州12か国により署名されたEU仲裁条約（the Convention on the Elimination of Double Taxation in Connection with the Adjustment of Profits of Associated Enterprises）もあります。なお，同条約は，2017年10月10日の理事会指令（EU）2017/1852によって改正され，対象は移転価格課税事案に限らず，それ以外の課税事案にも広げられました。

多国間租税条約は，近時その重要性を増してきています。特に，冒頭で述べた本書の中心テーマであるBEPS防止措置実施条約と，下記の欧州評議会/OECD税務行政執行共助条約が重要です。2018年10月1日現在，わが国が締結している多国間租税条約は，BEPS防止措置実施条約と欧州評議会/OECD税務行政執行共助条約のみです[8]。

8　OECDモデル租税条約の作成に関連して，「1963年租税条約草案及び1977年モデル租税条約の起草段階で，多国間租税条約の可能性も検討されたが，全加盟国の多国間租税条約の締結は現実的ではないとして採用されなかった」という経緯があったようです（川田・徳永「コメンタリー逐条解説」9頁）。2014年版OECDモデル条約の序論パラグラフ40は，全加盟国の多国間協定は実行可能性があるとは言えず，二重課税の防止にとって二国間条約が最も適切であると結論付けています。

イ 欧州評議会/OECD税務行政執行共助条約

1988年1月に策定された欧州評議会/OECD税務行政執行共助条約（The Convention on Mutual Administrative Assistance in Tax Matters，以下「税務行政執行共助条約」といいます。）は，多国間条約として，情報交換，徴収共助及び書類送達を行うためのものです。すなわち，税務行政執行共助条約の目的は，租税回避及び脱税に国際的に対処するため，多数国間で租税に関する相互行政支援を行うことです。2010年5月，税務行政執行共助条約改正議定書が11か国により署名されました。わが国は，2011年11月，フランスのカンヌG20サミットにおいて，税務行政執行共助条約及び同条約改正議定書に署名しました。税務行政執行共助条約の内容については，第3章において解説します。

2 国交のない国との租税に関する取決め

(1) 公益財団法人交流協会と東亜関係協会間の取決め

2015年11月26日，民間の団体である日本の公益財団法人交流協会と台湾の東亜関係協会との間で「所得に対する租税に関する二重課税の回避及び脱税の防止のための公益財団法人交流協会と東亜関係協会との間の取決め」（「日台民間租税取決め」）に署名がされました。この取決めは，対象事項について，正式な国交のない日本と台湾の関係政府当局の必要な同意が得られるよう両協会が相互に協力することを定めるものであり，両国間の健全な投資・経済交流の促進に資する内容となっています。

「日台民間租税取決め」の条文は下記のとおり実質的には租税条約と同様の内容です。

第1条（対象となる者）	第11条（利子）
第2条（対象となる租税）	第12条（使用料）
第3条（一般的定義）	第13条（譲渡収益）
第4条（居住者）	第14条（独立の人的役務）
第5条（恒久的施設）	第15条（給与所得）
第6条（不動産所得）	第16条（役員報酬）
第7条（事業利得）	第17条（芸能人及び運動家）
第8条（海上運送及び航空運送）	第18条（退職年金）
第9条（関連企業）	第19条（公的役務）
第10条（配当）	第20条（学生）

第21条（その他所得）	第26条（減免の制限）
第22条（二重課税の排除）	第27条（相互主義）
第23条（無差別待遇）	第28条（効力発生）
第24条（相互協議手続）	第29条（終了）
第25条（情報の交換）	［筆者注：議定書・交換公文はなし］

　5条3項(a)号において，建設工事PEは6か月を超える期間継続すると成立するとしていること及び同項(b)号がサービスPEを定めていることが特徴です。10条（配当），11条（利子），12条（使用料）については，10％の軽減税率が規定されています（各2項）。24条（相互協議手続）において，仲裁手続は定められていません。なお，同条に関して，「日台民間租税取決め第24条（相互協議手続）の取扱い等について」（事務運営指針）が策定されています。さらに，第26条（減免の制限）は，特典を受けることをその主たる目的の全部又は一部とする取決めの場合には，租税の減免の特典を受けることができない旨規定しています。

　わが国が締結した従来の租税条約は，いずれも日本国政府と相手国（地域）政府間の合意であり，民間団体である上記の公益財団法人交流協会と東亜関係協会間の取決めは，新たな形式の取決めと評価できます。ただし，この民間団体間の取決めに止まったのでは，課税権者である政府を法的に拘束することはできません。

(2)　国内法の整備

　そのため，「日台民間租税取決めに規定された内容を実施するためには，相互主義を条件として，日台民間租税取決めに規定された内容を所得税法や法人税法といった既存の国税関係法律の特例として国内法において措置することが必要となり，この国内法の整備により，租税条約に相当する枠組みを構築することが可能となります。そこで，日台民間租税取決めが取り結ばれたことを受けて，平成28年度税制改正において，その内容を日本国内で実施するための国内法を整備することとされました。」（『改正税法のすべて（平成28年版）』631頁）

　より具体的には，「外国人等の国際運輸業に係る所得に対する相互主義による所得税等の非課税に関する法律」を「全面的に改正し，従来の規定に加え，日台民間租税取決めに規定された内容を実施するための規定が盛り込まれ，併せて，

法律の題名は「外国居住者等の所得に対する相互主義による所得税等の非課税等に関する法律」と改正されました」（同書632頁）。
　同法第1章「総則」1条（趣旨）は，同法の趣旨を次のように定めています。

　「この法律は，外国との相互主義に基づき，当該外国との間の二重課税を排除する等のため，所得税法（昭和40年法律第33号），法人税法（昭和40年法律第34号）その他の国税関係法律及び地方税法（昭和25年法律第226号）の特例等を定めるものとする。」

上記第1章に続く第2章以下は次のとおりです。
第2章（2条〜43条）
　「国内源泉所得等に対する所得税等の非課税等」
第3章（44条〜46条）
　「国際運輸業に係る所得に対する所得税の非課税」

「外国居住者等の所得に対する相互主義による所得税等の非課税等に関する法律」施行令は，多くの箇所において，租税条約等実施特例法施行令の関連規定を準用することによって，両者が実質的にほぼ対応するようになっています。

(3) 台湾側の法整備

　日台民間租税取決めが法的効力を持つためには，台湾側においても国内法を整備する必要がありますが，既に法整備が完了しました。そして，2017年1月1日以降に開始する課税年度より適用されています。

【租税条約トピック⑨】　日本と台湾間の移転価格問題等の解決

　従来台湾との間では租税条約が締結されていなかったことから，租税条約上の相互協議を行うことは不可能な状況にありました。
　そのため，移転価格における事前確認については，相互協議を伴う事前確認を行うことができなかったことから，日本及び台湾の双方で，それぞれ同じ内容のユニの事前確認（納税者が自らの居住地国の税務当局との間だけで行う事前確認）を行い，それにより日本と台湾との間の二重課税問題の未然防止が行われてきました。
　日台民間租税取決めの締結の結果，24条に相互協議手続が規定されたことから，両国当局間の相互協議を伴う事前確認を行うことが可能になりました。

移転価格税制に係る日台民間租税取決めの特徴は，以下のとおりです。

(1) 独立企業原則の適用

日台民間租税取決めにおける独立企業原則の適用は，日米租税条約及び日中租税条約と同様の規定となっています（9条1項）。

「次のいずれかに該当する場合であって，そのいずれの場合においても，商業上又は資金上の関係において，双方の企業の間に，独立の企業の間に設けられる条件と異なる条件が設けられ，又は課されているときは，その条件がないとしたならば一方企業の利得となったとみられる利得であってその条件のために当該一方の企業の利得とならなかったものに対しては，これを当該一方の企業の利得に算入して租税を課することができる。

(a) 一方の地域の企業が他方の地域の企業の経営，支配又は資本に直接又は間接に参加している場合

(b) 同一の者が一方の地域の企業及び他方の地域の企業の経営，支配又は資本に直接又は間接に参加している場合」

(2) 対応的調整

日台民間租税取決めにおける対応的調整は，日米租税条約と同様の規定となっています（9条2項）。

「一方の地域が，他方の地域において租税を課された当該他方の地域の企業の利得を1の規定により当該一方の地域の企業の利得に算入して租税を課する場合において，その算入された利得が，双方の企業の間に設けられた条件が独立の企業の間に設けられたであろう条件であったとしたならば当該一方の地域の企業の利得となったとみられる利得であることに当該他方の地域が同意するときは，当該他方の地域は，その利得に対して当該他方の地域において課された租税の額について調整を行う。この調整に当たっては，取極めの他の規定に妥当な考慮を払うものとし，両地域の権限のある当局は，必要があるときは，第24条及び第25条の規定に従って相互に協議する。」

(3) 相互協議手続

日台民間租税取決めにおける相互協議手続は，日米租税条約及び日中租税条約と同様の規定となっています（24条1項）。

「一方又は双方の地域の措置によりこの取決めの規定に適合しない課税を受けたと認められる者又は受けることになると認める者は，その事案について，当該一方又は双方の地域の法令に定める救済手続とは別に，自己が居住者である地域の権限のある当局に対して又は当該事案が前条1の規定の適用に関するものである場合には自己が国民若しくは市民である地域の権限のある当局に対して，申立てをすることができる。当該申立ては，この取決めの規定に適合しない課税に係る措置の最初の通知の日から3年以内に，しなければならない。」

(4) 合意努力義務

日台民間租税取決めにおける合意努力義務は，日米租税条約及び日中租税条約と同様の規定となっています（24条2項・3項）。

「2　権限のある当局は，1に規定にする申立てを正当と認めるが，自ら満足すべき解決を与えることができない場合には，この取決めの規定に適合しない課税を回避するため，他方の地域の権限のある当局との合意によってその事案を解決するよう努める。成立した全ての合意は，両地域の法令上のいかなる期間制限にもかかわらず，実施されなければならない。
　3　両地域の権限のある当局は，この取決めの解釈又は適用に関して生ずる困難又は疑義を合意によって解決するよう努める。」

平成29年1月31日に，「日台民間租税取決め第24条（相互協議手続）の取扱い等について」（事務運営指針）が発遣されましたが，相互協議の対象として以下を規定しています。
① 移転価格課税
　　内国法人とその国外関連者との間における取引に関し，わが国又は台湾において移転価格課税を受け，又は受けると認められることを理由として，当該内国法人が，相互協議を求める場合
② 移転価格に係る事前確認
　　内国法人とその国外関連者との間における取引に係る事前確認について，当該内国法人が，移転価格事務運営要領6-2又は連結法人に係る移転価格事務運営要領6-2に定める事前確認の申出を行うとともに，相互協議を求める場合
③ 恒久的施設
　　居住者又は内国法人が，台湾における恒久的施設の有無又は台湾に有する恒久的施設に帰せられる所得の金額について，台湾において日台民間租税取決めの規定に適合しない課税を受け，又は受けるに至ると認められることを理由として，相互協議を求める場合
④ 恒久的施設に係る事前確認
　　内国法人が，恒久的施設帰属所得に係る所得に関する調査等に係る事務運営要領7-1又は連結法人の国外事業所得等帰属所得に係る連結所得に関する調査等に係る事務運営要領5-1に定める事前確認の申出を行うとともに，相互協議を求める場合
⑤ 源泉課税
　　居住者又は内国法人が，台湾において行われる源泉徴収について，日台民間租税取決めの規定に適合しない課税を受け，又は受けるに至ると認められることを理由として，相互協議を求める場合
⑥ 無差別条項（内国民待遇）
　　非居住者で日本の国籍を有する者が，台湾において，台湾の市民よりも重い課税又は要件を課され，又は課されるに至ると認められることを理由として，相互協議を求める場合
⑦ 日台民間租税取決めの規定に適合しない課税
　　わが国の居住者で台湾の法令により台湾の居住者にも該当するとされる者が，台湾において日台民間租税取決めの規定に適合しない課税を受け，又は受けるに至ると認められることを理由として，相互協議を求める場合

3 社会保障協定

　二重課税とは異なりますが，個人が国外勤務になった場合などに，年金保険料をわが国においても，また，国外勤務期間中に当該外国においても支払う場合が生じます[9]。しかし，数年後にわが国に帰国することが通常であるため，外国での保険料が掛け捨てになってしまうという不利益を被ります。そこで，年金保険料の二重負担を防止したり，保険料が掛け捨てとならないように加入期間の通算を認めるなどして，上記不利益を解消することが望まれます。このような目的のために締結されるのが社会保障協定です。わが国は2018年9月末現在，ドイツ，英国，韓国，米国，ベルギー，フランス，カナダ，オーストラリア，オランダ，チェコ，スペイン，イタリア，アイルランド，ブラジル，スイス，インド，ハンガリー，ルクセンブルク，フィリピン，スロバキア，中国の21か国とかかる社会保障協定を締結しています[10]。そして，例えば，ドイツと締結された協定の正式名は，「社会保障に関する日本国とドイツ連邦共和国との間の協定」ですが，同協定を実施するために，社会保障に関する日本国とドイツ連邦共和国間の協定の実施に伴う厚生年金保険法等に関する法律等が制定されています。

7 わが国の租税条約締結ポリシー

1 租税条約締結ポリシーにおける日米租税条約の重要性

　わが国の租税条約締結ポリシーのうち，まず，先進国との間の租税条約締結ポリシーの歴史的変遷については，次のように説明されています（増井・宮崎「国際租税法」26頁）。

　「日本の租税条約締結ポリシーの歴史的変遷において節目となってきたのは，その時々の対米条約である。日本の締結した最初の本格的な租税条約は，1954年署名の日米租税条約であり，以後に締結した租税条約の基調を成した。その後日本は，1964年にOECDに加盟し，1971年に日米租税条約を改訂した。最初の条約

---

[9] OECDモデル租税条約コンメンタリーも，社会保険料は租税には該当せず，租税条約の適用はないとしています（第2条パラグラフ3，6.1参照）。
[10] 平成30年4月25日に，わが国はスウェーデンとの社会保障協定について実質合意に至りました。

に比べ，源泉地国課税から居住地国課税へと力点を移している。これは，日本が資本輸入国の立場から，徐々に資本輸出国の立場に向かうにつれ，利子や配当といった投資所得について，源泉地国課税を縮小することが可能となったからである。ここで示された条約締結ポリシーが，その後の経済先進国との間の条約改定に受け継がれている。」

2 源泉地国課税に関するポリシー

2003年の日米租税条約改定によって，使用料及びその他の所得等について源泉税免除とし，また，配当についても減免の幅を大きく拡大しました。そして，2013年1月に署名し未だ効力の発生していない日米新条約の下では，さらに，利子についても原則として源泉税を免除しようとしています。このように，二重課税を排除するために源泉地国課税を大幅に縮小させるポリシーは，その程度に差異はあるものの，他の先進国との間の租税条約においても採用されています。

【租税条約トピック⑩】 日米新条約の効力発生日

日米両国は，2013年1月にワシントンD.C.において「所得に対する租税に関する二重課税の回避及び脱税の防止のための日本国政府とアメリカ合衆国政府との間の条約を改正する議定書」（同議定書に言及する場合には，以下「日米改正議定書」といいます。）に署名しました。わが国においては，日米改正議定書は第183回国会において平成25年6月に承認されましたが，米国議会での承認手続が未了のため，2018年10月1日現在において，未だ効力が生じていません。米国上院へ上程されたにもかかわらず，米国における承認手続が遅れている日米改正議定書の主な内容は，源泉地国免税の拡大，相互協議手続における仲裁制度の導入及び徴収共助の拡充となっています。わが国のみならず米国にとってもメリットとなるものであるにもかかわらず，承認手続が遅れている理由は必ずしも明確ではありませんが，承認手続の優先度において劣後している可能性があると考えられています。

---

3 トリーティーショッピング（条約漁り）防止策に関するポリシー

上記2のように，租税条約によって源泉地国課税を大幅に縮小させると，第三国の居住者が，かかる条約上の特典享受を企図し，条約締結国にペーパーカンパニーを設立するなどして，条約を濫用する事態が生じてしまいます。そこで，2003年の日米租税条約改訂の際に，トリーティーショッピング防止策として特典制限条項（ただし，「特典条項」と表現されることもあります。英語では"limitation on benefit clause"なので，「LOB条項」又は「LOB」ということがあります。）が導入

されましたが，次のとおり，LOB条項もわが国の条約締結ポリシーとなったとされています。

「条約上の特典を適格居住者のみに限定するのが，特典条項（limitation on benefit clause，LOB条項）である。1980年代以降米国が特典条項の導入を各国に働きかけていたこともあり，日本国は2003年日米条約においてはじめてこれを採用した（日米22条）。その後，特典条項は，日本の条約締結ポリシーとなった。」（増井・宮崎「国際租税法」34頁）

しかし，後述のとおり，BEPS防止措置実施条約7条（条約の濫用の防止）について，トリーティーショッピング防止策として，わが国は，LOBではなく，主要目的テスト（Principal Purpose Test（「PPT」ということがあります。）を選択しました。したがって，トリーティーショッピング防止策を引き続き強化していると評価できますが，トリーティーショッピング防止目的上，将来においてもLOBが引き続きわが国の最も重要な防止策と位置付けられるかは，必ずしも明確ではないように思われます。

4 非居住者の事業所得に関するポリシー

外国法人等の非居住者の事業所得については，1954年の日米租税条約においては恒久的施設を有する場合にはすべての国内源泉所得を課税対象とする総合主義が採用されましたが，1960年のインドとの租税条約において恒久的施設に帰属する国内源泉所得についてのみ課税するという帰属主義が初めて導入されました。それ以降，わが国の締結したすべての租税条約において帰属主義が採用されています。そして，後で詳細に説明するとおり，恒久的施設に帰属する所得の算定については，OECDが2010年にモデル租税条約において採用したAOA（Anthorized OECD Approach）をわが国の租税条約においても採用することが，その後の条約締結ポリシーとなりました。

5 二重課税排除方法に関するポリシー

OECDモデル租税条約23条は，二重課税排除の方法として，(A)国外所得免除方式と(B)税額控除方式を選択的に規定しています。

(A)は，国外所得を免除し国内源泉所得のみを課税対象とする方法で，ヨーロッ

パ及び中南米において採用している国が少なからず見られます。(B)は，全世界所得に課税した上で外国税額控除を行う方法です。わが国は，(B)の税額控除方式を採用しています。ただし，平成21年度税制改正により，間接税額控除制度に代えて，外国子会社配当益金不算入制度を導入したので，この部分に限っては，国外所得免除の要素を取り入れたと評価できます。

6　途上国との租税条約におけるみなし外国税額控除に関するポリシー

途上国との租税条約においては，経済支援の手段として，途上国が外資導入目的で行う租税減免措置の効果を減殺しないように，途上国において実際には納付していない税額を納付したものとみなして，わが国において外国税額控除を与える措置を租税条約で採用していました。しかし，近年は，「みなし外国税額控除については，濫用の危険があること，資本輸入国に対する対外援助の手段として必ずしも効果的でないこと，誘因措置を設けることを助長すること」といった問題点が指摘され，「1994年の対シンガポール条約で時限を区切って廃止してからは，廃止例が増加して」います（増井・宮崎「国際租税法」163頁）。したがって，みなし外国税額控除については，条約改正において廃止又は縮減していくのが近年のわが国のポリシーとなっています。

7　軽課税国との租税条約に関するポリシー

タックス・ヘイブン諸国を含む軽課税国との租税条約に関しては，わが国は，従前は租税条約を締結しない方針を採っていました。しかし，OECDやG20等において，タックス・ヘイブン諸国・地域との情報交換を促進するという方針が打ち出され，OECDにおいて2002年に上記のモデル情報交換協定を採択するなどの流れを受けて，わが国も従前のポリシーを変更し，最初に，バミューダとの情報交換協定を2010年2月1日に締結しました。その後，多くのタックス・ヘイブン諸国・地域との間で租税情報交換協定を締結してきています。

8　産油国との租税条約に関するポリシー

次に，産油国との租税条約については，下記の「内外無差別原則」（OECDモデル租税条約24条参照）に抵触するおそれがあるので，ブルネイ・ダルサラーム国（以下「ブルネイ」といいます。）との間で租税条約を2009年1月に締結するまでは，締結例はありませんでした。

> **【租税条約トピック⑪】　租税条約の無差別条項**
> モデル租税条約や租税条約においては，次のような無差別条項を定めるのが一般的です。
>
> (i)　OECDモデル租税条約24条1項
> 「一方の締約国の国民は，他方の締約国において，特に居住者であるか否かに関し同様の状況にある当該他方の締約国の国民に課されており若しくは課されることがある租税若しくはこれに関連する要件以外の租税若しくはこれに関連する要件又はこれらよりも重い租税若しくはこれに関連する要件を課されることはない。この1の規定は，第1条の規定にかかわらず，いずれの締約国の居住者でもない者にも，適用する。」
>
> (ii)　ブルネイとの租税条約23条1項
> 「一方の締約国の国民は，他方の締約国において，租税若しくはこれに関連する要件であって，特に居住者であるか否かに関し同様の状況にある当該他方の締約国の国民に課されており若しくは課されることがある租税若しくはこれに関連する要件以外のもの又はこれらよりも重いものを課されることはない。この1の規定は，第1条の規定にかかわらず，いずれの締約国の居住者でもない者にも，適用する。」

「内外無差別原則」抵触の懸念は，「産油国は，政府の歳入が豊富な原油資源に依存する割合が高いために自国企業に対しては軽課税とするか，またはイスラムの教義に従うザカート（喜捨）の支払いと構成して，その一方で外国企業には通常の類型の法人所得課税を行う例がある。また外国企業の石油採掘から得られる利益に対する重課税を行うなどの例が見られる」ためです（志賀櫻『詳解　国際租税法の理論と実務』197頁）。ただし，「無差別取扱いと言っても各国の租税制度の複雑さによって，何が無差別であるかについての意味は必ずしも明確ではない。」（同書198頁）と評価されています。

そして，「日本は，産油国との関係を重視する観点から，産油諸国との間で租税条約を締結することを模索し……また産油国側でも日本からの投資を呼び込むべく，日本との租税条約の締結を申し込んできていた」（同書197頁）中で，上記のブルネイとの租税協定を2009年2月に締結したのに続き，2010年2月にはクウェート国，2010年11月にはサウジアラビア王国との間で，さらに，その後も複数の産油国との間で租税条約が締結されています。なお，サウジアラビア王国との間の租税条約には，OECDモデル租税条約の上記無差別条項（24条1項）に相当する規定はありません。

サウジアラビア王国との間の租税条約に関する議定書18及び19には，次の条項

が記載されているのみです。サウジアラビア王国の国民又は住民との無差別ではなく，第三国（湾岸協力理事会及びアラブ連盟の構成国を除く。）の国民又は居住者以上の扱い（最恵国待遇）義務を定めることによって，妥協の上決着を図ったものと推測されます。

【租税条約トピック⑫】　無差別条項に代わるサウジアラビア王国との議定書の条項
「18　サウジアラビア王国の法令により，租税に関する内国民待遇が第三国（湾岸協力理事会及びアラブ連盟の構成国を除く。）の居住者に対して与えられる場合には，当該内国民待遇は，日本の居住者にも自動的に与えられる。
19　サウジアラビア王国は，その法令に関し，日本国の国民又は居住者に対し，第三国（湾岸協力理事会及びアラブ連盟の構成国を除く。）の国民又は居住者よりも租税上不利な扱いをしてはならない。」

9　仲裁規定導入に関するポリシー

　租税条約違反の課税を受けた場合，租税条約上，権限のある当局間の相互協議手続による紛争解決手段が設けられていますが，必ず合意が得られる保障はありません。そこで，租税条約に義務的かつ拘束力を有する仲裁規定を設けることが有力な解決方法になると考えられるようになってきています。「義務的」（mandatory）とは，納税者（相互協議の申立者）の要請があれば仲裁に付託することを原則義務づけられることを意味し，「拘束力を有する」（binding）とは，仲裁決定の内容が，納税者の同意を条件として，両国の税務当局を拘束することを意味します。わが国は2010年に締結したオランダとの改正租税条約において初めて仲裁規定を導入して以降，先進国・地域との租税条約においては仲裁規定を設けるというポリシーを採用しています。そして，後述のとおり，今回のBEPSプロジェクトにおいても，義務的かつ拘束力を有する仲裁規定を設けることに賛同する27か国のサブグループのメンバー国として，BEPS防止措置実施条約の仲裁条項の策定に積極的に貢献しました。

　ただし，後述のとおり，仲裁手続の方式について，わが国は，2017年改訂前のOECDモデル租税条約コメンタリーが原則とする方式（仲裁委員会の独自の判断に委ねる方式（以下「独立意見方式」ということがあります。））を選択したのに対して，BEPS防止措置実施条約の当初加盟国の多くは，米国が伝統的に採用する前述のいわゆる「ベースボール方式」（双方の国から提出される解決案のいずれかを選ぶ方

式）を選択しました[11]。わが国は，租税条約の締結・改正において，仲裁手続の方式についてベースボール方式ではなく，独立意見方式を基本ポリシーとしているように思われますが，簡易・迅速で費用負担も軽くなり，また，より合理的な妥協を事実上促進する効果を有すると評されているベースボール方式の長所を考慮するならば，将来的にはベースボール方式の採用も積極的に検討すべきではないかと考えます。そもそも日米新条約の下では，ベースボール方式が合意されているので（日米改正議定書11条(d)～(i)），他国との租税条約においても，ベースボール方式の採用をより積極的に推し進めてもよいのではないかと考えます。

【租税条約トピック⑬】　仲裁条項を含む租税条約

わが国は，2018年10月1日時点で，次の国・地域と仲裁条項を盛り込む租税条約を締結しています。

オランダ，香港，ポルトガル（移転価格事案のみ），ニュージーランド，米国，スウェーデン，英国，ドイツ，チリ，スロベニア，ベルギー，ラトビア，オーストリア，リトアニア，エストニア，デンマーク，アイスランド（ただし，米国，ベルギー，オーストリア，デンマーク及びアイスランドについては2018年10月1日時点で未発効）

BEPS防止措置実施条約において，2018年9月27日時点で，わが国との間で仲裁条項を導入することを正式に合意したのは，オーストラリアとフランスです。また，暫定的に選択している国はアイルランド，イタリア，カナダ，シンガポール，フィジー，フィンランド及びルクセンブルクです。なお，当該暫定情報は，OECDのBEPS防止措置実施条約のMLI Matching Database (beta)での同時点の情報に基づいており，上記の国は批准が未了で暫定ベースのものであることから，今後変更の可能性があります。したがって，具体的検討の際には，その時点の最新情報を確認する必要があります。

8　租税条約の適用に関する届出等

前述のとおり，租税条約を国内法として実施するための"橋渡し"となる法律が租税条約等実施特例法です。以下において，同法が定める実務上重要な租税条約の適用に関する届出等の説明を行います。同法第12条は，「租税条約等の実施及びこの法律の適用に関し必要な事項は，総務省令，財務省令で定める。」としています。

11　仲裁条項を選択した国は26か国で，その内ベースボール方式を採用したのが19か国，独立意見方式を採用したのが7か国という報告があります（青山慶二「租税条約の濫用防止」（「税源浸食と利益移転（BEPS）」対策税制））所収　33頁参照）。

これを受けて，租税条約の相手国居住者が，配当所得等わが国の国内源泉所得につき，当該租税条約に基づき軽減又は免除を受けようとする場合には，所得の支払者ごとに「租税条約に関する届出書」正副2部を作成し，最初に当該所得の支払を受ける日の前日までに，支払者を経由して支払者の管轄税務署長に提出することとされています（租税条約等実施特例法の施行に関する省令（以下「実施特例法施行省令」といいます。）2条1項参照）[12]。なお，届出書の様式は，下記のとおり支払内容によって異なっています。

租税条約に関する届出書様式	
様式1	租税条約に関する届出書（配当に対する所得税及び復興特別所得税の軽減・免除）
様式1-2	租税条約に関する特例届出書（上場株式等の配当等に対する所得税及び復興特別所得税の軽減・免除）
様式2	租税条約に関する届出書（利子に対する所得税及び復興特別所得税の軽減・免除）
様式3	租税条約に関する届出書（使用料に対する所得税及び復興特別所得税の軽減・免除）
様式4	租税条約に関する申請書（外国預託証券に係る配当に対する所得税及び復興特別所得税の源泉徴収の猶予）
様式5	租税条約に関する届出書（外国預託証券に係る配当に対する所得税及び復興特別所得税の軽減・免除）
様式6	租税条約に関する届出書（人的役務提供事業の対価に対する所得税及び復興特別所得税の免除）
様式7	租税条約に関する届出書（自由職業者・芸能人・運動家・短期滞在者の報酬・給与に対する所得税及び復興特別所得税の免除）
様式8	租税条約に関する届出書（教授等・留学生・事業等の修習者・交付金等の受領者の報酬・交付金等に対する所得税及び復興特別所得税の免除）

12　租税条約に関する届出書には，租税条約の適用を受ける配当や利子等に関する事項を記載しなければならないのが原則であるため，上場株式に係る配当の場合，銘柄が異なるごとに届出書を提出する必要がありました。しかし，支払者である源泉徴収義務者の負担を考慮して，平成25年度改正（平成26年1月1日から施行）の結果，配当等に関する事項の記載を要しない簡略な条約届出書（特例届出書という）を1回だけ提出すれば，異なる銘柄ごとに届出書を提出する必要がなくなりました（同省令2条10項以下）。

> 様式9 　　　　租税条約に関する届出書（退職年金・保険年金等に対する所得税及び復興特別所得税の免除）
> 様式10 　　　租税条約に関する届出書（所得税法161条1項7号から11号まで，13号，15号又は16号に掲げる所得に対する所得税及び復興特別所得税の免除）
> ［筆者注：その他の様式は省略］

　さらに，特典制限条項を有する日米租税条約，日独租税条約等いくつかの租税条約については，実施特例法施行省令9条の2に定める届出書に加えて，「特典条項に関する付表（様式17）」及び居住者証明書の提出も求められます。ただし，一定の要件を満たした場合には，居住者証明書の添付を省略することが認められています（実施特例法施行省令9条の10）。下記のとおり，租税条約の相手国ごとに様式（様式17）が指定されています。

> 様式17－米「特典条項に関する付表」（米国用）
> 　　　　－英「特典条項に関する付表」（英国用）
> 　　　　－仏「特典条項に関する付表」（仏国用）
> 　　　　－豪「特典条項に関する付表」（豪国用）
> 　　　　－オランダ王国「特典条項に関する付表」（オランダ王国用）
> 　　　　－スイス「特典条項に関する付表」（スイス用）
> 　　　　－ニュージーランド「特典条項に関する付表」（ニュージーランド用）
> 　　　　－スウェーデン「特典条項に関する付表」（スウェーデン用）
> 　　　　－独「特典条項に関する付表」（独国用）
> 　　　　　［筆者注：その他の国の付表は省略しています。］

　後述のとおり，日米租税条約等は，権限ある当局が相手国居住者等に特典を付与できる場合を定めています。そこで，租税条約等実施特例法は，権限ある当局が，申請に基づき，相手国居住者等に特典を付与するための租税条約に基づく認定手続を定めています（同法6条の2）。当該申請者の様式として，「様式18　租税条約に基づく認定を受けるための申請書」が定められています。

> **【租税条約トピック⑭】 租税条約上の減免と届出書の関係**
> 　東京地裁平成27年5月28日判決（判決4）は，実施特例法施行省令9条の2第1項又は第7項に定める届出書を提出しなければ，日米租税条約7条1項による税の軽減又は免除を受けることができないのかという争点について，次のとおり説示しました（そして，東京高裁平成28年1月28日判決（判決3）も同解釈を支持しました。）。
> 　「実特法省令［筆者注：実施特例法施行省令のことです。］は，実特法12条の委任規定に基づくものであるところ，同条は，「租税条約等の実施及びこの法律の適用に関し必要な事項は，総務省令，財務省令で定める。」とのみ規定しており，その委任の方法は，一般的，包括的であって，租税法律主義（憲法84条）に照らし，実特法12条が課税要件等の定めを省令に委ねたものと解することはできない。そうである以上，同条が，実特法省令に対し，届出書の提出を租税条約に基づく税の軽減又は免除を受けるための手続要件として定めることを委任したものと解することはできないというべきである。……
> 　前記検討のとおり，実特法12条の委任規定の内容は，一般的，包括的なものであるところ，同条が法律よりも下位の省令に対し，租税条約及び実特法を実施するための手続的細則を定めることを委任したものと解することはできるとしても，省令の定める手続を経なければ，租税条約の特典を受けることができないという意味での手続要件を定めることを委任したものと解することはできないというべきである。これに反する被告の主張は採用することができない。
> 　以上によれば，原告が日米租税条約7条1項による税の軽減又は免除を受けることができるか否かについては，同項に基づき判断されるべきものであって，原告が実特法省令に基づく届出書を提出しなかったことをもって，同項の適用を否定することはできない。」

　上記の解釈を反映して，実務上も，関連の所得の支払を受ける日の前日までに，実施特例法施行省令に従った届出書等の提出がなされなかったために，所得税法の定めるより高い税率で一旦源泉税を負担したとしても，租税条約に関する源泉徴収税額の還付請求書を後日提出し関連処理を行うことによって，適用を受ける租税条約の減免額分について還付を受けることができます。

第2章

BEPS防止措置実施条約の解説

1 BEPS防止措置実施条約の概要

1 はじめに

　前述のとおり，2017年6月7日，パリにおいて，わが国は多くの国・地域と共にBEPS防止措置実施条約に署名しました[1]。署名式において本条約に署名した国・地域は次の67か国・地域です。なお，香港については，中国が代わって本条約の適用に必要な通告手続等を行うこととなっています[2]。わが国にとって最も重要な租税条約相手国である米国は，本条約に署名していないため，米国との間では日米租税条約がそのまま適用されることになります。また，タイ，ベトナム，ブラジルも署名していません。

アイスランド	アイルランド	アルゼンチン	アルメニア	アンドラ
イスラエル	イタリア	インド	インドネシア	ウルグアイ
英国	エジプト	オーストラリア	オーストリア	オランダ
ガーンジー	カナダ	ガボン	韓国	キプロス
ギリシャ	クウェート	クロアチア	コスタリカ	コロンビア
サンマリノ	ジャージー	ジョージア	シンガポール	スイス
スウェーデン	スペイン	スロバキア	スロベニア	セーシェル
セネガル	セルビア	チェコ	中国（香港）	チリ
デンマーク	ドイツ	トルコ	日本	ニュージーランド
ノルウェー	パキスタン	ハンガリー	フィジー	フィンランド
フランス	ブルガリア	ブルキナファソ	ベルギー	ポーランド
ポルトガル	マルタ	マン島	南アフリカ	メキシコ
モナコ	ラトビア	リトアニア	リヒテンシュタイン	ルーマニア
ルクセンブルク	ロシア			

1　以下において，BEPS防止措置実施条約の日本文の条文を引用し又はこれに日本文で言及する際には，財務省公表の仮訳文によります。
2　後述の財務省ホームページ資料（61頁），中澤弘浩「BEPS防止措置実施条約について」（租税研究（2018・2）（以下「中澤・講演録」といいます。）161頁）。なお，オランダはキュラソーについて本条約の適用を選択しています（中澤弘浩「特別解説BEPS防止措置実施条約について」（国際税務（Vol.38 No.5）（以下「中澤・解説」といいます。）66頁））。

その後、他の多くの国・地域（具体的には、アラブ首長国連邦、ウクライナ、エストニア、カザフスタン、カメルーン、コートジボワール、サウジアラビア、ジャマイカ、チュニジア、ナイジェリア、パナマ、バルバドス、ペルー、マレーシア、モーリシャス）も加盟し、2018年9月27日現在で82か国・地域が本条約に署名し、その内15か国・地域が批准書等を寄託しています（政府税制調査会平成30年10月17日付け説明資料［国際課税について］10頁）。本条約の署名国・地域は今後も増加していくと推測されます。

2　本条約の目的

本条約の目的は、租税条約関連のBEPS対抗策を実施することにあります（「本条約解説」パラグラフ12）。すなわち、本条約は、BEPS防止措置（本条約上は、「OECD/G20 BEPS措置」と定義されています。）のうち租税条約に関連するものを、本条約締約国間の対象となる既存の租税条約（本条約上は「対象租税協定」と定義されていますが、以下「対象租税条約」ということがあります。）に導入することを目的としています。

本条約の施行により、本条約締約国は、租税条約に関連するBEPS防止措置を、非常に多くの対象租税条約についてそれぞれ個別に協議・改正するという作業・手続の負担なしに、迅速かつ効率的に実施することが可能となります。

多数国間条約の利点

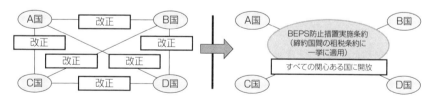

（財務省ホームページ資料から引用）

3　署名に至るまでの経緯

2015年10月に公表されたBEPS最終報告書は、多国籍企業による国際的な租税回避に対処するための様々な措置を勧告しました。その中には、租税条約の改正に関連した多くのミニマムスタンダード等も示されました。しかし、全世界において、3,000を超える二国間租税条約が存在する状況で、二国間で一つ一つの租税条約の改正を行っていたのでは、非常に多くの期間がかかってしまいます（「本

条約解説」パラグラフ４）。そこで，行動計画15（多国間協定の策定）の下で国際法の専門家の意見も踏まえて検討を行い，多国間協定による既存の二国間条約の修正は可能であり望ましいという結論が下されました。

そして，上記BEPSプロジェクト行動15の勧告に基づき，わが国を含むおよそ100か国・地域が参加した交渉によって議論を重ね，また，前記のとおり，義務的かつ拘束力を有する仲裁規定を条約に盛り込むことに賛同する27か国がサブグループを形成し，検討を別途重ね（「本条約解説」パラグラフ７及び９），BEPS防止措置実施条約は，2016年11月24日の交渉会合において採択された後，同年12月31日にすべての国及び特定の地域に対して署名のために開放されました（「本条約解説」パラグラフ６参照）。

上記のような努力が結実し，2017年６月７日に，67か国・地域が出席してBEPS防止措置実施条約の署名式が行われた次第です。最初に述べたとおり，このような非常に多数の国・地域によるBEPS防止措置実施条約の締結は，租税条約の歴史においても非常に画期的なものです。

4 署名後の手続

本条約の効力発生を定めた34条は，次のとおり規定しています。

> 「１　この条約は，五番目の批准書，受諾書又は承認書が寄託された日に開始する三箇月の期間が満了する日の属する月の翌月の初日に効力を生ずる。
> 　２　五番目の批准書，受諾書又は承認書が寄託された後にこの条約を批准し，受諾し，又は承認する各署名国については，この条約は，当該署名国によって批准書，受諾書又は承認書が寄託された日に開始する三箇月の期間が満了する日の属する月の翌月の初日に効力を生ずる。」

本条約は，上記のとおり，本条約に署名した最初の５か国・地域が批准書，受諾書又は承認書を寄託することにより，その５番目の寄託から所定の期間が満了した後に，当該５か国・地域について効力を生じるとされています。具体的には，オーストリア[3]，マン島，ジャージー，ポーランド及びスロベニア[4]により既に批

---

[3] 2017年９月22日にオーストリアが最初に批准手続を完了しました（中澤・講演録159頁参照）。

[4] 2018年３月22日に５か国目のスロベニアが批准手続を完了しました（中澤・解説66頁参照）。

准書等の寄託が行われ，まず，これら5か国について2018年7月1日に本条約が発効しました（34条1項参照）。その後に批准書等を寄託するわが国を含む国・地域については，それぞれの寄託から所定の期間が満了した後に効力を生じます。わが国においては，本条約について批准書等を寄託するためには国会の承認が必要でしたが，第196回会期中の2018年4月19日に衆議院で承認され，次いで5月18日参議院で承認されました。そして，わが国は，同年9月26日にOECD事務総長に受諾書を寄託しました。その結果，2019年1月1日に発効します（34条2項参照）。

そして，本条約の適用開始を定めた35条は，次のとおり規定しています。

> 「1　この条約の規定は，対象租税協定の各当事国において，次のものについて適用する。
> 　(a)　非居住者に対して支払われ，又は貸記される額に対して源泉徴収される租税については，この条約が当該対象租税協定の各当事国について効力を生ずる日のうち最も遅い日以後に開始する年の初日以後に生ずる課税事象
> 　(b)　当該当事国によって課されるその他の全ての租税については，この条約が当該対象租税協定の各当事国について効力を生ずる日のうち最も遅い日から六箇月の期間（全ての当事国が六箇月よりも短い期間を適用する意図を有することについて寄託者に通告する場合には，当該期間）が満了した時以後に開始する課税期間に関して課される租税」
> ［2以下　省略］

本条約の適用対象租税条約のすべての締約国について本条約が効力を生じてから上記の所定の期間が満了した後に，その対象租税条約について適用が開始されます。2018年9月末以前に批准の完了したポーランド等（具体的には，ポーランド，英国，スウェーデン，ニュージーランド，イスラエル，オーストラリア，スロバキア及びフランスになります。）との間の対象租税条約について，上記35条の規定に従って，2019年から本条約が適用される予定です[5]。ポーランドとの本条約を例にその適用関係の概要を以下に記載します（財務省ホームページ資料から引用）。

> 「本条約は，我が国について2019年1月1日，ポーランドについて2018年7月1日に発効します。
> 　我が国が2018年9月26日に提出した留保及び通告並びにポーランドが2018年1月

23日に提出した留保及び通告に基づき，本条約は，以下のとおり，我が国とポーランドとの間の租税条約について適用されます。

1．本条約の対象となる租税条約
   ○ 「所得に対する租税に関する二重課税の回避のための日本国とポーランド人民共和国との間の条約」
   （1980年2月20日署名，1982年12月23日発効）

2．適用される本条約の規定
   ○ 第3条1（課税上存在しないものとして取り扱われる事業体を通じて取得される所得に関する規定）
   ○ 第4条1（双方居住者で個人以外のものを租税条約の適用上いずれか一方の当事国の居住者に振り分ける規定）
   ○ 第5条6（外国税額控除による二重課税の除去に関する規定）
   （注）この規定は，ポーランドの居住者にのみ適用されます。
   ○ 第6条1（租税条約は二重非課税の機会を生じさせるものでないことを明らかにする前文の規定）
   ○ 第7条1（取引等の主要な目的が租税条約の特典を受けることである場合にその特典を認めない規定）
   ○ 第9条4（不動産化体株式の譲渡収益に対する課税に関する規定）
   ○ 第17条1（独立企業原則に沿った課税に係る対応的調整に関する規定）

3．適用の開始
   本条約の規定は，我が国とポーランドとの間の租税条約の各当事国において，次のものについて適用されます。
   (1) 非居住者に対して支払われ，又は貸記される額に対して源泉徴収される租税

5　ただし，スウェーデンについては，適用開始のための国内手続が完了した旨の通告手続が未了のため，平成30年10月17日の時点では未確定です。上記に関する国会承認前の解説は次のような内容でした。「我が国については，仮に，本年［筆者注：平成30年］9月までに我が国が本条約の批准等を行ったとし，かつ，我が国が署名の時に行った暫定的な通告と批准等の時に行う通告の内容が同じであるとすれば，我が国が本条約の適用対象とすることを選択している租税条約の相手国の一つであるポーランドについて本年7月1日に本条約が発効し，ポーランドも我が国との租税条約を本条約の適用対象として選択することが確定しており，かつ，我が国とポーランドが適用することを選択している措置に一致しているものがあることから，我が国においては，少なくともポーランドとの租税条約について，来年［筆者注：平成31年］から本条約の適用が開始される可能性があることとなる。」（中澤・解説67頁）

については，2019年1月1日以後に生ずる課税事象
(2) 当該当事国によって課されるその他の全ての租税については，2019年7月1日以後に開始する課税期間に関して課される租税」

5　BEPS防止措置実施条約の章及び条文の構成

最初に，BEPS防止措置実施条約の全体像を把握するために，前文，本文の各部及び条文の構成（前文と39条から成ります。）を以下に記載します。

　　　　前文
　　　　第1部　範囲及び用語の解釈（Scope and Interpretation of Terms）
第1条　条約の適用範囲（Scope of the Convention）
第2条　用語の解釈（Interpretation of Terms）
　　　　第2部　ハイブリッド・ミスマッチ（Hybrid Mismatches）
第3条　課税上存在しない団体（Transparent Entities）
第4条　双方居住者に該当する団体（Dual Resident Entities）
第5条　二重課税の除去のための方法の適用（Application of Methods for Elimination of Double Taxation）
　　　　第3部　条約の濫用（Treaty Abuse）
第6条　対象租税協定の目的（Purpose of a Covered Tax Agreement）
第7条　条約の濫用の防止（Prevention of Treaty Abuse）
第8条　配当を移転する取引（Dividend Transfer Transactions）
第9条　主として不動産から価値が構成される団体の株式又は持分の譲渡から生ずる収益（Capital Gains from Alienation of Shares or Interests of Entities Deriving their Value Principally from Immovable Property）
第10条　当事国以外の国又は地域の内に存在する恒久的施設に関する濫用を防止する規則（Anti-abuse Rule for Permanent Establishments Situated in Third Jurisdictions）
第11条　自国の居住者に対して租税を課する締約国の権利を制限する租税協定の適用（Application of Tax Agreements to Restrict a Party's Right to Tax its Own Residents）
　　　　第4部　恒久的施設の地位の回避（Avoidance of Permanent Establishment Status）

第12条　問屋契約及びこれに類する方策を通じた恒久的施設の地位の人為的な回避（Artificial Avoidance of Permanent Establishment Status through Commissionaire Arrangements and Similar Strategies）
第13条　特定の活動に関する除外を利用した恒久的施設の地位の人為的な回避（Artificial Avoidance of Permanent Establishment Status through the Specific Activity Exemptions）
第14条　契約の分割（Splitting-up of Contracts）
第15条　企業と密接に関連する者の定義（Definition of a Person Closely Related to an Enterprise）
　　　　第5部　紛争解決の改善（Improving Dispute Resolution）
第16条　相互協議手続（Mutual Agreement Procedure）
第17条　対応的調整（Corresponding Adjustments）
　　　　第6部　仲裁（Arbitration）
第18条　第6部の規定の適用の選択（Choice to Apply Part VI）
第19条　義務的かつ拘束力を有する仲裁（Mandatory Binding Arbitration）
第20条　仲裁のための委員会の構成員の任命（Appointment of Arbitrators）
第21条　仲裁手続の秘密（Confidentiality of Arbitration Proceedings）
第22条　仲裁決定に先立つ事案の解決（Resolution of a Case Prior to the Conclusion of the Arbitration）
第23条　仲裁手続の種類（Type of Arbitration Process）
第24条　異なる解決についての合意（Agreement on a Different Resolution）
第25条　仲裁手続の費用（Costs of Arbitration Proceedings）
第26条　第6部の規定の適用対象（Compatibility）
　　　　第7部　最終規定（Final Provisions）
第27条　署名及び批准，受諾又は承認（Signature and Ratification, Acceptance or Approval）
第28条　留保（Reservations）
第29条　通告（Notifications）
第30条　対象租税協定の修正後の改正（Subsequent Modifications of Covered Tax Agreements）
第31条　締約国会議（Conference of the Parties）
第32条　解釈及び実施（Interpretation and Implementation）
第33条　改正（Amendment）
第34条　効力発生（Entry into Force）

第35条　適用の開始（Entry into Effect）
第36条　第6部の規定の適用の開始（Entry into Effect of Part VI）
第37条　脱退（Withdrawal）
第38条　議定書との関係（Relation with Protocols）
第39条　寄託者（Depositary）

上記条文の構成から，本条約の全体は次のように分類できます。

本条約の全体像（まとめ）
(i) 前文及び第1部　適用範囲及び用語の解釈
(ii) 第2部　ハイブリッド・ミスマッチ
　　第3部　条約の濫用
　　第4部　恒久的施設の地位の回避
(iii) 第5部　紛争解決の改善
　　第6部　仲裁
(iv) 第7部　最終規定

　上記(i)の前文と上記(iv)の第7部は，BEPS防止措置実施条約の導入及び手続に関する規定です。上記(i)の第1部（1条・2条）は，BEPS防止措置実施条約が適用される範囲や用語の意味を規定したもので，実質的な内容を示したものではありません。上記(ii)と(iii)が，BEPS対抗のための条約関連措置の内容を具体的に反映したものです。したがって，これらが中心的な規定となります。そのうち，上記(ii)が租税条約の実体規定に関するものです。より具体的には，第2部から第4部（3条～15条）は，次のBEPS最終報告書が勧告した租税条約に関連するBEPS防止措置を反映しています。

「行動2：ハイブリッド・ミスマッチ取極めの効果の無効化」
「行動6：租税条約の濫用防止」
「行動7：恒久的施設認定の人為的回避の防止」

　上記(iii)は相互協議手続の改善に関するものです。具体的には，第5部と第6部，特に第5部は，次の相互協議最終報告書が勧告した内容を反映しています。

「行動14：相互協議の効果的実施」

以下の説明の多くは，BEPS防止措置実施条約（本条約）に関する平成29年6月8日財務省公表の情報（BEPS防止措置実施条約の適用に関する我が国の選択の概要（暫定版））及び平成30年9月27日財務省公表のBEPS防止措置実施条約に関する資料（以下「財務省ホームページ資料」といい，その内，受諾書の寄託時のわが国の選択（及び留保）に関する資料を「BEPS防止措置実施条約の適用に関する我が国の選択（確定版）」ということがあります。）並びに中澤・講演録，中澤・解説及び上谷田卓（参議院外交防衛委員会調査室）「多国籍企業等による税源浸食と利益移転の防止―BEPS防止措置実施条約の概要と主な論点―」（立法と調査（2018.4）No.399，以下「上谷田・解説」といいます。）に基づいています。

6　本条約の適用対象となる租税条約

本条約の各締約国は，自国の既存の租税条約のいずれを本条約の適用対象とするかを任意に選択することができます。本条約は，各租税条約のすべての締約国が同税条約を本条約の適用対象とすることを選択したものについてのみ適用され，各租税条約のいずれかの締約国が本条約の締約国でない場合，又は，租税条約を本条約の適用対象として選択していない場合には，本条約はその租税条約については適用されません。例えば，上記のとおり，米国は本条約の締約国ではないので，本条約は日米租税条約には適用されません。

7　BEPS防止措置の選択及び適用

本条約の各締約国は，本条約に規定する租税条約に関連するBEPS防止措置に係る規定のいずれを既存の租税条約について適用するかを，所定の要件の下で選択することができます。本条約に定める租税条約に関連するBEPS防止措置の規定は，原則として，各租税条約のすべての締約国がその規定を適用することを選択した場合にのみその租税条約について適用され，各租税条約のいずれかの締約国が規定を適用することを選択しない場合には，同規定はその租税条約については適用されません。例えば，上記のとおり，わが国は，仲裁条項を選択したのに対して，中国は仲裁条項を選択しません。このように，両者の選択が一致しないので，日中租税条約には，仲裁条項は盛り込まれません。各参加国によるBEPS防止措置に係る規定の選択等については，マッチング・ツールキット・ベータ版に記載されています。

なお，本条約の各締約国が適用することを選択した本条約の規定は，原則とし

て，本条約の適用対象となるすべての租税条約について適用され，特定の租税条約についてのみ適用すること又は適用しないことを選択することはできません。これは，例えば，租税条約の濫用防止の方式について，A国との租税条約についてはPPT（主要目的テスト）を選択し，B国との租税条約についてはLOB（特典制限条項）を選択することは許されないことを意味します。

本条約における租税条約に関連するBEPS防止措置の規定が既存の租税条約について適用される場合には，本条約の規定が，既存の租税条約に規定されている対応する規定に代わって，又は，既存の租税条約の条文に対応する規定がない場合にはその租税条約の条文の既存規定に加えて，適用されます。通常の二国間租税条約の改正の場合には，改正規定を当該条約（文書）に直接反映することになりますが，本条約による修正の場合には，二国間租税条約に直接修正文言を反映することはしません。すなわち，既存の二国間の対象租税条約と本条約が併存し，対象租税条約に加えて本条約が適用されるので，関連の二国間において上記の修正規定（文言）を既存の条約（文書）に具体的に盛り込んで既存の二国間租税条約を策定し直すという作業は行われません（「本条約解説」パラグラフ13）。その結果，対象租税条約毎にどの規定がどのように修正されたかという複雑な適用関係を個別に確認することが求められるので，納税者にとっては負担が増加することになります。

したがって，「政府においては，個々の対象租税協定に対する日本や相手国の選択が日本にどのような影響を及ぼすのかを整理し丁寧に説明するとともに，納税者や企業に本条約の適用関係等の情報を分かりやすい形で提供していくことが求められ」ます（上谷田・解説15頁）。具体的には，財務省は，納税者の便宜のために，本条約の適用により修正された後の二国間租税条約の適用関係を総合的に提示する条文（いわゆる統合条文）を作成・公表することを検討しているようです。現に，財務省ホームページ資料によれば，イスラエル，英国，スウェーデン，ニュージーランド，ポーランド，オーストラリア，スロバキア及びフランスとの間の統合条文を準備中である旨示されています。ただし，統合条文は，政府が作成するものであっても，法的効力のないあくまで参考情報に過ぎず，その正確性も必ずしも保証されていないことに留意する必要があります（中澤・解説74頁）。財務省ホームページ資料も，次のような注を付しています。

　「「統合条文」は，各租税条約の規定（改正議定書によって改正された場合には改正後の規定）とその租税条約について適用される本条約の規定とを統合した

条約の形式で表示した文書です。本条約［筆者注：統合条文を指しています。］は、本条約の各租税条約に対する適用関係の把握を容易にするために便宜的に作成されたものであり、法的効力を有しません。」

8　選択の通告

　本条約の各締約国は、①既存の租税条約のうち本条約の適用対象とするものの一覧、及び、②本条約に規定する租税条約に関連するBEPS防止措置に係る規定のうち適用することを選択するものの一覧を、署名時又は批准・受諾・承認の時に寄託者（DepositaryとしてのOECD事務総長）に通告しなければならず（本条約29条1項）、署名時に通告しない場合には、これらの暫定の一覧を署名時に提出しなければなりません（同条4項）[6]。わが国も下記の暫定の一覧を署名時に寄託者に提出しました。

　なお、暫定的な通告内容については、確定的なものではなく変更の可能性があるものでしたが、下記10のとおり、平成30年9月26日に行われた確定的な通告内容と実質的にほぼ同様です[7]。

9　わが国のBEPS防止措置実施条約の適用に関する暫定的選択の概要

　わが国が本条約の署名時に提出した本条約の適用に関する選択についての「暫定の一覧」の概要は、次の(1)ないし(3)のとおりでした。

6　寄託者は、各締約国からの通告等を公表することとされています。OECDは、具体的には、これらの情報を（SIGNATORIES AND PARTIES TO THE MULTILATERAL CONVENTION TO IMPLEMENT TAX TREATY RELATED MEASURES TO PREVENT BASE EROSION AND PROFIT SHIFTING Status as of [27 September] 2018）（http://www.oecd.org/tax/treaties/beps-mli-signatories-and-parties.pdf）において公表しています。

7　暫定的な通告内容と確定的な通告内容等の関係については、次のとおり説明されています。
　「各参加国は暫定的な通告の内容に一切拘束されない。本条約の適用関係を決定するのは、あくまで確定的な通告であるが、……本条約の適用範囲を広げる方向への選択の変更は、批准等の後もいつでも認められるため、確定的な通告の内容も厳密には確定したものとは言えない。そのため、各租税条約の両締約国が批准等の時に行った通告に基づき、その租税条約に対する本条約の適用関係が一旦確定した後も、このような通告の変更が行われる可能性が常にあることから、本条約が適用される租税条約を実際に適用する場合には、その適用の時点におけるその租税条約に対する本条約の適用関係を正しく把握することが必要となる。」（中澤・解説73頁）

(1) わが国がBEPS防止措置実施条約の適用対象として選択した租税条約の相手国・地域（35か国・地域）

わが国がBEPS防止措置実施条約の適用対象として署名時に選択した租税条約の相手国・地域は，次の35か国・地域でした。上述のとおり，米国は含まれていません。

アイルランド	イスラエル	イタリア	インド	インドネシア
英国	オーストラリア	オランダ	カナダ	韓国
クウェート	サウジアラビア	シンガポール	スウェーデン	スロバキア
チェコ	中国	ドイツ	トルコ	ニュージーランド
ノルウェー	パキスタン	ハンガリー	フィジー	フィンランド
フランス	ブルガリア	ポーランド	ポルトガル	香港
マレーシア	南アフリカ	メキシコ	ルクセンブルク	ルーマニア

なお，「我が国がBEPSプロジェクトの最終報告書の勧告内容を踏まえて締結した又は今後締結する二国間の租税条約であって，既にこの条約に含まれるBEPS防止措置が反映されていると考えられるもの（平成30年2月1日現在，国会承認済みの二国間の租税条約として，オーストリア，ベルギー，チリ，ラトビア及びスロベニア，署名済みの二国間の租税条約として，デンマーク，エストニア，アイスランド，リトアニア及びロシア）については，対象租税協定としない」とされていました（外務省「税源浸食及び利益移転を防止するための租税条約関連措置を実施するための多数国間条約の説明書」3頁）。

(2) わが国が適用することを選択したBEPS防止措置実施条約の規定

わが国が適用することを選択したBEPS防止措置実施条約の規定は，次のとおりでした。

① 課税上存在しない団体を通じて取得される所得に対する条約適用に関する規定（3条）
② 双方居住者に該当する団体の居住地国の決定に関する規定（4条）
③ 租税条約の目的に関する前文の文言に関する規定（6条）
④ 取引の主たる目的に基づく条約の特典の否認に関する規定（7条）

⑤ 主に不動産から価値が構成される株式等の譲渡収益に対する課税に関する規定（9条）
⑥ 第三国内にある恒久的施設に帰属する利得に対する特典の制限に関する規定（10条）
⑦ コミッショネア契約を通じた恒久的施設の地位の人為的な回避に関する規定（12条）
⑧ 特定活動の除外を利用した恒久的施設の地位の人為的な回避に関する規定（13条イ）
⑨ 相互協議手続の改善に関する規定（16条）
⑩ 移転価格課税への対応的調整に関する規定（17条）
⑪ 義務的かつ拘束力を有する仲裁に関する規定（第6部）

(3) わが国が適用しないことを選択した本条約の規定

わが国が適用しないことを選択した本条約の規定は，次のとおりでした。

① 二重課税除去のための所得免除方式の適用の制限に関する規定（5条）
② 特典を受けることができる者を適格者等に制限する規定（7条）
③ 配当を移転する取引に対する軽減税率の適用の制限に関する規定（8条）
④ 自国の居住者に対する課税権の制限に関する規定（11条）
⑤ 契約の分割による恒久的施設の地位の人為的な回避に関する規定（14条）

10　わが国のBEPS防止措置実施条約の適用に関する確定的選択の概要

　わが国は，本条約批准日（平成30年9月26日）において，上記9(1)の35か国・地域に，アラブ首長国連邦，ウクライナ，エジプト及びカザフスタンを加えた39か国・地域との租税条約を適用対象条約として確定的に通告しました。
　また，わが国が適用する（適用しない）選択をしたBEPS防止措置実施条約の規定については，「暫定の一覧」と実質的にほぼ同様であり，上記9(2)及び(3)のとおり通告しました。
　以下の解説においては，上記9(2)のわが国が適用することを選択したBEPS防止措置実施条約の規定を中心に行います。他方，わが国が適用しないことを選択した上記9(3)①～⑤の規定自体を引用して説明することは原則としてしません。

ただし，わが国が上記規定の適用を選択しなかった理由の説明は行います。

11 BEPS防止措置実施条約の条文の分類

本条約の条文は，次の(i)実体規定，(ii)互換規定，(iii)留保規定及び(iv)通告規定の4種類の規定によって構成されています。

(ⅰ) 実体規定 (Substantive Provisions)	BEPS防止措置の内容を規定した条文を意味します。対象租税条約の規定に代えて，又は対象租税条約に加えて適用されます。
(ⅱ) 互換規定 (Compatibility Clause)	本条約のBEPS防止措置規定が対象租税条約のどの条項に代えて，又はどの条項に加えて適用されるかを規定しています。
(ⅲ) 留保規定 (Reservation Clause)	実体規定を適用しない選択を認めるための条件を規定したものです。
(ⅳ) 通告規定 (Notification Clause)	本条約29条（通告）1項に列挙された関連の各条項に基づき寄託者（OECD事務総長）に通告することを求める規定です。

② BEPS防止措置実施条約の解説 （前文，総論及びハイブリッド・ミスマッチ）

1 はじめに

以下において，BEPS防止措置実施条約の前文から5条までの解説を行います。

2 前文

ア 条文
前文の主要規定は次のとおりです。

> 前文
> 「……OECD/G20BEPSプロジェクトの下において策定された一連の措置（以下「OECD/G20BEPS措置」という。）を歓迎し，OECD/G20BEPS措置が，二以上の国又は地域における課税上の取扱いの差異（ハイブリッド・ミスマッチ）を利用する仕組みに対処し，条約の濫用を防止し，恒久的施設の地位の人為的な回避に対処し，及び紛争の解決を改善するための租税条約関連措置を含むことに留意し，多数国間において，税源浸食及び利益移転を防止するための租税条約関連措置を迅速に，協調して，及び一致して実施することを確保することの必要性を認識し，所得に対する二重課税を回避するための既存の協定が，当該協定の対象となる租税に関して，脱税又は租税回避を通じた非課税又は租税の軽減（当事国以外の国又は地域の居住者の間接的な利益のために当該協定において与えられる租税の免除又は軽減を得ることを目的とする条約漁りの仕組みを通じたものを含む。）の機会を生じさせることなく，二重課税を除去するものと解されることを確保する……」

イ　条文の解説

BEPS防止措置実施条約の前文は，本条約に盛り込まれる下記の主たる項目を明記しています。

(i)　ハイブリッド・ミスマッチを利用する仕組みに対処すること
(ii)　条約の濫用を防止すること
(iii)　恒久的施設の地位の人為的な回避に対処すること
(iv)　紛争の解決を改善すること

そして，OECD/B20で合意されたBEPS対抗のための条約関連措置（OECD/G20 BEPS措置）を迅速，効率的かつ協調して一斉に実施するために，二国間の個別交渉を経ることなく，多国間で合意するものである旨を定めています（「本条約解説」パラグラフ21）。

上記前文は，租税条約の目的が二重非課税の機会を生じさせるものでない旨を述べていますが，これは，租税条約は，締結国が脱税又は租税回避の機会を創出せずに二重課税を排除することを意図するものである旨を明示する後述のBEPS防止措置実施条約6条1項に規定する段落と同じ趣旨を述べたものです（「本条約解説」パラグラフ22及び23）。そして，BEPS防止措置実施条約は，上記の条約関連措置を盛り込んで，二国間租税条約（対象租税条約）の関連規定を修正，補完するものです（同パラグラフ13）。

3 適用範囲及び用語の解釈（第1部）

(1) 第1条：条文の適用範囲
ア 条　文

> 第1条
> 「この条約は，次条（用語の解釈）1(a)に規定する全ての対象租税協定を修正する。」

イ 条文の解説

1条は，BEPS防止措置実施条約は2条1項(a)号で定義される「対象租税協定」（既存の二国間の対象租税条約）を修正するものであることを規定しています（「本条約解説」パラグラフ24）。

(2) 第2条：用語の解釈
ア 条　文

> 第2条
> 「1　この条約の適用上，次の定義を適用する。
> 　(a)　「対象租税協定」とは，所得に対する租税に関する二重課税を回避するための協定（他の租税を対象とするか否かを問わない。）であって，次の全ての要件を満たすものをいう。
> 　　(i)　次のいずれかに該当する国又は地域であって二以上のものの間において効力を有すること。
> 　　　(A)　締約国
> 　　　(B)　当該協定の当事者である地域であって，締約国が国際関係について責任を負うもの
> 　　(ii)　各締約国が，この条約の対象とすることを希望する協定として寄託者に通告した協定及び当該協定を改正する文書又は当該協定に附属する文書であって，題名，当事者の名称，署名の日及びその通告の時において効力を生じている場合には効力発生の日によって特定されるものであること。
> 　[(b)〜(d)　省略]
> 2　締約国によるこの条約の適用に際しては，この条約において定義されていない用語は，文脈により別に解釈すべき場合を除くほか，関連する対象租税協定において当該用語がその適用の時点で有する意義を有するものとする。」

イ 条文の解説

2条1項(a)号は，BEPS防止措置実施条約が適用される協定（「対象租税条約」）を定義しています。すなわち，対象租税条約を，各締約国がBEPS防止措置実施条約の適用を望む旨を寄託者であるOECD事務総長（39条参照）に通告した既存の条約と定義しています。これは，BEPS防止措置実施条約はできるだけ多くの既存の租税条約に適用されることが望ましいものの，例えば，BEPSプロジェクトの成果を考慮した租税条約の改正を二国間で最近行ったばかりであるといった様々な状況の故に，BEPS防止措置実施条約の適用対象とはしたくないと考える租税条約もあることから，本条約は，BEPS防止措置実施条約の参加国が適用を特に希望する旨明示した対象租税条約にのみ適用されるとしたものです（「本条約解説」パラグラフ14・26）。

2条2項は，用語の解釈について定めています。BEPS防止措置実施条約において定義されていない用語は，原則として，対象租税条約の下での意義を有します（「本条約解説」パラグラフ37）。

4 ハイブリッド・ミスマッチ（第2部）

(1) はじめに

BEPS防止措置実施条約第2部は，課税上存在しない団体（3条），双方居住者に該当する団体（4条）及び二重課税の除去のための方法の適用（5条）から構成されています。

(2) 第3条：課税上存在しない団体

ア 条 文

第3条
「1 対象租税協定の適用上，いずれかの当事国の租税に関する法令の下において全面的若しくは部分的に課税上存在しないものとして取り扱われる団体若しくは仕組みによって又はこのような団体若しくは仕組みを通じて取得される所得は，一方の当事国における課税上当該一方の当事国の居住者の所得として取り扱われる限りにおいて，当該一方の当事国の居住者の所得とみなす。
［2 省略：なお，わが国は2項（他方の国の居住者によって取得されるものであることのみを理由として，当該他方の国で課税できるものについては，二重課税排除の規定は適用しない旨の規定）について留保を付したので，わが国につ

> いて2項はそもそも適用されません。〕
> 3　1又は2以上の締約国が第11条（自国の居住者に対して租税を課する締約国の権利を制限する租税協定の適用）3(a)の規定に基づく留保を付する対象租税協定については，1に第二文として次のように加える。
> 「この1の規定は，いかなる場合にも，一方の当事国が当該一方の当事国の居住者に対して租税を課する権利に影響を及ぼすものと解してはならない。」
> 4　1の規定（3の規定によって修正される場合には，その修正の後のもの）は，いずれかの当事国の租税に関する法令の下において課税上存在しないものとして取り扱われる団体若しくは仕組みによって又はこのような団体若しくは仕組みを通じて取得される所得が一方の当事国の居住者の所得として取り扱われるか否かについて対象租税協定の規定（一般的な規則を規定するものであるか特定の事実関係及び団体又は仕組みの種類の取扱いを詳細に規定するものであるかを問わない。）が対処する限りにおいて，当該規定に代えて，又は当該規定がない対象租税協定について，適用する。」
> 〔5・6　省略〕

イ　条文の解説

　いずれか一方の締約国において，「課税上存在しないもの」（Transparent Entities）として扱われる団体又は仕組みによって生じた所得は，源泉地国側が相手国の取扱いに合わせて，相手国の居住者の所得として課税上取り扱われる限りにおいて，かかる居住者の所得として扱われることになります。なお，「課税上存在しない」とは，一方の締約国の租税に関する法令の下において，団体又は仕組みの所得の全部又は一部について，当該団体又は仕組みに対してではなく，当該団体又は仕組みの持分を有する者に対して租税が課される場合をいいます。上記条文は，ハイブリッド・ミスマッチ最終報告書[8]第2部（租税条約関係）において，両国で課税上の取扱いが異なる団体（課税上透明体）に関して，課税上透明体を通じて取得される所得について生ずる二重非課税等の不当な特典の享受を防止するため，源泉地国側が相手国での取扱いに合わせて，相手国で居住者とされる者の所得として取り扱われる部分に対してのみ租税条約の特典を与えることとした勧告を反

---

[8] ハイブリッド・ミスマッチ最終報告書の内容を引用又は言及する場合には本庄資「（仮訳）ハイブリッド・ミスマッチ・アレンジメントの効果の無効化行動2-2015年最終報告書」（経済協力開発機構　租税政策・税務行政センター（以下本項において「仮訳」といいます。））によっています。

映したものです。すなわち，かかる規定を2017年版OECDモデル租税条約1条2項に追加する旨勧告されたことを受けて，上記のとおり，本条約においても設けられたものです（ハイブリッド・ミスマッチ最終報告書第2部14章参照）。

ハイブリッド・ミスマッチ最終報告書は，上記ルールの適用例を次のとおり示しています（同報告書14章コメンタリー26.7（仮訳153頁））。

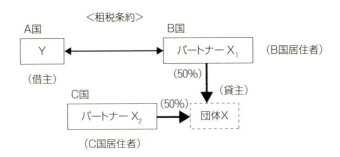

A国とB国は租税条約を締結しているのに対して，C国はA国ともB国とも租税条約を締結していません。A国の居住者Y社がB国の団体Xから金銭を借り入れ，利子をXに支払います。A国は団体X（例えば，米国のLimited Liability Company（LLC）のような団体）を法人と取り扱うのに対して，B国は団体Xをパス・スルーのパートナーシップと取り扱います。同パートナーシップのパートナーは，B国の居住者であるパートナー X_1 とC国の居住者であるパートナー X_2 の2名であり，双方の持分は50%ずつです。Y社が支払う利子の50%は，B国の居住者であるパートナー X_1 の所得となるので，この部分についてのみA国・B国間の租税条約上の特典が適用となり，残りの50%は第三国であるC国の居住者であるパートナー X_2 に帰属するので，条約の適用は受けられないことになります。

また，仮に上記のような取扱いがなされず，A国においては法人扱い，B国においてはパス・スルー扱いとされると，A国において法人向け利子の支払いの際に源泉税を課され二重課税となったとしても，B国の X_1 （法人ではない個人）は，当該源泉税について外国税額控除を受けることができず二重課税を解消できなくなるおそれもあります。

なお，上記ルールは，租税条約の締約国による同国居住者に対する課税権には影響を及ぼさないとしています（ハイブリッド・ミスマッチ最終報告書15章コメン

タリー 26.16（仮訳155頁））。3条3項は，セービング・クローズと言われている条項ですが，わが国は11条（自国居住者の条約適用の制限の適用）3項(a)号の規定に基づく留保を行ったので，上記3条1項2文として次の規定が加わることになります。

「この1の規定は，いかなる場合にも，一方の当事国が当該一方の当事国の居住者に対して租税を課する権利に影響を及ぼすものと解してはならない。」

セービング・クローズについては，後述の11条の解説において説明します。

【コーヒー・ブレイク】
　リンキング・ルール（Linking Rule）は，BEPS行動計画2のハイブリッド・ミスマッチ取決めの効果の無効化において提案されたもので，ハイブリッド金融商品やハイブリッド事業体より生じる二重非課税等を無効化するためのモデル租税条約の規定及び国内ルールの設計に関する勧告に含まれています。
　ハイブリッド金融商品は，金融商品に基づく支払が二国間で税務上異なる性格を有する商品であり，例えば，発行者において負債（利子），保有者において資本（配当）として取り扱われる金融商品を指しています。また，ハイブリッド事業体は，二国間で税務上異なる性格を有する事業であり，例えば，税制上，米国のチェック・ザ・ボックス等のように，一方の国で透明体，他方の国で不透明体となるような事業体を指しています。
　リンキングルールでは，他国の租税の取扱いに自国の租税の取扱いをリンクさせる国内法の定めであり，二国以上の国が当該リンキングルールを適用する際の調整に関するガイダンスが提案されています。リンキングルールの調整のガイダンスでは，支払先での損金算入と受領先での益金不算入により二重非課税が生じている場合には，原則として支払先での損金算入を否認することとしています。

ウ　わが国の適用関係

OECDのBEPS防止措置実施条約の「各締約国の留保と選択を示す表」（MLI Database-Matrix of options and reservations）によれば，わが国は，課税上存在しない団体を通じて取得される所得に対する条約適用に関する規定（3条1項）の適用を選択しており留保を付していません。これは，以下に示すBEPSプロジェクトの進行時期に締結交渉が行われた租税条約から規定されるようになった条項

であり，わが国の租税条約ポリシーとして採用されたものと考えられます。そして，英国，イスラエル，スロバキア，ニュージーランド及びポーランドも上記条文を選択しているので，それぞれの対象租税条約に盛り込まれることになります（なお，OECDのBEPS防止措置実施条約のMLI Matching Database（beta）での2018年9月27日時点の情報に基づくと，下記諸国・地域は，批准が未了で暫定ベースのものですが，上記条文を選択しています。ただし，今後変更の可能性があるので，具体的検討の際には，その時点の最新情報を確認する必要があります。）。

> アイルランド，トルコ，ノルウェー，フィジー，マレーシア，南アフリカ，メキシコ，ルーマニア，ルクセンブルク

エ　わが国が締結した個別の租税条約
（i）日独租税条約等

BEPSプロジェクトが進行中である2015年12月17日に締結された日独租税条約1条2項は，次のとおり，上記の本条約3条1項に相当する内容です。

> 「この協定の適用上，いずれか一方の締約国の租税に関する法令の下において全面的に若しくは部分的に課税上存在しないものとして取り扱われる団体若しくは仕組みによって又はこのような団体若しくは仕組みを通じて取得される所得は，一方の締約国における課税上当該一方の締約国の居住者の所得として取り扱われる限りにおいて，当該一方の締約国の居住者の所得とみなす。この2の規定は，いかなる場合にも，一方の締約国が当該一方の締約国の居住者に対して租税を課する権利をいかなる態様においても制限するものと解してはならない。この2の規定の適用上，「課税上存在しない」とは，一方の締約国の租税に関する法令の下において，団体又は仕組みの所得の全部又は一部について，当該団体又は仕組みに対してではなく，当該団体または仕組みの持分を有する者に対して租税が課される場合をいう。」

条約特典最終報告書公表後である2016年10月12日に締結されたベルギーとの租税条約も，また，2017年10月11日に締結されたデンマークとの租税条約も，2018年1月15日に締結されたアイスランドとの租税条約も，さらに，2018年10月16日に締結されたスペインとの租税条約も上記と同様の規定を設けています（1条2項）。

(ii) 日米租税条約（日米新条約）

日米租税条約4条6項(a)号は，上記と類似の取扱いを次のとおり定めています（日米新条約も同様です。）。

「この条約の適用上，
(a) 一方の締約国において所得される取得であって，
　(i) 他方の締約国において組織された団体を通じて取得され，かつ，
　(ii) 当該他方の締約国の租税に関する法令に基づき当該団体の受益者，構成員又は参加者の所得として取り扱われるもの

に対しては，当該一方の締約国の租税に関する法令に基づき当該団体の受益者，構成員又は参加者の所得として取り扱われるか否かにかかわらず，当該他方の締約国の居住者である当該受益者，構成員又は参加者（この条約に別に定める要件を満たすものに限る。）の所得として取り扱われる部分についてのみ，この条約の特典（当該受益者，構成員又は参加者が直接に取得したものとした場合に認められる特典に限る。）が与えられる。」

(iii) 日中租税条約

上記に相当する条項はありません。

☕【コーヒー・ブレイク】

租税条約の適用ではなく，米国LLCを通じて投資を行ったわが国居住者の所得税法上の損金算入の可否が主要な争点であった事案において，次のような解説がなされています。

「不服審判所裁決（不服審判所裁決平成13年2月26日事例集61巻102頁。なお，さいたま地判平成19年5月16日訴月54巻10号2537頁［筆者注：判決7］・東京高判平成19年10月10日訴月54巻10号2516頁［筆者注：判決6］，国税庁ホームページ「米国LLCに係る税務上の取扱い」）」は，「ニューヨーク州法にもとづいて設立され，米国の課税では法人と扱われていなかったLLC（Limited liability company）を，日本の租税法上，法人とした……課税上，このLLCが米国で非法人，日本では法人とされたことから（hybrid entity），不整合による課税の不合理が生じる（LLCに利益が生じ，留保すればどうなるか。）。裁決は，米国の課税で非法人であることを全く考慮していないが，それが正しいかどうかは，検討すべきであろう。なお，米

国でLLCと同様の課税を受けるLLP（Limited Liability Partnership，日本ではLPSとも略す。）の扱いについても，最高裁は，法人とした（最判平成27年7月17日民集69巻5号1253頁＜百選22＞［筆者注：判決8］）。」（岡村忠生・酒井貴子・田中晶国『租税法』36頁）

　上記米国LLCに関する東京高裁判決は，米国のチェック・ザ・ボックス制度との関係について，次のとおり説示しました（判決6）。

　「控訴人は，本件LLCがパートナーシップ課税を選択していることをもって，本件LLCをわが国私法上（租税法上）の外国法人と認定することは相当でないとも主張するが，前記のとおり，米国においては平成9年にいわゆるチェック・ザ・ボックス規制が施行され，LLCは，法人としての課税を受けるか，パートナーシップとしての課税を受けるか否かを選択できるようになっていたのであるから，上記選択の結果自体によって，本件LLCがその設立準拠法であるNYLLC法において，権利，義務の主体となり得る法律上の資格，すなわち法人格が与えられているか否かの判断基準になるものとはいえないから，控訴人の上記主張も理由がない。」

　すなわち，LLCの法制度自体は，チェック・ザ・ボックス制度という税制度の採用より前に既に関連の州法によって法定されていたのであるから，チェック・ザ・ボックス制度は，LLCが権利，義務の主体となり得る法律上の資格を与えられているか否かの判断基準にはならないとしました。

【租税条約トピック⑮】　米国リミテッド・パートナーシップの取扱い

　従来，米国デラウェア州等のリミテッド・パートナーシップ（以下「LP」といいます。）は，わが国から米国の不動産等に投資するための投資ヴィークルとして実務上多用されてきました。そして，わが国の税実務の取扱いとしては，LPで獲得された所得はパススルーして構成員に帰属するとされていました。したがって，LPで生じた損失についても，一定の配分割合に応じて，わが国の居住者である構成員（投資家）に直接帰属するものと扱われ，節税効果をあげることが可能でした。ところが，下記の事案において，デラウェア州LPが，わが国の税法上パススルーなのかそれとも法人かが争われ，最高裁は，当該デラウェア州LPは，わが国の税法上パススルーではなく法人に該当する旨判断しました（最判平成27年7月17日民集69巻5号1253頁（判決8））。

　米国LPについて，最高裁は上記のとおり法人該当性を肯定したのに対して，国税庁はその後法人該当性を否定する取扱いを英文で表明しました。下記は筆者仮訳です。

　「日本の居住者であるパートナーが米国リミテッド・パートナーシップを通じて取得する所得項目に関する日本法に基づく税務上の取扱い

　国税庁は，日本の年金基金などの日本の居住者が米国リミテッド・パートナーシップ（「米国LP」）を通じて得た所得の項目について，日本法に基づく税務上の取扱いに関して明確性を求めていることを認識している。

日本の最高裁判所が2015年7月17日に下した判決は，一般的に，米国LPは，税務上，不透明な主体として扱われるべきであり，透明な主体とは扱われないことになるという懸念を一部の納税者に対して抱かせたことから，納税者は税務上の取扱いに関して明確性を求めている。
　国税庁は，平成17年度の税制改正（新たに導入された外国パートナーシップの損失制限ルール）を踏まえ，米国LPを通じて得られる所得項目について，同LPを透明な事業体とする取扱いに対して異議を述べない所存である。
　国税庁は，日本の居住者（パートナー）が米国LPを通じて得た所得を，米国LPからの分配の有無にかかわらず，日本居住パートナーが現に獲得した課税所得として取り扱い，当該パートナーの所得の性質及び源泉は，米国LPが源泉から直接実現したものとして決定される。ただし，米国LPが，米国連邦所得税上，法人課税団体として分類される選択を行っていないことを条件とする。
　したがって，日米租税条約（「条約」）の適用上，米国LPを通じて所得を取得し，条約に基づく他のすべての要件を満たす日本居住者は，条約の特典を享受する資格を有する。」

　前記最高裁判決の内容がそれ以前の実務上の取扱い（パススルーの取扱い）とは異なるものであったことから，日本の居住者がデラウェア州LP等の米国LPを通じて投資を行った場合に，果たして，わが国の税法上どのように取り扱われることになるのかという疑問，懸念が生じていました。そこで，そのような疑問，懸念に対処するために，国税庁は，米国LPについて米国税法上パススルーの取扱いがなされているものについては，米国LPを通じて得る所得（及び損失）に関するパススルー取扱いについて一切異議を述べない旨を表明しました。
　国税庁は上記取扱い表明において日米租税条約上の取扱いに言及するなどして前記最高裁判決の適用場面との違いを強調しているようにも推測できますが，国税庁の上記表明も最高裁の前記事案も，日本国によるわが国居住者に対する課税上の取扱いの問題（セービング・クローズがあてはまる問題）を対象としているので，国税庁の上記取扱い表明は最高裁判決の内容と不整合であるように思われます。
　なお，国税庁の上記見解において言及されている平成17年度税制改正とは，租税特別措置法41条の4の2及び同法67条の12を指しています。

(3) 第4条：双方居住者に該当する団体
ア　条　文

第4条
「1　対象租税協定の規定によって二以上の当事国の居住者に該当する者で個人以外のものについては，これらの当事国の権限のある当局は，その者の事業の実質的な管理の場所，その者が設立された場所その他関連する全ての要因を考慮して，合意によって，当該対象租税協定の適用上その者が居住者とみなされる

当事国を決定するよう努める。そのような合意がない場合には，その者は，当該対象租税協定に基づいて与えられる租税の軽減又は免除（これらの当事国の権限のある当局が合意する範囲において，及びこれらの当事国の権限のある当局が合意する方法によって与えられるものを除く。）を受けることができない。
2　1の規定は，個人以外の者が二以上の当事国の居住者に該当する場合にその者を一の当事国の居住者として取り扱うか否かを決定するための規則を規定する対象租税協定の規定に代えて，又は当該規定がない対象租税協定について，適用する。ただし，1の規定は，二元上場法人に関する取決めに参加する法人が居住者とみなされる当事国について明示的に規定する対象租税協定の規定については，適用しない。
3　締約国は，次の権利を留保することができる。
　　[(a)〜(d)　省略]
　　(e)　対象租税協定の適用上，1の第二文を次のように代える権利
　　　　「そのような合意がない場合には，その者は，当該対象租税協定に基づいて与えられる租税の軽減又は免除を受けることができない。」
　　(f)　(e)の規定に基づく留保を付する締約国との間の対象租税協定について，この条の規定の全部を適用しない権利」
［4　省略］

イ　条文の解説

2017年改訂前のOECDモデル租税条約は，次のとおり，双方の締約国の居住者に該当する個人以外の者をいずれの締約国の居住者と扱うかについて，相互協議手続を経ずに，実質的管理の場所を考慮して各締約国において決められることになっていました（4条3項）。

「1の規定により双方の締約国の居住者に該当する者で個人以外のものについては，その者の事業の実質的管理の場所が所在する締約国の居住者とみなす。」

しかし，このようなルールは，実質的管理の場所の判断が一方的に行われ，相互協議による二重非課税の排除をしなければ，二重の控除ができることとなり，国によっては租税回避を生じさせる可能性があると指摘されていました（ハイブリッド・ミスマッチ最終報告書第2部（租税条約関係）パラグラフ431（仮訳148頁））。

そこで，上記のとおり，双方居住事業体をいずれの締約国の居住者と扱うかについては，両締約国の相互協議手続に従ってケース・バイ・ケースで決めることになり，また，合意が得られない場合には，対象租税条約の下で租税の軽減又は免除を受けられないことになりました。そして，2017年OECDモデル租税条約にも同様の改訂がなされました（4条3項）。

☕【コーヒー・ブレイク】

　本条約上記4条2項の「二元上場法人」とは，2か国で上場される法人であり，双方の国において損金算入が認められる可能性があることから，二元上場法人に関する取決めがなされる場合があります。例えば，次の日豪租税条約23条6項(c)号に規定される取決めがこれに該当します。
　「「二元上場法人に関する取決め」とは，二の上場された法人が，それぞれの独立した法人としての地位，株主の構成及び株式の上場を維持しながら，次の(i)から(v)までに掲げる方法を通じて，両法人の経営方針及びそれぞれの株主の経済的利益を統合する取決めをいう。
　(i)　共通又はほぼ同一の役員会を設置すること。
　(ii)　二の法人の経営管理を統一的に行うこと。
　(iii)　二の法人の間において適用される均等化のための割合に応じて株主に対して均等な分配（一方又は双方の法人の解散に伴うものを含む。）を行うこと。
　(iv)　二の法人の株主が，両法人の利害関係の双方に影響を及ぼす重要な事項に関して単一の意思決定機関として有効に議決権を行使すること。
　(v)　それぞれの法人の重要な債務又は業務に対して相互に保証し，又はこれに類する資金の援助を行うこと。ただし，関連する規制によりこれらの保証又は資金の援助が禁じられている場合を除く。」

　なお，ハイブリッド・ミスマッチ最終報告書第2部（租税条約関係）は，双方居住者が，租税条約の振分けルールにより，租税条約の適用上相手国の居住者として取り扱われるのに対して，国内法の適用上は依然として一方の国の居住者として取り扱われるならば，国内法上の居住者としての有利な取扱いと租税条約の非居住者としての特典のいずれも享受し得るという弊害を指摘した上で，このような弊害は，上記4条のような条約の改正によっては対処できないので，国内法によって対処すべきであるとしています（パラグラフ432（仮訳148頁・149頁））。

ウ　わが国の適用関係

「各締約国の留保と選択を示す表」(List of Reservations and Notifications) によれば，わが国は，4条3項(e)号の留保を行ったので，対象租税条約の適用上，同条1項の2文は，「そのような合意がない場合には，その者は，当該対象租税協定に基づいて与えられる租税の軽減又は免除を受けることができない。」と読み替えられることになります。これは，双方居住者に該当する団体に関して，事業の実質的な管理の場所，設立された場所その他関連するすべての要因を考慮して権限のある当局が協議を行ったものの，居住者とみなされる当事国について個別の合意がなされない場合には，当該団体は租税の軽減又は免除を受けることができないとするものです。

上記4条について，英国，イスラエル，オーストラリア，スロバキア，ニュージーランド及びポーランドとの間で合意がなされているので，それぞれの対象租税条約に盛り込まれることになります（なお，OECDのBEPS防止措置実施条約のMLI Matching Database (beta) での2018年9月27日時点の情報に基づくと，下記諸国・地域は，批准が未了で暫定ベースのものですが，上記条文を選択しています。ただし，今後変更の可能性があるので，具体的検討の際には，その時点の最新情報を確認する必要があります。）。

インド，インドネシア，エジプト，オランダ，カザフスタン，中国，ノルウェー，フィジー，南アフリカ，メキシコ，ルーマニア

エ　わが国が締結した個別の条約等
(i)　日独租税条約等

改正後の日独租税条約4条3項は，双方の締約国の居住者に該当する個人以外の者をいずれの締約国の居住者と扱うかについて，本条約4条と同様，次のとおり，相互協議手続を経て個別に決定する旨規定しています。

「1の規定により双方の居住者に該当する者で個人以外のものについては，両締約国の権限のある当局は，その者の事業の実質的な管理の場所，その者の本店又は主たる事務所の所在地，その者が設立された場所その他関連する全ての要因を考慮して，合意により，この協定の適用上その者が居住者とみなされる締約国を決定するよう努める。両締約国の権限のある当局によるそのような合意がない場合には，

その者は，この条約により認められる租税の軽減又は免除を受けることができない。」

ベルギーとの租税条約も，また，デンマークとの租税条約も，アイスランドとの租税条約も，さらには，スペインとの租税条約も，上記と同様の規定を設けています（各4条3項）。

(ii) 日米租税条約

日米租税条約4条4項も，上記に類似した規定を設けています。

> 「1の規定により双方の居住者に該当する者で個人以外のものについては，両締約国の権限のある当局は，合意により，この条約の適用上その者が居住者とみなされる締約国を決定する。両締約国の権限のある当局による合意がない場合には，その者は，この条約により認められる特典を要求する上で，いずれの締約国の居住者ともされない。」

(iii) 日米新条約

現行の日米租税条約4条4項は，上記のとおり，いずれの国の居住者とみなすかを相互協議手続を経て決定することになっています。しかし，日米新条約4条4項は，下記のとおり，個人以外のもので双方の居住者に該当する者は，権限のある当局間の協議を経るまでもなく，いずれの締約国の居住者ともされず条約の特典も享受できない旨さらに一歩進めた内容となっています。これは，本店所在地国主義を採用した日本と設立地国主義を採用した米国との間では，そもそも，「両締約国間で法人が双方居住者に該当することは極めて稀である」ためと説明されています（『改正税法のすべて（平成25年版）』754頁）。

> 「1の規定により双方の居住者に該当する者で個人以外のものは，この条約により認められる特典を要求する上で，いずれの締約国の居住者ともされない。」

(iv) 日中租税条約

日中租税条約は，下記のとおり，上記(i)～(iii)のいずれの条約とも異なり，相互

協議を経ずに，いずれの締約国の居住者とみなすかが決められることになっていました（4条3項）。

> 「1の規定により双方の居住者に該当する者で個人以外のものは，その者の本店又は主たる事務所が存在する締約国の居住者とみなす。」

しかし，上記のとおり，BEPS防止措置実施条約4条の選択を中国が確定的に行うと，これを反映して既存の上記条文は修正されることになります。

5　国際的二重課税の除去のための方法

(1) 第5条：二重課税の除去のための方法の適用
ア　条文の解説

5条は，国外所得免除方式を採用した租税条約において（「本条約解説」5条パラグラフ2.，4.及び7.），二重課税排除を防止するための方法を規定しており，以下の3つの選択肢を提示しています。

選択肢A（2項）では，自国の居住者が他国において取得する所得又は所有する財産について租税を免除する規定は，他国が所得若しくは財産について租税を免除し，又は所得若しくは財産に対して課することができる租税の率を制限する対象租税条約の規定を適用する場合には適用しないとしています。なお，他国において所得又は財産に対して課することができる租税の率を制限する規定を適用する場合，自国では，他国において納付される租税の額を居住者の所得又は財産に対して課される租税の額から控除するとしています。

選択肢B（4項）では，自国の居住者によって他国において取得される所得が自国において配当として取り扱われることを理由として自国において所得について二重課税を除去するために租税を免除することとする規定は，他国の居住者の課税対象利得を決定するに当たって他国の法令に基づいて所得が控除される場合，適用しないとしています。この場合，自国では，他国において納付される所得に対する租税の額を居住者の所得に対する租税の額から控除するとしています。

選択肢C（6項）では，自国の居住者が，租税条約の規定に従って他国において租税を課することができる所得を取得し，又は財産を所有する場合，自国では，他国において納付される所得・財産に対する租税の額を居住者の所得・財産に対する租税の額から控除するとしています。

イ　わが国の選択

　締約国は，いずれかの選択肢を適用すること又はいずれの選択肢も適用しないことを選択することができるとされています（5条1項）。わが国は国外所得免除方式を採用していないため，選択肢A・B・Cのいずれも選択しなかったと説明されています（中澤・講演録172頁）。

> **【租税条約トピック⑯】　財産に対する租税**
> 　わが国が締結した租税条約の対象税目は，所得に対する租税に限定されています。本条約の上記5条6項(a)号(ii)は，財産に対する租税（財産税）に言及していますが，同税はわが国には存在しないため，ルクセンブルクとの租税条約（2条1項(iv)号参照）を除き，対象税目から除外されています。ドイツとの旧条約においても，「財産税」が対象税目の一つとされていましたが（2条(1)項(d)号），現行の日独租税条約においては，「財産税」は除かれています（2条1項(b)号参照）。

(2)　留意事項

　ポーランドとスロバキアは上記5条6項（選択肢C）を正式に選択しました（なお，OECDのBEPS防止措置実施条約のMLI Matching Database（beta）での現時点の情報に基づくと，オランダ，ルクセンブルクは，批准が未了で暫定ベースのものですが，上記条文を選択しています。）。わが国企業においては，国外所得免除方式を採用した国に子会社を有し，当該子会社が第三国においても事業活動を行っている場合には，子会社所在地国が両国間の対象租税条約について上記の点に関してどのような対応を行うのかに留意する必要があるかもしれません。

③　BEPS防止措置実施条約の解説（条約の濫用への対抗）

1　はじめに

　ここでの主要な課題は，トリーティーショッピング（条約漁り）を防止し，有効に対処するためにはどのような対抗策を採用すべきかです。以下のBEPS防止措置実施条約第3部においては，どのような対抗規定を対象租税条約に設けるのが適切であるかに関するOECD／G20での検討結果が反映されています。

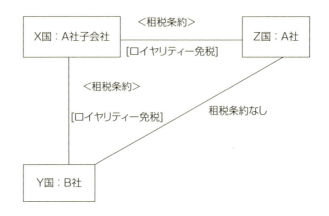

2 トリーティーショッピングの具体例及び弊害

　トリーティーショッピング（条約漁り）の意味については既に説明しましたが，ここでは，トリーティーショッピングの典型例を示して，その弊害を説明します。

　X国とY国との間では租税条約が締結されており，知的財産権のライセンスの対価であるロイヤリティーの支払いについて源泉税が免除されています。X国とZ国との間でも同様の租税条約が締結されています。ところが，Y国とZ国間では租税条約が締結されておらず，Y国の国内税法の下ではロイヤリティーについて30％の源泉税が課せられます。Z国法人のA社がY国法人のB社に対して知的財産権のライセンスを直接行おうとすると30％の源泉税が課せられてしまうので，A社はX国に子会社（ペーパーカンパニー）を設立し，知的財産権のライセンス契約を締結し，次に，A社子会社がB社にサブライセンス契約を締結します。後述の条約の濫用への対抗措置が盛り込まれていないならば，まず，サブライセンスのロイヤリティーについてはX国・Y国間の租税条約に基づき源泉税免除となります。次に，A社子会社がA社に支払う知的財産権ライセンスのロイヤリティーについても，X国・Z国間の租税条約に基づき源泉税免除となってしまいます。

　上記のようなアレンジメントが許容されてしまうならば，Y国・Z国間には租税条約が締結されていないためにZ国のA社は条約の特典を本来享受できないはずなのに，当該特典を享受したのと同様の結果をもたらす潜脱がなされてしまいます。上記のような条約の濫用（潜脱）に対抗しようとして設けられたのが6条以下の規定です。

3 条約の濫用（第3部）

(1) 第6条：対象租税協定の目的
ア 条　文

> 第6条
> 「1　対象租税協定の前文に次の段落を加えるように修正する。
> 　　この協定の対象となる租税に関して，脱税又は租税回避を通じた非課税又は租税の軽減（当事国以外の国又は地域の居住者の間接的な利益のためにこの協定において与えられる租税の免除又は軽減を得ることを目的とする条約漁りの仕組みを通じたものを含む。）の機会を生じさせることなく，二重課税を除去することを意図して，
> 2　1に規定する段落は，二重課税を除去する意図に言及する対象租税協定の前文の文言（非課税又は租税の軽減の機会を生じさせない意図に言及するか否かを問わない。）に代わり，又は当該前文の文言がない対象租税協定に加わる。
> 3　締約国は，経済関係の発展を図り，又は租税に関する協力を強化することを希望することに言及する前文の文言を含まない対象租税協定の前文に次の段落を加えることを選択することができる。
> 　　当事国間の経済関係の一層の発展を図ること及び租税に関する当事国間の協力を強化することを希望し，」
> ［4〜6　省略］

イ 条文の解説

　上記のとおり，6条は，租税条約の目的は，脱税又は租税回避を通じた非課税又は課税の軽減（第三国の居住者の間接的な利益のためにこの条約において与えられる租税の免除又は軽減を得ることを目的とする条約漁りの仕組みを通じたものを含む。）の機会を生じさせることなく二重課税を排除することにあるので，その旨を租税条約の前文に記載することとしました（「本条約解説」パラグラフ77）。なお，条約法条約31条1項は，前述のとおり，「条約は，<u>文脈</u>によりかつその趣旨及び目的に照らして与えられる用語の通常の意味に従い，誠実に解釈するものとする。」とされていますが（下線は筆者によります。），「文脈」には条約の前文も含まれるので（同条2項），上記6条が規定する前文も，解釈の際に考慮されることになります。

　前述のとおり，従来，租税条約の主たる目的は二重課税の回避と解されていま

した。条約特典最終報告書は，セクションB．において，租税条約の目的は二重非課税の機会を生じさせこれを利用するものではないことを明確化することを勧告しました[9]（「本条約解説」パラグラフ75）。

なお，条約特典最終報告書は，最初に，OECDモデル租税条約（所得及び資本に対するモデル租税条約）の目的の変遷について，次のとおり説明しています。

【租税条約トピック⑰】 OECDモデル租税条約の目的の変遷

1963年「所得及び資本に対するモデル租税条約」案においては，二重課税の防止が目的とされ，そのタイトルも，「所得及び資本に対する租税に係る二重課税の回避のための（A国）と（B国）との間の条約」とされていました（最終報告書パラ69（仮訳257頁））。しかし，1977年に，第1条のコメンタリー パラグラフ7は，租税条約が租税回避又は脱税を奨励する意図を有するものではないことを明示的に規定するように，次のように改訂されました（最終報告書パラ70（仮訳同頁））。

「二重課税条約の目的は，国際的二重課税を排除することによって，財貨サービスの交換ならびに資本及び人の移動を促進することであるが，租税回避又は脱税を防止すべきである。」

さらに，2003年に，上記コメンタリー パラグラフ7は，租税回避の防止も租税条約の目的であることを明確化するべく，次のように改訂されました（最終報告書パラ71（仮訳同頁））。

「二重課税条約の主目的は，国際的二重課税を排除することによって，財貨サービスの交換ならびに資本及び人の移動を促進することである。租税回避及び脱税を防止することも租税条約の目的である。」

そして，今回，条約特典最終報告書において，OECDモデル租税条約の前文において，租税条約を締結する国が脱税及び租税回避の機会を創出せずに二重課税を排除することを意図するものであることを明示することが勧告され，上記6条はこれに対応したものです。

ウ わが国の適用関係

上記6条1項については，英国，イスラエル，オーストラリア，スウェーデン，スロバキア，ニュージーランド，フランス及びポーランドとの間で合意がな

---

[9] 条約特典最終報告書の内容を引用又は言及する際に，日本語の表現は，原則として，本庄資「（仮訳）不適切な状況における条約特典の授与の防止 行動6―2015年最終報告書」（租税研究（2017・1）158頁～269頁。以下本項において「仮訳」といいます。）によっています。

されているので、それぞれの対象租税条約に盛り込まれることになります（なお、OECDのBEPS防止措置実施条約のMLI Matching Database（beta）での2018年9月27日時点の情報に基づくと、下記諸国・地域は、批准が未了で暫定ベースのものですが、上記6条1項を選択しています。ただし、今後変更の可能性があるので、具体的検討の際には、その時点の最新情報を確認する必要があります。）。

> アイルランド，アラブ首長国連邦，イタリア，インド，インドネシア，ウクライナ，エジプト，オランダ，カザフスタン，カナダ，韓国，クウェート，サウジアラビア，シンガポール，チェコ，中国，トルコ，ノルウェー，パキスタン，ハンガリー，フィジー，フィンランド，ブルガリア，ポルトガル，香港，マレーシア，南アフリカ，メキシコ，ルーマニア，ルクセンブルク

英国，オーストラリア，スロバキア，及びフランスとの間では，上記6条3項についても合意されました。

なお、例えば、ドイツとの間では合意がなされていませんが，これは，次のとおり，既に日独租税条約等において反映されているからです（BEPS防止措置実施条約6条4項，財務省ホームページ通告第6条「留保」参照）。

エ わが国が締結した個別の租税条約
(i) 日独租税条約

BEPSプロジェクトが進行中である2015年12月17日に締結された日独租税条約の前文は、上記本条約6条1項及び3項と同様、次のような内容となっています。

> 「両国間の経済関係の一層の発展を図ること及び租税に関する両国間の協力を強化することを希望し，所得に対する租税及びある種の他の租税に関し，脱税又は租税回避を通じた非課税又は課税の軽減（第三国の居住者の間接的な利益のためにこの協定において与えられる租税の免除又は軽減を得ることを目的とする条約漁りの仕組みを通じたものを含む。）の機会を生じさせることなく，二重課税を除去するための新たな協定を締結することを意図して，次のとおり協定した。」

(ii) ベルギーとの租税条約等

さらに、条約特典最終報告書公表後である2016年10月12日に締結されたベルギ

ーとの租税条約の前文も，上記本条約6条1項及び3項に沿った内容となっています。

> 「両国間の経済関係の一層の発展を図ること及び租税に関する両国間の協力を強化することを希望し，所得に対する租税に関し，脱税又は租税回避を通じた非課税又は課税の軽減（第三国の居住者の間接的な利益のためにこの条約において与えられる租税の免除又は軽減を得ることを目的とする条約漁りの仕組みを通じたものを含む。）の機会を生じさせることなく，二重課税を除去するための条約を締結することを意図して，次のとおり協定した。」

2017年10月11日に締結されたデンマークとの租税条約の前文も，2018年1月15日に締結されたアイスランドとの租税条約の前文も，また，最近の2018年10月16日に締結されたスペインとの租税条約の前文も，上記と同様の前文を定めています。

(iii) 日米租税条約（日米新条約）

日米租税条約の前文は，「所得に対する租税に関し，二重課税を回避し及び脱税を防止するための新たな条約を締結することを希望して，次のとおり協定した。」という内容であり，本条約6条1項に相当する文章は存在しません。日米新条約も同様です。なお，前述のとおり，2016年版米国モデル租税条約前文は，本条約6条1項に相当する文章を設けています。

(iv) 日中租税条約

日中租税条約の前文は，「所得に対する租税に関し，二重課税を回避し及び脱税を防止するための協定を締結することを希望して，次のとおり協定した。」という内容であり，日米租税条約のそれとほぼ同様です。

しかし，上記のとおり，BEPS防止措置実施条約6条1項の選択を中国が確定的に行うと，これを反映して既存の前文は修正されます。

(2) 第7条：条約の濫用の防止

ア　はじめに

条約特典最終報告書では，ミニマムスタンダードとして，租税条約に，一般的濫用防止条項として次のいずれかを規定する旨勧告していました（パラグラフ19

参照)。(i)主要目的テスト（Principal Purpose Test,「PPT」ということがあります。）のみを定める、(ii)PPTと特典制限条項（簡易版でもよい）を定める、及び(iii)特典制限条項の詳細版と導管取引対処条項を定める。

BEPS防止措置実施条約7条は，租税条約の濫用を防止する手段として，(i)主要目的テスト（同条1項〜5項）又は(ii)簡易版の特典制限条項（同条8項〜13項。なお，条文上は「簡素化された特典制限規定」と定義されています。）によって補完される主要目的テストのいずれかの選択を認めています。主要目的テストについては，「BEPSプロジェクトにおいて各国が必ず採用すべき措置であることを意味するミニマムスタンダードとされていることから，実質的に全ての租税条約に適用されるが，それ以外の措置については各国の様々な考え方が反映されている。」と指摘されています（中澤・解説77頁）。

BEPS防止措置実施条約は，詳細な特典制限条項を定めていませんが，租税条約の当事者が上記(i)又は(ii)に代えて，(iii)詳細な特典制限条項と導管取引対処条項（又は主要目的テスト）を二国間で交渉し合意することも可能であるとしています（同条15項(a)）。本条約の当初署名国・地域のうち，(iii)の詳細なLOBを選択した国・地域は零，(ii)の簡易版のLOBについては，インド，インドネシア等の10か国余りが選択し，わが国を含め残りの大多数の国・地域は，(i)の主要目的テストのみを選択しました。

なお，OECDモデル租税条約は，条約特典最終報告書の勧告に基づき，2017年改訂によって，29条に「特典を受ける権利」（ENTITLEMENT TO BENEFIT）と題する条項を新設しました。

以下，最初に，上記主要目的テストの条文及びその解説を行い，次に，特典制限条項（以下「LOB条項」，「LOB」又は「LOBルール」ということがあります。）の解説を行います。

イ 条 文

第7条
「1　対象租税協定のいかなる規定にもかかわらず，全ての関連する事実及び状況を考慮して，当該対象租税協定に基づく<u>特典を受けること</u>が当該特典を直接又は間接に得ることとなる仕組み又は取引の<u>主たる目的の一つ</u>であったと判断することが妥当である場合には，そのような場合においても当該特典を与えるこ

> とが当該対象租税協定の関連する規定の目的に適合することが立証されるときを除くほか，その所得又は財産については，当該特典は，与えられない。
> 2　1の規定は，仕組み若しくは取引若しくは仕組み若しくは取引に関与する者の主たる目的若しくは主たる目的の一つが対象租税協定に基づいて与えられる特典を得ることであった場合に当該特典の全部若しくは一部を与えないことを規定する当該対象租税協定の規定に代えて，又は当該規定がない対象租税協定について，適用する。
> [3～5　省略]
> 6　締約国は，17(c)に規定する通告を行うことにより，対象租税協定について8から13までの規定（以下「簡素化された特典制限規定」という。）を適用することを選択することができる。簡素化された特典制限規定は，全ての当事国がこれを適用することを選択した場合に限り，対象租税協定について適用する。」（下線は筆者によります。）
> [7～17　省略]

ウ　わが国の適用関係

　わが国は，租税条約の濫用を防止する手段として，上記のとおり，LOBルールではなく，主要目的テスト（PPT）を選択しました。その結果，上記7条の当該規定は，英国，イスラエル，オーストラリア，スウェーデン，スロバキア，ニュージーランド，フランス及びポーランドとの租税協定に盛り込まれることになります（なお，OECDのBEPS防止措置実施条約のMLI Matching Database（beta）での2018年9月27日時点の情報に基づくと，下記諸国・地域は，批准が未了で暫定ベースのものですが，上記7条を選択しています。ただし，今後変更の可能性があるので，具体的検討の際には，その時点の最新情報を確認する必要があります。）。

> アイルランド，イタリア，インド，インドネシア，ウクライナ，エジプト，オランダ，カザフスタン，カナダ，韓国，クウェート，サウジアラビア，シンガポール，チェコ，中国，トルコ，ノルウェー，パキスタン，ハンガリー，フィジー，フィンランド，ブルガリア，ポルトガル，香港，マレーシア，南アフリカ，メキシコ，ルーマニア，ルクセンブルク

③ BEPS防止措置実施条約の解説（条約の濫用への対抗） ◆91

> ☕【コーヒー・ブレイク】
> OECDのBEPS防止措置実施条約のMLI Matching Database (beta) では，各条項の適用関係について，以下のとおり区分しています。
> ・X条は，Aに関して適用される。
> ・X条は，適用されない。
> ・X条は，両立しない限りにおいて条約の規定を適用し変更する。
> ・X条は，Bに変更される。
> 例えば，7条の適用において，「7条1項は，両立しない限りにおいて条約の規定を適用し変更する」という表現は，既存の租税条約の規定を必ずしも全面的に変更して適用するわけではないことを示しています。これは，本条約7条17項(a)号2文の場合が念頭に置かれています。

わが国が，租税条約の濫用を防止する手段として，主要目的テストを選択しLOBルールを選択しなかったのは，わが国が締結した既存の租税条約に，わが国の事情を踏まえたより適切な形でLOBルールが既に導入されているためであると説明されています（中澤・講演録172頁）。

なお，ドイツ等との間では本条約の下で主要目的テストについて合意がなされていませんが，これは，後述のとおり，既に日独租税条約等において反映されているからです。

エ　条文の解説
(i)　主要目的テスト

2017年のOECDモデル租税条約改訂前においては，主要目的テストは，同条約の条文本体においてではなく，コメンタリーにおいて採り上げられていたに過ぎませんでした。すなわち，2014年版コメンタリー1条・パラグラフ21.4は次のとおり，主要目的テストについて述べていました。

> 「次の規定は，取引がこの条約の特典を得るということをその主たる目的として行われた場合には，源泉課税を制限するこの条約の特定の規定の特典を否定する効果を有する。関係条文は，第10条，第11条，第12条及び第21条である。本規定は，これらの規定のそれぞれが対象とする特定の種類の所得を扱うために，以下に示すように，若干修正を加えられるべきである。

発生又は譲渡によってこの条の利点を得ることが第10条「配当」、第11条「利子」、第12条「使用料」及び第21条「所得」が支払われる第10条「株式その他の権利」、第11条「信用に係る債権」、第12条及び第21条「権利」の発生又は譲渡に関係する者の主たる目的又はその一つである場合には、本条の規定は適用されない。」

そして、条約特典最終報告書の勧告の結果、主要目的テストはいわば"格上げ"され、上記のとおり、OECDモデル租税条約の条文（29条）において導入され、また、本条約7条においても設けられることになりました。

(ii) **主要目的テストの趣旨及び目的**
2017年版OECDモデル租税条約29条のコメンタリーのパラグラフ169は、主要目的テストの趣旨及び目的を次のように説明しています[10]。

「1．パラグラフ9は、第1条のコメンタリーのパラグラフ61及び76から80までのガイダンスを反映する。当該ガイダンスに従い、一定の取引又は取極の主要目的の一つが租税条約に基づく特典を確保することであり、これらの状況で当該特典を得ることが租税条約の関連規定の目的に反する場合、租税条約の特典は利用できないものとすべきである。パラグラフ9は、たとえそれらの国内法が第1条のコメンタリーのパラグラフ76から80までに従ってそうすること

10　各国の条約の中には、「主要な目的の一つ」ではなく「主要な目的」である場合に特典享受を否定することとするものもあります。そのため、「主要な目的の一つ」とする規定は、「主要な目的」とする規定より、適用対象が不当に広範なものになるおそれがあるとの指摘があります（日本経済団体連合会「BEPS行動6（条約の濫用防止）に係わる改訂討議草案に対する意見」2015年）。ただし、財務省主税局担当者の解説によれば、特典享受が主要目的とされるのは基本的に濫用事例であり、「主要目的の一つ」とするのは濫用目的以外にも目的があるとの抗弁を許さないための防御的措置であり、適用対象が大幅に拡大することはないと説明されています。すなわち、特典享受が取引実行の重要な判断要素であったとしても、直ちに主要目的となるわけではなく、「あらゆる関連する事実関係（facts and circumstances）を考慮」することの重要性が繰り返し強調されており、特典享受が主要目的に該当するか否かの判断は、正当な事業目的や取引の人為性等の総合判断であり、特典を享受させることが条約の趣旨・目的に反するか否かの判断、さらには濫用的であるか否かの判断とほとんど変わるところがないと説明されています（緒方健太郎「BEPSプロジェクト等における租税回避否認をめぐる議論」財務省財務総合政策研究所「ファイナンシャル・レビュー」平成28年第1号2016.3、以下「緒方レビュー」といいます。205頁）。

を容認しない［筆者注：特典利用を認めない］としても，国が条約の不適正な利用の場合に対処するため，これらのパラグラフの基礎にある原則を条約自体に組み込んでいる。国内法がこのような場合に対処することをすでに容認する［筆者注：特典利用を否認する］国にとっては，それは，これらの原則の適用を確認する。」

上記に言及された1条のコメンタリーのパラグラフ61は，主要目的テストについて，次のように述べています。

「基準となる考え方は，二重課税条約の特典は，一定の取引又は取極を行う主要目的がより有利な課税上の立場を確保することであり，かつ，これらの状況における当該より有利な扱いが関係する規定の目的に反する場合には，利用することはできないというものである。」

要は，租税条約の特典は，締約国間の経済交流の促進・深化に資するべく，特定の経済取引についてそこから発生する所得等に対する特別な課税上の取扱いを定めるものなので，実態のない取引にまで特典を与えることは，条約の趣旨に合わないと考えられています。そのため，特典を aggressive tax planning（ATP）等に悪用するために人為的に組成したものである可能性が高い取引については，特典享受を主目的とする取引と認定し，特典享受を否定するのが主要目的テストの考え方です（緒方レビュー198頁）。

> ☕【コーヒー・ブレイク】
> ある取引が，租税法の規定の形式的要件を満たすとしても，事業目的がなく，租税回避を目的とするものである場合には，租税法の規定の趣旨・目的に反するとして米国連邦最高裁が租税回避行為の否認を認めた著名なGregory事件（Gregory v. Helvering 293 U.S. 465, 467（1935））があります。当該事件は，個人がその全株式を所有する法人が他の法人の株式を保有していたところ，当該他の法人の株式を譲渡する際に多額の譲渡益が発生し課税されるのを回避するために，法人の「組織変更」に関する規定を利用した事案です。米国連邦最高裁は，本件取引は「組織変更」の形式的要件を満たすものの，事業目的をもって行われたものではないという理由で，当該個人を敗訴させました。規定の趣旨・目的を重視するという意味においては，主要目的テストと共通する面があるように思われます。

なお，2017年版OECDモデル租税条約の上記コメンタリーは，租税条約の特典利用を否認する国内法の存在に言及しています[11]。これは一般否認規定（General Anti-Avoidance Rules "GAAR"）と呼ばれています。

> 【コーヒー・ブレイク】
>
> EUは，BEPS行動計画を加盟国間で統一的な形で実施するため，2016年7月12日に租税回避対策指令（Anti-Tax Avoidance Directive，通称ATAD[12]）を採択しました。ただし，ATADには，BEPS行動計画では扱われていない租税回避防止措置もいくつか含まれており，そのうちの一つがGAARです。具体的には，「適用される租税法の趣旨又は目的に反する租税上の有利な取り扱いを受けることを主要な目的又は主要な目的の一つ（the main purpose or one of the main purposes）として行われた実態のない（not genuine）取極又は一連の取極は，法人税額の計算上，無視するものとする。」と規定されています（ATAD 6条）。ATADに規定された租税回避防止措置について，加盟国は，原則として，2018年12月31日までに立法的措置を講じ，2019年1月1日から適用しなければならないとされているため（ATAD11条），同日以降は，EUの全加盟国が国内法においてGAARを有することになります。

(iii) 主要目的テストと特典制限条項（LOBルール）の関係

上記コメンタリーは，2017年版OECDモデル租税条約29条9項（パラグラフ）が規定する主要目的テストとパラグラフ1〜7項が規定するLOBルールの関係について，次のように説明しています（パラグラフ172。なお，同条8項は，第三国の恒久的施設を利用した濫用に対処する規定です。）。

「ある者がパラグラフ1ないし7までに基づき特典を受ける権利を有するとの事実は，これらの特典がパラグラフ9により否認されないことを意味するものではない。パラグラフ1ないし7までは，主として一方の締約国の居住者の法的性質，所有及び一般活動に集中するルールである。……これらのルールは

---

11 長戸貴之「分野を限定しない一般的否認規定（GAAR）」と租税法律主義」（財務省財務総合政策研究所「フィナンシャル・レビュー」平成29年第1号（通巻第129号）2017年3月，169頁）参照。

12 より正確には「ATAD I」です。このミニマム・スタンダードのルールを拡張するため，欧州理事会は，2017年5月29日に「ATAD II」を採択しました。

このような居住者によって行われた取引又は取極が条約規定の不適正な利用と成り得ないことを示唆するものではない。」

日英租税条約は，後述のとおり，主要目的テストとLOBルールの双方を定めていますが，両者の関係については次のように説明されています。

主要目的テストは「目的に着目した防止措置であり，条約が適用される相手国居住者等の類型に着目した防止措置である特典条項（第22条［筆者注：LOB条項のこと］）と相俟って，条約の濫用防止に資することが期待されます。」（日本租税研究協会「租税条約の解説　日英租税条約（2006年2月2日署名／平成18年条約第11号）」（以下「日英租税条約の解説」といいます。）20頁）

上記のとおり，主要目的テストとLOBルールは，排他的な関係に立つのではなく，双方が補完し合って条約の濫用を防止するものと整理されています。

日米租税条約及び日独租税条約を除き，LOBの対象を配当，利子，使用料等の投資所得に限定しているのは，納税者及び課税当局の負担を軽減するとともに，LOBがない場合のトリーティー・ショッピングのリスク等とLOBの負担等を比較衡量したことによるものですが，対象を限定したLOBを導入する際には，トリーティー・ショッピング等の条約濫用に対する抑止効果に期待し，主要目的テストも規定しています。適用対象を投資所得に限定した簡素化されたLOBと主要目的テストを組み合わせるのは，簡素化されたLOBにより明確な不適格者のみを排除し，簡素化されたLOBを通過して暫定的に適格と判定された者の適格性を主要目的テストが最終的に決定することで，LOBの問題である制度の複雑化が緩和され，簡素化されたLOBが明確な不適格者をスクリーニングすることにより，主要目的テストの負担も軽減され，機動的に発動しにくいという主要目的テストの短所が大きく緩和されると考えられています（緒方レビュー　201頁・202頁）。

(ⅳ)　特典制限条項（LOB条項）の長所・短所と主要目的テストの長所・短所
① 特典制限条項（LOB条項）の長所・短所

後で詳細に述べる特典制限条項（LOB条項）は，多数のトリーティーショッピング状況に対処することができます。そして，その適用の有無は，エンティティの法的性質，所有及び一般的な活動に基づく客観的基準に基づくので，予測可能

性が高いと評価できます。このように，LOB条項は，条約上の特典を享受できる「適格者」の要件を客観的に規定し，非適格者に対する特典付与を制限する規定であり，課税当局の裁量の余地は極小化され，納税者の予測可能性が高いという長所はあります。他方で，個別に適格な状況を規定していくため不可避的に規定は複雑化し，導入時に想定していなかったような取引に柔軟に対応できないという短所もあります（緒方レビュー 199頁）。そのため，「ある形態のトリーティーショッピング（例えば，通常ならば条約の特典を享受できる締約国の居住者がこれらの特典を享受できない者によって仲介者として利用される導管金融アレンジメント）」に対処できないと指摘されています（条約特典最終報告書パラグラフ20（仮訳174頁））。

上記の導管金融アレンジメントとは，次の例のようなものです（条約特典最終報告書パラグラフ19　事例A（仮訳228頁・229頁））。

「R国の上場居住法人RCoは，S国の居住法人SCoの全株式を所有している。S国との租税条約を有しないT国の居住法人TCoは，SCoの少数持分を購入したいが，S国によって課される配当に対する国内源泉徴収税が投資を不経済なものにすると信じている。RCoは，SCoの少数持分購入の代わりに4％の固定リターンとSCoの純利益の20％の不確定リターンを支払う優先株を発行させることを提案する。TCoは，RCoに当該優先株の発行価格に相当する金額を支払い，RCoから20年後に当該株式の償還価格を受け取る別の契約をRCoと締結する。20年間，RCoは，TCoに発行価格の3.75％とSCoの純利益の20％に相当する金額を支払う。」

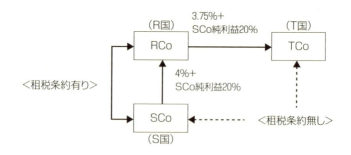

上記のアレンジメントの実質は，RCoに導管機能を果たしてもらう対価とし

て，毎年発行価格の0.25％をサービスフィーとして20年間支払うというものです。RCoはR国居住者（上場法人）であり，特典制限条項（LOB条項）の目的上，適格者に該当するので，LOB条項は，上記導管金融アレンジメントに有効に対処できません。ただし，後述の日英租税条約（10条9項等）や日米租税条約（10条11項等）が定める導管（back to back）対処条項をLOB条項に付加すれば，上記導管金融アレンジメントにも対抗できます。

② **主要目的テストの長所・短所**

主要目的テストは，LOB条項のみでは対処できない上記アレンジメントにも有効に対処できます。これは，主要目的テストが「取極又は取引の主要目的の一つが租税条約に基づく特典を獲得することであり，これらの状況で当該特典を得ることが租税条約の関連規定の目的に反することとなる場合には租税条約の特典を享受させるべきではない」というものであり（条約特典最終報告書パラグラフ20（仮訳174頁）），柔軟性を有するためです。ただし，取引を行う多くの場合に，税効果以外の事業上の目的もあるのが通常なので，租税条約上の特典を享受することが主要目的又は主要目的の一つかどうかの事実認定が，必ずしも容易でない場面も少なくないように思われます。取引の目的に着目する規定は，個別の取引形態を特定せずに一般的に規定でき，発動要件も主目的要件に包括的に収斂されるため，規定そのものも簡素になり，将来の未知の取引を含め様々な態様の取引に柔軟に適用できるというメリットがあります。他方で，こうした一般的・包括的な規定は，十分な具体的・客観的な基準を提供せず，課税当局に大きな裁量余地を残すので，主要目的テストは，LOB条項に比べて，予測可能性が低くなるという短所を有しています（緒方レビュー 199頁）。

③ **主要目的テストの適用例**

• **主要目的テストが適用される例**

条約特典最終報告書は，上記の主要目的テストの適用例を示しています。例えば，次のような契約の人為的分割の場合には，主要目的テストが適用され，条約に基づく特典は享受できないとしています（パラグラフ14　事例J（仮訳226頁））。

「RCoは，R国の居住法人である。それは，S国の独立の居住法人SCoの発電所の建設の入札に成功した。建設プロジェクトは，22か月続くと見込まれる。契約交渉中，プロジェクトは2つの別々の契約に分けられ，各々11か月続いている。第1契約は，RCoと締結され，第2契約は，R国の居住法人であるRCoの最近設立された全部所有子会社SubCoと締結された。RCoが契約上2つ

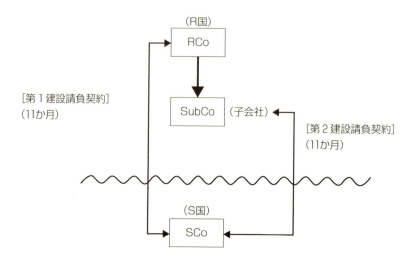

の契約の遂行に義務があることを確保したいとのSCoの要求により、契約上のアレンジメントは、SubCoとSCoとの契約に基づくSubCoの契約上の義務の遂行に関し、RCoがSubCoと連帯して義務を負うものである。

　この例では、別段のことを示す他の事実及び状況がなければ、SubCoが建設プロジェクトの一部を行う別の契約締結の主要目的の一つが、RCoとSubCoが各々R国とS国との租税条約第5条のパラグラフ3のルールの特典を得ることであると結論付けることが合理的であろう。これらの状況で当該ルールの特典を授与することは、当該パラグラフの期間制限［筆者注：12か月を超えれば恒久的施設に該当するというルールのこと］が通常ならば無意味になるので、当該パラグラフの目的に反するであろう。」

- **主要目的テストの適用が否定される例**

　条約特典最終報告書は、次のとおり、上記の主要目的テストが適用されない例も示しています。

　R国の居住法人であるRCoは、人件費等低コストでの製品製造を企図し、工場設置の候補地として複数の国を選定したが、その中でS国のみがR国と租税条約を締結していることが判明したので、その点も考慮してS国への進出を決定したという事例の場合には、租税条約上の特典を得ることが主要な目的とは考えられないので、主要目的テストは適用されません（条約特典最終報告書パラグラフ14事例C（仮訳222頁））。

オ 特典制限条項
(i) はじめに

　この特典制限ルール（ここでは「LOBルール」といいます。）は、トリーティーショッピング（条約漁り）の状況に対処するための濫用防止ルールの一つです。主として米国が締結した租税条約に規定されていますが、わが国やインドが締結した一部の条約にも含まれています（条約特典最終報告書パラグラフ25（仮訳176頁））。LOBルールの考え方は、2003年版OECDモデル租税条約コメンタリーにおいて既に記載されていましたが、今回、条約特典最終報告書は、主要目的テストと同様、コメンタリーではなく、OECDモデル租税条約本体に設けることを勧告し、これを容れて、上記のとおり、2017年版OECDモデル租税条約29条に規定されました。いわば"格上げ"されたことになります。そして、BEPS防止措置実施条約7条においても、LOBルールは、所定の条件の下で、主要目的テストの補完又は代替的役割を果たし得ると位置付けられていますが（同条6項及び15(a)並びに「本条約解説」パラグラフ90参照）、上記のとおり、本条約の適用上、わが国は主要目的テストを選択し、LOBルールは選択しませんでした。したがって、以下において、同条約7条が定めるLOBルールの解説は行いません。代わりに、日米租税条約及び日英租税条約等の既存のLOBルール並びに条約特典最終報告書に記載された同ルールの趣旨及び適用例等に言及して解説を行うことにします。

(ii) LOBルールの趣旨

　LOBルールを設ける趣旨については、日米租税条約22条（条約の特典）に関して、次のようなわかりやすい説明がされています。

　「租税条約では一般に条約に基づく税の減免（特典）を条約相手国の居住者に与えることとしているが、本条約の場合、投資所得に対する源泉地国免税の範囲を拡大したことから、第三国居住者が締約国の形式的な居住者を通じて条約特典を不正に享受しようとするおそれが強まるものと考えられる。本条は、そのような条約濫用を防止するため、本条約に基づく特典を享受しようとする締約国の居住者に対し、その者が真に特典を受けるべき立場にあることに関する所定の条件を具備することを求めるものである。」（浅川雅嗣編著『コンメンタール改訂日米租税条約』189頁）

> **【租税条約トピック⑱】 LOB条項を有する租税条約**
> 2018年10月17日現在において，わが国が締結した租税条約の内，LOB条項を有する相手国は次のとおりです。
> 　米国，英国，フランス，オーストラリア，オランダ，スイス，ニュージーランド，スウェーデン，ドイツ，ラドビア，ベルギー，オーストリア，リトアニア，エストニア，ロシア，デンマーク，アイスランド，スペイン（ただし，ベルギー，オーストリア，デンマーク及びスペインについては2018年10月17日時点では未発効）

(iii) 特典享受者の種類

① はじめに

日米租税条約22条の下で，締約国の次の居住者は，条約の特典を受けられます。

「①　条約相手国の居住者である個人，政府，特定の公開会社，公開会社の関連会社，公益団体，年金基金並びに株式等の所有及び第三国への支出に関する所定の条件（「支配及び課税ベース浸食基準」）を満たす法人は，適格居住者としてすべての所得につき特典を受けることができる（本条1，適格者基準）。

②　①に該当しない条約相手国の居住者であっても，同国内で営業又は事業の活動に従事しており，源泉地国において取得する所得が当該営業・事業活動に関連又は付随して取得されるものである場合には，当該所得につき特典を受けることができる（本条2，能動的事業活動基準）。

③　①及び②のいずれにも該当しない条約相手国の居住者であっても，条約特典を享受することを主要な目的として同国居住者となったものでないと税務当局が認定する場合には，特典を受けることができる（本条4，権限のある当局による認定）。」（日本租税研究会「租税条約の解説　日米租税条約」48頁・49頁。下線は筆者によります。）

　上記のとおり，条約の特典を享受できる居住者の基準としては，①適格者基準，②能動的事業活動基準，及び③権限のある当局による認定の三種類が挙げられています。以下において，これらの基準について順番に補足説明します（なお，BEPS防止措置実施条約6条は，①適格者基準については9項に，②能動的事業活動基準については10項に，③権限のある当局による認定については12項に，それぞれ定めています。）。

② 適格者基準

　適格者基準の下で，特定の公開会社やその関連会社が適格者と扱われる（例えば，日米条約22条1項(c)号）理由について，条約特典最終報告書の詳細版LOBのコメンタリーは，次のように説明しています。

　　「一般的ルールとして，上場会社及び一部のエンティティの株式は一般に幅広く保有されているので，これらの法人及びエンティティはトリーティーショッピングのために設立されるようにはみえない。」（条約特典最終報告書詳細版LOBコメンタリー　パラグラフ11.（仮訳183頁））

　次に，上記の「支配及び課税ベース浸食基準」（所有/税源浸食（Ownership/Base Erosion）基準ともいいます。）があてはまる場合にも適格者に該当します。例えば，日米租税条約22条1項(f)号は，株式の50％以上が一定の適格者に保有され，かつ，費用控除できる支出が締約国以外の者に対してなされる割合が50％未満である場合を規定しています。ただし，当該支出には，事業の通常の方法において行われる役務又は有体財産に対する支払及び商業銀行に対する金融上の債務に係る支払は含まれないとされています。

　条約特典最終報告書の詳細版LOBコメンタリーは，上記規定の趣旨を次のとおり説明しています。

　　「いわゆる所有及び税源浸食テストは，2つの部分のテスト［筆者注：所有（支配）と税源（課税ベース）浸食テスト］である。当該居住者がサブパラグラフ2e）に基づき条約の特典を受ける権利を有するために両方の部分が満たされなければならない。」（パラグラフ25.（仮訳188頁））

　日米租税条約の上記規定の後半部分の趣旨については，次のような説明がされています。

　　「このbase erosion testは，適格者の判定において，日米以外の者に対する支払を通じて新条約の特典が実質的にそれらの者に享受されるような法人については適格者としないとするものである。」（税理士法人中央青山編『Q&A新日米租税条約の実務ガイド』63頁）

③ 能動的事業活動基準

　ⓐ　はじめに

　能動的事業活動基準については，次のように説明されています。

　上記の適格者基準に「該当しない条約相手国の居住者であっても，同国内で営

業又は事業の活動に従事しており、源泉地国において取得する所得が当該営業・事業活動に関連又は付随して取得されるものである場合には、当該所得につき特典を受けることができる」（浅川雅嗣編著『コンメンタール改訂日米租税条約』191頁。下線は筆者によります。）。

条約特典最終報告書の詳細版LOBコメンタリーは、上記規定の趣旨を次のように説明しています。

「このパラグラフは、一方の締約国の居住者であるエンティティが当該国において能動的に事業活動（関連者によって行われる活動を含む。）を行い、当該事業活動に関連し又は付随して他方の締約国から所得を取得する場合、当該所得について条約の特典を授与することは、当該エンティティの性質及び所有にかかわらず、トリーティーショッピング問題を生じないことを認識している。」（パラグラフ44．（仮訳196頁））

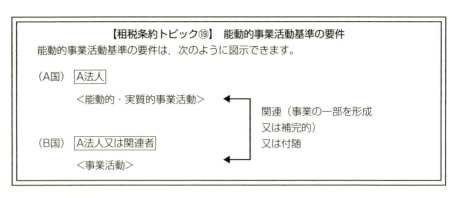

(b) 関連要件等

「能動的テストに基づき、ある者（概して法人）は、次の２つの条件を満たす場合、条約の特典を受けることができる。(1)それがその居住地国において事業の能動的行為を行っていること。(2)特典を求める支払が当該事業に関連していること。一定の場合、当該事業が当該所得を生じる源泉地国における活動との関係において実質的な規模であることという追加要件を満たすものでなければならない。」（条約特典最終報告書パラグラフ45（仮訳196頁）。下線は筆者によります。）

まず，上記(1)の事業は，自己の勘定のために投資を行い又は管理するような受動的なものではなく，能動的でなければなりません（パラグラフ48．（仮訳196頁・197頁））。日米租税条約22条2項(a)号も，「当該営業又は事業の活動が，当該居住者が自己の勘定のために投資を行い又は管理する活動（商業銀行，保険会社又は登録を受けた証券会社が行う銀行業，保険業又は証券業の活動を除く。）である場合は，この限りでない。」としています。

　また，事業規模が所得を生じる源泉地国における活動との関係において「実質的なもの」である必要があるとする上記要件は，居住地国で行う事業の活動の規模が小さい場合には条約の特典享受を目的とする濫用が推認されるために設けられたものです。日米租税条約22条2項(b)号にもこの要件が規定されていますが，次のとおり説明されています。

　「「実質的なもの」であるか否かは，すべての事実及び状況に基づき個別的に判断されることになりますが，たとえばその資産の価額や所得額等からみて居住地国で行う営業又は事業の活動の規模が他方の締約国で行う営業又は事業の活動の規模に比べ極端に小さい場合や営業又は事業全体の貢献度からみて居住地国で行う営業又は事業の活動の貢献度がほとんどない場合には，「実質的なもの」とは認められないと解されます。」（『改正税法のすべて（平成16年版）』367頁）

　次に，上記(2)の関連性要件については，条約特典最終報告書の詳細版LOBのコメンタリーにおいて，次のように説明されています（仮訳197頁。下線は筆者によります。）。

　「49．所得項目は，源泉地国における所得を生ずる活動が，当該所得の受領者により居住地国において行われる当該事業の<u>一部を形成するか又は補完的である事業のライン</u>である場合，事業に関連して取得される。」

　上記前者の「一部を形成する」という要件については，次のとおり説明されています。

　「50．一つの事業活動は，一般に，2つの活動が同一製品もしくは同種の製

品の意匠，製造もしくは販売又は類似の役務の提供を含む場合，源泉地国において行われる一つの事業活動の一部を形成すると考えられる。」

そして，一つの事業活動の一部を形成する例として，条約特典最終報告書の詳細版LOBのコメンタリーパラグラフ50において，次の事例（事例1）が挙げられています（仮訳197頁）。

「A Coは，A国の居住法人であり，当該国において能動的製造業に従事している。A Coは，B国の居住法人であるB Coの株式の100％を所有する。B Coは，B国においてA Coの製品を供給している。2法人によって行われる事業活動は同一の製品に関わるので，B Coの供給事業はA Coの製造事業の一部を形成すると考えられる。」

また，上記後者の「補完的」要件については，次のとおり説明されています（仮訳198頁）。

「51．2つの活動が「補完的」であると考えられるためには，当該活動が同種の製品又は役務に関連する必要はないが，それらは，同じ全体産業の一部であり，一つの活動の成否が他の活動の成否を生じる傾向があるという意味で関連するものでなければならない。」

そして，2つの活動が「補完的」である例として，同じパラグラフ51において，次の事例（事例3）が挙げられています（仮訳198頁）。

「CCoはC国の居住法人であり，国際航空を運営している。DCoは，CCoの全部所有子会社であるD国の居住法人である。DCoは，D国においてCCoの運行する航空便が用いる空港の近辺に所在するチェーンホテルを運営している。CCoは，D国への空の旅とDCoのホテルの宿泊を含む旅行パッケージを頻繁に販売している。両法人は一つの事業の能動的行為を行っているが，チェーンホテルの運営事業と航空の運営事業は，別の事業である。したがって，DCoの事業は，CCoの事業の一部を形成しない。しかしながら，これら2つの事業は同じ全体産業（旅行）の一部であり，かつ，これらの活動の繋がりはそれらを相

互依存にする傾向があるので，DCoの事業は，CCoの事業に補完的であると考えられる。」

(c) 付随要件

上記のとおり，居住地国での事業に関連していなくとも，所得が「付随して取得される」場合にも，条約の特典を受ける権利を有するとされています。どのような場合が「付随的所得」に該当するかについて，次のように説明されています（パラグラフ52（仮訳199頁））。

「源泉地国から取得される所得項目は，当該項目の稼得が居住地国において行われる事業を助長する場合，当該居住地国において行われる事業に付随している。付随的な所得の例は，一方の締約国の居住者の運転資本の一時的投資から生じる所得である。」

④　権限のある当局による認定

権限のある当局による認定については，次のように説明されています。

他の基準の「いずれにも該当しない条約相手国の居住者であっても，条約特典を享受することを主要な目的として同国居住者となったものでないと税務当局が認定した場合には，特典を受けることができる」（浅川雅嗣編著『コンメンタール改訂日米租税条約』191頁・192頁）。

上記の趣旨については，条約特典最終報告書において次のように説明されています（パラグラフ62（仮訳204頁））。

「パラグラフ5は，本条のパラグラフ1から4までに基づき，両締約国の居住者が一方の締約国において条約の特典のすべてを受ける権利を有しない場合，当該居住者が権限ある当局にこれらの特典を授与するように要求することができると規定する。このような場合，権限ある当局は，関連する事実及び状況を考慮した後，当該居住者の設立，取得又は維持も，その運営も，条約に基づく特典を得ることを主要目的の一つとするものでないと判断する場合，これらの特典を授与する。」

上記の「条約に基づく特典を得ることを主要目的の一つとする」かどうかの判断に関しては，条約特典最終報告書の詳細版LOBのコメンタリーにおいて次のように説明されています（パラグラフ65（仮訳205頁））。

　「パラグラフ５における「主要目的の一つ」（one of the principal purposes）は，租税条約に基づく特典を得ることが当該者の設立，取得又は維持及びその業務の遂行のための唯一又は支配的な目的である必要がないことを意味している。主要目的の一以上が条約の特典を得ることであれば十分である。権限ある当局が，すべての関連事実及び状況を考慮して，条約に基づく特典を得ることが主たる考慮ではなく，当該者の設立，取得又は維持及びその運営の行為を正当化していないと判断する場合，当該者を特定所得項又は資本についてこれらの特典を受ける権利を有するものとみなす。しかしながら，当該者の設立，取得又は維持及びその運営の行為が多数の条約に基づく類似の特典を得る目的で行われる場合，他の条約に基づく特典を得ることは，ある条約に基づき特典を得ることがこれらの運営の主要目的と考えられることを妨げると考えるべきではない。」

　上記の説明によれば，「目的」に関わる大きさについて，次の関係が認められます。

> 唯一の目的 ＞ 支配的な目的 ＞ 主要な目的（の一つ）

　上記の関係に係る整理は，前記の主要目的テストの「主要目的」の存否を判断する際にも参考になると考えられます[13]。

⑤　派生的受益基準

　租税条約によっては，上記の②適格者基準，③能動的事業活動基準，又は④権限のある当局による認定の３種類の基準を満たさなくとも，派生的受益基準を満たせば適格居住者と扱われる場合があります（BEPS防止措置実施条約７条11項もこの派生的受益基準を定めています。）。
　例えば，わが国が締結した租税条約の中では，日英租税条約において「派生

13　吉村浩一郎「租税条約の「濫用」と対策―条約漁りをめぐる近時の状況の整理」（『現代租税法講座国際課税』所収94頁）

的受益基準」が初めて設けられました（後記22条3項・7項(e)号）。同基準の下で，英国法人（英国居住者）の持分の75%以上が第三国居住者によって保有されており，当該第三国居住者が下記に定義される「同等受益者」に該当すれば，上記英国法人は条約の特典を享受できます。

日英租税条約において「派生的受益基準」が設けられた趣旨は，次のように説明されています。

> 「日英締約国以外の第三国居住者が支配する所定の一方の締約国の法人であっても，当該第三国居住者が以下の要件を満たす同等受益者である場合には，当該法人は新条約［筆者注：日英租税条約のこと］の特典を濫用することを目的として当該第三国居住者が設立したペーパーカンパニー等であるとは認められないため，新条約の特典の適用を認めることとしています」（『改正税法のすべて（平成18年版）』518頁）。

「同等受益者」とは，下記条項の記載からもわかるように，要は，条約の特典が要求される締約国（下記の例だと日本）と自身が居住者である国（下記の例だと第三国）との間の租税条約の下で十分な特典を享受できる地位にあるので，わざわざ日英租税条約を濫用して同様の特典を享受する必要がないと解される者を意味します。

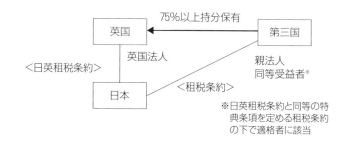

上記を反映する日英租税条約の具体的条文は次のとおりです。
まず，同条約は22条3項において派生的受益基準について，次のとおり規定しています（下線は筆者によります。）。

> 「一方の締約国の居住者である法人は，適格者に該当しない場合においても，

他方の締約国において取得する第10条3,第11条1,第12条,第13条又は前条に定める所得,利得又は収益に関し,7以下の同等受益者が当該法人の議決権の75パーセント以上に相当する株式を直接又は間接に所有し,かつ,当該法人がこれらの規定により認められる特典を受けるためにこれらの規定に規定する要件を満たすときは,これらの規定により認められる特典を受ける権利を有する。」

次に,日英租税条約22条7項(e)号は,上記「同等受益者」を,以下の(i)又は(ii)のいずれかの者をいうと定義しています。

「(i) この条約の特典が要求される締約国との間に租税に関する二重課税の回避のための条約(以下「租税条約」という。)を有している国の居住者であって,次の(aa)から(cc)までに掲げる要件を満たすもの
　(aa) 租税条約が実効的な情報交換に関する規定を有すること。
　(bb) 当該居住者が,租税条約の特典条項に基づき適格者に該当すること……。
　(cc) 第10条3,第11条1,第12条,第13条又は前条に定める所得,利得又は利益に関し,当該居住者が,この条約の特典が要求されるこれらの規定に定める種類の所得,利得又は収益について租税条約の適用を受けたとしたならばこの条約に規定する税率以下の税率の適用を受けるであろうとみられること。
(ii) 2(a)から(e)までに掲げる適格者」

カ 「実質的所有者」の概念

主要目的テスト及びLOBルールに加えて,「実質的所有者」(受益者)の概念も,トリーティーショッピング(条約漁り)に一定範囲で対抗し得る道具概念の一つとして位置付けられています。

最初に「実質的所有者」の概念の説明をします。
「実質的所有者」(beneficial owner)の概念は,租税目的上所有者として取り扱われるべきではない条約相手国の仲介者(例えば,下図の代理人や名義人)である居住者に所得が支払われる単純な条約漁り状況に対処するため,1977年にOECD

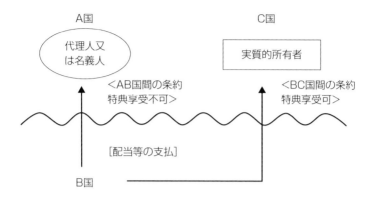

モデル租税条約に導入されました。

「日英租税条約の解説」も、次のとおり説明しています（同書16頁）。

「「受益者」とは、単に所得を受領する者ではなく、その所得が実質的に帰属する者（実質的な所有者）をいいます。所得を受領する者が代理人若しくは名義人である場合や所得を実際に享受する別の者のための単なる導管であるような場合、当該所得は受領者には実質的には帰属しないため、課税上、当該受領者の所得として課税されません。別の言い方をすれば、所得が帰属しない受領者に対して課税が行われるものではないので、当該受領者に対して条約上の特典を与える必要はないことになります。さらに言えば、このような場合に条約上の特典を否認することとしなければ、本来、租税条約の適用が予定されていない者が租税条約を濫用する恐れも出てきます。
　このため、日英租税条約では、特典を認められるのは、かかる形式的な所得の受領者ではなく、当該所得が実質的に帰属する者すなわち受益者に限られることを文言上明らかにしています。OECD条約モデル及び我が国が近年締結した租税条約のいずれにおいても日英租税条約と同様に「受益者」の語が用いられているところです。」

上記「実質的所有者」概念に関しては、その範囲が必ずしも明確ではないという問題点が指摘されています。ライデン大学教授Kees van Raadの"The Beneficial Ownership Requirement after the 2014 Update to the OECD

Commentary on Articles 10,11,and 12" と題する講演録（租税研究（2017・7）343頁以下，この節において「Raad講演録」といいます。）によると，中国とインドネシアが上記概念を非常に広く解釈するようになったことを指摘しています（例えば，中国においては，国税発［2009］601号に「受益者」の解釈指針が示されています。そして，「受益者」概念を用いてトリーティーショッピング（条約漁り）に対し課税処分を行った事例が複数あります。）。また，米国は，「実質的所有者」概念は「コメンタリーでも条約でも定義されているものではなく，その当該国の国内法で解釈をするべきであるという考え方を示しています。」（「Raad講演録」346頁）。さらに，オランダにおいては，「典型的にはback-to-backストラクチャーといわれる状態」をいうと解されていました[14]（「Raad講演録」346頁・347頁）。このように「実質的所有者」概念の範囲の理解が国ごとに異なり必ずしも明確ではないために，過去，その適用の可否をめぐって多くの紛争例が生じています（「Raad講演録」347頁～353頁参照）。

そして，この「実質的所有者」概念は，ある特定のタイプのストラクチャーに対処するための非常に狭い概念として取り入れるべきであって，それ以上の対抗策を持ちたいのであれば，各国ともそれぞれの条文の中で，主要目的テストや，LOBルール等を入れる必要があり，そういう場合にはbeneficial ownership（実質的所有者）の概念を使うべきではないとされています（「Raad講演録」355頁参照）。

キ　GAARの適用

租税条約の濫用に対抗するための道具としては，租税条約上のそれ以外にも，前述のとおり，国内法上の一般否認規定（General Anti-Avoidance Rules "GAAR"）があります。OECDモデル1条のコメンタリーは，GAARと租税条約の規定が抵触する場面は多くはないものの，抵触する場合には租税条約が優先することが意図されているとしています（パラグラフ70）。なお，相互協議最終報告書は，後述のとおり，国内法の濫用規定の適用が租税条約の規定に抵触するか否かにつき，納税者と調整を行う税務当局との間で意見の相違がある場合には，相互協議の申

---

[14] オランダ財務省は2018年2月23日に財政政策の議題を発表しましたが，オランダに所在する国際的な持株会社で租税条約上の特典を得ている会社には，実体性の追加条件を求める予定です。そして，当該条件が満たされない場合，オランダの税務当局は，条約相手国に自発的に情報提供を行うことになります。この目的は，オランダに所在する国際的な持株会社が相手国（源泉地国）の税務上の観点から受益者（実質的所有者）であるかどうかを相手国（源泉地国）が評価するための情報を提供することにあります。

立てを認めるべきであるとしています（ミニマムスタンダード1.2）。

ク　わが国が締結した個別の租税条約
(i)　日英租税条約

日英租税条約においては、以下に説明するとおり、条約濫用防止のため、(i)主要目的テストも、(ii)LOBルールも、さらには、(iii)受益者概念も盛り込まれています。

まず、主要目的テストは、上記のとおり、取引の主たる目的（又は主たる目的の一つ）が租税条約上の減免享受にあるかどうかを検討するものです。同条約上、より具体的には、配当、利子、使用料、その他の所得について、それらの支払の基因となる株式、債権、権利又は財産の設定又は移転に関与した者が、各条項の特典を受けることをそれらの設定又は移転の「主たる目的の全部又は一部とする場合」には、上記各所得については、該当条文に定める「租税の軽減又は免税は与えられない。」としています（日英租税条約10条10項・11条7項・12条6項・21条5項）。なお、上記のとおり、日英間でBEPS防止措置実施条約7条の下で主要目的テストに関する合意がなされたので、関連の修正がなされます（財務省ホームページ資料（第7条「掲載協定の既存の規定の通告」）参照）。

次に、日英租税条約22条（特典の制限）はLOBを規定しています。同条約の場合には、LOBの充足は、配当（10条3項）、利子（11条12項）、使用料（12条）、譲渡収益（13条）及びその他所得（21条）の免税のみに必要とされます（22条1項本文）。

日英租税条約の下で、LOBを補完するための導管（back to back）対処条項も、配当、利子、使用料及びその他の所得について規定されています（10条9項・11条6項・12条5項・21条4項）。例えば、利子について、11条6項は次のとおり規定しています。

「一方の締約国の居住者がある債権に関して他方の締約国の居住者から利子の支払を受ける場合において、次の(a)に規定する事項及び(b)に規定する事項に該当する者［筆者注：下図の「第三国居住者」のこと］が当該債権と同等の債権を当該一方の締約国の居住者に対して有していないとしたならば、当該一方の締約国の居住者が当該利子の支払の基因となる債権を取得することはなかったであろうと認められるときは、当該一方の締約国の居住者は、当該利子の受益者とはされない。

(a) 当該他方の締約国内において生ずる利子に関し，当該一方の締約国の居住者に対してこの条約により認められる特典と同等の又はそのような特典よりも有利な特典を受ける権利を有しないこと。
(b) いずれの締約国の居住者でもないこと。」

上記を図示すると次のとおりです。

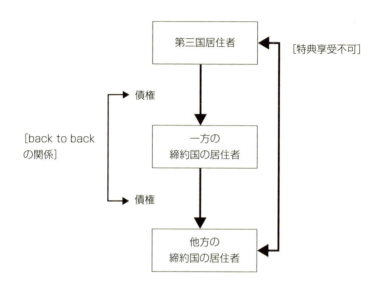

最後に，受益者概念については，配当（10条2項），利子（11条12項），使用料（12条1項）及びその他所得（21条2項）に規定されています。

(ii) 日米租税条約（日米新条約）

日米租税条約におけるLOBルールの概要は前述のとおりです。なお，LOBを補完するための導管（back to back）対処条項が配当，利子，使用料及びその他の所得について規定されていることは，日英租税条約と同様です（10条11項・11条11項・12条5項・21条4項）。なお，導管対処条項は，受益者概念に由来し，これを明確化するものであると説明されています（浅川雅嗣編著『コンメンタール改訂日米租税条約』113頁）。

日米租税条約においては，LOBの充足は，投資所得等の免税のみならず，同条約の下でのすべての減免について必要とされている点がユニークな点です。こ

の点は，同条約22条1項の次の規定からも明らかです。

> 「一方の締約国の居住者で他方の締約国において所得を取得するものは，この条約の特典を受けるために別に定める要件を満たし，かつ，次の(a)から(f)までに掲げる者のいずれかに該当する場合に限り，各課税年度において，この条約の特典（この条約の他の条の規定により締約国の居住者に対して認められる特典に限る。以下この条において同じ。）を受ける権利を有する。」

そして，日米新条約の場合も上記と同様です。また，受益者概念が配当（10条2項），利子（11条2項），使用料（12条1項）及びその他の所得（21条2項）に規定されていることも，日英租税条約と同様です。ただし，日米租税条約においては主要目的テストは規定されていません。

(iii) 日中租税条約

日中租税条約においては，従来，LOB条項も，また，主要目的テストも含まれていませんでした。しかし，上記のとおり，BEPS防止措置実施条約7条の「主要目的テスト」（PPT）規定の導入を中国が確定的に選択すれば，日中租税条約に盛り込まれることになります（BEPS防止措置実施条約7条2項参照）。中国は，英国やオランダ等との租税条約において「主要目的テスト」（PPT）規定を既に盛り込んでいます。なお，日中租税条約においても，受益者概念は採用されています（11条2項・12条2項等）。

(iv) 日本とポルトガルとの間の租税条約

「所得に対する租税に関する二重課税の回避及び脱税の防止のための日本国とポルトガル共和国との間の条約」は，LOBルールを採用せず，次のとおり，主要目的テストのみを定めています（21条）。

> 「所得の支払又は取得の基因となる権利又は財産の設定又は移転に関与した者が，この条約の特典を受けることを当該権利又は財産の設定又は移転の主たる目的とする場合には，当該所得に対しては，この条約に定める租税の軽減又は免除は与えられない。」

前述のとおり，ポルトガルが，BEPS防止措置実施条約7条の「主要目的テスト」(PPT) 規定の導入を確定的に選択すれば，関連の修正が行われます（財務省ホームページ資料（第7条「掲載協定の既存の規定の通告」）参照）。「主たる目的」が「主たる目的の一つ」に修正されるのが実質的な点であるように思われます。

(v) 日独租税条約

BEPS防止措置実施条約7条について，わが国はドイツとの租税条約について適用を選択しませんでした。これは，次のとおり，両国間の既存の租税条約21条8項に既に同様のPPTが盛り込まれているからです。

「　この協定の他の規定にかかわらず，全ての関連する事実及び状況を考慮して，この協定の特典を受けることが当該特典を直接又は間接に得ることとなる仕組み又は取引の主たる目的の一つであったと判断することが妥当である場合には，当該特典を与えることがこの協定の関連する規定の目的に適合することが立証されるときを除き，その所得については，当該特典は，与えられない。」

LOBルールについては，日米租税条約と同様，日独租税条約の下でのすべての減免についてあてはまります（21条8項）。派生的受益基準に関する規定も存在しますが，「同等受益者」に該当するための持分比率は，次のとおりユニークです（同条3項。下線は筆者によります。）。

「3　一方の締約国の居住者は，適格者に該当しない場合においても，他方の締約国内において取得する所得に関し，当該居住者が，この協定に基づく特典を受けるための要件であってこの協定の関連する規定に規定するものを満たし，かつ，次の(a)又は(b)のいずれかの場合に該当するときは，当該特典を受ける権利を有する。
　(a)　当該居住者の議決権のある株式その他の受益に関する持分の<u>65パーセント以上</u>が，当該所得を直接に取得したとしたならばこの協定に基づいて同等の又は当該特典よりも有利な特典を受けることができる者によって直接又は間接に所有される場合
　(b)　当該居住者の議決権のある株式その他の受益に関する持分の<u>90パー</u>

セント以上が，当該所得を直接に取得したとしたならばこの協定又は当該所得が生ずる締約国が他の国との間で締結した協定に基づいて同等の又は当該特典よりも有利な特典を受けることができる者によって直接又は間接に所有される場合」

日独租税条約には受益者概念も設けられています（10条2項，11条1項，12条1項及び20条2項）。

(vi) 日蘭租税条約

「主要目的テスト」（PPT）については，2010年8月に署名された日蘭租税条約には規定されていませんでしたが，前述のとおり，BEPS防止措置実施条約7条について，わが国及びオランダともPPTを選択したので，オランダの選択が確定的になれば，両国間の租税条約に盛り込まれることになります。

日蘭租税条約においては，21条にLOBが規定されています。

同条に規定された適格者については，日本又はオランダにおいて設立され，設立国の金融当局の規制を受ける銀行，保険会社，証券会社が含まれているのが，ユニークな点です（21条2項(d)号(ii)）。

日蘭租税条約のLOBルールの下で，適格者基準以外で，条約の恩典を享受するための基準としては，権限のある当局による認定の場合を除けば，①能動的事業基準，②派生的受益基準，及び③多国籍企業集団本拠基準の3つの基準があります。

能動的事業基準は，日米租税条約のそれとほぼ同様です（日蘭租税条約21条5項(a)(b)号）。派生的受益基準は日英租税条約のそれと同様です。同基準の下で，例えば，オランダ法人（オランダ居住者）の75％以上の持分が第三国居住者によって保有されており，当該第三国居住者が「同等受益者」に該当すれば，上記オランダ法人は条約の特典を享受できます（日蘭租税条約21条3項）。

「多国籍企業集団本拠基準」は，日蘭租税条約におけるユニークな基準です（21条6項）。「多国籍企業集団本拠」とは，外国子会社合算税制における地域統括会社のようなものと解されます。例えば，オランダ法人が「多国籍企業集団本拠」として適切な活動を行っているのであれば，条約の特典の享受を可能にするというものです[15]。

日英租税条約と同様，導管（back to back）対処条項も規定されています（例え

ば，配当につき日蘭租税条約10条9項）。また，「受益者」概念も規定されています（例えば，配当につき10条2項）。日蘭租税条約の場合にも，日英租税条約と同様，LOBの充足は，配当，利子，使用料，譲渡収益及びその他所得の免税にのみ必要とされます（22条1項本文）。

【租税条約地ピック⑳】 LOBの対象所得

LOBの充足が求められる所得は，次のとおり，租税条約ごとに異なります。

米国	すべての所得	ドイツ	すべての所得
英国	配当（10%以上所有）（10条3） 利子　　　　　　　　（11条1） 使用料　　　　　　　（12条） 譲渡収益　　　　　　（13条） その他の所得　　　　（21条）	フランス	事業所得　　　　　　　（7条） 配当（15%以上所有）（10条3） 利子（金融機関等免税）（11条3） 使用料　　　　　　　（12条） 譲渡収益　　　　　　（13条） その他の所得　　　　（22条）
オーストラリア	事業所得　　　　　　　（7条） 配当（80%以上所有）（10条3） 利子（金融機関等免税）（11条3） 譲渡収益　　　　　　（13条）	オランダ	配当（50%以上所有）（10条3） 利子（金融機関等免税）（11条3） 使用料　　　　　　　（12条） 譲渡収益　　　　　　（13条） その他の所得　　　　（20条）
スイス	配当（50%以上所有）（10条3） 利子（金融機関等免税）（11条3） 使用料　　　　　　　（12条） 譲渡収益　　　　　　（13条6） その他の所得　　　　（22条）	ニュージーランド	利子（金融機関等免税）（11条3） 譲渡収益　　　　　　（13条）
スウェーデン	配当（10%以上所有）（10条3） 利子　　　　　　　　（11条） 使用料　　　　　　　（12条）	ベルギー	配当（10%以上所有）（10条3） 利子　　　　　　　　（11条3） 使用料　　　　　　　（12条1）
デンマーク	配当（10%以上所有）（10条3） 利子　　　　　　　　（11条1） 使用料　　　　　　　（12条1）	ラトビア	配当　　　　　　　　（10条3） 利子　　　　　　　　（11条1） 使用料　　　　　　　（12条1）
オーストリア	配当（10%以上所有）（10条3） 利子　　　　　　　　（11条） 使用料　　　　　　　（12条）	リトアニア	配当　　　　　　　　（10条3） 利子　　　　　　　　（11条3） 使用料　　　　　　　（12条1）

---

15 「多国籍企業集団本拠基準」の概念は，日本とスイスの租税条約においても盛り込まれています（同条約22条のA5項）。また，ベルギーとの租税条約においても，また，スペインとの租税条約においても盛り込まれています（22条6項(b)及び28条5項(b)）。

エストニア	配当（10%以上所有）（10条3） 利子［政府保証債権等］（11条3(b))	ロシア	配当（年金基金）　　（10条3） 利子　　　　　　　　（11条1） 使用料　　　　　　　（12条1）
アイスランド	配当（25%以上所有）（10条3） 利子　　　　　　　　（11条1） 使用料　　　　　　　（12条1）	スペイン	配当（10%以上所有）（10条3） 利子　　　　　　　　（11条1） 使用料　　　　　　　（12条1）

ケ　裁判例

(ⅰ)　匿名組合（同組合員がオランダ法人）に関する事案（ガイダント事件）

ガイダント事件における関係会社図は次のとおりです。

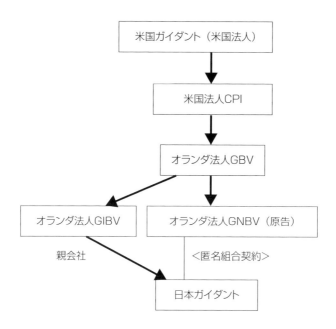

ガイダント事件においては，日本ガイダントとオランダ法人GBV間で当初締結され，オランダ法人GNBV（原告）がその契約上の地位（匿名組合員の地位）をGBVから承継した匿名組合契約は，商法535条に規定する匿名組合契約であるか，それとも，民法667条1項の適用のある任意組合契約に該当するかが主要な争点でした。

> **【コーヒー・ブレイク】**
> 　匿名組合契約は，商法535条以下に規定されていますが，当事者の一方（匿名組合員）が相手方（営業者）の営業のために出資をし，営業者がその営業から生ずる利益を分配することを約する二者間の契約です（商法535条）。利益の分配についての課税上の取扱いについては，法人税法に明文の定めはなく，法人税基本通達で規定されているだけです。営業者の所得金額の計算上，匿名組合員に分配すべき利益の金額は，損金として控除されます（同通達14-1-3）。

　上記のとおり，オランダ法人GBVの究極の親会社は医療機器事業を営む米国法人である米国ガイダントであり，また，日本ガイダントも日本において医療機器販売事業を営むものの，オランダ法人である原告も，また，日本ガイダントの親会社であるGIBVも医療機器事業は営んでいなかったようです[16]。

　原処分庁は，原告が日本ガイダントから匿名組合分配金名目で受領した金員は，原告が「日本国内に有する恒久的施設を通じて行う事業から生じた所得」であり，法人税法に規定する「国内源泉所得」及び日蘭租税条約に規定する「企業の利得」に該当するなどと主張しました。これに対して，原告は，日本ガイダントから受領した金員は匿名組合契約に基づく利益分配金であり，日蘭租税条約に規定する「一方の居住者の所得で前諸条に規定がないもの」に該当するので日本国には課税権はない，仮に，日蘭租税条約に規定する「企業の利得」に当たるとしても，原告は日本に恒久的施設を有しないので日本国に課税権はないと主張しました。

　東京地裁は次のように判示して，原告の請求を認容しました（平成17年9月30日判決（判決10）。下線は筆者によります。）。

> 「当事者間に匿名組合契約を締結するという真の合意がある場合には，それにもかかわらず，匿名組合契約を締結する<u>主な目的が税負担を回避することにある</u>という理由により当該匿名組合契約の成立を否定するには，その旨の明文の規定が必要であるところ，法人税を課するに当たってそのような措置を認めた規定は存しない。

16　当初，GBVが匿名組合員の地位も日本ガイダントの親会社も兼ねていましたが，不自然であると指摘されるリスクを減らすために，別法人である原告が匿名組合員の地位を承継したものと推測されます。もし親会社が匿名組合契約を締結していた場合（支配株主でもあり，また匿名組合員でもある場合）には，日本ガイダントが必要とする事業資金は増資又は貸付によっても供与できるのに，どうしてわざわざ匿名組合契約を締結したのかという疑問を惹起させることが懸念されたのではないかと思われます。

したがって，当事者間に匿名組合契約を締結するという真の合意がある場合には，税負担を回避するという目的が併存することから，直ちに当該匿名組合契約の成立を否定することはできない。

日蘭租税条約は，所得の種類を7条から22条まで定め，居住地国と所得源泉地国とに課税権を配分し，何れにも該当しない所得については居住地国のみに課税権を認めているところ，匿名組合契約に基づき，内国法人である営業者から外国法人である匿名組合員に支払われる分配金については，匿名組合では，匿名組合員が恒久的施設を通じて事業を行っているわけではないので，同条約8条1項に規定する「他方の国にある恒久的施設を通じて当該他方の国において事業行う場合」に該当せず，そのほか，同条約7条から22条に掲げる所得の何れにも該当しない。したがって，匿名組合分配金は同条約23条に規定する「一方の国の居住者の所得で前諸条に明文の規定の無いもの」に該当するというべきである。」

【租税条約トピック㉑】　その他条項

OECDモデル租税条約21条（その他の所得）1項は，次のように定めています。

「一方の締約国の居住者の所得（源泉地を問わない。）であって前各条に規定がないものに対しては，当該一方の締約国においてのみ租税を課することができる。」

上記ガイダントの事案に適用された旧日蘭租税条約23条も，上記21条に相当する内容を定めていました。そして，匿名組合契約に基づく利益分配金は前諸条に規定されていないので，同23条の「その他所得」に該当するとされました。

ところで，上記ガイダント事件の匿名組合契約が締結された当時の旧日米租税条約においては，「その他条項」は存在しませんでした。したがって，日本ガイダントと米国法人ガイダント又はCPIが直接匿名組合契約を締結すれば，匿名組合分配金はわが国の国内法に従って課税されていたことになります。上記ガイダント事件の事案は，トリーティーショッピング（条約漁り）の側面を有していたと評価できます。

現行の日米租税条約の議定書13(b)の下でも，匿名組合分配金は，次のとおり，わが国の国内法に従って課税されます。

「条約のいかなる規定も，日本国が，匿名組合契約又はこれに類する契約に基づいてある者が支払う利益の分配でその者の日本国における課税所得の計算上控除されるものに対して，日本国の法令に従って，源泉課税することを妨げるものではない。」

なお，国連モデル租税条約21条（その他の所得）1項は，上記OECDモデル租税条約21条1項と同じですが，21条3項に次の条文を設けて，源泉地国の課税権を確保しています。

「1及び2の規定にかかわらず，一方の締約国の居住者の所得のうち，他方の締約国内において生ずるものであって前各条に規定がないものに対しては，当該他方の国において租税を課することができる。」

国は上記ガイダント事件の東京地裁判決を不服として控訴しましたが，東京高裁は次のように判示して控訴を棄却しました（平成19年6月28日判決（判決9）。下線は筆者によります。）。

> 「控訴人は，租税回避スキームは租税条約の趣旨にも反すると主張する。被控訴人が，本件契約締結前において，日本の法人税の課税対象にならないように検討を重ねたことが認められるから，租税回避の目的があったことは認められる。一般論として，租税回避という目的が認定された場合には，その選択された手段，態様によっては，違法という認定がされることはありうるが，そのような目的自体，自由主義経済体制の下，企業又は個人の合理的な要求・欲求として是認される場合もある。そして，税負担を回避するという目的から，本件資金を日本ガイダントに提供する方法としてGIBVと日本ガイダントとの間において匿名組合を組成するという方法を採用することが許されないとする法的根拠はないといわざるを得ないことは，原判決が判示するとおりである。控訴人が主張するような<u>二重非課税の排除という目的</u>は，匿名組合利益について源泉地国が課税ができることを<u>租税条約の明文において明らかにする</u>などの措置により解決することが可能であり，それが相当な事柄である。」

控訴人（国）は，上記のとおり，匿名組合のアレンジメントによって，同組合からの所得が，日本においても，またオランダにおいても課税されない「二重非課税」になっているというOECD／G20のBEPS対応策検討の際にも重視された問題点を指摘しました。しかし，東京高裁は，「二重非課税の排除」問題については，上記のとおり，租税条約において明文規定を設けて対処するのが適切な措置であると説示しました。

【租税条約トピック㉒】 改正日蘭租税条約の下での匿名組合契約に基づき受ける利益の分配
　東京高裁の上記説示を受けて改正され2012年1月より適用されている日蘭租税条約の議定書において，匿名組合契約に基づいて取得される所得及び収益に対して，日本国がその法令に従って源泉税を課すことを妨げない旨が明記されました（9項）。この規定により，オランダの匿名組合員が日本において事業を行う者との匿名組合契約に基づき受ける利益の分配は，わが国の現行所得税法に基づいて，源泉所得税が課されることになりました（所得税法161条1項16号・213条1項）。

なお，本件の匿名組合契約が締結された当時の日蘭租税条約においては，LOB条項も主要目的テストも盛り込まれていませんでしたが，もし盛り込まれていたならば，上記結論は異なっていた可能性が小さくないように思われます。

(ii) 匿名組合（同組合員がアイルランド法人）に関する事案

日本とアイルランドとの租税条約（「所得に対する租税に関する二重課税の回避及び脱税の防止のための日本国とアイルランドとの間の条約」（以下「日愛租税条約」ということがあります。））の下で，アイルランド居住者である匿名組合員への利益分配金がその他所得（23条）に該当し，わが国の源泉所得税が免除されるかどうかが争われた上記と類似の事案もあります。関係者は次のとおりです。

関係図

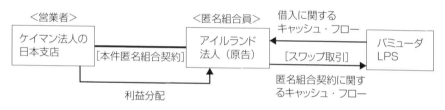

アイルランド法人である原告とバミューダのLPS（リミテッド・パートナーシップ）との間でスワップ契約が結ばれ，その結果，原告が受領した匿名組合員の利益分配金のうち，スワップ取引の対象である99％相当分を除いたわずか１％のみがアイルランドでの課税対象でした。

日愛租税条約23条は，旧日蘭租税条約23条と同様，「一方の締約国において生ずる他方の締約国の居住者の所得で前諸条に明文の規定がないものに対しては，当該他方の締約国においてのみ租税を課することができる。」と定めていました。上記のガイダント事件と異なる点は，控訴審の東京高裁において，控訴人（被告国）は，「主要目的テスト」（PPT）に言及したOECDモデル租税条約コメンタリーの該当箇所を指摘した上で，租税回避事案であるから同条約のその他所得条項（23条）は適用できないと主張した点です[17]。これに関して，東京高裁は，ま

---

17 なお，控訴人（被告国）は，原告（アイルランド法人）からバミューダLPSに対して，匿名組合契約上の地位又は債権の一部の譲渡があったので，日愛租税条約の適用はないという主張も行っていました。

ず，租税条約の解釈と上記コンメンタリーの関係について次のように説示しました（平成26年10月29日判決（判決1）。下線は筆者によります。）。

> 「法的に拘束力を有するのは，OECD加盟国が締結した租税条約であり，モデル条約はそれ自体に拘束力はなく，コンメンタリーは，法的に拘束力を有する租税条約の具体的な条文の解釈に当たって参照する余地があるとしても，租税条約の具体的な条文を離れて，それのみで，条約と同等の効力を有する独立の法源となると解することはできない。……そのため，<u>租税回避を目的とするような取引については，源泉課税を制限する租税条約の適用を否定する</u>」旨を定めた租税条約の規定がないにもかかわらず，コンメンタリーのパラグラフの記載がそのような一般的法理を定めているとの主張を前提として，<u>コンメンタリーのみに基づいて源泉課税を制限する租税条約の適用を否定し，課税することはできない</u>というべきである。」

東京高裁判決の言及するコンメンタリーのパラグラフとは，具体的には，前述の改訂前OECDモデル租税条約コンメンタリーの下記パラグラフ21.4でした。

> 「次の規定は，取引がこの条約の特典を得るということをその主たる目的として行われた場合には，源泉課税を制限するこの条約の特定の規定の特典を否定する効果を有する。関係条文は，第10条，第11条，第12条及び第21条である。本規定は，これらの規定のそれぞれが対象とする特定の種類の所得を扱うために，以下に示すように，若干修正を加えられるべきである。
> 　発生又は譲渡によってこの条の利点を得ることが第10条「配当」，第11条「利子」，第12条「使用料」及び第21条「所得」が支払われる第10条「株式その他の権利」，第11条「信用に係る債権」，第12条及び第21条「権利」の発生又は譲渡に関係する者の主たる目的又はその一つである場合には，本条の規定は適用されない。」

そして，東京高裁は，上記の判断を踏まえて，「日愛租税条約には，21.4パラグラフの第2段落に挙げられたような規定又はその他の規定によって，源泉課税を制限する日愛租税条約23条の適用を否定する具体的な条項は定められていないから，同条の適用を否定することはできない。」として，控訴人の主張を退けました。

前記のとおり，BEPS防止措置実施条約7条の「主要目的テスト」規定の導入に関するアイルランドの選択が確定的になれば，日愛租税条約に盛り込まれることになります。東京高裁判決の検討対象取引が行われた当時の日愛租税条約においては，「主要目的テスト」は盛り込まれていませんでした。もし盛り込まれていたならば上記結論が異なっていた可能性も否定できません。

(3) 第8条～第11条：個別の条約濫用防止ルール

BEPS防止措置実施条約は，租税回避を防止する上記の原則的ルールに加えて，以下に説明するとおり，条約濫用防止のための個別ルールも定めています。なお，条約特典最終報告書は国外転出時における未実現のキャピタルゲインに対する課税（出国税，Exit taxation）も，租税回避防止措置として位置づけていました（A2.b（仮訳255頁・256頁）））。そこで，本書末尾に出国税についても概説しています。

ア 8条（配当を移転する取引）

配当を移転する取引に関する本条約8条の規定（配当の減免は，株式等の持分を一定割合を超えて保有し，かつ配当の支払日を含む365日の期間を通じて保有している必要がある旨の規定）をわが国が選択しなかったのは，わが国が締結した既存の対象租税条約（例えば，下記ドイツとの租税条約10条3項参照）に，わが国の事情を踏まえたより適切な条項の形で既に導入されているためであると説明されています（中澤・講演録172頁）。

「3 2の規定にかかわらず，配当の受益者が，一方の締約国の居住者であり，かつ，当該配当の支払を受ける者が特定される日をその末日とする18箇月の期間を通じ，当該配当を支払う法人の議決権のある株式の25パーセント以上を直接に所有する法人（組合を除く。）である場合には，当該配当に対しては，当該配当を支払う法人が居住者とされる他方の締約国においては，租税を課することができない。」

イ 9条（主として不動産から価値が構成される団体の株式又は持分の譲渡から生ずる収益）
(i) 条 文

> 第9条
> 「1　一方の当事国の居住者が株式その他団体に参加する権利の譲渡によって取得する収益に対してこれらの価値の一定の割合を超えるものが他方の当事国内に存在する不動産によって構成される場合又は当該団体の資産の一定の割合を超えるものが他方の当事国内に存在する不動産によって構成される場合に当該他方の当事国において租税を課することができることを規定する対象租税協定の規定は，
> 　(a)　当該譲渡に先立つ365日の期間のいずれかの時点においてこれらの割合の基準値を満たす場合に適用する。
> 　(b)　当該対象租税協定の規定の適用を受けている株式又は権利に加えて，当該対象租税協定の規定の適用を受けていない株式又は同等の持分（組合又は信託財産の持分を含む。）について，適用する。
> 2　1(a)に規定する期間は，1に規定する対象租税協定の規定に規定する割合の基準値を満たすか否かを決定するための期間に代えて，又は当該期間を規定していない対象租税協定について，適用する。
> 3　締約国は，対象租税協定について，4の規定を適用することを選択することができる。
> 4　対象租税協定の適用上，一方の当事国の居住者が株式又は同等の持分（組合又は信託財産の持分を含む。）の譲渡によって取得する収益に対しては，当該株式又は同等の持分の価値の50パーセントを超えるものが，当該譲渡に先立つ365日の期間のいずれかの時点において，他方の当事国内に存在する不動産によって直接又は間接に構成される場合には，当該他方の当事国において租税を課することができる。」
> [5～8　省略]

(ii)　条文の解説

2014年版OECDモデル租税条約は，上記に対応する条文を次のとおり定めていました（13条4項）。

> 「一方の締約国の居住者が株式（その価値の50パーセント超が他方の締約国に存在する不動産により直接または間接に構成されるものに限る。）の譲渡によって取得する収益に対しては，当該他方の締約国において租税を課することができる。」

本条約の上記9条1項は，(i)不動産の価値の割合の判定期間（365日のルック・バック期間）を設定し，また，(ii)従来は株式譲渡のみを対象としていたのを，組合又は信託財産の持分の譲渡も含め，(iii)不動産の価値が占める割合を「50パーセント」超から「一定の割合」を超えるものにするという修正を行っています（「本条約解説」パラグラフ129）。上記(i)の判定期間は，株式等の譲渡前に，不動産以外の資産の比率を高めて規定の適用を回避する潜脱を防止するために設けられたものです。なお，9条4項は，1項の「一定の割合」に代えて，「50パーセント」を規定しています。

(iii)　わが国の適用関係

　上記9条について，わが国はイスラエル，オーストラリア，スロバキア，ニュージーランド，フランス及びポーランドとの間で合意が成立しているので，それぞれの対象租税条約に盛り込まれることになります（9条8項参照）。より厳密に言えば，オーストラリアが9条1項を選択し，それ以外の国は9条4項を選択しました（なお，OECDのBEPS防止措置実施条約のMLI Matching Database（beta）での2018年9月27日時点の情報に基づくと，下記諸国・地域は，批准が未了で暫定ベースのものですが，上記9条を選択しています。ただし，今後変更の可能性があるので，具体的検討の際には，その時点の最新情報を確認する必要があります。）。

アイルランド，イタリア，インド，インドネシア，ウクライナ，エジプト，オランダ，カザフスタン，サウジアラビア，ドイツ，トルコ，ポルトガル，メキシコ

(iv)　わが国が締結した個別の租税条約
①　ベルギー等との租税条約等

　ベルギーとの租税条約は，上記9条4項と同趣旨の条項を，次のとおり定めています（同条約13条2項1文）。

　　「一方の締約国の居住者が法人の株式又は同等の持分（組合又は信託財産の持分を含む。）の譲渡によって取得する収益に対しては，当該株式又は同等の持分の価値の50パーセント以上が，当該譲渡に先立つ365日の期間のいずれかの時点において，第6条に規定する不動産であって他方の締約国内に存在する

ものにより直接又は間接に構成される場合には，当該他方の締約国において租税を課することができる。」

また，デンマークとの租税条約，アイルランドとの租税条約及びスペインとの租税条約も同様の条項を規定しています（各13条4項）。

② 日独租税条約

日独租税条約13条2項は，次のように規定して，組合又は信託財産の譲渡も対象としていますが，50％以上の判定期間（ルック・バック期間）に関する定めはありませんでした。

「一方の締約国の居住者が法人，組合又は信託財産（資産の価値の50パーセント以上が第6条に規定する不動産であって他方の締約国内に存在するものにより直接又は間接に構成される法人，組合又は信託財産に限る。）の株式又は持分の譲渡によって取得する収益に対しては，当該他方の締約国において租税を課することができる。」

しかし，上記のとおり，ドイツが，BEPS防止措置実施条約9条について確定的な選択を行えば，365日（ルック・バック期間）に関する定めは，日独租税条約13条2項に追加して適用されることになります（本条約9条2項参照）。

③ 日米租税条約

日米租税条約と日米新条約13条2項は，それぞれ次のとおり規定していますが（下線は筆者によります。），BEPS防止措置実施条約による修正前の日独租税条約と同様，不動産の価値の割合の判定期間に関する定めはありません。なお，日米租税条約の下では「50％以上」とされている基準が，日米新条約の下では「主として」に変更されています。

日米租税条約	日米新条約
「(a) 一方の締約国の居住者が，他方の締約国の居住者である法人（その資産の価値の50パーセント以上が当該他方の締約国内に存在する不動産により直接又は間接に構成される法人	「この条の規定の適用上，「他方の締約国内に存在する不動産」には，次のものを含む。 (a) 第6条に規定する不動産 (b) 当該他方の締約国が日本国である

に限る。）の株式その他同等の権利の譲渡によって取得する収益に対しては，当該他方の締約国において租税を課することをができる。…… (b) 一方の締約国の居住者が組合，信託財産及び遺産の持分の譲渡によって取得する収益に対しては，これらの資産が他方の締約国内に存在する不動産から成る部分に限り，当該他方の締約国において租税を課することができる。」	場合には，法人，組合又は信託（その資産の価値が<u>主として</u>第6条に規定する不動産であって日本国内に存在するものにより直接又は間接に構成されるものに限る。）の株式又は持分 (c) 当該他方の締約国が合衆国である場合には，合衆国不動産持分」

日米新条約による改正（上記表右への改正）については，次のように解説されています。

「改正前の条約第13条2は，不動産化体株式の意義は両締約国に共通の規定が用いられていましたが，改正後の条約第13条2では，不動産化体株式の意義を以下のように両締約国で書き分けることとされました。
① 我が国の不動産化体株式
　我が国については，法人，組合又は信託財産で，その資産価値が主として日本国内に存在する不動産により直接又は間接に構成されるものの株式又は持分をいいます（改正後の条約第13条2(b)）。改正後の規定では，不動産化体株式とされる要件である法人等の資産価値における不動産の構成割合が「50％以上」から「主として」に変更され，また，組合等の持分の譲渡収益に関して，その組合等の持分が不動産化体株式に該当する場合には，組合等の持分の譲渡収益のうちその資産が不動産から構成される部分だけではなく，持分の譲渡収益の全体について課税できることとされました。ただし，我が国の国内法の規定との関係から，我が国における不動産化体株式の譲渡収益に対する課税関係に改正前後で変更はありません。」（『税制改正のすべて（平成25年版）』757頁）

上記最後の部分の説明は，租税条約は，国内法の下での租税負担よりも重い課税根拠となるものではないという趣旨です。

> **【コーヒー・ブレイク】**
> 　わが国の法人税法上は,「不動産関連法人」の株式の譲渡による所得が国内源泉所得とされています（同法施行令178条1項5号）。そして,「不動産関連法人」とは,法人の有する資産の価額の総額に占める「国内にある土地等（土地若しくは土地の上に存する権利又は建物及びその付属設備若しくは構築物をいう。）」の価額の合計額が50％以上の法人をいいます（同条8項参照）。
> 　平成27年10月のBEPSプロジェクトの最終報告書（行動6「租税条約の濫用防止」）において,租税条約の不動産関連法人の株式等の譲渡益課税に関する規定の適用回避に対処するため,不動産関連法人に該当するかどうかの判定を,株式の「譲渡時点」ではなく,「譲渡に先立つ365日の期間のいずれかの時点」で行うように同規定を改正すべきであるとの勧告がなされました。
> 　それを踏まえ,平成29年11月にはOECDモデル租税条約が改訂され,わが国が同年6月に署名したBEPS防止措置実施条約及びわが国が締結した最新の二国間租税条約においても,改訂後のOECDモデル租税条約に沿った規定が採用されています。
> 　そこで,平成30年度の税制改正において,BEPSプロジェクトの最終報告書の内容やBEPS防止措置実施条約等における対応を踏まえ,株式等譲渡益課税の対象となる不動産関連法人の判定時期について,同趣旨の見直しが行われました。具体的には,「不動産関連法人」とは,その株式の譲渡の日から起算して365日前の日からその譲渡の直前の時までの間のいずれかの時において,その有する資産の価額の総額のうちに国内にある土地等の一定の資産の価額の合計額の占める割合が50％以上である法人をいうこととされ（所得税法281条8項,法人税法178条8項）,非居住者等が行う法人（不動産関連法人に限ります。）の株式の譲渡による所得のうち一定のものが課税対象とされました（所得税法161条1項3号・164条1項1号ロ・2号,同法施行令281条1項5号・9項・10項,法人税法138条1項3号・141条1号ロ・2号,同法施行令178条1項5号・9項・10項）。

④　日中租税条約

　日中租税条約には,不動産化体株式等の譲渡に関する規定は存在しません。これは,同条約13条4項が,不動産の価値を包含するか否かにかかわらず,株式等の譲渡について源泉地国課税を認めているためであると解されます。すなわち,不動産の譲渡を株式等の譲渡の形態に変更して租税回避を行う余地がありません。

ウ　10条（当事国以外の国又は地域の内に存在する恒久的施設に関する濫用を防止する規則）

(i) 条　文

第10条
「1(a)　対象租税協定の一方の当事国の企業が他方の当事国内において所得を取得し，かつ，当該一方の当事国において当該所得が両当事国以外の国又は地域の内に存在する当該企業の恒久的施設に帰せられるものとして取り扱われ，かつ，
(b)　当該一方の当事国において当該恒久的施設に帰せられる利得について租税が免除される場合において，
　両当事国以外の国又は地域において当該所得に対して課される租税の額が，当該恒久的施設が当該一方の当事国内に存在したならば当該一方の当事国において当該所得に対して課されたであろう租税の額の60パーセントに満たないときは，当該所得について，当該対象租税協定に基づく特典は，与えられない。この場合には，この1の規定が適用される所得に対しては，当該対象租税協定の他の規定にかかわらず，当該他方の当事国の法令に従って租税を課することができる。
2　1の規定は，1に規定する他方の当事国内において取得される所得が恒久的施設を通じて行われる事業の活動に関連し，又は付随して取得される場合には，適用しない。ただし，当該事業には，企業が自己の勘定のために投資を行い，管理し，又は単に保有するもの（銀行が行う銀行業，保険会社が行う保険業又は登録された証券会社が行う証券業を除く。）を含まない。
3　一方の当事国の居住者が取得する所得について1の規定に基づいて対象租税協定に基づく特典が与えられない場合においても，他方の当事国の権限のある当局は，当該居住者からの要請に応じて，当該居住者が1及び2に規定する要件を満たさなかった理由を考慮した上で，当該特典を与えることが正当であると判断するときは，当該所得について当該特典を与えることができる。一方の当事国の居住者から第一文に規定する要請を受けた他方の当事国の権限のある当局は，当該要請を認め，又は拒否する前に，当該一方の当事国の権限のある当局と協議する。
4　1から3までの規定は，一方の当事国の企業が他方の当事国内において両当事国以外の国若しくは地域の内に存在する当該企業の恒久的施設に帰せられる所得を取得する場合に当該一方の当事国の企業に対して与えられる特典を与えないこと若しくは制限することを規定する対象租税協定の規定に代えて，又は当該規定がない対象租税協定について，適用する。」
［5・6　省略］

(ii) 条文の解説

上記規定は、「一方の当事国」(下図のX国がこれに該当し、下図のY国が「他方の当事国」に該当します。)が国外所得免除制度を採用している場合(10条1項(b)号参照)、下図記載のような軽課税国に恒久的施設を設けそこに所得を帰属させることによる租税回避に対抗するための措置です。X国が国外所得免除方式を採用している場合、A社は、外国に所在する恒久的施設に帰属する所得について、X国において課税されません。そのことを利用して、A社は、当該所得に課税しない又は優遇税制を有している軽課税国Z国に恒久的施設を設けて、当該所得を帰属させることによって、①源泉地国Y国では、租税条約による源泉税の軽減又は免除を受け、②軽課税国Z国では非課税又は軽課税、③X国では国外所得免除方式によって非課税という結果を作り出すことができます。上記規定は、このような場合に、源泉地国であるY国が租税条約に基づく特典を与えない(Y国において租税条約に基づく源泉税の軽減又は免除が認められない)ことによって、上記のような租税条約の濫用を防ごうとするものです。

2014年版OECDモデル租税条約のコメンタリーにおいても、24条のコメンタリーのパラグラフ71において、租税条約において上記のような租税条約の濫用を防ぐ規定を設ける可能性について言及されていましたが、2017年版OECDモデル租税条約29条8項に対応規定が導入され、また、BEPS防止措置実施条約において上記の規定が設けられました。

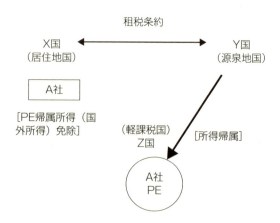

なお、わが国は、全世界所得課税制度を採用し国外所得免除制度を採用してい

ないので，わが国の企業に上記規定が適用されることはありません（中澤・講演録171頁）。わが国は，上図Y国として，上記のような租税回避の場合，租税条約に基づく源泉税の軽減又は免除を認めないという役割を果たすことになります。

(iii) わが国の適用関係

上記10条について，わが国は，イスラエル，スロバキア及びニュージーランドと合意が成立しているので，それぞれの対象租税条約に盛り込まれることになりました（なお，OECDのBEPS防止措置実施条約のMLI Matching Database（beta）での2018年9月27日時点の情報に基づくと，下記諸国・地域は，批准が未了で暫定ベースのものですが，上記10条を選択しています。ただし，今後変更の可能性があるので，具体的検討の際には，その時点の最新情報を確認する必要があります。）。

インド，ウクライナ，エジプト，オランダ，カザフスタン，ドイツ，フィジー，メキシコ，ルーマニア

【コーヒー・ブレイク】

平成27年10月のBEPSプロジェクトの最終報告書（行動6「租税条約の濫用防止」）において，第三国内に存在する恒久的施設を用いた租税条約の濫用を防止するためのルール（以下「第三国恒久的施設濫用防止ルール」といいます。）を導入すべきであるとの勧告がなされました。

本最終報告書の内容を踏まえ，平成29年11月にOECDモデル租税条約が改訂されており，また，わが国が同年6月に署名したBEPS防止措置実施条約及びわが国が締結した最新の二国間租税条約においても，改訂後のOECDモデル租税条約に沿った第三国恒久的施設濫用防止ルールが採用されています。

BEPS防止措置実施条約等における第三国恒久的施設濫用防止ルールでは，一定の基準に該当することにより租税条約の特典が与えられない場合であっても，その租税条約の権限ある当局は，相手国の居住者からの要請に応じて，正当と認める場合にその特典を与えることができる旨の規定が定められており（BEPS防止措置実施条約10条3項），平成30年度税制改正では，これに対応する観点から，次のとおり，租税条約の特典条項に基づく相手国居住者等に係る認定に関する手続の改正が行われました。

イ 租税条約に基づく認定の対象となる租税条約の規定に，「第三国恒久的施設濫用防止ルールにおける権限ある当局による特典の付与に関する規定」が追加されました。

> ロ 第三国恒久的施設濫用防止ルールに係る認定を受けるための申請手続が整備されました。
> ハ 第三国恒久的施設濫用防止ルールに係る認定を受けた者の変更に関する届出書の提出手続が定められました。
> ニ 第三国恒久的施設濫用防止ルールに係る認定をした場合には，公示するものとされました。

(ⅳ) わが国が締結した個別の租税条約
① 日独租税条約等

日独租税条約には，上記10条に相当する条項は存在しません。しかし，上記のとおり，ドイツによる10条適用の選択が確定すれば，日独租税条約には盛り込まれることになります（BEPS防止措置実施条約10条4項参照）。また，デンマーク及びスペインとの租税条約には，上記10条に相当する条項が設けられています（21条8項及び28条8項）。

② 日米租税条約（日米新条約）

日米租税条約にも，また，日米新条約にも，上記10条に相当する条項は存在しません。

③ 日中租税条約

日中租税条約にも，上記10条に相当する条項は存在しません。

エ 11条（自国の居住者に対して租税を課する締約国の権利を制限する租税協定の適用）

わが国は，セービング・クローズを定めた11条については，単なる確認規定にすぎないとして適用を選択しませんでした（中澤・講演録172頁参照）。下記判決11及び判決12も，セービング・クローズは，条約中に明文の規定がなくとも認められる当然の原則であると説示しています。

> 【租税条約トピック㉓】 セービング・クローズとプリザベーション・クローズ
> 　租税条約は，相手国居住者に対する課税関係（租税の減免等）を定めるもので，自国居住者に対する課税関係を定めるものではありません。したがって，租税条約によって自国居住者に対する国内法による課税権が排除又は影響されるものではありません。この原則を定めた規定が「セービング・クローズ」であり，例えば，日米租税条約1条4項(a)号が

次のとおり定めています。
「この条約は5の場合を除くほか，第4条の規定に基づき一方の締約国の居住者とされる者に対する当該一方の締約国の課税及び合衆国の市民に対する合衆国の課税に影響を及ぼすものではない。」

日本とカナダ間の旧租税条約の適用関係について判断した東京高裁平成17年1月26日判決（税務訴訟資料255号順号9911（判決11））は，原審である東京地裁平成16年9月17日判決（税務訴訟資料254号順号9751（判決12））を引用し，セービング・クローズについて次のとおり説示しました。

「租税条約は，原則として，自国の居住者に対して適用される国内租税法を修正しようとするものではないから，条約に別段の定めがない限り，締約国には，自国の居住者に対し国内租税法に従って課税する権利が留保されることになる。この原則がセービング・クローズであり，……租税条約の制度趣旨に照らすと，条約中に明文の規定がなくとも，当然の原則といわなければならない」

なお，現行のカナダとの租税条約25条2項は，セービング・クローズを明記しています。

次に，租税条約と国内法上の租税の減免との関係に関する以下の「プリザベーション・クローズ」という基本概念もあります。

「課税の根拠となるのは法律であり，租税条約はあくまで課税を制限するものとして働くことになる。換言すれば，租税条約は課税の根拠規定ではなく，制限規定なのである。日本の締結した租税条約の中には，この点を確認し，国内法上認められる租税の減免を条約が制限することはない旨を明記するものがある（日米1条2）。減免を維持・保障する（preserve）という意味で，これをプリザベーション条項（preservation clause）という。」（増井・宮崎「国際租税法」28頁）

なお，租税条約等実施特例法も，「租税条約が定める限度税率が当該配当等に適用されるこれらの規定[筆者注：所得税法の規定]に規定する税率以上である場合を除き，これらの規定に規定する税率に代えて，当該租税条約の規定により当該配当等につきそれぞれ適用される限度税率によるものとする。」と定めて（同法3条の2第1項），所得税法の税率以上の租税条約の税率は適用されない旨を明示しています（下線は筆者によります。）。

ただし，上記規定をプリザベーション原則の適用例と考えるかどうかについては見解が分かれています（井上康一・仲谷栄一郎『租税条約と国内税法の交錯（第2版）』49頁参照）。

4　BEPS防止措置実施条約の解説（恒久的施設）

1　はじめに

企業が外国に進出して事業活動を行う際に，恒久的施設（Permanent Establishment：PE）が存在すると認められるほどに当該外国との関連性が強い場合には，その事業所得は当該外国の課税権に服することになります。それ程までに関連性が強くない場合には，恒久的施設（PE）は存在しないので事業所得の課税はされません。すなわち，「恒久的施設（PE）なければ課税なし」と扱われています。ところが，租税条約上の「恒久的施設」の定義に該当しないように人為的なアレンジメントを行って，事業所得の課税を免れる租税回避事例（BEPS）が増加してきていました。そこで，そのようなBEPSへの対抗策を検討し，その検討結果をまとめたものがPE最終報告書です。そして，その勧告に従って，BEPS防止措置実施条約に後述の対抗規定（同条約の下記第4部の規定）が設けられました。なお，わが国の平成30年度税制改正において，これに対応する法人税法の改正も行われました。

　PE最終報告書の勧告内容及びわが国の税制改正にも影響を及ぼしたBEPS防止措置実施条約の対抗規定を正確に理解するためには，その基礎として，PE課税の基本ルール及びわが国のPE課税制度の概要を理解しておくことが有益です。そこで，最初にこれらについての説明を行い，その後でBEPS防止措置実施条約の対抗規定の解説を行います。

2　PE課税の基本ルール

(1)　「恒久的施設（PE）なければ課税なし」という基本ルールとそれに対する近年における重大な疑問の惹起

　事業所得について「恒久的施設（PE）なければ課税なし」というルールは，国際租税法において古くから確立された基本原則です。ところが，近年，事業所等の恒久的施設を設けなくとも，インターネットを通じて現地の消費者に商品を直接販売し多額の売上を上げることが可能となるなどビジネス・モデルが大きく変貌する中，この基本原則を維持していくことの正当性が疑問視され始めています。そして，従来，国際的二重課税を回避するという理念の下，先進国は恒久的施設（PE）の範囲を狭め源泉地国の課税権を制限しようとしてきましたが，中国やインド等が経済力を強めてくる中，源泉地国の課税を回避するようなBEPSは許容されるべきではないという理念の下，恒久的施設（PE）の範囲を広めて源泉地国の課税権を確保・強化するという動きが生じてきているように思われます。このように，近年その範囲について活発な議論が見られる恒久的施設概念の歴史と機能について最初に説明します。

(2) 恒久的施設概念の歴史と機能
ア 恒久的施設概念の歴史

恒久的施設 (PE) 概念は, 次の説明によれば, 100年以上も前にドイツにおいて誕生しました。

「PEはドイツで生まれた。Betriebsstätteという事業に用いる場所を示す概念がドイツ (19世紀のプロシア) で税法以外の法令に用いられるようになり, その後, 地方団体間の財源調整のための概念として用いられるようになった。プロシア・ザクセン間の租税条約等[18]を経て, 1909年ドイツ税法には, 基本的なルールの核となる要素, すなわち, ①事業を行う場所の存在, ②特定の地理的な位置に当該場所が存在すること, 及び③事業の永続性 (permanence of business) といった要素が確定した。その後, ドイツの締結する条約には事業の一定の場所「を含む」というキャッチオール条項 ("including other fixed places of business") が導入され, 代表的には1925年ドイツ・イタリア間租税条約には一般的な定義が導入された。」(「新興国における税務人材の現状と課税事案への対応に関する調査」(経済産業省委託調査　平成26年度アジア産業基盤強化等事業 (新興国における日本企業の税務対応に係る人材育成・制度整備に関する調査, 2015年EY税理士法人調査報告書) 104頁))

イ 恒久的施設概念の機能

立法政策上, PEをみる視点には, 次のとおり, 源泉地国との関連性が一定レベルに至らなければ課税できないという消極的側面と, PEが存在すれば課税できるという積極的側面があると言われています。

「一方で, PEが領域内になければ課税できないという消極的側面からすると, PEは, 企業が事業進出してきてもその段階に至るまでは源泉地国が課税する

---

18 「二国間の租税条約としては, 1899年6月21日付けで締結されたプロイセン・オーストリア＝ハンガリー租税条約で, プロイセンにおいて発展してきた「固定した事業の場所」(場所的・物理的な拠点) を有する場合に, 当該事業所を通じて稼得された所得についてのみ源泉地国において課税がなされる旨の規定が設けられ, その後の租税条約の原型とされた。」という指摘があります (北村導「恒久的施設 (Permanent Establishment) 課税を巡る現代的諸問題」(『現代租税法講座　国際課税』所収) 127頁)。

ことがないという最低限度，すなわち閾値（threshould）を意味する。他方で，PEが領域内にあれば課税を基礎づけるという積極的側面からすると，PEの存在が，源泉地国が外国法人の事業所得に課税する根拠を提供する。このうち，資本輸入国の課税当局は，後者の側面を強調する傾向にある。これに対し，資本輸出国は，租税条約を締結してPEにあたる範囲を限定し，源泉地国による事業所得課税を制限しようとする。」（増井・宮崎「国際租税法」93頁）

(3) 恒久的施設概念の再構築の動き

近年，上記のとおりビジネス・モデルが大きく変化する中で，「PEなければ課税無し」という事業所得をめぐる国家間の税収配分基準の基本原則（下図参照）に対して，重大な疑問が投げかけられてきています。すなわち，「情報技術の革新に伴い，インターネットを通じて現地の消費者に直接に販売したり，製造工程を第三者にアウトソーシングしたりすることが，きわめて容易になった。こうしてビジネス・モデルが変化する中で，従来どおり物理的な拠点を基準として課税範囲を画していたのでは，源泉地国と居住地国との間の税収分配の天秤が傾く。ほとんどの場合，源泉地国の確保できる税収が減っていくのである。」（増井・宮崎「国際租税法」94頁）。

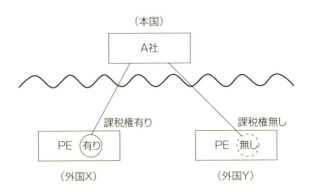

上記のようなビジネス・モデルの変化を背景として，BEPS行動計画1においては，現行のPE概念に代えて，電子経済に係る事業活動について，源泉地国において「重要な経済的拠点」（significant economic presence）が存在するならば，課税主体となるという新しい「ネクサス」（Nexus）の概念の導入が議論されました。より具体的には，行動1 最終報告書は，源泉地国における収入要素，デジ

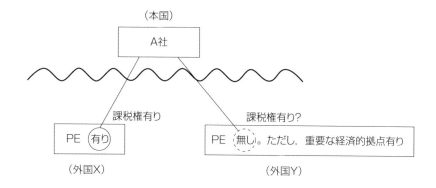

タル要素(ローカルドメイン・ネームやプラット・フォーム等)及びユーザー要素の一つ又はそれらの組み合わせによって源泉地国との間の「ネクサス」を認めて，源泉地国によるネットベースでの課税を認めることを検討しました(同書107頁～111頁)。しかし，現行のPE概念の大幅な改定となり国際取引に攪乱が生じるおそれがあることから，結局，導入は見送られました(行動1最終報告書148頁)。

> 【コーヒー・ブレイク】
> インド政府は2018年2月1日に2018～2019年の国家予算案を公表しました。その中の税制改正案において，(i)代理人PEの範囲をBEPS防止措置実施条約のそれに従って拡大し，かかる代理人の事業活動をbusiness connectionに含めること，及び(ii)所定のネクサスを有することをbusiness connectionに含めるようにすることが含まれています。(ii)については，重要な経済的拠点(significant economic presence)への課税の立場に近く，インドと租税条約を締結していない国の居住者は，インドの税法の下で，①インドにおける取引から生じる金額が所定の金額を超える場合，②インドにおいてビジネス活動の体系的かつ継続的な勧誘や所定数以上のユーザーとのやりとりがある場合，インド国内において事業を行う場所を有しておらず，かつ役務を提供していないとしても，重要な経済的拠点を有するとしてPE認定できるものとされています。本税制改正は，2019年4月から適用になり，2019～20年以降の調査年度に関して適用になります。

上記の行動1最終報告書公表後，EUも「デジタル課税」強化に向かっています。例えば，2017年12月のEU財務相理事会において，IT情報技術企業への課税強化策として，支店等のPEがなくとも課税できる「仮想PE」の概念を検討し，

また，EU欧州委員会は，2018年3月に，まず，中長期的な見直し策として，物理的な拠点がなくとも，デジタルPE（significant digital presence）が認定できれば電子的な事業活動に対して課税するという案を提示しました。次に，短期的な暫定措置として，全世界売上高が年7.5億ユーロ超及びEU域内のデジタルサービス売上高が年0.5億ユーロ超の企業については，課税標準を利益からデジタルサービス提供による売上高へ切り替えた上で税率を3％とする「デジタルサービス税」を加盟国に提案しました。ただし，企業団体のみならず，アイルランド等低税率によってIT企業を誘致してきた国々の反発は根強く，合意への道のりは平たんではないようです[19]。

また，OECDにおいても，行動1最終報告書公表以降もデジタル課税についての検討が引き続き行われており，2018年3月に中間報告書（"Brief on the Tax Challenges arising from Digitalisation Interim Report 2018"）が公表されました。中間報告書においても，行動1最終報告書と同様に，新しいデジタル課税について具体的な提案はされなかったものの，①「重要な経済的拠点」概念に基づく既存のPEの閾値に対する代替案，②デジタル取引に対する源泉徴収，③新たな「売上高税」，④多国籍企業に対する特別の制度について，各国における導入例を紹介しています（パラグラフ）。①の「重要な経済的拠点」に基づく新しいPEについては，イスラエル，スロバキア及び上記コーヒーブレイクで紹介したインドの事例を挙げています（同書135頁〜138頁）。なお，OECDは引き続きデジタル課税について検討を続け，2020年にはコンセンサスに基づく提案をする予定であるとしています（同書173頁）。

【租税条約トピック㉔】　仮想PE

「仮想PE」とは，恒久的施設の前提となるサーバーのような固定施設の存在を要件とする現行のOECDモデル租税条約での考え方と異なり，ウェブサイトのような仮想施設を恒久的施設として認定すべきとの考え方であり，上記のインド等の新興国がウェブサイト等を通じた収益への課税を行うための根拠となっています。

19　森信茂樹「巨大IT企業と税制（上）」（日本経済新聞2018年5月16日「経済教室」参照）。「デジタルサービス税」については，2018年9月8日EU財務省理事会において，議長が2018年末までに結論を得るよう提案を行ったと報じられています（日本経済新聞2018年9月9日記事）。なお，日本経済新聞2018年10月30日記事によれば，先進国として初めて英国が2020年4月から大手IT企業を対象とする新たなデジタル課税（税率2％）を導入する予定です。

3　わが国の法人税法上の基本ルール

(1) はじめに

　わが国の法人税法の下では，法人とわが国との結びつきの強弱を考慮して，日本国内に本店を有する内国法人については全世界所得課税制度（国内で得た所得であろうと国外で得た所得であろうと，すべての所得をわが国の法人税の課税対象とする制度）を採用し，外国法人については国内源泉所得課税制度（国内源泉所得として法定されたものについてのみわが国が課税権を及ぼす制度）を採用しています（法人税法4条）。外国法人の事業所得については，国内に支店や工場といった恒久的施設（PE）がある場合にのみ課税されます（平成30年度改正前法人税法141条1号）。ただし，広告・宣伝や市場調査といった補助的活動のみに使用する一定の場所は恒久的施設には含まれません（同法施行令4条の4第2項3号）。

　いったん恒久的施設が国内に設けられた場合の課税範囲については，理論的には，全所得主義（entire income principle）と帰属所得主義（attributable income principle）の二つの原則が存在します。例えば，外国法人が国内に支店を有しており，他方，同法人が支店を介さない所得（例えば，国外本店からの商品の直接販売による事業所得や配当所得等の投資所得）を得ている場合において，前者の全所得主義は，PEの吸引力（the force of attraction）の考え方に基づき，かかる所得と同支店との関連性を問わずに，当該外国法人の国内源泉所得すべてを法人税の課税対象とするのに対して，後者の帰属所得主義は，当該支店に帰属する国内源泉所得のみを法人税の課税対象とするものです。

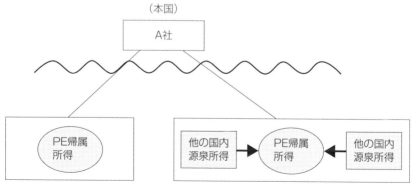

(2) 平成26年度税制改正の概要

わが国の法人税法は，昭和37年度の税制改正以降全所得主義を維持してきましたが（旧法人税法141条1号），日本が締結した租税条約の下では，すべて帰属所得主義が採用されています。これに対して，多くの国は，国内法の下でも帰属所得主義を採用しています。したがって，日本の法人税法が採用する全所得主義は多くの税法学者や実務家から批判されてきていました。

そして，平成26年度税制改正の結果，日本の法人税法は，全所得主義を遂に放棄し，帰属所得主義を採用することになり（改正法人税法138条），恒久的施設に帰属する所得を算定するための詳細なルールが政令に盛り込まれました（同法施行令184条）。また，日本に所在する外国法人の恒久的施設に帰属する所得は国外で生じた所得を含めてすべてわが国の法人税に服することになるので，外国法人の日本における恒久的施設についても外国税額控除が認められることになりました（改正前は，外国税額控除は内国法人についてのみ認められていました。）。なお，上記に関連して，内国法人の外国税額控除の控除限度額算定の基礎となる国外源泉所得の範囲も明確化されました。これらの改正は，昭和37年度改正以来約50年ぶりの国際課税分野における大改正と評価できますが，平成28年4月1日以降に開始する事業年度分から適用されています。

(3) 平成26年度税制改正の背景

平成26年度税制改正の背景には，条約締結国との間では帰属主義（上記のとおり，帰属所得主義とも呼ばれます。），条約非締結国との間では総合主義（上記のとおり，全所得主義とも呼ばれます。）という課税原則の二元化がありました。『改正税法のすべて（平成26年度版）』が，この点をわかりやすく解説しているので，少し長くなりますが，以下に引用します（同書672頁）。

<u>総合主義から帰属主義へ</u>
　「外国法人及び非居住者（以下「外国法人等」といいます。）に対する課税原則については，昭和36年の税制調査会において「日本に事業所等を有して事業を行う場合には，その外国人（非居住者及び外国法人）の日本に対する属地的応益関係が深く，日本源泉の所得については，居住者及び内国法人と同様その全所得を総合課税」すると整理して以来，国内法においていわゆる総合主義（全所得主義）を採用してきています。

その背景としては，国内における内国法人と外国法人との課税の公平性を重視したことに加えて，当時，わが国への対内投資の割合が極めて高かった米国が総合主義（全所得主義）を採用していたこと，本店等が源泉徴収の対象とならない国内源泉所得を得るような場合は，わが国に所在する恒久的施設が外国法人を代表して申告書を提出することが実務上の便宜であったこと等が挙げられます。

他方，租税条約については，昭和35年の日印租税条約において，外国法人の国内源泉所得については恒久的施設に帰属するものについてのみ課税するという帰属主義が初めて導入されて以来，帰属主義を採用した租税条約ネットワークが徐々に広がり，現在ではすべての条約締結国との間では帰属主義，それ以外の条約非締結国との間では総合主義（全所得主義）という課税原則の二元化が定着しているところです。」

【租税条約トピック㉕】　国連モデル租税条約が定める帰属主義

国連モデル租税条約は，7条1項に帰属主義を定めていますが，帰属する利得の範囲が広いために（下記(b)号及び(c)号参照），帰属主義と総合主義の折衷のようにも読めます。

「一方の国の企業が他方の国内にある恒久的施設を通じて当該他方の国内で事業を行う場合には，その企業の利得のうち次のものに帰せられる部分に対してのみ，当該他方の国において租税を課することができる。
(a)　当該恒久的施設
(b)　当該恒久的施設を通じて販売する物品若しくは商品と同一又は類似の物品若しくは商品の当該他方の締約国内における販売
(c)　当該恒久的施設を通じて行う事業活動と同一又は類似のその他の事業活動で当該他方の締約国内で行われるもの」

(4)　平成26年度税制改正の趣旨

平成26年度税制改正の趣旨は，上記の課税原則の二元化状態を帰属主義で統一することに加えて，OECDが2010年にモデル租税条約において採用したAuthorized OECD Approach（OECD承認アプローチ。以下「AOA」ということがあります。）をわが国においても導入することでした。後者の点についても，『改正税法のすべて（平成26年度版）』がわかりやすく解説しているので，以下に再度引用します（同書672頁・673頁。下線は筆者によります。）。

「OECDにおいては，従来のモデル租税条約7条（以下「旧7条」といいます。）でも帰属主義を原則としていたものの，その解釈や運用が各国で統一されてい

なかったため，結果として二重課税・二重非課税を効果的に排除することができていないという問題提起がなされ，その改正について検討を重ねてきました。その結果，恒久的施設に帰属すべき利得（以下「恒久的施設帰属所得」といいます。）の算定アプローチを定式化したモデル租税条約新7条（以下「新7条」といいます。）が2010年に導入されました。具体的には，①恒久的施設の果たす機能及び事実関係に基づいて，外部取引，資産，リスク，資本を恒久的施設に帰属させ，②恒久的施設と本店等との内部取引を認識し，③その内部取引が独立企業間価格で行われたものとして，恒久的施設帰属所得を算定するアプローチ（Authorized OECD Approach, 以下「AOA」といいます。）が採用されています。

　この新7条の導入によって，わが国の国内法をAOAに基づく帰属主義へ見直す機運が高まってきました。……支店形態で進出する場合と子会社形態で進出する場合で異なる課税原則を適用するのではなく，AOAに従って出来る限り同じ扱いをすることにより，支店形態と子会社形態との間の課税上のミスマッチを解消することができます。」

　上記『改正税法のすべて』が指摘する，AOA採用前は「帰属主義を原則としていたものの，その解釈や運用が各国で統一されていなかったため，結果として二重課税・二重非課税」が生じる場合として，次のような説明がなされています（東京共同会計事務所編『PE（恒久的施設）課税の実務』63頁）。

<u>AOA採用前の帰属主義の下での二重課税と二重非課税の問題</u>

　「日本のPEから外国本店へ使用料を支払う場合，従前の国内法の考え方では原則として内部取引に係る損益は認識されないため，その使用料は日本PEの損金の額に算入されていませんでした。一方で外国本店所在地の税制で内部取引に係る損益を認識することとなっている場合は，外国本店所在地国でその使用料は益金の額に算入されるため，結果として二重課税の問題が生じていました。

　また，別のケースとして……日本PEが外国本店から使用料を受領する場合，従前の国内法では内部取引に係る損益は認識されないため，日本のPEではその使用料は益金の額に算入されていませんでした。一方で外国本店所在地の税制で内部取引に係る損益を認識することとなっている場合は，その使用料は外国本店所在地国において損金の額に算入されるため，結果として二重非課税の問題が生じていました。」

(5) AOA（Authorized OECD Approach，OECD承認アプローチ）の内容
ア 2010年のAOA採用までの経緯

上記の旧7条と新7条の関係について，以下に敷衍して解説します。

OECDモデル租税条約7条［旧7条］2項について，OECDコメンタリー（2008年）は，次のように述べていました。

「本項は，恒久的施設に帰属する利得は，当該恒久的施設が当該企業の他の部門と取引するのではなく，通常の市場における条件及び価格で完全に別個の企業と取引する場合に当該恒久的施設が得たであろう利得である，という見解を具体化している。」（パラグラフ14）

> **【租税条約トピック㉖】 恒久的施設帰属所得算定における機能的分離企業アプローチと関連事業活動アプローチ**
>
> OECDが2008年7月に発表した "Report on the Attribution of Profits to Permanent Establishments" と題する報告書は，OECDモデル租税条約7条1項の解釈として，機能的分離企業アプローチ（"functionally separate entity approach"）と関連事業活動アプローチ（"relevant business activity approach"）に言及していました。従来は，「企業の利得」は恒久的施設が参加する事業活動から得る利得を指すという関連事業活動アプローチが有力であったものの，近年は，恒久的施設が同一又は類似の条件で同一又は類似の機能を果たす別個の分離した独立企業として得る利得を指すという機能的分離企業アプローチが望ましいとされるようになっています。両者の大きな違いは，関連事業活動アプローチの下では，恒久的施設に帰属する利得の金額は，企業全体が関連事業から得る利得の金額を超えることができないのに対して，機能的分離企業アプローチの下では，恒久的施設に帰属する利得の金額は，企業全体が関連事業から得る利得の金額を超える場合も生じるという点です（パラグラフ62参照）。

その後，OECDは，2010年7月に，"2010 Report on the Attribution of Profits to Permanent Establishments" と題する報告書を承認し，2010年版 OECDモデル租税条約7条に反映しました。同報告書は，上記2008年報告書が重視した機能的分離企業アプローチの下で，恒久的施設に帰属する利得の金額の算定方法を下記のとおりより明確にしました。このアプローチは，一般にAOA（Authorized OECD Approach，OECD承認アプローチ）と呼ばれています。具体的には，2010年版 OECDモデル租税条約7条2項は，AOAを次のとおり定めました。

「恒久的施設に帰せられる利得は，特に当該恒久的施設を有する企業の他の

構成部分との取引において、当該恒久的施設が、同一又は類似の条件で同一又は類似の活動を行う分離し、かつ、独立した企業であるとしたならば、当該企業が当該恒久的施設を通じて、及び当該企業の他の部門を通じて遂行した機能、使用した資産及び引き受けた危険を考慮して、当該恒久的施設が取得したとみられる利得とする。」

イ　OECDのPE帰属利得に関する追加ガイダンス

　OECDは、その後もPEに帰属する利得をどのように捉えるべきかの検討を続け、2016年9月に討議用ドラフトを、2017年9月に討議用改訂ドラフトを公表しました。なお、2016年9月の討議用ドラフトにおいては、数字を使った具体例が示されていましたが、数字の"独り歩き"を避けるべきであるという趣旨から、2017年9月の討議用改訂ドラフトにおいては数字を使った具体例は示されていません。これらのドラフトに対する意見等の検討も踏まえて、OECDは、2018年3月22日に"Additional Guidance on the Attribution of Profits to Permanent Establishments"（以下「追加ガイダンス」といいます。）を公表しました。追加ガイダンスにおいても、数字を使った具体例は示されておらず、一般的・抽象的な説明に終始しています。なお、追加ガイダンスは、後述の2017年版OECDモデル租税条約のPE概念を前提としています。

　追加ガイダンスは、4つの例をあげて、PE帰属利得の算定に関する一般的説明を行っています[20]。最初の例は、オンライン販売事業を行っているR国法人であるOnline Coが、次頁の図のように、S国に25名の従業員を擁する商品保管と引渡関連役務を行う倉庫（以下「本件倉庫役務」といいます。）と、商品の広告とS国の顧客情報を入手する役務を行うための従業員15名を擁する営業所という恒久的施設を有しているという事例です（パラグラフ10～12）。

　この事例はAOAを採用する租税条約がR国とS国との間で締結されていることを前提としています。追加ガイダンスは、PE帰属利得の算定のために、次のような分析手順を踏むべきである旨説明しています（以下の説明は、倉庫PEに関するものですが、営業所PEについても同様です。）。

20　追加ガイダンスは、①5条4項の準備的・補助的活動（事業活動の細分化に関する規定を含む。）、②5条5項の代理人PEに関するコミッショネア契約、③ウェブサイトでの広告の販売について日常的に締結される契約の締結のために反復して主要な役割を果たす場合、④製品の仕入活動の4つの例をあげて、PE帰属利得の算定に関する一般的説明を行っています。

[4] BEPS防止措置実施条約の解説（恒久的施設） ◆145

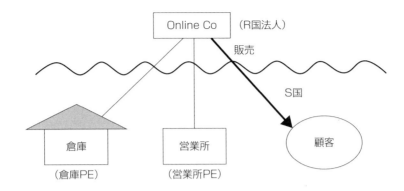

1. 第1ステップにおいては，対象取引に関して，機能及び事実分析（Functional and factual analysis）を行って，Online Coと倉庫に属する従業員がそれぞれどのような活動・役務を行っているかを把握するとしています。具体的には，倉庫PEの従業員が倉庫のリース及び宅配業者との取引について責任を負っているので，倉庫PEが倉庫の所有者との取引及び宅配業者との取引に関する権利・義務を有していると認定し，また，関連のリスクも負担している結果，倉庫PEが倉庫の経済的所有者（"economic owner"）に該当すると判断しています。そして，Online Co本店と倉庫間の内部取引である本件倉庫役務取引を認識します。
2. 第2ステップにおいては，上記内部取引について，OECDの移転価格ガイドラインに従って，Online Coが，本件倉庫役務を同一又は類似の条件で同一又は類似の機能を果たす独立の企業から提供を受けた場合に支払うことになるであろう対価を算定するとしています。

上記第1ステップは，「重要な人的機能」（Significant people function）を重視するAOAの考え方を反映しているように思われます。なお，追加ガイダンスは，第2ステップ後の分析手順の説明を行っていませんが，上記の独立企業間対価から倉庫PEが負担する販売費及び一般管理費を控除して，倉庫PEに帰属する所得が計算されることになります。一般論の説明だと簡単なように思えてしまいますが，特に上記第2ステップにおける独立企業間対価の算定は，容易ではないように思われます（このことは，営業所PEの役務の対価算定の場合にもあてはまります。）。

追加ガイダンスは，上記のとおり，数字を使わない一般論の説明に止まってい

るので、実際の具体的取引事例においては、国によって（特に、AOAを採用していない発展途上国等[21]との間で）、算定の結果求められるPE帰属利得金額が相当異なる可能性も否定できないように思われます。追加ガイダンスにおける分析例はAOAを前提としているものの、具体的事例に当てはめる際には、実際に適用される租税条約の条項に基づく検討が必要になります（パラグラフ10・44）。そして、源泉地国におけるPE認定を回避するようなBEPSは許されないという国際的機運が高まり、それを契機として、発展途上国においてPE課税が実務上強化される可能性があるので、PE帰属所得の範囲を含め、発展途上国におけるPE課税の動向に留意する必要があります。

(6) わが国法人税法における恒久的施設に帰属する所得
ア　平成26年度税制改正

わが国の平成26年度税制改正は、上記のAOAを法人税法に反映しました。

具体的には、「恒久的施設帰属所得」を次のように定めています（同法138条1項1号。下線は筆者によります。）。

　「外国法人が恒久的施設を通じて事業を行う場合において、当該恒久的施設が当該外国法人から独立して事業を行う事業者であるとしたならば、当該恒久的施設が果たす機能、当該恒久的施設において使用する資産、当該恒久的施設と当該外国法人の本店等［筆者注：括弧内省略］との間の<u>内部取引その他の状況</u>を勘案して、当該恒久的施設に帰せられるべき所得（当該恒久的施設の譲渡により生ずる所得を含む。）」

上記の「その他の状況」には、PEに帰せられるリスク及び外部取引が含まれ、リスクの引受け又はリスクの管理に関する人的機能をPEが果たす場合には、当該リスクはPEに帰せられるものとされています（法人税基本通達20-2-1）。次に、上記の「内部取引」は次のように定義されています（同法138条2項。下線は筆者によります。）。

---

[21] 国連モデル租税条約はAOAを採用していません。なお、代理人PEに帰属する利益については、従来から代理人PEに帰属する固有の利益を認識するか否かで争いがあったところですが、追加ガイダンスは、代理人PEに、OECDモデル租税条約9条による独立企業間価格として算定された報酬以外の利益が帰属し、源泉地国において課税され得るとしています（パラグラフ41）。

「外国法人の恒久的施設と本店等との間で行われた資産の移転，役務の提供その他の事実で，独立の事業者の間で同様の事実があったとしたならば，これらの事業者の間で，資産の販売，資産の購入，役務の提供その他の取引（資金の借入れに係る<u>債務の保証</u>，保険契約に係る保険責任についての<u>再保険の引受けその他これらに類する取引として政令で定めるものを除く。</u>）が行われたと認められるものをいう。」

上記括弧内の「その他これらに類する取引として政令で定めるもの」は，「資金の借入れその他の取引に係る債務の保証（債務を負担する行為であって債務の保証に準ずるものを含む。）」とされています（同法施行令181条）。このように，「債務保証を除外するのは，PEが法人の一構成部分であり法人全体と同一の信用力を有しているという考え方による。再保険の引受けを除外するのは，保険リスク管理機能の移管によって保険リスクが移転しないという考え方による。」とされています（増井・宮崎「国際租税法」56頁）。

イ 新旧タイプの租税条約

わが国が締結した最近の租税条約，例えば，日英租税条約7条2項，日独租税条約7条2項，ベルギーとの租税条約7条2項，デンマークとの租税条約7条2項，アイスランドとの租税条約7条2項及びスペインとの租税条約7条2項などは，上記AOAを取り込んで内部取引を認識するものとしています。しかし，2010年版OECDモデル租税条約より前の古いタイプの租税条約，例えば，日本とイタリア間の租税条約（以下「日伊租税条約」といいます。）7条2項は，AOAを取り込んで内部取引を認識するものではありません。日伊租税条約と日独租税条約との違いは次のとおりです（下線は筆者によります。）。

旧タイプ（日伊租税条約7条2項）	新タイプ（日独租税条約7条2項）
「一方の締約国の企業が他方の締約国内にある恒久的施設を通じて当該他方の締約国内で事業を行う場合には，各締約国において，当該恒久的施設が同一又は類似の条件で同一又は類似の活動を行い，かつ，当該恒久的施設を有す	「各締約国において1に規定する恒久的施設に帰せられる利得は，企業が当該恒久的施設及び当該企業の他の構成部分を通じて果たす<u>機能，使用する資産及び引き受ける危険を考慮した上で</u>，当該恒久的施設が同一又は類似の条件

る企業と，全く独立の立場で，取引を行う別個のかつ分離した企業であるとすれば，当該恒久的施設が取得するとみられる利得が，当該恒久的施設に帰せられるものとする。」

で同一又は類似の活動を行う分離し，かつ，独立した企業であるとしたならば，特に当該企業の<u>他の構成部分との取引</u>においても，当該恒久的施設が取得したとみられる利得とする。」

そこで，法人税法は，AOAを取り込んでいない古いタイプの租税条約については，外国法人の恒久的施設帰属所得の算定において，当該条約の定めを優先して一定の内部取引を認識しないこととしました。すなわち，同法139条2項は次のとおり定めています（下線は筆者によります。）。

「当該外国法人の恒久的施設と本店等との間の同号［筆者注：法人税法138条1項1号］に規定する内部取引から所得が生ずる旨を定める租税条約以外の租税条約の適用があるときには，同号に規定する内部取引には，当該外国法人の恒久的施設と本店等との間の<u>利子</u>（これに準ずるものとして政令で定めるものを含む。以下この項において同じ。）<u>の支払に相当する事実</u>（政令で定める金融機関に該当する外国法人の恒久的施設と本店等との間の支払に相当する事実を除く。）<u>その他政令で定める事実</u>は，含まれないものとする。」

「利子の支払に相当する事実」以外の上記最後の「その他政令で定める事実」は，次の事実を指します（同法施行令182条3項）。

「1　次に掲げるものの使用料の支払に相当する事実
　　イ　工業所有権その他の技術の支払に関する権利，特別の技術による生産方式又はこれらに準ずるもの
　　ロ　著作権（出版権及び著作隣接権その他これに準ずるものも含む。）
　　ハ　第13条第8号イからソまで（減価償却資産の範囲）に掲げる無形固定資産（国外における同号ワからソまでに掲げるものに相当するものを含む。）
　2　前号イからハまでに掲げるものの譲渡又は取得に相当する事実」

そして，「逆に，これらの事実以外については，2010年 OECDモデル租税条約

④ BEPS防止措置実施条約の解説（恒久的施設） ◆149

以前のタイプの事業所得条項を有する租税条約上も，内部取引として認識することを許容していることを前提としている」ことになります（増井・宮崎「国際租税法」64頁）。

なお，古いタイプの租税条約に係る上記法人税法139条2項が定める内部利子の損益は原則として認識されませんが，例外的に，「政令で定める金融機関に該当する外国法人の恒久的施設と本店等との間」では認識されることになります（法人税法139条2項最後の括弧書参照）。これを受けて，法人税法施行令183条2項は，上記金融機関を次のように定めています。「銀行法第47条第2項（外国銀行の免許等）に規定する外国銀行支店に係る同法第10条第2項第8号（業務の範囲）に規定する外国銀行，保険業法第2条第7項（定義）に規定する外国保険会社等又は金融商品取引法第2条第9項（定義）に規定する金融商品取引業者（同法第28条第1項（通則）に規定する第一種金融商品取引業を行う外国法人に限る。）とする。」

☕【コーヒー・ブレイク】
　平成26年度税制改正前の国税不服審判所の裁決において（昭和50年12月17日裁決），外国銀行の本店所在地国の公定歩合を超えた内部利子の超過部分は損金算入できない旨次のとおり判断されました（<u>裁決1</u>。下線は筆者によります。）。
　「外国銀行の本支店間の資金供給の性質，実態等によれば，請求人の国内にある支店が国外にある本店から供給を受けた資金に係る本件内部利息については，請求人の国内源泉所得に係る所得金額の計算上，いわゆる内部利息として損金の額に算入するのは相当でなく，当該資金が国内において貸付，手形割引その他の銀行業務の用に直接供され，収益を得ている場合に，その収益を得るために直接要する費用の性質を有するものと考えるのが相当であるから，当該事業年度の収益に対する売上原価，完成工事原価その他これらに類する原価の額に相当するものとして，損金の類に算入されるものと解すべきである。……
　X銀行の国内にある支店が貸付，手形割引その他の銀行業務の用に直接供した営業資金にかかる内部利息の額が，A国銀行の公示した当時の公定歩合を超える利率によって計算されたものである……。ところで，営業資金にかかる利息については，営業資金の運用により生じた収益にかかる原価の額として，当該営業資金を使用するために要した費用の額に相当する金額を損金の額に算入すべきであると解されるが，その金額は，<u>国外にある本店において当該営業資金を調達するため，実際に要した費用の額に基づいて計算すべきものであるところ</u>，X銀行は，A国のGの金融

> 市場における3ヶ月資金の平均利率，A国内の各銀行の貯蓄性預金の平均利率その他の金利等の状況をあげ，当該営業資金のコストは，X銀行の計上した内部利息の額によるのが相当であると主張する。X銀行の提出した資料によればなるほど国外にある本店が，A国銀行の公示した公定歩合を超える利率によって資金を円達している事実が窺えないこともないが，当該調達資金と本件内部利息の計算の基礎となった本店から内部取引により供給を受けた営業資金との関係は明らかでなく，かつ，本件内部利息の額が，本店において当該営業資金を調達するため実際に要した費用の額に相当するものであると認定するに足りる証拠の提出がない。」
> 　また，上記裁決に加えて，外国銀行の日本支店が，内部取引として複数の資金取入店から資金を調達しており，ある資金取入店の資金調達原価をロイター・レートによって算定した場合，ロイター・レート超過額を他の資金取入店の不足額と相互に通算することは，「不足額が生じた資金取入店の実際調達原価の額に内部利益相当額を加算した金額を損金の額に算入することを認める結果になることから，現行の法解釈としては到底認められない」と判示した裁決として，国税不服審判所平成2年2月5日裁決（裁決2）があります。

ウ　恒久的施設帰属所得と事前確認

　恒久的施設帰属所得の金額の算定は，移転価格税制における独立企業間価格の算定と同様，個別・具体的事実に基づく機能分析等が求められることになります。納税者と税務当局との間で見解の違いも予測され，紛争が生じる可能性も小さくないので，平成28年6月発遣の「恒久的施設帰属所得に係る所得に関する調査等に係る事務運営要領」において，事前確認制度が記載されています。事前確認制度には，わが国の税務当局との間だけで行う事前確認制度と，租税条約の相手国との間で相互協議手続を通じて相手国も含めた形で行う二国間事前確認制度の二種類があります。相互協議手続による場合には，OECDが示した前記のPE帰属利得に関する追加ガイダンスも重視されると思われます。

　上記事務運営要領は，平成30年2月16日付けで改正されましたが，事前確認に係る手続の明確化を図るため，事前相談の位置付けを高めるなどの改正が行われました。例えば，同6−1(1)及び7−1(1)は，事前確認の申出を行おうとする法人が事前相談を行っていない場合には，所轄税務署長は，局担当課の事前相談を行った上で事前確認の申出を行うよう指導する旨が定められました。

(7) 恒久的施設の定義

以下アにおいて平成30年度税制改正前後の法人税法及びBEPS防止措置実施条約の下での恒久的施設の定義を比較した表を掲載した後で、イにおいて同改正前の制度の解説を、ウにおいて同改正内容の解説を行います。その後4において、BEPS防止措置実施条約によるPE修正内容について解説します。

ア 恒久的施設の定義

	平成30年度 税制改正前	平成30年度 税制改正後	BEPS防止措置 実施条約
事業所PE	・外国法人の国内にある支店、工場その他事業を行う所定の場所 ・準備的・補助的活動の例外（1号～3号の活動のうち、3号のみに「補助的」の文言）	・その他事業を行う一定の場所に改正（キャッチオール条項） ・準備的・補助的活動の例外（1号～6号のすべてについて「準備的又は補助的」である必要） ・活動の細分化に関する規定あり	・準備的・補助的活動の例外（a号～f号のすべてについて「準備的又は補助的」である必要） ・活動の細分化に関する規定あり
建設作業PE	・1年を超える建設作業場	・1年を超える建設作業場 ・契約の分割に関する規定あり	・1年を超える建設作業場 ・契約の分割に関する規定あり（ただし、わが国は不選択）
代理人PE	・契約締結代理人 外国法人のために、その事業に関し契約を締結する権限を有し、かつ、これを継続的に又は反復して行使する者 ・在庫保有代理人 外国法人のために、顧客の通常の要求に応ずる程度の数量の資産を保管し、かつ、	・契約締結代理人の範囲に、問屋型PE（後で定義）を追加 ・在庫保有代理人及び注文取得代理人の規定を削除	・契約締結代理人の範囲に、問屋型PEを追加

	当該資産を顧客の要求に応じて引き渡す者 ● 注文取得代理人 専ら又は主として一の外国法人のために，継続的に又は反復して，その事業に関し契約を締結するための注文の取得，協議その他の行為のうちの重要な部分をする者		
独立代理人	● 独立代理人（その事業に係る業務を，当該各号に規定する外国法人に対し独立して行い，かつ，通常の方法により行う場合における当該者）は代理人PEに含まれない	● 独立代理人は代理人PEに含まれない ● ただし，「専ら又は主として1又は2以上の自己と特殊の関係にある者に代わって行動する場合」は，独立代理人から除外	● 独立代理人は代理人PEに含まれない ● ただし，「専ら又は主として1又は2以上の自己と特殊の関係にある者に代わって行動する場合」は，独立代理人から除外

イ 平成30年度税制改正前の恒久的施設の定義

平成30年度税制改正前法人税法2条1項12号の18は，恒久的施設を，以下のとおり，(i)事業所PE（同号イ），(ii)建設作業PE（同号ロ），及び(iii)代理人PE（同号ハ）の3種類に分けています。

恒久的施設の種類		
(i) 事業所PE	(ii) 建設作業PE	
	(iii) 代理人PE	

(i) 事業所PE

法人税法2条1項12号の18は，事業所PEを次のとおり定義していました（同号イ）。

> 「イ　外国法人の国内にある支店，工場その他事業を行う一定の場所で政令で定めるもの」（以下「事業所PE」と総称します。）

[4] BEPS防止措置実施条約の解説（恒久的施設） ◆153

　上記規定を受けて，法人税法施行令4条の4第1項は，次のとおり詳細を定めていました。

「1　支店，出張所その他の事業所若しくは事務所，工場又は倉庫（倉庫業者がその事業の用に供するものに限る。）
　2　鉱山，採石場その他の天然資源を採取する場所
　3　その他事業を行う一定の場所で前2号に掲げる場所に準ずるもの」

　上記3号の「前2号に掲げる場所に準ずるもの」として，法人税基本通達20-1-1は，「農園，養殖場，植林地，貸ビル等のほか，外国法人が国内においてその事業活動の拠点としているホテルの一室，展示即売場その他これらに類する場所が含まれる。」としていました。
　ただし，次に掲げる場所は，事業所PEには含まれませんでした（法人税施行令4条の4第2項）。

「1　外国法人がその資産を購入する業務のためにのみ使用する一定の場所
　2　外国法人がその資産を保管する業務のためにのみ使用する一定の場所
　3　外国法人が広告，宣伝，情報の提供，市場調査，基礎的研究その他その事業の遂行にとって補助的な機能を有する事業上の活動を行うためにのみ使用する一定の場所」

☕【コーヒー・ブレイク】
　国税庁への恒久的施設に関する照合事例として，外国投資家が，コロケーションサービス※に基づき東京証券取引所のプライマリサイト内又はアクセスポイントに設置された取引参加者のサーバに，株式等の売買注文を行うためのコンピュータ・プログラム等のデータを設定・保存し，かかるコンピュータ・プログラムを実行して株式等の売買注文をした場合について，東京証券取引所は，「コロケーションサービスに係る税務上の取扱いについて」と題する照会を国税庁に行い，国税庁より，同照会に係る事実関係を前提とする限り，当該外国投資家は，そのことを理由として国内に恒久的施設を有することにはならない旨の回答を得た事例があります（平成22年6月11日株式会社東京証券取引所「コロケーションサービスにおける外国投資家の税務上の取扱いについて」参照）。

> ※コロケーションサービスとは，取引所のサイト内に，売買執行等のプログラムをインストールした取引参加者，情報ベンダー，独立系ソフトウェアベンダー等の機器等を設置するスペースやネットワーク等を提供するサービスを意味します。

(ii) 建設作業PE

法人税法2条1項12号の18は，建設作業PEを次のとおり定義していました（同号ロ）。

「ロ　外国法人の国内にある建設作業場（外国法人が国内において建設作業等（建設，据付け，組立てその他の作業又はその作業の指揮監督の役務の提供で1年を超えて行われるものをいう。）を行う場所をいい，当該外国法人の国内における当該建設作業等を含む。）」

法人税基本通達20-1-2は，上記の建設作業PEには，次に掲げるものが含まれるとしていました。

「(1)　建設等に要する期間が1年を超えることが契約等からみて明らかであるもの
(2)　一の契約に基づく建設等に要する期間が1年以下であっても，これに引き続いて他の契約等に基づく建設等を行い，これらの建設等に要する<u>期間を通算</u>すると1年を超えることになるもの
　(注)　建設等は，その建設等を独立した事業として行うものに限られないのであるから，例えば，外国法人が機械設備等を販売したことに伴う据付工事等であっても当該建設等に該当することに留意する。」（下線は筆者によります。）

なお，上記のとおり期間が1年超に限定されているのは，「機械の売り込みに伴う据付工事で短期間のものは，アフター・サービス的なものであるから除外するという考え方による。」と説明されています（増井・宮崎「国際租税法」98頁）。後述のとおり，PE最終報告書及びBEPS防止措置実施条約は，契約を分割することによって，この「1年超」の要件を満たさないようにする人為的アレンジメン

トの問題を採り上げましたが、わが国の法人税基本通達20-1-2(2)は、既に通算規定を設け、この問題にある程度実質的に対処するための取扱いを定めていたことになります。

(iii) 代理人PE

外国法人は、事業所PEを日本国内に設けなくとも、一定の代理人を通じて、事業所PEを設けたのと実質的に同様の事業を営むことができます。したがって、法人税法2条1項12号の18ハは、次のとおり、一定の代理人が果たす機能に着目してPEに該当するものとしていました（以下、かかる代理人を「代理人PE」といいます。）。

「ハ　外国法人が国内に置く自己のために契約を締結する権限のある者その他これに準ずる者で政令で定めるもの」

上記規定を受けて、法人税法施行令4条の4第3項は、次の号に掲げる3種類の者が代理人PEに該当するとしていました。これらは、一般に、①「契約締結代理人」（常習代理人）（1号）、②在庫保有代理人（2号）、③注文取得代理人（3号）と呼ばれています。ただし、後述の独立代理人、すなわち、「その事業に係る業務を、当該各号に規定する外国法人に対し独立して行い、かつ、通常の方法により行う場合における当該者」を除くとしていました。

従属代理人PEの種類	② 在庫保有代理人
① 契約締結代理人（常習代理人）	③ 注文取得代理人

① 契約締結代理人（常習代理人）

契約締結代理人は、次のとおり定義されていました。

「外国法人のために、その事業に関し契約（その外国法人が資産を購入するための契約を除く。以下この項において同じ。）を締結する権限を有し、かつ、これを継続的に又は反復して行使する者（その外国法人の事業と同一又は類似の事業を営み、かつ、その事業の性質上欠くことのできない必要に基づきその外国法人のために当該契約の締結に係る業務を行う者を除く[22]。）。」

なお，上記代理人は「常習代理人」とも呼ばれていましたが，これは，平成26年度税制改正前は，上記の「継続的に又は反復して行使」という表現ではなく，次のとおり，「常習的に行使する」という表現が使用されていたためです。

　「外国法人のために，その事業に関し契約を締結する権限を有し，かつ，これを<u>常習的に行使する者</u>」（改正前法人税法施行令186条1項1号。下線は筆者によります。［筆者注：括弧書は省略］）

　法人税基本通達は，上記契約締結代理人（常習代理人）には，次のような代理人も含まれるとしています。

　「契約書に調印する権限は与えられていないが，契約内容につき実質的に合意する権限を与えられている者」（同通達20-1-4）
　「長期の代理契約に基づいて外国法人のために同号に規定する権限を行使する者のほか，個々の代理契約は短期的であるが，2以上の代理契約に基づいて継続的に又は反復して一の外国法人のために当該権限を行使する者」（同通達20-1-5）

　なお，後述のとおり，平成30年度法人税法改正の結果，問屋型PE（後で定義します。）が契約締結代理人と同様の取扱いを受けることとなり，両者が「契約締結代理人等」と総称されることとなりました。
② 在庫保有代理人
　在庫保有代理人は，次のとおり定義されていました。

　「外国法人のために，顧客の通常の要求に応ずる程度の数量の資産を保管し，かつ，当該資産を顧客の要求に応じて引き渡す者」

　なお，後述のとおり，平成30年度法人税法改正の結果，「在庫保有代理人」は，

22　上記規定は，「たとえば，国際運輸業を営む航空会社が国際航空運送協会に加盟するなど国際的運行協約により相互に他の加盟航空会社の代理人として運送契約の締結を行っている場合における当該航空会社（法基通20-1-6）などを想定した規定」です（増井・宮崎「国際租税法」99頁）。なお，平成30年度法人税法改正の結果，当該除外は廃止されました。

従属代理人には含まれないこととなりました。
③ 注文取得代理人
注文取得代理人は、次のとおり定義されていました。

>「専ら又は主として一の外国法人（その外国法人の主要な株主等その他その外国法人と特殊の関係のある者を含む。）のために、継続的に又は反復して、その事業に関し契約を締結するための注文の取得、協議その他の行為のうちの重要な部分をする者」

契約締結代理人に加えて注文取得代理人も代理人PEとされたのは、次の理由によります（東京共同会計事務所編『PE（恒久的施設）課税の実務』13頁）。

>「契約締結権限を有し、これを継続的に又は反復して行使する代理人をPEとするだけでは、契約の締結のみを形式的に外国の本店で直接行うことによりPEの認定を回避することが可能となるため、これを防止する必要があることと、その契約を締結するための注文の取得、協議その他の行為のうち重要部分を行う場合には、契約を締結する場合と実質的に異ならないと考えられることから、これを代理人PEの範囲に含めることとしたものです。」

なお、後述のとおり、平成30年度法人税法改正の結果、「注文取得代理人」は、PEに該当する従属代理人には含まれないこととなりました。ただし、問屋型PEは、「注文取得代理人」と実質的に重複する部分があるように思われます。

【租税条約トピック㉗】 代理人PEの範囲

後述のとおり、OECDモデル租税条約は、代理人PEとして上記①の契約締結代理人のみを定め、上記②の在庫保有代理人も③の注文取得代理人も含めていません（5条5項）。これに対して、国連モデル租税条約は、上記①の契約締結代理人に加え、②の在庫保有代理人も含めています（5条5項）。また、日中租税条約は、①の代理人のみならず、上記③の注文取得代理人も含めています（5条6項）。さらに、わが国とインドとの租税条約は、上記①～③の代理人すべてを含めています（5条7項）。このように、租税条約やモデル租税条約によって、代理人PEの範囲が異なっていることに留意する必要があります。

(iv) 独立代理人の例外

　上記のとおり，独立代理人，すなわち，「その事業に係る業務を，当該各号に規定する外国法人に対し独立して行い，かつ，通常の方法により行う場合における当該者」は，上記の法人税施行令4条の4第3項各号に掲げる代理人から除かれていました（同項柱書の括弧書）。

　独立代理人の概念は従前国内法にはありませんでしたが，平成20年度税制改正において導入されました。『改正税法のすべて（平成20年度版）』は，独立代理人の内容について次のように解説しています（同書507頁）。

　　「「独立の地位を有する代理人」とは，外国法人のために，その外国法人の事業に係る業務を外国法人とは「独立して」行い，かつ，その業務を「通常の方法」により行う代理人をいいます。

　　「独立して」行っているか否かについては，代理人が本人である外国法人の事業に係る業務を行う際，本人からの詳細な指示や包括的な支配を受けず，十分な裁量権を有して自らの事業活動を行っているかどうか，代理人が，企業家として行う事業活動に係るリスクを自ら負担しているかどうか，等の観点から判断されます。また，「通常の方法」により行っているか否かについては，本人の事業に係る代理人の業務が，その代理人が通常行う業務の方法または過程により行われているかどうか，その業務が代理人が行う取引において慣習的に行われる事業活動かどうか，等の観点から判断されることになります」。

　法人税基本通達は，独立代理人とは，次に掲げる要件のいずれも満たす者をいうと上記と同旨を規定しています（同通達20-1-3）。

「(1)　代理人として当該業務を行う上で，詳細な指示や包括的な支配を受けず，十分な裁量権を有するなど本人である外国法人から法的に独立していること。
　(2)　当該業務に係る技能と知識の利用を通じてリスクを負担し，報酬を受領するなど本人である外国法人から経済的に独立していること。
　(3)　代理人として当該業務を行う際に，代理人自らが通常行う業務の方法又は過程において行うこと。」

なお，後述のとおり，平成30年度法人税法の改正の結果，「専ら又は主として一又は二以上の自己と特殊の関係にある者に代わって行動する場合」は，独立代理人には該当しないとされ，「独立代理人」の範囲が狭まりました。

【租税条約トピック㉘】　独立代理人の該当性

　保険契約に係る代理人PEに関して，日本の複数の保険会社の米国における代理人が，日米租税条約上の独立代理人に該当するかどうかが争われた米国租税裁判所の判決があります（The Taisei Fire and Marine Insurance Co.,Ltd., et al. v. Commissioner of Internal Revenue Service 104 T.C. 535 (1995)）。同事案の申立人（納税者）は，大成火災海上保険株式会社，日産火災海上保険株式会社，富士火災海上保険株式会社，及び千代田火災海上保険株式会社の4社でした。これら各社は，ノースカロライナ州に所在する再保険代理店であるFortress Re. Inc.（以下「FR」といいます。）に対し，申立人各社の名において再保険を締結する権限を与え，FRはこの権限を継続的に行使しました。そして，FRは，これら4社とのみ代理店契約を締結していました。

　米国内国歳入庁は，FRは申立人各社の従属代理人であり恒久的施設に該当するとして課税処分を行いました。申立人各社は，FRは独立代理人であるから恒久的施設には該当しないとして課税処分を争いました。

　裁判所は，OECDコメンタリーの内容も検討して，独立代理人に該当するためには，本人から法的・経済的両面において独立している必要があるという判断基準を設定した上で，FRが法的・経済的両面において申立人各社から独立しているかどうかの事実認定を行いました。

　まず，法的独立性については，(i)申立人各社がFRの株式を保有していないこと，(ii)申立人各社の従業員等がFRの取締役，役員又は従業員を兼任していないこと，及び(iii)再保険契約を締結するに際しFRが裁量権を有しており，申立人各社はFRの日常的業務に指示や関与を行っていなかったことを認定して，法的独立性が認められると判断しました。

　次に，経済的独立性については，FRが申立人各社と契約を締結でき，また，再保険契約を締結して，多額の報酬を獲得できたのは，再保険業界におけるFRの名声，実力等によるものであることを認定し，経済的独立性も認められると判断しました。

　上記判決に対しては控訴もなされず，申立人（納税者）の勝訴が確定しました。

【租税条約トピック㉙】　旧日韓租税条約の下でのPEに関する判決

　旧日韓租税条約には，芸能人の役務提供を芸能法人のPEとみなす旨の規定がありました（4条4項(b)号）。原告は，韓国法人から派遣される韓国の芸能人を日本国内のクラブ等に派遣して利益を上げ，上記法人に対して対価を払っていたところ，税務当局は，当該対価は人的役務提供の対価に該当するため，国内源泉所得について源泉徴収義務を負うとして納税告知処分を行いました。これに対して，原告は，原告がいわゆる独立代理人（4条5項）に該当するため，韓国法人は日本において恒久的施設を有しないので，日本にお

いて課税され，その結果原告は源泉徴収義務も負わないと主張しました。しかし，横浜地方裁判所平成10年3月30日判決（判決14）は，上記4条4項(b)号の規定は，提供する役務の性質から恒久的施設を有するとしたものであり，代理人に関しない規定であるから，同条5項の独立代理人に関する規定とは関係がないとする被告課税庁の主張を正当と認めて，原告の請求を棄却しました。上記横浜地裁判決は，東京高裁によっても支持されました（東京高裁平成10年11月16日判決（判決13））。

なお，芸能人は，短期間の滞在で高額の所得を獲得する場合が少なくないことから，租税条約上，源泉地国の課税が一般に認められています。現行の日韓租税条約も，芸能人に関する次の規定を設けています。

「第17条（芸能人）

1(a)　第14条及び第15条の規定にかかわらず，一方の締約国の居住者である個人が演劇，映画，ラジオ若しくはテレビジョンの俳優，音楽家その他の芸能人又は運動家として他方の締約国内で行う個人的活動によって取得する所得に対しては，当該他方の締約国において租税を課することができる。

[(b)　省略]

2(a)　一方の締約国内で行う芸能人又は運動家としての個人的活動に関する所得が当該芸能人又は運動家以外の他方の締約国の居住者である者に帰属する場合には，当該所得に対しては，第7条，第14条及び第15条の規定にかかわらず，当該芸能人又は運動家の活動が行われる当該一方の締約国において租税を課することができる。」

【コーヒー・ブレイク】

独立代理人に関わる要素も含んだ取引に対する経済産業省資源エネルギー庁の国税庁への照会があります（下線は筆者によります。）。国税庁は，下記照会事実の下ではわが国の法人税が課税されることはないと回答しました。

「1　照会の経緯

現在，中東の産油国（以下「A国」といいます。）の原油を日本国内に所在するタンクに貯蔵させようとするプロジェクト（以下「本プロジェクト」といいます。）が進行しています。

具体的には，A国政府が50％以上出資している日本国以外に所在する原油販売会社（以下「B石油会社」といいます。）の原油を日本国内に所在するタンク（以下「原油タンク」といいます。）に貯蔵するとともに，平時には，日本及び極東地域をはじめとする全世界の顧客に売却した原油を（中東から配送する代わりに）原油タンクから配送し，日本の石油の供給が不足する緊急時には，原油タンクに貯蔵した原油（以下「貯蔵原油」といいます。）を日本の石油会社に優先的に売却するものとしています。

本プロジェクトは初めての試みですが，今後はA国以外の国との間で同様のプ

ロジェクトを実施するA国出資法人の法人税に係る課税関係を事前に整理するべく，本件照会を行うところです。
2 中東の産油国との共同プロジェクトの概要
(1) A国出資法人は，A国の原油を日本国内に貯蔵するために，B石油会社の原油タンクを賃借し，原油タンクにおける原油の荷揚げ，保管・管理等の業務も委託します。B石油会社は，原油の荷揚げ，保管・管理等の業務に関し，<u>A国出資法人から詳細な指示や包括的な支配を受けることはありません</u>。
(2) A国出資法人が日本及び極東地域をはじめとする全世界の顧客に貯蔵原油を売却する場合，その取引に係る注文の取得，協議，契約の締結等の<u>売却に関する一切の行為は，A国などの日本国外で行われます</u>。A国出資法人が<u>日本国内に営業所等を置いて貯蔵原油の売却に関する行為等を行うことはありません</u>。
　また，A国出資法人のために，その事業に関し<u>契約を締結する権限を有する者</u>や，日本において<u>注文の取得，協議等の行為を行う者</u>などの貯蔵原油の売却に関する行為を行う者は，（日本国内には）<u>存在しません</u>。
(3) A国出資法人が日本及び極東地域をはじめとする全世界の顧客に貯蔵原油を売却した場合，A国出資法人は，貯蔵原油の払出し，配送等の業務をB石油会社に委託します。貯蔵原油の払出し，配送に当たっては，A国出資法人がB石油会社に対して，数量，配送先等について指示を行い，B石油会社はその指示に基づいてのみ払出し，配送を行いますが，B石油会社がそれらの業務に関し，<u>A国出資法人から詳細な指示や包括的な支配を受けることはありません</u>。
(4) A国出資法人と貯蔵原油の払出し等の業務を委託されたB石油会社との間に資本関係及び人的関係はなく，<u>両者は独立した第三者の関係にあります</u>。本プロジェクトにおいてA国出資法人がB石油会社に支払う業務委託に係る報酬は，取扱数量等に連動した<u>独立企業間価格</u>です。
　また，B石油会社は，本件業務の遂行に当たって一定の区域内において油濁事故等が起きて原油が流出した場合には，流出した原油分を返還する責任を負います。」

ウ　平成30年度税制改正後の恒久的施設の定義
(ア)　BEPS対応に伴う恒久的施設の定義の改正

　平成30年度税制改正において，次の4で解説するBEPS防止措置実施条約による恒久的施設に関する条項の修正に対応する改正を含む次のような内容の改正が行われました[23]。すなわち，改正法人税法2条12号19は，改正前と同様，恒久的

施設は(i)事業所PE（同号イ），(ii)建設作業PE（同号ロ），及び(iii)代理人PE（同号ハ）の3種類から成るとしていますが，次のとおり，改正法人税法施行令4条の4にいくつかの改正がなされました。

① 事業所PEは，改正前法人税法施行令4条の4第1項3号は「その他事業を行う一定の場所で前2号に掲げる場所に準ずるもの」と制限的に定められていたのに対して，改正後は「その他事業を行う一定の場所」と"キャッチオール"条項に変更されました（改正法人税法施行令4条の4第1項3号）。
② 建設作業PEは，関連の役務提供が1年を超えて行われる場合に初めて成立しますが（改正法人税法施行令4条の4第2項），契約を分割して建設作業PEに該当することを避けようとする租税回避策に対抗するため，正当な理由により契約を分割した場合を除き，分割された複数の契約期間を加算して，「1年を超えて行われる」ものであるかどうかが判定されることになりました（同条3項）。
③ 従属代理人PEから，「在庫保有代理人」及び「注文取得代理人」が除かれ，契約締結代理人及び次の問屋型PEのみが従属代理人PEを構成することとされました（改正法人税法2条12号の19ハ，改正法人税法施行令4条の4第7項）。
④ 従来の契約締結代理人に加えて，外国法人の名において契約を締結する権限がなくとも，(i)「当該外国法人が所有し，又は使用の権利を有する財産について，所有権を移転し，又は使用の権利を与えるための契約」，若しくは(ii)「当該法人による役務の提供のための契約」について，同「外国法人によって重要な修正が行われることなく日常的に締結される」当該契約の締約のために反復して主要な役割を果たす場合には，恒久的施設に該当することになりました（以下「問屋型PE」と総称します。改正法人税法施行令4条の4第7項2号及び3号。なお，同項は，従来の契約締結代理人と問屋型PEを「契約締結代理人等」と総称しています。）。
⑤ 契約締結代理人等は，独立代理人に該当する場合には，恒久的施設から除かれますが，「専ら又は主として一又は二以上の自己と特殊の関係にある者に代わって行動する場合」は，独立代理人には該当しないとされました（同条8項）。

---

23 上記改正の詳細については，藤枝純・遠藤努「平成30年度税制改正における恒久的施設（PE）関連規定の改正」（税務弘報2018年7月号111頁）参照。

⑥ 「外国法人に属する物品又は商品の保管，展示又は引渡しのためにのみ施設を使用する」といった改正法人税法施行令4条の4第4項に列挙された場所は，「準備的又は補助的な性格のものである場合」に限ってPEから除外されることになりました（同項）。

⑦ 事業の細分化によって準備的又は補助的な性格のものに変容させ恒久的施設への該当を回避する「細分化活動」に対処するための規定も設けられました（同条5項）。

(イ) 租税条約上の恒久的施設の定義への置き換え

　改正法人税法2条12号19及び同法施行令4条の4に規定された恒久的施設の規定と異なる定めが租税条約にある場合には，当該条約の適用を受ける外国法人については，同条約の恒久的施設に関する規定が適用されることになります（改正法人税法2条12号の19）。例えば，上記改正の多くはBEPS防止措置実施条約による修正に原則沿ったものですが，同条約に参加していない国については，現行の二国間条約の恒久的施設に関する規定がそのまま適用されます。また，上記のとおり，改正法人税法に建設作業PEの該当性について契約期間の分割に対処する規定が設けられましたが，後述のとおり，わが国はBEPS防止措置実施条約においては契約期間の分割に対処する規定を選択しませんでした。したがって，改正法人税法との間で建設作業PEについて差異が生じることになるので，かかる条約の適用を受ける外国法人については，当該条約の規定が適用されることになります。また，改正法人税法の下で「在庫保有代理人」及び「注文取得代理人」は従属代理人PEから除かれましたが，条約によっては「在庫保有代理人」や「注文取得代理人」を従属代理人PEに含めているものもあります。この場合にも，同様に当該条約の規定が適用されることになります。

　平成30年度税制改正前は，国内源泉所得について，法人税法139条1項と異なる定めが租税条約にある場合には，当該条約の適用を受ける外国法人については，同条約の国内源泉所得に関する規定が適用される（また，同法138条1項は，外国法人の恒久的施設帰属所得の算定において，AOAを取り込んでいない古いタイプの租税条約については，同条約の定めを適用する）こととされていましたが，上記のとおり，恒久的施設についても同様の置き換え規定が定められたことになります。

　上記の法人税法改正は，平成31年1月1日以降に開始する事業年度から適用されます（改正法附則1条1号）。

以上のPE課税の基本ルール及びわが国のPE課税の概要の説明を踏まえて，下記において，BEPS防止措置実施条約のPE関連規定及びPE最終報告書の解説を行います[24]。

4 BEPS防止措置実施条約（恒久的施設の地位の回避（第4部））

(1) 問題の所在

PE最終報告書は，「進出先国で，代理人PEの要件に該当しない販売委託契約（コミッショネア契約）の締結［筆者注：下記例①参照］や，PE認定されない活動のみを行うこと［筆者注：下記例②参照］等によるPE認定の人為的回避に対処するため，OECDモデル条約のPEの定義の修正を勧告」しました［筆者注：下記は，平成29年10月16日税制調査会「説明資料［国際課税］12頁」からの引用です。］。

【例①：販売委託契約（コミッショネア契約）を締結するケース】
※BEPS行動7最終報告書15頁パラ6を基に作成

【現行のOECDモデル租税条約における代理人PEの概要】
①企業（本人）の名で②契約を締結する者（③代理人業務を通常業務とする者（独立代理人）を除く。）

1．企業がB国に代理人を置いて，代理人が企業（本人）の名において企業の製品の販売契約を締結すると，企業がB国に代理人PEを有することとなる。
2．これに対し，企業がB国の受託者と販売委託契約（コミッショネア契約）を締結し，受託者が受託者の名において企業（委託者）の製品の販売契約を締結すると，代理人PEの要件（上記1．）に該当しないため，企業はB国にPEを有しないこととなる。

➡【対策】契約類型基準（企業の物品の販売等に関する契約）によって代理人PEを認定。

---

24 PE最終報告書については，本庄資「（仮訳）恒久的施設設定の人為的回避の防止　行動7-2015年最終報告書」が，租税研究（2017・2）360頁～395頁に掲載されています（以下，本項において「仮訳」といいます。）。以下において，PE最終報告書の和文を引用又は言及する場合は，仮訳によっています。

④ BEPS防止措置実施条約の解説（恒久的施設） ◆165

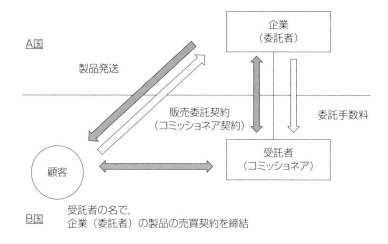

【例②：製品の保管・引渡し業務のみを行う場所を設けるケース】
※BEPS行動7最終報告書31頁パラ22を基に作成

【現行のOECDモデル租税条約におけるPEの例外の概要】
商品の保管・展示・引渡しや，購入のみを行う場所等はPEに当たらない。

1．企業がB国に支店を設けて製品を販売すると，B国にPEを有することとなる。
2．これに対し，<u>相当数の従業員が勤務する，製品の保管・引渡しのみを行うための巨大倉庫を保有する</u>と，この倉庫を通じて行われる製品の保管・引渡しの活動が，企業の製品販売事業の本質的な部分を構成し，準備的・補助的活動に該当しないとしても，<u>倉庫では製品の保管・引渡しの活動のみしか行われない</u>ため，PE認定の例外に該当し，企業はB国にPEを有しないこととなる。

➡ <u>【対策】いかなる活動も準備的・補助的活動でない場合はPE認定の例外としない。</u>

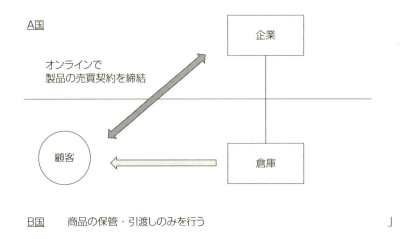

(2) 第12条：問屋契約及びこれに類する方策を通じた恒久的施設の地位の人為的な回避

BEPS防止措置実施条約は，上記(1)例①のコミッショネア契約（問屋契約）の問題に対処するため，契約類型基準によって代理人PE（問屋型PE）を認定する次の内容の条文を設けました。

ア　条　文

第12条
「1　「恒久的施設」を定義する対象租税協定の規定にかかわらず，2の規定が適用される場合を除くほか，対象租税協定の一方の当事国内において企業に代わって行動する者が，そのように行動するに当たって，反復して契約を締結し，又は当該企業によって重要な修正が行われることなく日常的に締結される契約の締結のために反復して主要な役割を果たす場合において，これらの契約が次のいずれかに該当するときは，当該企業は，その者が当該企業のために行う全ての活動について，当該一方の当事国内に恒久的施設を有するものとする。ただし，当該活動が当該企業により当該一方の当事国内に存在する当該企業の事業を行う一定の場所で行われたとしても，当該対象租税協定に規定する恒久的施設の定義（この条約によって修正される場合には，その修正の後のもの）に基づいて，当該事業を行う一定の場所が恒久的施設を構成するものとされない場合は，この限りでない。

(a)　当該企業の名において締結される契約
　(b)　当該企業が所有し，又は使用の権利を有する財産について，所有権を移転し，又は使用の権利を与えるための契約
　(c)　当該企業による役務の提供のための契約
2　1の規定は，対象租税協定の一方の当事国内において他方の当事国の企業に代わって行動する者が，当該一方の当事国内において独立の代理人として事業を行う場合において，当該企業のために通常の方法で当該事業を行うときは，適用しない。ただし，その者は，専ら又は主として一又は二以上の自己と密接に関連する企業に代わって行動する場合には，当該企業につき，この2に規定する独立の代理人とはされない。
3(a)　1の規定は，独立の地位を有する代理人以外の者が企業のために行う活動について当該企業が一方の当事国内に恒久的施設を有するものとされる要件又はその者が一方の当事国内の恒久的施設とされる要件を規定する対象租税協定の規定（その者が当該一方の当事国内において当該企業の名において契約を締結する権限を有し，かつ，この権限を反復して行使する場合について規定する部分に限る。）に代えて，適用する。
　(b)　2の規定は，独立の地位を有する代理人が企業のために行う活動について当該企業が一方の当時国内に恒久的施設を有するものとされないことを規定する対象租税協定の規定に代えて，適用する。」
［4～6　省略］

イ　条文の解説
(i)　PE最終報告書の勧告内容等

　2017年改訂前OECDモデル租税条約5条5項は，「企業の名において契約を締結する権限を有し，かつ，この権限を反復して行使する代理人」を有する場合には，当該企業は外国（条約相手国）において恒久的施設を保有することとなり，事業所得について課税を受ける旨を定めていました。したがって，上記の代理人が販売活動を行えば外国（条約相手国）において課税を受けることになります。
　ところが，通常の販売代理人をコミッショネア（わが国商法上の問屋に相当するもの）に切り替えて，大胆な節税を図る事例が見受けられました。

> ☕**【コーヒー・ブレイク】**
>
> 　コミッショネア・アレンジメントは，わが国の商法551条以下に規定された問屋契約に相当するものです。問屋契約は，「物品の売買を問屋の名，委託者の計算においてなす旨の一種の委任契約（民643条）である。」と解されています（江頭憲治郎『商取引法（第7版）』240頁）。
> 　商法551条は次のように規定しています。
> 　「問屋トハ自己ノ名ヲ以テ他人ノ為ニ物品ノ販売又ハ買入ヲ為スヲ業トスル者ヲ謂ウ」
> 　上記551条を受けて，552条は次のように定めています。
> 　「問屋ハ他人ノ為ニ為シタル販売又ハ買入ニ因リ相手方ニ対シテ自ラ権利ヲ得義務ヲ負フ。②問屋ト委託者トノ間ニ於テハ本章ノ規定ノ外委任及ヒ代理ニ関スル規定ヲ準用ス」
> 　なお，物品の販売又は買入以外の行為（例えば役務提供）を行う場合には，「問屋」ではなく，「準問屋」と呼ばれています（558条）。

　コミッショネア（問屋）は，自己の名前で本人のために，顧客に対して商品を販売します（商法551条参照）。その結果，通常の代理人として販売する場合と同様本人に取引の経済的効果が生じます。すなわち，コミッショネア（問屋）の場合，本人に販売の法的効果は生じないものの経済的効果が生じます。ところが，コミッショネアの場合には，「企業［注：本人］の名において契約を締結する権限」を有していないので，当該企業は恒久的施設を有していないことになり，事業所得についての課税を回避できるという弊害が指摘されていました。例えば，PE最終報告書は，実際に裁判で争われたフランスのZimmer事件等を念頭に，コミッショネア・アレンジメントから生じるBEPS問題を次のように指摘していました（仮訳370頁）。

> 「6．コミッショネア・アレンジメントから生じるBEPS問題は，このようなアレンジメントを扱った判決に基づき，当該外国企業が恒久的施設を有していないと判断した次の例によって，示すことができる。
> - XCoは，X国の居住法人である。それは，医療品の販売を専門に行っている。
> - 2000年まで，これらの製品はY国の居住法人であるYCoによりY国内

の診療所や病院に販売されていた。XCoとYCoは，同一多国籍グループのメンバーである。
- 2000年に，YCoのステータスは，両法人間のコミッショネア契約締結後コミッショネアのステータスに変更され，同契約に従い，YCoは，XCoにその固有資産，その株式及びその顧客ベースを移転し，Y国において当該製品を，自己の名において，XCoの勘定で，XCoのリスクで販売することに合意する。
- 結果として，Y国におけるYCoの課税利得は，大きく減少する。」

【租税条約トピック㉚】　Zimmer事件等

　Zimmer事件は，フランス法人であるZimmer SASが当初は英国の親会社であるZimmer Ltdの通常の販売子会社であったが，その後，Zimmer Ltdのコミッショネアに変更され引き続き販売事業を行っていたところ，フランス税務当局がZimmer SASは，Zimmer Ltdの英仏租税条約5条に定める代理人PEであるとして課税処分を行ったのに対して，納税者がこれを争ったという事件です。フランスの最高裁（Conseil d'Etat）は，フランス商法上，コミッショネアによって締結された契約は，本人を直接拘束するものではないから，コミッショネアは代理人PEに該当しないとの判断を下しました（Supreme Administrative Court Fr. Conseil d'Etat, Zimmer Limited Company (2010, Decisions Nos. 304715 and 308525)）。類似の事件としては，ノルウェーのDell事件（Supreme Court, Nor. Norges Hoyesterett, Dell Products v. The State (Tax East) (2011, HR-2011-02245-A (Case No. 2011.755)）及びイタリアのBoston Scientific事件（Supreme Court, Boston Scientific, Decision No.3769 (2012))）があり，Zimmer事件の最高裁判決と同様，いずれも，コミッショネアは代理人PEに該当しないとの判断を下しました。他方で，スペインのRoche Vitamins事件では，コミッショネアは代理人PEに該当すると判断されました（Spain's Supreme Court (Section 2), No. 1626/2008 (2012)）。

　なお，インターネットビジネスと恒久的施設（PE）の認定について，スペインにおいて下された別の判決もあります。すなわち，デルコンピュータグループ企業であるアイルランド法人（Dell Products）がインターネットを通じて行うスペイン向け販売事業について，同社関連会社（Dell Spain）を問屋（Commissionaire）として使用して行っていた事例に関して，中央経済行政裁判所（Tribunal Económico Administrativo Central）は，2012年3月15日に，①スペイン国内に支店も事業所も設けていないにもかかわらず，Dell Spainの従業員の活動内容を重視して，Dell Productsは，スペイン国内に支店PEを有している，②Dell Spainはコミッショネアであり，自己の名において活動するものの，Dell Productsを法的に拘束するとして，Dell SpainはDell Productsの代理人PEに該当すると認定するとともに，③スペイン国内にサーバーを設置していないにもかかわらず，スペイン市場向けのホームページを通じて製品の販売を行っていること，Dell Spainがホームページの翻訳，管理等を行う従業員を雇用していたこと等の事実を捉えて，Dell Productsは，スペイン国

> 内に仮想PEをも有している旨の判断を下しました（TEAC, Rec. No.00/2107/2007 (2012)）。同判決に対しては控訴がなされ，全国管区裁判所（Audiencia Nacional）は，ホームページを仮想PEと認めた部分を除き，上記判決を追認しました。ホームページを仮想PEと認めた中央経済行政裁判所の判断について，全国管区裁判所は，ホームページはソフトウェアと電子データの組み合わせであり，「事業を行う一定の場所」となることはないと判示しています（Audiencia Nacional, Rec. No. 182/2012 (2015)）。同判決は，最高裁判所によっても支持されました（Spain's Supreme Court (Section 2), No. 1475/2016 (2016)）。
> 　上級審判決によって取り消されたものの，スペイン中央経済行政裁判所が「仮想PE」を認定した点については，OECDにおいて，電子経済への課税上の対応の一つとして，前述のとおり，新たな恒久的施設として「仮想PE」概念を認めるかが議論されていますが，このような国際的な立法の流れを先取りした裁判例と評価することも可能です。

(ii) 各条項の解説
① 第12条1項（問屋型PE）

　上記12条1項の規定は，コミッショネア（問屋）を用いた恒久的施設の地位の回避に対処するために設けられました。すなわち，従前の多くの租税条約においては，本人企業の名において販売契約等を締結するかどうかによって代理人PEの成否が決まると一般に解されていたことが，上記のような租税回避を生じさせていたので，本人企業の名において契約を締結しなくとも，本人企業の財産の移転（使用権の付与を含む）又は役務の提供に関して，コミッショネア（問屋）が「日常的に締結される契約の締結のために反復して主要な役割を果たす」等の要件を満たす場合にはPE（「問屋型PE」）に該当することとなりました。

> ☕【コーヒー・ブレイク】
> 　通常の代理の場合，本人に対してその法的効果をもたらすためには，代理人が本人のために契約の締結等の法律行為を行っていることを示す必要がありますが（「顕名主義」といいます。），商行為の代理の場合，代理人が本人のためにすることを示さないで（非顕名で）これを行った場合であっても，その行為の法的効果は原則として本人に帰属します（商法504条）。顕名主義及び本人への効果帰属との関係で代理と問屋（準問屋を含みます。）の違いを示すと，次のとおりとなります。
>
> | | 非商行為の代理 | 商行為の代理 | 問屋 |
> | --- | --- | --- | --- |
> | 顕名主義 | ○（必要） | ×（不要） | ×（不要） |
> | 本人への法的帰属 | ○ | ○ | × |
> | 本人への経済的効果帰属 | ○ | ○ | ○ |

問屋も，また，商行為の代理も，独立代理人に該当しない限り，上記BEPS防止措置実施条約12条1項の要件を満たせばPEに該当することになります。

☕【コーヒー・ブレイク】

　節税のため，通常の商品購入・再販売（Buy-Sell）取引を問屋（コミッショネア）や役務提供取引に切り替えるという事業再編は，BEPSの典型例の一つです。かかる切り替え後の役務提供取引への税務当局の対抗方法としては，恒久的施設課税の外に，移転価格税制の適用が考えられます。

　移転価格税制の下で独立企業間価格を算定する方法の一つである再販売価格基準法に準ずる方法と同等の方法適用の適法性が争われたのが，いわゆるアドビ事件です。同事件においては，当初，アドビ・ジャパンが国外関連者からグラフィックソフトを購入し日本国内の独立の卸売業者等に当該ソフトの再販売を行っていました。ところが，その後，アドビ・ジャパンの役割は，国内卸売業者等に直接販売を行う売主となった当該国外関連者のために，販売促進等のサービスを卸売業者等に対して国内で提供する内容に変更されました。すなわち，再販売業者から役務提供業者に変更されました。このようなアドビ・ジャパンと国外関連者との国外関連取引（「本件国外関連取引」）に対して，課税当局は，グラフィックソフトを非関連者から仕入れて非関連者へ再販売する取引を比較対象取引（「本件比較対象取引」）として選定して，再販売価格基準法に準ずる方法と同等の方法に基づき移転価格課税を行いました。

　同事件においては，本件国外関連取引と本件比較対象取引との間で類似性が認められるか否かが主要な争点となりました。東京高裁は，最初に，「再販売価格基準法は，取引当事者の果たす機能や負担するリスクが重要視される」算定方法なので，「本件算定方法が，取引の内容に適合し，かつ，基本三法の考え方から乖離しない合理的な方法であるか否かを判断するに当たっても，上記の機能やリスクの観点から検討すべきものと考えられる」という判断枠組を設定しました。その上で，まず，機能の類似性については，本件国外関連取引は法的にも経済実質においても役務提供取引であるのに対して，本件比較対象取引はグラフィックソフトの再販売取引を中核としており，両者が「果たす機能において看過し難い差異があることは明らか」であると判断しました。次に，リスクの類似性についても，納税者（控訴人）は役務提供の対価として，国内の売上高の1.5％と総費用額を受け取ることになっており損失を被らないのに対して，本件比較対象法人は損益分岐点を下回れば損失を被るので，リスクについても基本的な差異があると判示しました。そして，両取引間の

> 類似性を認めた原判決を取り消しました。
> 　上記のような事例について，今後は，移転価格税制の適用のみならず，改正法人税法及びBEPS防止措置実施条約の上記規定を反映した関連の二国間条約の下で，代理人PEに該当しないかどうかも検討されることになるように思われます。

②　第12条２項（独立代理人の範囲の縮小）

　2014年版OECDモデル租税条約５条６項は，次のように独立代理人に関する規定を設けていました[25]。

　「企業は，通常の方法でその業務を行う仲立人，問屋その他の独立の地位を有する代理人を通じて一方の締約国内で事業を行っているという理由のみでは，当該一方の締約国内に恒久的施設を有するものとされない。」

　上記においては，少なくとも条文上は，委託者が関連企業かどうか及びかかる委託者との取引の程度を考慮した例外は設けられていませんでした。BEPS防止措置実施条約12条２項但書は，上記のとおり，専ら又は主として一又は二以上の自己と密接に関連する企業に代わって行動する場合には，当該企業につき独立代理人には該当しない旨を定めました。

(iii)　OECDモデル租税条約の改正

　なお，上記を反映して，代理人PEに関するOECDモデル租税条約の内容も次のとおり改正されました［筆者注：下記は，平成29年10月16日税制調査会「説明資料［国際課税］」14頁からの引用です。］。

---

[25]　国連モデル租税条約５条７項は，「当該代理人の活動が専ら又は主として当該企業に代わって行われる場合であって，商業上又は資金上の関係において，当該企業と当該代理人の間に，独立の企業の間に設けられる条件と異なる条件が設けられ，又は課されているときは，当該代理人はこの項にいう独立の地位を有する代理人とはされない。」と定めています。当該規定が，BEPS防止措置実施条約による上記修正の際に考慮に入れられた可能性もあるように思われます。

（代理人PE関係）OECDモデル条約5条5及び6（代理人PE）の改正

現行の代理人PEの要件	改正後の代理人PEの要件
企業のために相手国内で行動する者は，以下の要件を満たす場合に代理人PEとされる。	企業のために相手国内で行動する者は，以下の要件を満たす場合に代理人PEとされる。
1　企業の名において締結される契約であること	1　次のいずれかの契約であること ①　企業の名において締結される契約であること（契約者名基準） ②　企業の物品の販売に関する契約であること（契約類型基準） ③　企業による役務提供に関する契約であること（契約類型基準）
2　代理人が契約を締結すること	2　次のいずれかの行為を行うこと ①　代理人が契約を締結すること ②　代理人が契約の締結に繋がる主要な役割を担うこと
3　ただし，代理人業を通常業務として行う者（独立代理人）は，代理人PEとされない。	3　ただし，代理人業を通常業務として行う者（独立代理人）は，代理人PEとされない（ただし，専ら※関連企業のためにのみ代理人業を行う者を除く。）。

※筆者注：より正確には，「専ら又は主として」です。

ウ　わが国の適用関係

　本条約の上記条文（12条1項・2項）は，イスラエル，スロバキア，ニュージーランド及びフランスとの租税条約に盛り込まれることになります（なお，OECDのBEPS防止措置実施条約のMLI Matching Database（beta）での2018年9月27日時点の情報に基づくと，下記諸国・地域は，批准が未了で暫定ベースのものですが，上記条文を選択しています。ただし，今後変更の可能性があるので，具体的検討の際には，その時点の最新情報を確認する必要があります。）。

> インド，インドネシア，ウクライナ，エジプト，オランダ，カザフスタン，サウジアラビア，トルコ，ノルウェー，フィジー，マレーシア，メキシコ，ルーマニア

　例えば，わが国とフランスとの現行租税条約の次の5条5項及び6項が，BEPS防止措置実施条約の上記12条1項及び2項に置き換えられることになります（同条3項参照）。

> 「5　1及び2の規定にかかわらず，企業に代わって行動する者（6の規定が適用される独立の地位を有する代理人を除く。）が，一方の締約国内で，当該企業の名において契約を締結する権限を有し，かつ，この権限を反復して行使する場合には，当該企業は，その者が当該企業のために行うすべての活動について，当該一方の締約国内に「恒久的施設」を有するものとされる。ただし，その者の活動が4に掲げる活動（事業を行う一定の場所で行われたとしても，4の規定により当該一定の場所が「恒久的施設」とされない活動）のみである場合は，この限りでない。
> 　6　企業は，通常の方法でその業務を行う仲立人，問屋その他の独立の地位を有する代理人を通じて一方の締約国内で事業活動を行っているという理由のみでは，当該一方の締約国内に「恒久的施設」を有するものとされない。」

エ　わが国が締結した個別の租税条約
(i)　ベルギーとの租税条約を含む最近の租税条約

　わが国が最近締結した次の租税条約には，既に上記12条と同様の条項が盛り込まれています。

　例えば，ベルギーの租税条約5条（恒久的施設）6項及び7項は次のように定めています。

> 「6　1及び2の規定にかかわらず，7の規定が適用される場合を除くほか，一方の締約国内において企業に代わって行動する者が，そのように行動するに当たり，反復して契約を締結し，又は当該企業によって重要な修正が行われることなく日常的に締結される契約の締結のために反復して主要な役割を果たす場合において，これらの契約が次の(a)から(c)までの規定のいずれかに該当するときは，当該企業は，その者が当該企業のために行う全ての活動について，当該一方の締約国内に恒久的施設を有するものとする。ただし，その者の活動が4に

規定する活動（事業を行う一定の場所で行われたとしても，4の規定により当該一定の場所が恒久的施設であるものとされないようなもの）のみである場合は，この限りでない。
　(a)　当該企業の名において締結される契約
　(b)　当該企業が所有し，又は使用の権利を有する財産について，所有権を移転し，又は使用の権利を付与するための契約
　(c)　当該企業による役務の提供のための契約
7　6の規定は，一方の締約国内において他方の締約国の企業に代わって行動する者が，当該一方の締約国内において独立の代理人として事業を行う場合において，当該企業のために通常の方法で当該事業を行うときは，適用しない。ただし，その者は，専ら又は主として一又は二以上の自己と密接に関連する企業に代わって行動する場合には，当該企業について，この7に規定する独立の代理人とはされない。」

　また，PE最終報告書公表後の2016年1月21日に締結された日本とチリ共和国との租税条約第5条（恒久的施設）6項及び7項も，同様の規定を設けています。さらには，2017年10月11日に締結されたデンマークとの租税条約，2018年1月15日に締結されたアイスランドとの租税条約及び同年10月16日に締結されたスペインとの租税条約も，同様の規定が設けられています（5条6項・7項）。

(ii)　日米租税条約（及び日米新条約）
　日米租税条約においては，上記のような条項は設けられていません（5条参照。日米新条約も同様です。）。

(iii)　日中租税条約
　日中租税条約においても，上記のような条項は設けられていません（5条参照）。

(3)　第13条（第1項～第3項）：特定の活動に関する除外を利用した恒久的施設の地位の人為的な回避
　BEPS防止措置実施条約の次の13条は，前記(1)例②の問題に対処するため，「恒久的施設」から除外される活動の範囲を制限しようとする規定です。

ア 条　文

第13条
「1　締約国は、2の規定（選択肢A）若しくは3の規定（選択肢B）を適用すること又はいずれの選択肢も適用しないことを選択することができる。

選択肢A
2　「恒久的施設」を定義する対象租税協定の規定にかかわらず、次の活動を行う場合には、「恒久的施設」に当たらないものとする。ただし、その活動（次の(c)の規定に該当する場合には、次の(c)に規定する事業を行う一定の場所における活動の全体）が準備的又は補助的な性格のものである場合に限る。
　(a)　この条約によって修正される前の対象租税協定に規定する特定の活動であって、準備的又は補助的な性格のものであることを条件とするか否かを問わず、恒久的施設を構成しないとされるもの
　(b)　企業のために(a)に規定する活動以外の活動を行うことのみを目的として、事業を行う一定の場所を保有すること。
　(c)　(a)及び(b)に規定する活動を組み合わせた活動を行うことのみを目的として、事業を行う一定の場所を保有すること。

選択肢B
3　「恒久的施設」を定義する対象租税協定の規定にかかわらず、次の活動を行う場合には、「恒久的施設」に当たらないものとする。
　(a)　この条約によって修正される前の対象租税協定に規定する特定の活動であって、準備的又は補助的な性格のものであることを条件とするか否かを問わず、恒久的施設を構成しないとされるもの。ただし、特定の活動が準備的又は補助的な性格の活動である場合に限り恒久的施設を構成しないものとされることが、対象租税協定の関連する規定において明示的に規定される場合を除く。

［3(b)及び4以下　省略］
［上記条文の下線は筆者によります。なお、13条4項については後述します。］

イ　条文の解説

(i)　PE最終報告書の解説

　上記条文の選択肢Aは、「恒久的施設」から除外されるためには、「準備的又は補助的な性格のもの」でなければならない旨明記しました（「本条約解説」パラグラフ171）。選択肢Bは、選択肢Aほどは徹底しておらず、従前の除外規定を原則

維持しつつ，準備的又は補助的な性格の活動であることが除外の条件である旨が明示的に規定されている一部の活動については当該条件を満たす場合に初めて「恒久的施設」から除外されるとしています。例えば，日本とインドネシアとの租税条約5条4項(e)号は，「広告，情報の提供，科学的調査又はこれらに類する準備的又は補助的な性格の活動」に該当して初めて「恒久的施設」から除外されると規定しています。なお，後述のとおり，わが国は選択肢Aを選択しました。上記の改正，特に，選択肢Aの改正がなされた背景は次のとおりです。

改正前OECDモデル租税条約5条4項は，例えば，「企業に属する物品又は商品の保管，展示又は引渡しのためにのみ施設を使用すること」は，「恒久的施設」には含まれない（同項a号）など，「恒久的施設」から除外される活動を列挙していました。

PE最終報告書は，商品の引渡しや購入のみを行う場所等は，その活動が企業の本質的活動である場合であっても恒久的施設と認定されないならば，恒久的施設が所在する源泉地国の事業利得に対する課税権が不当に損なわれるという問題点を指摘していました。より具体的には，上記第5条4項a)号に関して，PE最終報告書は，次のような例を挙げて問題提起を行っていました（仮訳383頁22.）。

「サブパラグラフa)は，企業が自己の物品又は商品を保管し，展示し又は引き渡すために用いる施設によって構成される事業を行う一定の場所に関連する。このような事業の場所で行われる活動が準備的又は補助的な性格を有するか否かは，企業の事業活動全体を含む要素に照らして判断されなければならないであろう。例えば，R国の企業がS国において，当該企業が所有し，当該企業がS国の顧客にオンラインで販売する物品を保管し，引き渡すことを主目的として相当数の従業員が働いている巨大倉庫を保有する場合，重要な資産に相当し，多数の従業員を必要とする当該倉庫を通じて行われる保管及び引渡し活動は，当該企業の販売/配給事業の本質的な部分を構成し，それ故，準備的又は補助的な性格を有しないので，パラグラフ4は，当該倉庫には適用されない。」

そこで，PE最終報告書は，上記の除外活動を，「通常ならば「準備的又は補助的」な性格を有する活動に限定されるように」第5条4項を改正すべきである旨勧告しました（パラグラフ12（仮訳380頁））。この勧告に従って，BEPS防止措置実施条約に上記13条の規定が設けられました。

(ii) OECDモデル条約の改正

なお，上記を反映して，恒久的施設の例外に関するOECDモデル条約の内容も次のとおり改正されました（下記は平成29年10月16日税制調査会「説明資料［国際課税］」15頁からの引用です。）。

（「PEの例外」関係）OECDモデル条約5条4（恒久的施設の例外）の改正

現行の規定	改正後の規定
4　次の活動を行う場合は，「恒久的施設」に当たらない。	4　次の活動を行う場合は，「恒久的施設」に当たらない。ただし，その(a)から(e)の活動（(f)の場合には，その組合わせによる活動の全体）が準備的又は補助的な性格のものである場合に限る。
(a)　物品等の保管・展示・引渡しのためにのみ施設を使用	(a)　物品等の保管・展示・引渡しのためにのみ施設を使用
(b)　企業の在庫を保管・展示・引渡しのためにのみ保有	(b)　企業の在庫を保管・展示・引渡しのためにのみ保有
(c)　企業の在庫を他の企業による加工のためにのみ保有	(c)　企業の在庫を他の企業による加工のためにのみ保有
(d)　企業のために物品等を購入し，又は情報収集のみを目的として，一定の場所を保有	(d)　企業のために物品等を購入し，又は情報収集のみを目的として，一定の場所を保有
(e)　企業のためにその他の準備的又は補助的な性格の活動を行うことのみを目的として，一定の場所を保有	(e)　企業のためにその他の活動を行うことのみを目的として，一定の場所を保有
(f)　(a)から(e)までの活動を組み合わせた活動のみを目的として，一定の場所を保有。ただし，その組合せによる活動の全体が準備的又は補助的な性格のものである場合に限る。	(f)　(a)から(e)までの活動を組み合わせた活動のみを目的として，一定の場所を保有。
	【上記改正の代替案】［筆者注：上記アの「選択肢B」です。］ 現行の規定の(a)〜(d)は準備的・補助

	的活動であるか否かを問わずPE認定の例外とすることを明確化。ただし, (a)〜(d)に含まれる活動の一部（例えば物品等の引渡し）を準備的・補助的活動である場合にのみPE認定の例外とすることも可。

ウ　わが国の適用関係

わが国は, 本条約13条 2 項について, 上記のとおり,「選択肢B」ではなく「選択肢A」を選んだので, 上記条文は, イスラエル, オーストラリア, スロバキア及びニュージーランドとの租税条約に盛り込まれることになります（なお, OECDのBEPS防止措置実施条約のMLI Matching Database（beta）での2018年 9 月27日時点の情報に基づくと, 下記諸国・地域は, 批准が未了で暫定ベースのものですが, 上記条文を選択しています。ただし, 今後変更の可能性があるので, 具体的検討の際には, その時点の最新情報を確認する必要があります。）。

> イタリア, インド, インドネシア, ウクライナ, エジプト, オランダ, カザフスタン, クウェート, サウジアラビア, ドイツ, トルコ, ノルウェー, マレーシア, 南アフリカ, メキシコ, ルーマニア

例えば, わが国とオーストラリアとの現行租税条約の次の 5 条 6 項は, 上記13条 2 項［選択肢A］に置き代えられることになります（BEPS防止措置実施条約13条 5 項(a)号参照）。

>「 1 から 5 までの規定にかかわらず, 企業は, 次のことを行っているという理由のみでは, 恒久的施設を有するものとはされない。
> (a)　企業に属する物品又は商品の保管, 展示又は引渡しのためにのみ施設を使用すること。
> (b)　企業に属する物品又は商品の在庫を保管, 展示又は引渡しのためにのみ保有すること。
> (c)　企業に属する物品又は商品の在庫を他の企業による加工のためにのみ保有すること。

(d)　企業のために物品若しくは商品を購入し，又は情報を収集することのみを目的として，事業を行う一定の場所を保有すること。
　(e)　企業のためにその他の準備的又は補助的な性格の活動を行うことのみを目的として，事業を行う一定の場所を保有すること。」

エ　わが国が締結した個別の租税条約
(i)　スペインとの租税条約

　スペインとの租税条約5条4項は，次のとおり規定しており，本条約13条2項〔選択肢A〕に沿っています（下線は筆者によります。）。

「4　1から3までの規定にかかわらず，次の活動を行う場合には，「恒久的施設」に当たらないものとする。ただし，<u>その活動（(f)の規定に該当する場合には，(f)に規定する事業を行う一定の場所における活動の全体）が準備的又は補助的な性格のものである場合に限る</u>。
　(a)　企業に属する物品又は商品の保管、展示又は引渡しのためにのみ施設を使用すること。
　(b)　企業に属する物品又は商品の在庫を保管、展示又は引渡しのためにのみ保有すること。
　(c)　企業に属する物品又は商品の在庫を他の企業による加工のためにのみ保有すること。
　(d)　企業のために物品若しくは商品を購入し，又は情報を収集することのみを目的として，事業を行う一定の場所を保有すること。
　(e)　企業のためにその他の活動を行うことのみを目的として，事業を行う一定の場所を保有すること。
　(f)　(a)から(e)までに規定する活動を組み合わせた活動を行うことのみを目的として，事業を行う一定の場所を保有すること。」

(ii)　ベルギーとの租税条約等

　ベルギーとの租税条約5条4項は，次のとおり規定しています。デンマークとの租税条約5条5項及びアイスランドとの租税条約5条4項も同様です。これらの条項は，上記選択肢Aとは異なっており，むしろ，次の(iii)の日米租税条約のそれと同様です。

> 「4　1から3までの規定にかかわらず，次の活動を行う場合は，「恒久的施設」に当たらないものとする。
> (a)　企業に属する物品又は商品の保管又は展示のためにのみ施設を使用すること。
> (b)　企業に属する物品又は商品の在庫を保管又は展示のためにのみ保有すること。
> (c)　企業に属する物品又は商品の在庫を他の企業による加工のためにのみ保有すること。
> (d)　企業のために物品若しくは商品を購入し，又は情報を収集することのみを目的として，事業を行う一定の場所を保有すること。
> (e)　企業のために(a)から(d)までに規定されていない活動を行うことのみを目的として，事業を行う一定の場所を保有すること。ただし，当該活動が準備的又は補助的な性格のものである場合に限る。
> (f)　企業のために(a)から(e)までに規定された活動を行うことのみを目的として，事業を行う一定の場所を保有すること。ただし，当該一定の場所におけるこのような組み合わせによる活動の全体が準備的又は補助的な性格のものである場合に限る。」

(iii)　日米租税条約（及び日米新条約）

　日米租税条約においても，上記13条2項［選択肢A］のような条項は設けられていません（5条4項参照。日米新条約も同様です。）。ただし，下記オ(ii)日米租税条約に関する係争事案において，わが国の裁判所は，恒久的施設から除外されるのは，準備的又は補助的な性格の活動である場合に限る旨解釈したので，少なくとも日米租税条約のわが国の適用に関しては，上記BEPS防止措置実施条約13条2項［選択肢A］のような規定を盛り込まなくとも，同様の結果となりそうです。

(iv)　日中租税条約

　日中租税条約においても，上記13条2項［選択肢A］のような条項は設けられていません（5条参照）。

オ　わが国の先例

(i)　アマゾンの課税事例

　上記に関わる事例として，わが国におけるアマゾンの課税事例があります（なお，下記に記載した事実関係は，報道された内容に基づいています）。

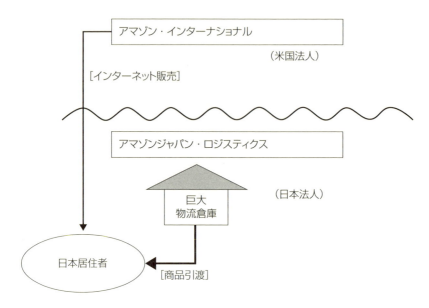

　米国のインターネット小売最大手の「アマゾン・ドット・コム」（本社米国シアトル）の関連会社である米国法人アマゾン・インターナショナルは，書籍などの日本での販売関連サービス業務を内国法人の「アマゾンジャパン」（東京都渋谷区）に，また，物流業務を下記のとおり別の内国法人の「アマゾンジャパン・ロジスティクス」（千葉県市川市）に委託していたものの，日本の顧客との契約締結や代金の授受は，これらの会社に委託せず，また日本に支店も設けずに直接行っていました。

　東京国税局は，アマゾン・インターナショナルに対する税務調査を行い，同社のパソコンや機器類がアマゾンジャパン・ロジスティクスの物流センター内に持ち込まれて使用されていた，物流センター内の配置換えなどにアマゾン・インターナショナル側の許可が必要だった，アマゾンジャパン・ロジスティクスの職員が，アマゾン・インターナショナル側からメールなどで指示を受けていた物流業務以外に，委託されていないアマゾン・インターナショナルの業務の一部を担っていたなどの事実を認定した上で，アマゾンジャパン・ロジスティクスがアマゾン・インターナショナルの日本における恒久的施設に該当し，日本で発生した所得について法人税が課税されるとして，2003年（平成15年）から2005年（平成17

年）までの3年間について，加算税や延滞税を含めて，合計約140億円の課税処分を行いました。

アマゾン・インターナショナルは，当該課税処分を不服として，日米租税条約に基づく相互協議を申し立てました。当該申請に基づき，日米の課税当局による相互協議が実施され，2010年（平成22年）6月には両課税当局により仮合意がされ，同年9月には最終合意がされました。日本側が譲歩する内容の合意だったようです（木村俊治『外国法人の税務（第2版）』615頁参照）。

(ii) インターネット販売事業の課税事例
① 事案の概要

インターネット販売事業を行う米国居住者（以下「本件米国居住者」といいます。）が，下記のとおり，輸入商品を保管する倉庫及びアパートを日本において賃借し，パートタイムの従業員2人を雇い，米国からの指示に基づき，商品の梱包や日本語版取扱説明書等を添付して宅配便業者に引き渡す作業を行わせていました。本件米国居住者は，米国で商品を調達し，国際宅配便でこれを日本へ発送し，上記倉庫で保管していました。ウェブサイトでの顧客からの注文の受付，販売する商品の選定，購入，購入先への支払，商品の販売価格の決定，日本語版取扱説明書の作成等は，米国において行っていました。

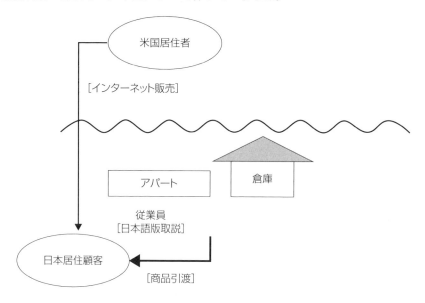

税務当局は，上記アパート及び倉庫が本件米国居住者の恒久的施設に該当するとして課税処分を行いました。本件米国居住者は，恒久的施設には該当しないとして課税処分を争いました。争点は，上記倉庫等が，日米租税条約5条4項に規定された恒久的施設から除外される活動を行うための施設に該当するかどうかでした。

② 国税不服審判所の裁決

国税不服審判所は，次のとおり判断して，上記倉庫及びアパートが本件米国居住者（請求人）の恒久的施設に該当する旨認定しました（国税不服審判所平成23年11月25日裁決（裁決3））。

「本件アパート及び本件倉庫は，……その販売市場である日本国内における商品の在庫の唯一の保管場所であるとともに，輸入した外国製商品に日本語版取扱説明書等の添付という経済的付加価値を付与する場所でもあり，在庫販売形態を採用し日本語版取扱説明書等をサービスすることによって日本国内における顧客の需要によりよく応え，事業の収益性の向上を図っていく上で，重要な機能を有する必要不可欠の場所であったということができる。

このような本件アパート及び本件倉庫の機能等に鑑みると，本件アパート及び本件倉庫は，顧客に販売するための商品の在庫の保管という単なる倉庫の機能に留まるものではなく，本件事業の遂行による利得の実現にとって重要かつ必要不可欠の機能を有しているということができるのであって，本件アパート及び本件倉庫において行われる活動の全体は，本件事業にとって準備的又は補助的な範囲を超えるものというべきである」。

上記裁決は，恒久的施設から除外される活動を行うための施設に該当するためには準備的又は補助的な範囲でなければならないことを前提としています。

③ 東京地裁判決

上記裁決を不服として，本件米国居住者（原告）は，東京地裁に提訴しました。東京地裁の裁判においては，下記の日米租税条約5条4項(a)号～(f)号の適用範囲，特に，(a)号が準備的又は補助的な性格の活動に限定されるのか否かが主要な争点となりました[26]。上記PE最終報告書において検討され，BEPS防止措置実施条約13条に反映されたのと同様の点が争点となったことになります。

日米租税条約5条4項
「1項から3項までの規定にかかわらず,「恒久的施設」には,次のことは含まないものとする。
(a) 企業に属する物品又は商品の保管,展示又は引渡しのためにのみ施設を使用すること。
(b) 企業に属する物品又は商品の在庫を保管,展示又は引渡しのためにのみ保有すること。
(c) 企業に属する物品又は商品の在庫を他の企業による加工のためにのみ保有すること。
(d) 企業のために物品若しくは商品を購入し又は情報を収集することのみを目的として,事業を行う一定の場所を保有すること。
(e) 企業のために<u>その他の</u>準備的又は補助的な性格の活動を行うことのみを目的として,事業を行う一定の場所を保有すること。
(f) (a)から(e)までに掲げる活動を組み合わせた活動を行うことのみを目的として,事業を行う一定の場所を保有すること。ただし,当該一定の場所におけるこのような組み合わせによる活動の<u>全体が準備的又は補助的な性格のものである場合に限る</u>。」(下線は筆者によります。)

東京地裁は,平成27年5月28日判決において,次のように解釈して,上記(a)号は準備的又は補助的な性格の活動に限定される旨説示しました(判決4)。

「a 日米租税条約5条4項各号の文言についてみるに,同項(e)号は,「企業のためにその他の準備的又は補助的な性格の活動を行うことのみを目的として,事業を行う一定の場所を保有すること」と規定しており,上記「その他の」準備的又は補

---

26 本判決においては,PE帰属所得の金額についても争われましたが,原告が販売事業における所得金額等を申告せず,税務調査の担当職員が帳簿書類等の提出を繰り返し要求してもこれを拒絶したことから,実額で計算することが困難であるとして推計課税がなされました(日米租税条約7条4項参照)。結果として,同条2項のPE帰属所得の算定ルールを厳密に適用することなく,本件の販売事業の売上金額に原告の所得率を乗じることによってPE帰属所得を算出することによったため,本件の販売事業から生じる全ての所得がPEに帰属するものとされています。日米租税条約におけるPE帰属所得算定の問題としては,潜在的には,原告が米国で様々な活動を行っているため,米国にも一定の利益を帰属させる必要がないか,原告が米国に移住したことによって増加した費用を控除すべきではないかなどが問題になり得た事案のように思われます(Tsutomu Endo「Japan : The Procedural requirements for Applying a treaty and Determination of a Permanent Establishment for an Online Sales Business」Tax Treaty Case Law around the Globe 2017)。

助的な性格の活動という規定振りに鑑みれば，同号に先立つ同項(a)号ないし(d)号は，文理上，「準備的又は補助的な性格の活動」の例示であると解することができる。また，同項(f)号は，「(a)から(e)までに掲げる活動を組み合わせた活動を行うことのみを目的として，事業を行う一定の場所を保有すること。ただし，当該一定の場所におけるこのような組み合わせによる活動の全体が準備的又は補助的な性格のものである場合に限る。」と規定しているところ，同号が同項(a)号ないし(d)号諸掲の活動を組み合わせた活動について，あえて「準備的又は補助的な性格」であるとの限定を付しているのは，同項(a)号ないし(d)号諸掲の活動が「準備的又は補助的な性格」の活動であることを前提とした上で，各号を組み合わせることによって，その活動の全体が「準備的又は補助的な性格」を超える場合には，恒久的施設の対象から除外しない旨を規定したものと解するのが合理的である。
　以上によれば，日米租税条約5条4項(a)号ないし(d)号は，「準備的又は補助的な性格の活動」の例示であり，ある場所が同項各号に該当するとして恒久的施設から除外されるためには，当該場所での活動が準備的又は補助的な性格であることを要するものと解すべきである。」

　さらに，東京地裁は，OECDモデル租税条約のコメンタリーによっても，上記解釈が支持される旨次のように判示しました。

「日米租税条約5条4項は，OECDモデル租税条約5条4項と同文であり，OECDモデル租税条約に準拠して定められたものであるところ，OECD理事会は，OECDの加盟国（日本及び米国を含む。）が二国間条約の締結又は改定に際して，OECDコメンタリーによって解釈されるものとしてのOECDモデル租税条約に従い，その課税当局は，OECDモデル租税条約に基づく二国間条約の規定の解釈適用においてOECDコメンタリーに従うべきとの勧告を行っていることが認められる（乙9）。そこで，OECDコメンタリーの内容をみるに，OECDコメンタリーにおいては，OECDモデル租税条約5条4項各号につき，「これらの活動の共通の特徴は，一般に，準備的又は補助的な活動であることである。これは(e)で定められる例外として明文によって定められている。(e)は，実際には，第1項が規定している定義の適用範囲に関する一般的な制限である。……したがって，第4項の規定は，一方の国の企業が，純粋に準備的又は補助的な性格の活動を他方の国で行う場合には，当該他方の国で租税が課されることがないように企図されているのである」，「第4項は準備的又は補助的な性格を

有する活動を遂行する事業を行う一定の場所に関して，第1項の一般的定義に対する例外を規定しようとするものである。」と記述されている（乙9）。これらの記述に鑑みれば，OECDコメンタリーは，OECDモデル租税条約5条4項各号の活動の共通の特徴が準備的又は補助的な性格であって，同項全体が準備的又は補助的な性格の活動を恒久的施設から除外するための規定であるとの解釈を示しており，日米租税条約5条4項(a)号ないし(d)号に係る当裁判所の解釈（上記a）に符合したものであるということができる。」

上記の判断基準に基づき，東京地裁は，原告の活動は準備的又は補助的な性格の活動とは言えないので，日米租税条約5条4項各号のいずれにも該当しない旨，次のとおり判示しました。

「前記検討のとおり，本件企業は，本件アパート等を販売地点（事業所）として，本件販売事業における販売活動を行い，かつ，本件従業員が，本件企業の事業所である本件アパート等において，通信販売である本件販売事業にとって重要な業務（商品の保管，梱包，配送，返品の受け取り等）を実際に行っていたことに鑑みれば，本件アパート等が本件販売事業にとって「準備的又は補助的な性格の活動」を行っていた場所であるということはできない。そうである以上，本件アパート等は，日米租税条約5条4項各号のいずれにも該当しないというべきである。」

なお，上記結論を導くに際し，東京地裁は，本件販売事業がインターネットを通じた通信販売であるという事業の特徴に焦点をあてて，次のような事実認定も行いました。

「本件販売事業は，インターネットを通じた通信販売であるところ，通信販売という事業形態に鑑みれば，対面取引に比して，商品の購入者に対する商品の配送（発送）業務が事業の重要な部分を占めていることは明らかである。また，通信販売を利用して商品を購入した者は，商品の配送を受けた時点で初めて，実際の商品を確認することができるのであって，通信販売においては，その性質上，配送後における契約解除（返品）の可能性が，対面取引に比して高く，顧客からの返品に対応することも重要な業務であるということができる。

本件従業員は，前記認定のとおり，本件アパート等において，商品を保管しておき，顧客の注文を受けて，個別に商品を梱包した上で顧客に向けて発送し，また，顧客からの返品を受け取り，代替商品を発送するなどの業務を行っており（認定事実(3)イ(ア)），これらの業務は，通信販売である本件販売事業にとって，重要な業務であったというべきである。」

④ 東京高裁判決

控訴審の東京高裁平成28年１月28日判決は，上記原判決を支持しましたが，その際，まず，次のとおり，「準備的又は補助的な性格の活動」とそうでない活動を区別する基準を明らかにしました（下線は筆者によります。）。その上で，控訴人（原告）の活動は，「準備的又は補助的な性格の活動」ではないと判断しました（判決３）。

>「OECDコメンタリー（2003年）は，パラグラフ24において，準備的又は補助的な性格を有する活動とそうでない活動とを区別する決定的基準は，事業を行う一定の場所での活動が，本来，<u>企業の全体としての活動の本質的かつ重要な部分を形成するか否か</u>であるとしており，その一般的な目的が当該企業全体の一般的な目的と同一であるような事業を行う一定の場所は，準備的又は補助的な活動を行うわけではないとしていることが認められるから，日米租税条約５条４項各号を適用するに当たり，ある場所における活動が「準備的又は補助的な性格を有する活動」かどうかを判断するに際しても，当該活動が企業の全体としての活動の本質的かつ重要な部分を形成しているかどうかという観点から検討するのが相当である。」

そして，上記基準に基づき，「インターネットの通信販売という本件販売事業の特質に照らせば，顧客にとって本件企業の所在地及び連絡先が日本国内（本件アパート）にあることは，取引を行うかどうかを決定する際の考慮要素である当該企業の信用性の程度，万一取引をめぐってトラブルが生じた場合の交渉や責任追及の便宜等に影響を及ぼす事項」であること等を事実認定した上で，「本件アパート等で行われる活動が本件販売事業全体において果たす役割，機能は，本質的で重要なものであると評価することができる。したがって，本件アパート等で行われる活動は「準備的又は補助的な性格」なものにとどまらないとした原審の事実の評価に誤りはなく，本件アパート等は日米租税条約５条４項各号に該当し

ないとした原審の判断に同号の適用に誤りはないというべきである。」と判断しました。

なお，上記東京地裁判決及び東京高裁判決では，納税者が日本で賃借していたアパート及び倉庫について，「本件アパートは，……本件倉庫と一体となって，本件企業としての活動を行う場所としての機能・役割を担っていた」として，両者を一体のものとしてPE該当性の判断を行っており，その意味では，PE最終報告書で提案されBEPS防止措置実施条約13条4項に反映された，後述の事業活動の細分化に関する規定と同様の効果を，事実認定の問題として達成したと評価できるようにも思われます。

⑤ 東京高裁判決に関する補足情報

上記東京地裁及び東京高裁判決は，BEPS防止措置実施条約の上記13条2項〔選択肢A〕及びPE最終報告書の上記勧告と同様，日米租税条約5条4項各号の範囲は準備的又は補助的な性格を有する活動に限定される旨解釈しました。ただし，上記事案の控訴人（納税者）が下記に主張したとおり，OECDにおいては，過去，OECDモデル租税条約5条4項各号の範囲を広げる（逆に言えば，PEの範囲を狭める）方向の検討が行われたようです。当時のOECD検討チーム（下記の第1作業部会）が，2012年10月19日に公表した報告書（以下「2012年報告書」といいます。）がそれです。

控訴人は，日米租税条約5条4項(a)号ないし(d)号の解釈に当たっては，2012年報告書を，OECDコメンタリーと同様に，条約法条約32条の「解釈の補足的な手段」として参照すべきであると主張しましたが，東京高裁はこれを退けました。

本件事案の主要な争点に関わるものなので，少し長くなってしまいますが，東京高裁が認定したOECDにおける上記検討の経緯を以下に引用します。

【租税条約トピックス㉛】 OECDによるOECDモデル租税条約5条4項各号の範囲に関する検討経緯

「① 2012年報告書は，OECDが，OECDモデル租税条約5条（恒久的施設）の解釈及び適用に関する討議草案の改訂版について，関連当事者に追加コメントを求めることを目的として公表したものであって，上記討議草案の改訂版は，OECD及びOECD加盟国の最終意見を必ずしも反映したものではなく，これに対する関連当事

者の追加コメントを2013年3月の作業部会会合において検討し，検討結果を2014年のOECDモデル租税条約に改定事項として盛り込むことが予定されていたこと，
② 2012年報告書には，OECDの租税委員会の下に設置された第1作業部会が作成したOECDモデル租税条約5条の解釈と適用に関する勧告に係る修正版が記載されており，同修正版には，同条4項(e)号及び(f)号で明示されている準備的又は補助的な性格の活動でなければならないとの条件を満たすことが，同項(a)号ないし(d)号を適用するためにも必要であるという解釈は，(a)号ないし(d)号の条文と適合しないため，OECDコメンタリーを改定し，同項(a)号ないし(d)号を適用するために「準備的又は補助的な性格を有する活動」であることという追加的な条件は該当しない旨を明らかにすべきであるという意見が述べられていること，
③ 上記討議草案（改訂版）の検討を経て改定された2014年のOECDモデル租税条約及びOECDコメンタリー（2014年）には，上記②の意見は反映されず，OECDコメンタリー（2014年）におけるOECDモデル租税条約5条4項各号に関する記述は，OECDコメンタリー（2013年）のそれと同文であって，同項各号につき，準備的又は補助的な性格の活動であることを要するとの解釈を示していることが認められる。」

　上記認定に基づき，東京高裁は，次のとおり説示しました（判決3）。

　「OECDコメンタリーは，OECDモデル租税条約5条4項各号につき，平成15年（2003年）から平成26年（2014年）まで一貫して，準備的又は補助的な性格の活動であることを要すると解する立場を採り続けており，これと異なる2012年報告書の上記②の意見は，OECDの租税委員会の作業部会が，平成24年当時行われたOECDモデル租税条約及びコメンタリーの改定のための検討作業において，コメンタリーの改定案として，OECDモデル租税条約5条4項(a)号ないし(d)号に関する従来の解釈を変更することを提案したものであるが，採用されなかったのであるから，同項(a)号ないし(d)号及びこれに倣った日米租税条約5条4項(a)号ないし(d)号の解釈に当たり，2012年報告書ないし上記意見を，OECDコメンタリーと同様に，条約の準備作業等に匹敵するものであり，条約法に関するウィーン条約32条の「解釈の補足的な手段」に当たるものと評価することはできない。」

(4) 第13条（第4項）：事業活動の細分化
ア 条文

> 第13条
> 「4 恒久的施設を構成しないものとされる特定の活動を規定する対象租税協定の規定（2又は3の規定によって修正される場合には，その修正の後のもの）は，事業を行う一定の場所を使用し，若しくは保有する企業又は当該企業と密接に関連する企業が当該一定の場所又は当該一定の場所が存在する当事国内の他の場所において事業活動を行う場合において，次のいずれかに該当するときは，当該一定の場所については，適用しない。ただし，当該企業及び当該企業と密接に関連する企業が当該一定の場所において行う事業活動又は当該企業若しくは当該企業と密接に関連する企業が当該一定の場所及び当該他の場所において行う事業活動が，一体的な業務の一部として補完的な機能を果たす場合に限る。
> (a) 恒久的施設を定義する対象租税協定の規定に基づき，当該一定の場所又は当該他の場所が当該企業又は当該企業と密接に関連する企業の恒久的施設を構成すること。
> (b) 当該企業及び当該企業と密接に関連する企業が当該一定の場所において行う活動の組合せ又は当該企業若しくは当該企業と密接に関連する企業が当該一定の場所及び当該他の場所において行う活動の組合せによる活動の全体が準備的又は補助的な性格のものでないこと。」

イ 条文の解説

PE最終報告書は，恒久的施設に該当しないように事業活動を人為的に細分化する租税回避に対処するためコメンタリーを改訂すべきであるとしていました（パラグラフ14及び15）。そして，そのように対処すべき事業活動の細分化事例（事例B）として以下のような例を挙げています（仮訳390頁）。

「R国の居住法人RCoは，電気製品を製造販売している。S国の居住者SCoは，RCoの全部所有子会社であるが，RCoから取得する電気製品を販売するストアーを所有している。RCoも，SCoによって所有されるストアーで展示されるものの一部と同一の大型製品を少数保管する小さい倉庫をS国に所有している。顧客がSCoからこのような大型製品を購入するとき，SCoの従業員は，それを顧客に引き渡す前に当該大型製品を保有する倉庫に行く。当該大型製品の所有権は，それが離れる時にRCoからSCoによって取得される。」

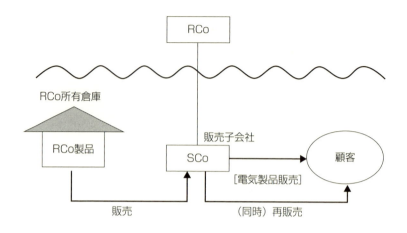

　上記事例の場合には，RCoによる倉庫の使用は，一見，準備的又は補助的な活動である「企業に属する物品又は商品の保管，展示又は引渡しのためにのみ施設を使用すること」に該当し，恒久的施設を構成しないという解釈が成り立ちそうですが，密接に関連する子会社SCoのRCo製品（大型製品）に関する販売ストアー（恒久的施設）での上記販売活動の機能（倉庫の保管機能と補完的・一体的な関係に立つ。）及び両社の事業活動の貢献の全体を考慮に入れるならば，恒久的施設を構成すると解すべきです。

ウ　わが国の適用関係

　上記条文は，英国，イスラエル，オーストラリア，スロバキア，ニュージーランド及びフランスとの租税協定に盛り込まれることになります（なお，OECDのBEPS防止措置実施条約のMLI Matching Database（beta）での2018年9月27日時点の情報に基づくと，下記諸国・地域は，批准が未了で暫定ベースのものですが，上記条文を選択しています。ただし，今後変更の可能性があるので，具体的検討の際には，その時点の最新情報を確認する必要があります。）。

アイルランド，イタリア，インド，インドネシア，ウクライナ，エジプト，オランダ，カザフスタン，クウェート，サウジアラビア，ドイツ，トルコ，ノルウェー，ポルトガル，マレーシア，南アフリカ，メキシコ，ルーマニア

エ　わが国が締結した個別の租税条約
(i)　ベルギーとの租税条約を含む最近の租税条約

ベルギーとの租税条約5条5項は，上記13条4項と同様，次のように規定しています。

> 「5　4の規定は，事業を行う一定の場所を使用し，若しくは保有する企業又は当該企業と密接に関連する企業が当該一定の場所又は当該一定の場所が存在する締約国内の他の場所において事業活動を行う場合において，次の(a)又は(b)に該当するときは，当該一定の場所については，適用しない。ただし，当該企業及び当該企業と密接に関連する企業が当該一定の場所において行う事業活動又は当該企業若しくは当該企業と密接に関連する企業が当該一定の場所及び当該他の場所において行う事業活動が，一体的な業務の一部として補完的な機能を果たす場合に限る。
>   (a)　この条の規定に基づき，当該一定の場所又は当該他の場所が当該企業又は当該企業と密接に関連する企業の恒久的施設を構成すること。
>   (b)　当該企業及び当該企業と密接に関連する企業が当該一定の場所において行う活動の組合せ又は当該企業若しくは当該企業と密接に関連する企業が当該一定の場所及び当該他の場所において行う活動の組合せによる活動の全体が準備又は補助的な性格のものではないこと。」

また，チリとの租税条約5条5項も，デンマークとの租税条約5条6項，アイスランドとの租税条約5条5項，さらには，スペインとの租税条約5条5項も同様の規定を設けています。

(ii)　日米租税条約（及び日米新条約）

日米租税条約においては，上記のような条項は設けられていません（5条参照。日米新条約も同様です。）。

(iii)　日中租税条約

日中租税条約においても，上記のような条項は設けられていません（5条参照）。

(5)　第14条：契約の分割

OECDモデル租税条約5条3項は，「工事現場又は工事が12箇月を超える期間

存続する場合には,恒久的施設を構成する」と定めているところ,同規定の適用を回避するために契約を人為的に分割する下記のような事例が存在します。PE最終報告書は,次の事例(事例J)のような人為的回避に対処すべくコメンタリーを改訂すべきであるとしました(仮訳391頁・392頁)。

「RCoはR国の居住法人である。それは,S国の独立の居住法人SCoのための発電所の建設の入札に成功した。その建設工事プロジェクトは22か月継続すると見込まれる。契約の交渉中に,同プロジェクトは,11か月ずつの2つの別々の契約に分けられる。第1契約はRCoと締結され,第2契約は,最近設立されたRCoの全部所有子会社でR国の居住者Subcoと締結される。RCoが2つの契約の履行に契約上の責任があることを確保したいSCoの要求で,契約上の合意は,RCoがSubco-SCo契約に基づくSubcoの契約上の義務の履行に関し,Subcoと連帯で責任を負うというものである。
　この事例では,別段のことを示す他の事実及び状況がなければ,Subcoが当該建設工事プロジェクトの一部を行うことに合意する別の契約を締結する主目的の1つが,RCoとSubcoが各々R国とS国との租税条約第5条パラグラフ3のルールの特典を得ることであると結論するのが合理的であろう。これらの状況において当該ルールの特典を授与することは,当該パラグラフの期間制限が通常ならば無意味になるので,当該パラグラフの対象及び目的に反することとなる。」

上記14条の規定(契約期間の分割によるPE回避防止規定)も,上記13条4項と同様,広い意味では人為的細分化によるPE認定回避に対抗する規定です。日本政府が14条を採用しなかったのは,前述の主要目的テスト(PPT)により十分対応が可能と判断したことによると推測されます[27]。現に,上記の事例は,主要目的テストの適用検討の際に引用されていた事例と全く同じです。ただし,財務省担当者の説明によれば,「条文の文言上,正当な事業との区別が困難な場合もあるため」,上記14条の適用を選択しなかったとされています(中澤・講演録172頁参照)。前述のとおり,平成30年度税制改正によって,改正法人税法施行令は契約期間の分割によるPE回避への対抗規定を設けましたが(4条の4第3項),「正当

---

[27] 成道秀雄「PE認定の人為的回避の防止」(「「税源浸食と利益移転(BEPS)」対策税制」所収187頁参照)。

な理由」に基づく契約分割は除外しています(同項但書)。

なお,わが国とチリとの租税条約5条3項は,上記14条に類似する次のような規定を設けています(下線は筆者によります。)。すなわち,下記最後の段落は,複数の活動期間を形式的に合計して判断するという基準を採用しています。

> 「3 「恒久的施設」には,特に,次のものを含む。
> (a) 建設工事現場,建設若しくは据付けの工事又はこれらに関連する監督活動。ただし,これらの建設工事現場,工事又は活動が6箇月を超える期間,存続する場合に限る。
> (b) 企業が行う役務の提供(コンサルタントの役務の提供を含む。)であって,使用人その他の個人(当該役務の提供のために採用されたものに限る。)を通じて行われるもの。ただし,このような活動が,当該課税年度において開始し,又は終了するいずれかの12箇月の期間において合計183日を超える期間,一方の締約国内において行われる場合に限る。
> (a)及び(b)に規定する活動の期間は,<u>二以上の関連する企業が一方の締約国内において行う活動の期間を合計して決定</u>する。ただし,一の企業が一方の締約国内において行う活動とその関連する企業が当該一方の締約国内において行う活動とが関連している場合に限る。(a)及び(b)に規定する活動の期間の決定に当たって,二以上の関連する企業が同時に行う活動の期間は,一度に限り算入する。」

(6) 第15条:企業と密接に関連する者の定義
ア 条 文

> 第15条
> 「1 第12条(問屋契約及びこれに類する方策を通じた恒久的施設の地位の人為的な回避)2,第13条(特定の活動に関する除外を利用した恒久的施設の地位の人為的な回避)4又は前条(契約の分割)1の規定によって修正された対象租税協定の規定の適用上,ある者とある企業とは,全ての関連する事実及び状況に基づいて,一方が他方を支配している場合又は両者が同一の者若しくは企業によって支配されている場合には,密接に関連するものとする。いかなる場合にも,ある者とある企業とは,一方が他方の受益に関する持分の50パーセントを超えるもの(法人の場合には,当該法人の株式の議決権及び価値の50パーセント又は当該法人の資本に係る受益に関する持分の50パーセントを超えるもの)を直接若しくは間接に所有する場合又は第三者がその者及びその企業の受益に

> 関する持分の50パーセントを超えるもの（法人の場合には，当該法人の株式の議決権及び価値の50パーセント又は当該法人の資本に係る受益に関する持分の50パーセントを超えるもの）を直接若しくは間接に所有する場合には，密接に関連するものとする。」
> ［2　省略］

イ　条文の解説

恒久的施設関連の前記諸条項に「関連する企業」という用語が言及されているために，明確化のために設けられた定義規定です。例えば，株式会社の場合，50％超の議決権及び価値又は資本に係る受益に関する持分の直接若しくは間接所有の基準が上記15条1項2段に規定されています。

ウ　わが国の適用関係

上記条文は，英国，イスラエル，オーストラリア，スロバキア，ニュージーランド及びフランスとの租税条約に盛り込まれることになります（なお，OECDのBEPS防止措置実施条約のMLI Matching Database（beta）での2018年9月27日時点の情報に基づくと，下記諸国・地域は，批准が未了で暫定ベースのものですが，上記条文を選択しています。ただし，今後変更の可能性があるので，具体的検討の際には，その時点の最新情報を確認する必要があります。）。

> アイルランド，イタリア，インド，インドネシア，ウクライナ，エジプト，オランダ，カザフスタン，クウェート，サウジアラビア，トルコ，ノルウェー，ポルトガル，マレーシア，南アフリカ，メキシコ，ルーマニア

例えば，わが国とフランスとの現行租税条約5条には上記15条に相当する規定が存在しないので，15条が新たに5条に追加されることになります。

エ　わが国が締結した個別の租税条約

(i)　ベルギーとの租税条約を含む最近の租税条約

ベルギーとの租税条約5条8項は，上記15条と同様，次のように規定しています。

> 「8　この条の規定の適用上，ある者とある企業は，全ての関連する事実及び状況に基づいて，一方が他方を支配している場合又は両者が同一の者若しくは企業

によって支配されている場合には，密接に関連するものとする。いかなる場合にも，ある者とある企業は，一方が他方の受益に関する持分の50パーセントを超えるもの（法人の場合には，当該法人の株式の議決権及び価値の50パーセント又は当該法人の資本に係る受益に関する持分の50パーセントを超えるもの）を直接若しくは間接に所有する場合又は第三者がその者及びその企業の受益に関する持分の50パーセントを超えるもの（法人の場合には，当該法人の株式の議決権及び価値の50パーセント又は当該法人の資本に係る受益に関する持分の50パーセントを超えるもの）を直接若しくは間接に所有する場合には，密接に関連するものとする。」

また，チリとの租税条約5条9項も，デンマークとの租税条約5条9項も，アイスランドとの租税条約5条8項も，さらには，スペインとの租税条約5条9項も，上記と同様の規定を設けています。

(ii) 日米租税条約（及び日米新条約）

日米租税条約においては，上記のような条項は設けられていません（5条参照。日米新条約も同様です。）。

(iii) 日中租税条約

日中租税条約においても，上記のような条項は設けられていません（5条参照）。

5　国連モデル租税条約のPE規定とOECDモデル租税条約のPE規定の比較

(1) はじめに

両モデル租税条約の関係について，「現行国連モデル条約は，先進国間で合意されたOECDモデルの源泉地国課税抑制原則を強く反映しているため，必ずしも源泉地国課税権と居住地国課税権の適正なバランスを実現しているとは言えないのではないかという途上国当局からの問題提起」があると言われています（青山慶二「新興国の台頭と国際租税法」（『現代租税法講座　国際課税』所収）433頁）。

(2) 条文比較

両モデル条約の2017年改訂については既に述べたので，以下においては，同

改訂前の国連モデル租税条約（2011年版）とOECDモデル租税条約（2014年版）の5条「恒久的施設」に関する比較検討を行います。なお，「国連モデル条約は，2011年改訂版の序論において初めてOECDモデルとの上記のスタンスの相違点，すなわち源泉地国主義により軸足を置いたモデルであることを明記した。」とされています（同書435頁）。両モデル条約間で大きく異なっている箇所にアンダーライン及びブラケット（[　　]）を付し，後で簡単な解説を行います。

国連モデル租税条約 第5条「恒久的施設」	OECDモデル租税条約 第5条「恒久的施設」
1　この条約の適用上，「恒久的施設」とは，事業を行う一定の場所であって企業がその事業の全部又は一部を行っている場所をいう。 2　「恒久的施設」には，特に，次のものを含む。 　(a)　事業の管理の場所 　(b)　支店 　(c)　事務所 　(d)　工場 　(e)　作業場 　(f)　鉱山，石油又は天然ガスの抗井，採石場その他天然資源を採取する場所 3　<u>「恒久的施設」には，次のものも含まれる。</u> 　(a)　建築工事現場若しくは建設，組立て，据付工事又はこれらに関連する監督活動でその現場，工事若しくは活動が<u>6箇月</u>を超える期間存続するもの 　(b)　<u>企業が使用人その他の職員を通じて行う役務の提供（コンサルタントの役務の提供を含む。）であっ</u>	1　この条約の適用上，「恒久的施設」とは，事業を行う一定の場所であって企業がその事業の全部又は一部を行っている場所をいう。 2　「恒久的施設」には，特に，次のものを含む。 　(a)　事業の管理の場所 　(b)　支店 　(c)　事務所 　(d)　工場 　(e)　作業場 　(f)　鉱山，石油又は天然ガスの坑井，採石場その他天然資源を採取する場所 3　建設工事現場又は建設若しくは据付けの工事については，これらの工事現場又は工事が<u>12箇月</u>を超える期間存続する場合には，恒久的施設を構成するものとする。 ［筆者注：<u>サービルPEに関する規定なし</u>］

④ BEPS防止措置実施条約の解説（恒久的施設） ◆199

て，このような活動が単一の事業又は関連する事業についてその課税年度において開始し，又は終了するいずれかの12箇月の間に合計183日を超える期間一方の締約国内において行われるもの

4　1から3までの規定にかかわらず，「恒久的施設」には，次のことは，含まれないものとする。（2011年改正）
  (a)　企業に属する物品又は商品の保管及び展示のためにのみ施設を使用すること。
  (b)　企業に属する物品又は商品の在庫を保管及び展示のためにのみ保有すること。
  [(c)～(f)　省略：両条約とも同じ]

5　1及び2の規定にかかわらず，一方の締約国内において他方の締約国の企業に代わって行動する者（7の規定が適用される独立の地位を有する代理人を除く。）が，次のいずれかの行動を行う場合には，当該企業は，その者が当該企業のために行うすべての活動について，当該一方の締約国内に恒久的施設を有するものとされる。
  (a)　当該一方の締約国内で，当該企業の名において契約を締結する権限を有し，かつ，この権限を反復して行使すること。ただし，その者の活動が4に掲げる活動（事業を行う一定の場所で行われたとしても，4の規定により当該一定の場所が恒久的施設とされない活動）

4　1から3までの規定にかかわらず，次のことを行う場合は，「恒久的施設」に当たらないものとする。
  (a)　企業に属する物品又は商品の保管，展示又は引渡しのためにのみ施設を使用すること。
  (b)　企業に属する物品又は商品の在庫を保管，展示又は引渡しのためにのみ保有すること。
  [(c)～(f)　省略：両条約とも同じ]

5　1及び2の規定にかかわらず，企業に代わって行動する者（6の規定が適用される独立の地位を有する代理人を除く。）が，一方の締約国内で，当該企業の名において契約を締結する権限を有し，かつ，この権限を反復して行使する場合には，当該企業は，その者が当該企業のために行うすべての活動について，当該一方の締約国内に恒久的施設を有するものとされる。ただし，その者の活動が4に掲げる活動（事業を行う一定の場所で行われたとしても，4の規定により当該一定の場所が恒久的施設とされない活動）のみである場合は，この限りでない。

のみである場合は，この限りでない。 　(b)　(a)にいう権限は有しないが，当該一方の締約国内において，当該企業に属する物品又は商品の在庫を常習的に保有し，かつ，当該企業に代わって反復して当該在庫の引渡しを行うこと。	［筆者注：<u>在庫保有代理人に関する対応する条項なし</u>］
6　この条の1から5までの規定にかかわらず，保険業を営む一方の締約国の企業が，7の規定が適用される<u>独立の地位を有する代理人以外の者を通じて，他方の締約国内において保険料の受領（再保険に係る保険料の受領を除く。）をする場合又は当該他方の国内で生ずる危険の保険（再保険を除く。）をする場合には，当該企業は，当該他方の国内に恒久的施設を有するものとされる</u>。	［筆者注：<u>保険業に関する対応する条項なし</u>］
7　一方の締約国の企業は，通常の方法でその業務を行う仲立人，問屋その他の独立の地位を有する代理人を通じて他方の締約国内において事業を行っているという理由のみでは，当該他方の国内に恒久的施設を有するものとされない。<u>もっとも，当該代理人の活動が専ら又は主として当該企業に代わって行われる場合であって，商業上又は資金上の関係において，当該企業と当該代理人の間に，独立の企業の間に設けられる条件と異なる条件が設けられ，又は課されているときは，当該代理人はこの項にいう独立の地位を有する代理人とはされない。</u>	6　企業は，通常の方法でその業務を行う仲立人，問屋その他の独立の地位を有する代理人を通じて一方の締約国内で事業を行っているという理由のみでは，当該一方の締約国内に恒久的施設を有するものとされない。 ［筆者注：<u>左記「もっとも」以下に対応する条項なし</u>］

(3) 両モデル租税条約間の上記差異に関する解説

上記のとおり，国連モデル租税条約の方が，OECDモデル租税条約よりも，PEの範囲が広くなっています。具体的には，まず，建設作業PEの成立について，国連モデル租税条約の下では，OECDモデル租税条約の期間（1年超）の半分の期間（6箇月超）で足りるという違いが存在します。次に，国連モデル租税条約には(i)サービスPE（3項(b)号），(ii)在庫保有代理人（5項(b)号）及び(iii)保険業に関する従属代理人（6項）が規定されているのに対して，OECDモデル租税条約にはこれらの規定がないという大きな違いが存在します。上記(i)のサービスPEについては，OECDモデル租税条約5条のコメンタリーにおいても，「役務に対する課税」(The Taxation of services)というタイトルの下で検討が行われているように，関心が高まっている問題です。しかし，同コメンタリーは，次のように述べて，結局，サービスPEの導入には消極的な立場です（パラグラフ134）。

> 「他方の締約国の企業で，事業を行う一定の場所を一方の締約国に有さない企業が当該一方の国の領域内で提供する役務から生ずる利得につき源泉課税を行うことが，課税対象たる利得の算定やそれに応じた税額の徴収に関する困難を引き起こすことがあろう。多くの場合，当該企業は，もっぱら恒久的施設に関連する会計記録や資産を有せず，情報や徴収の要件を充たすことができる従属代理人も存在しないであろう。さらに，自国の領域内で行われた役務から生ずる利得に課税するのが各国の国内法令上共通の特徴となっているとはいえ，それは必ずしも最適な租税条約政策を表現していることにはならない。」

さらに，両モデル租税条約間で，上記のとおり，5条4項(a)号及び(b)号において，「引渡し」目的の使用又は保有を恒久的施設からの除外対象に含めるかどうかの違いがあります。すなわち，国連モデル租税条約は，除外対象からはずしています。これは，「商品の引渡活動は，源泉地における販売活動の重要な要素であるとして，顧客に対する引渡業務を担うPEである倉庫の所在地国に課税権を認める」趣旨です（青山「新興国の台頭と国際租税法」438頁）。ただし，「国連モデルコメンタリーも指摘するように，PE認定が可能であるとしても，引渡し業務に帰属する所得は通常大きくはなく，もし事案に即した具体的な帰属の検討なしに課税が行われた場合には，二重課税をめぐる紛争の発生が懸念される。」と指摘されています（同書439頁）。

今回のPE最終報告書の勧告に基づきなされたOECDモデル租税条約の2017年改訂の結果，同モデル条約の下でも，従属代理人の範囲を含めPEの範囲が一定程度広がったので，国連モデル租税条約の下でのPEの範囲との違いが多少小さくなったと評価できそうです。

なお，新興国や途上国においては，税務当局による不明確な運用・執行の結果，租税条約の規定の表現から乖離してPEの範囲を広く認定するような事態も少なくないようです。特に，「途上国当局が国内法改正も含めた課税権強化を図る傾向が強まるに及び，二重課税問題の深刻化という事態を招来するとともに，国内法と条約との整合性の問題をも惹起している。」と指摘されています（青山「新興国の台頭と国際租税法」434頁）。次の6において，新興国のPE問題を説明し，その後でリスク軽減策に言及します。

6 諸外国のPE問題

(1) はじめに

前述のとおり，OECD/G20における議論・検討を経て，源泉地国におけるPE認定を回避するようなBEPSは許されないという国際的機運が高まり，それを契機として，新興国において，PE課税が実務上強化される可能性があります。そこで，以下において，日本の企業にとって関心の高い(i)中国，(ii)インド，(iii)インドネシア，(iv)タイ，(v)ベトナムのPE課税問題を中心に順番に説明します[28]。

(2) 中国のPE課税問題等

ア 中国の企業所得税法の基本ルール

中国の企業所得税法の下では，中国法により中国国内において設立された企業のみならず，外国法により設立された企業であっても管理支配が中国国内で行われている企業（企業所得税法上は「実際の管理機構が中国国内にある企業」と表現されています。同法2条2項）も，居住企業に該当し，全世界所得課税に服します（同法3条1項）。他方，居住企業以外の非居住企業は，中国国内源泉所得につい

---

[28] 経済産業省の「BEPSプロジェクトを踏まえた移転価格税制及び各国現地子会社等に対する課税問題に係る調査・研究事業」（平成29年度対日直接投資促進体制整備等調査事業）の2018年2月 EY税理士法人調査報告書（以下「経産省報告書」といいます。）の日本企業アンケート調査結果によると，「過去6年間で課税事案が生じた国・地域は，事案数ベースで，中国（31.2％）が最も多く，次いで，インドネシア（22.8％），インド（11.6％），タイ（6.5％），ベトナム（5.1％）の順」となっています（同書150頁）。

イ　株式の間接譲渡と国内源泉所得

　中国の税法上，国内源泉所得の範囲が広い点に留意する必要があります。例えば，日本企業のような非居住企業が中国居住企業の株式をたとえ1株でも譲渡し，譲渡所得が発生した場合には，当該譲渡所得は中国の国内源泉所得に該当し（企業所得税法実施条例7条3号参照。「権益性投資資産譲渡所得」は，投資先企業の所在地により源泉所得が確定されるものとされています。），その譲渡所得金額に対して企業所得税が10％の税率[29]で源泉課税されることになります[30]。

　さらに，2015年制定の「非居住企業による財産の間接譲渡に係る企業所得税の若干の問題に関する公告」（国家税務総局公告［2015］7号）及び2017年制定の「非居住企業の所得税の源泉徴収に関する問題についての公告」（国家税務総局公告［2017］37号）の下で，非居住企業が軽課税国等に持株会社を設立し，その持株会社が中国居住企業の出資持分を所有しているという状況で，非居住企業が中国国外（軽課税国等）の持株会社の出資持分を他の会社に譲渡（中国居住企業持分の間接譲渡）した場合には，当該間接譲渡が組織形態の濫用等を通じて行われ合理的な事業目的を持たずに中国の企業所得税の納税義務を回避したと認められる場合には，その国外持株会社の存在が否認され，非居住企業が中国居住企業の出資持分を直接譲渡したものとみなされて，譲渡所得課税が行われることになります[31]。

---

[29]　企業所得税法実施条例91条1項に基づき10％の軽減税率が適用されます。

[30]　日本の法人税法の下では，日本法人の25％以上の株式を保有している外国法人が，ある事業年度において5％以上の株式を譲渡する場合の譲渡所得に限って，国内源泉所得とされています（同法施行令178条1項4号ロ及び同条6項）。また，日本が締結した多くの租税条約の下では，株式譲渡益については源泉地課税は免除されていますが（例えば，日米租税条約13条7項），日中租税条約13条4項の下では，日本法人による中国居住企業の株式譲渡益について中国の国内法どおりの課税が行われることになります。

[31]　従前この問題を取り扱っていた2009年制定の「非居住企業の持分譲渡所得の企業所得税管理の強化に関する通知」（国税発［2009］698号）は，上記［2017］37号の公告の施行により廃止されました。なお，タックス・ヘイブンのような国・地域に所在する中間持株会社の持分譲渡がなされた場合には，持分譲渡契約書や中間持株会社の事業内容・目的，譲渡会社・中間持株会社・中国企業の関係等について，当該中国企業は，資料や情報の提出を中国税務当局に求められることがあります。以下の記述の一部は，藤枝純，若江悠「日本企業が海外進出するに際しての，日本の税制及び進出国の税制を含む法制調査のチェックポイント　第1回　海外子会社設立前の段階で生ずる実務上の諸問題」（月刊監査役（No.632）17頁以下）の解説に依拠しています。

中国に進出する日本企業には，持分譲渡の容易さ等を考慮し香港等に持株会社を設ける場合が多いと思われますが，このように，形式的には中国国外（例えば香港）の法人の持分譲渡であっても，中国の課税に服する場合があるので特に注意が必要です。

上記間接譲渡の場合，中国法人の譲渡対価（又は税務上の評価金額）と原出資金額との差額を譲渡益とみなして，10％の税率で課税されます。そして，譲渡益の計算の際には，非居住企業の源泉徴収実務取扱新規定（上記［2017］37号公告）の下で，例えば，米ドル，日本円等の外貨による原出資金額を現行の為替レートで人民元に換算し，譲渡対価（又は税務上の評価金額）の現行の為替レートによる人民元換算額と比較し譲渡益を計算（すなわち，為替差損益込みで譲渡益を計算）することになります。

ウ　恒久的施設に関する課税ルール

中国の企業所得税法の下では，非居住企業が中国国内に恒久的施設（同法上は「中国国内において生産経営活動に従事する機構，場所」と表現されています。）を設けた場合には，当該恒久的施設が獲得した中国国内源泉所得及び同恒久的施設と実質的な関係を有する中国国外源泉所得が課税所得となります（同法3条2項）。なお，中国の企業所得税法は，わが国の法人税法よりも先に帰属所得主義を採用しています。中国の企業所得税法において留意すべき点は，恒久的施設の範囲が，わが国の法人税法のそれよりも広いことです。

例えば，日本の法人税法の下では，前述のとおり，準備的又は補助的活動のみを行っているとして恒久的施設に該当しない連絡，市場調査，宣伝等の活動を行う施設であっても，中国では恒久的施設の一つである「事務機構」（企業所得税法実施条例5条1項1号）に該当します。このように，駐在員事務所であっても原則恒久的施設とみなされますが，一定の例外が設けられています。これは，「外国企業常駐代表機構税収管理暫定弁法」（国税発［2010］18号）10条に基づき駐在員事務所が税収協定待遇を享受しようとする場合，その税収協定及び「非居住者税収協定待遇享受管理弁法（試行）」（国税発［2009］124号）の関連規定に従って届出手続を行い，かつ，「外国企業常駐代表機構税収管理暫定弁法」6条に定める期限までに申告手続をした場合の例外的取扱いのことです。ここにいう「税収協定」とは，日本と中国との場合，日中租税条約を指しますが，上記「非居住者税収協定待遇享受管理弁法（試行）」が定める手続を遵守すれば，同条約の下記

5条4項(a)号から(e)号までに掲げる，本社のための商品の購入，保管，展示，引渡し，現地での情報収集その他の準備的又は補助的な性格の活動のみを行うにすぎない場所は，「恒久的施設」とはみなされないことになります。したがって，日本企業の駐在員事務所は，上記手続を踏んでこれらの業務活動を行っている限りは，「恒久的施設」には該当しません[32]。

しかし，逆に，これらの手続を踏まなければ，駐在員事務所であっても恒久的施設に該当し企業所得税を納付する必要があります。課税方法については「外国企業常駐代表機構税収管理暫定弁法」に規定がありますが，実務上は，多くの駐在員事務所に対して，15%を最低の査定（みなし）利益率（国税発［2010］19号8条参照）とした経費課税方式（経費の額に基づいて，査定利益率により課税所得額が逆算され，当該課税所得額について課税される方式）等が適用され，企業所得税の納付が行われているのが実状です[33]。

企業所得税法実施条例5条は，上記以外にも，「建築，据付，組立，修理，探査等の工程に従事する場所」（1項4号）と「労務を提供する場所」（1項3号），また，包括的に「その他生産経営活動に従事する機構，場所」（1項5号）も恒久的施設に該当するとしており，さらに，非居住企業が営業代理人に対し中国国内で生産経営活動に従事することを委託した場合（非居住企業に代わって契約を締結し，又は物品を保管若しくは引き渡すことを委託した場合を含みます。），当該営業代理人は，非居住企業が中国国内に設定した恒久的施設とみなされます[34]。

エ　日中租税条約

わが国と中国は，日中租税条約を締結していますが，同条約は，事業所得及び恒久的施設（PE）に関して次のような規定を設けています。7条1項1文は，PEがなければ事業所得の課税はない旨を，2文は帰属主義を定めています。5条は，恒久的施設の範囲を定めています。なお，中国法においては，条約と法律

---

[32] 従前は，駐在員事務所の行い得る活動のうち非課税活動のみを行っている駐在員事務所は，税務当局に免税申請を行えば申告納税が免除される制度があり，利用されていましたが，「外国企業常駐代表機構税収管理暫定弁法」の施行以降は，上記租税条約の待遇を享受するための手続のみが残ることとなりました。

[33] このほか，収入の額に基づき査定利益率により課税所得額が算出される方式や，会計帳簿に従って実際の課税所得額が算出される方式もあり，いずれの方式によるかは業界等の要素により異なります（国税発［2010］19号参照）。

[34] このうち，物品保管や引渡しの委託については，以下に述べるとおり，日中租税条約により，恒久的施設に該当しないことが明確にされています。

のいずれが上位法であるかは一般的には必ずしも明確ではありませんが，企業所得税に関しては，企業所得税法において，条約が同法に優越することが定められています（同法58条）。

「第7条（事業所得）
1　一方の締約国の企業の利得に対しては，その企業が他方の締約国内にある恒久的施設を通じて当該他方の締約国内において事業を行わない限り，当該一方の締約国においてのみ租税を課することができる。一方の締約国の企業が他方の締約国内にある恒久的施設を通じて当該他方の締約国内において事業を行う場合には，その企業の利得のうち当該恒久的施設に帰せられる部分に対してのみ，当該他方の締約国において租税を課することができる。」

「第5条（恒久的施設）
1　この協定の適用上，「恒久的施設」とは，事業を行う一定の場所であって企業がその事業の全部又は一部を行っている場所をいう。
［2・3　省略］
4　1から3までの規定にかかわらず，「恒久的施設」には，次のことは，含まれないものとする。
　(a)　企業に属する物品又は商品の保管，展示又は引渡しのためにのみ施設を使用すること。
　(b)　企業に属する物品又は商品の在庫を保管，展示又は引渡しのためにのみ保有すること。
　(c)　企業に属する物品又は商品の在庫を他の企業による加工のためにのみ保有すること。
　(d)　企業のために，物品若しくは商品を購入し又は情報を収集することのみを目的として，事業を行う一定の場所を保有すること。
　(e)　企業のために，その他の準備的又は補助的な性格の活動を行うことのみを目的として，事業を行う一定の場所を保有すること[35]。

---

[35] 租税条約における恒久的施設に関する規定に関し，「租税協定の恒久的施設認定等の関連問題に関する通知」（国税発［2006］35号）により一定の解釈が示されています。すなわち，上記5条4項(e)号の該当性の判断基準として，当該場所が対外的な業務を行っているかどうか，当該場所の業務内容が本社の業務性質と一致しているか，また，当該場所の業務が本社の業務の重要な部分を構成しているかどうかが考慮されます。

5 一方の締結国の企業が他方の締結国内において使用人その他の職員（7の規定が適用される独立の地位を有する代理人を除く。）を通じて<u>コンサルタントの役務を提供</u>する場合には，このような活動が単一の工事又は複数の関連工事について<u>12箇月の間に合計6箇月を超える期間</u>行われるときに限り，その企業は，その他方の締結国内に恒久的施設を有するものとされる。

6 1及び2の規定にかかわらず，一方の締約国内において他方の締約国の企業に代わって行動する者（7の規定が適用される独立の地位を有する代理人を除く。）が次のいずれかの活動を行う場合には，当該企業は，その者が当該企業のために行うすべての活動について，当該一方の締約国内に「恒久的施設」を有するものとされる。

［(a) （契約締結代理人に関する規定）　省略］

(b) 当該一方の締約国内において，専ら又は主として当該企業のため又は当該企業及び当該企業を支配し若しくは当該企業に支配されている他の企業のため，反復して<u>注文を取得</u>すること。

［7・8　省略］（下線は筆者によります。）」

日中租税条約においては，非居住企業が一定の物理的な場所をもたずに行う役務提供についても，広く「恒久的施設」に該当する場合を認めている点に注目すべきです。すなわち，上記のとおり，サービスPE（5条5項）が認められています。なお，日中租税条約「議定書」1は，上記サービスPEに対する次の例外規定を設けています。

「一方の締約国の企業が他方の締約国内において使用人その他の職員を通じて機械及び設備の販売又は賃貸に関連するコンサルタントの役務を提供する場合には，当該企業は，当該他方の締約国内に「恒久的施設」を有するものとされない。」

中国は上記「議定書」の解釈について，解釈通達（国税発［1997］429号）を発遣しているので，中国側の取扱いについては同通達の内容を参照する必要があります。

さらに，日中租税条約においては，国連モデル租税条約にも規定されていない注文取得代理人（5条6項(b)号）が定められています。ただし，在庫保有代理人は規定されていません。

オ　PE課税の実務上の問題点

　中国において発生する典型的な問題として，日本本社の従業員を中国現地法人に長期間出向させる場合に，恒久的施設の認定がなされることがあります。すなわち，親会社から子会社に派遣された出向従業員の業務が，実は親会社による子会社に対する役務提供であるとして，日中租税条約の上記5条5項（サービスPE規定）に基づき，親会社の恒久的施設が認定され，親会社に企業所得税が課税される例[36]が少なくありません。特に，親会社が一旦立替えた出向者の給与（日本での支給分）を精算するために，現地法人が当該給与を親会社へ海外送金する際に，これが出向者を通じた親会社による役務提供の対価の支払いであるとして，税務当局よりPE認定を受けることがあります。

　国税発［2010］75号通知は，この場合における恒久的施設該当性の判断要素として，①出向者に対する指揮権とリスク及び責任の負担の所在，②親会社による派遣出向者の人数及び基準決定の有無，③出向者の給与負担の所在，④親会社による出向者派遣にかかる子会社からの利益獲得の有無，をあげています。また，「非居住企業の派遣人員が中国国内で提供する役務に対する企業所得税課税に係る問題の公告」（国税発［2013］19号）も，非居住企業による業務成果に対する責任及びリスクの負担，並びに非居住企業による業務成績の評価・査定の有無に加えて，次のような判断要素を示しています。①現地法人から親会社に対するサービスフィーの支払いの有無，②現地法人から親会社に対する支払額が出向者の給与等の費用の額を超過しているか，③当該支払額のうち親会社が留保している金額の有無，④出向者の給与額についての中国における個人所得税の納付状況，⑤親会社による出向者の人数，就業資格，給与水準及び中国国内の勤務地の決定。

> 【コーヒー・ブレイク】
> 　経産省報告書によれば，中国における課税事案は，事案数の割合で見ると，「移転価格税制」（46.5％）が最も多く，次いで「恒久的施設（PE）」（17.7％），「ロイヤルティ（16.3％）」となっています（同書151頁）。

36　なお，本来（PE認定がなければ）出向者が短期出張者として個人所得税が免除されるべき場合であっても（日中租税条約15条2項），PE認定により当該免除の要件が満たされないことになり，個人所得税が課せられる結果となることには注意を要します。

【租税条約トピック㉜】 サービスPE調査事例

　高嶋健一・関隆一郎・安武幹雄・中岡昭「PE（恒久的施設）を巡る最近の動き（一定の場所を有しないPEを中心として）」（21世紀政策研究所「国際租税制度の動向とアジアにおけるわが国企業の国際課税問題」報告書（2011年3月。以下「21世紀政策研究所報告書」といいます。）所収）は、中国における過去の実際のサービスPE調査事例の概要を次のとおり記載しています（同書45頁）。

　2009年10月、南沙地税局は、日本の「メーカー A社に対し、507号通達（ノウハウ・技術移転であってもPE認定を可能とする）発行と同時に、現地製造事業体（A社、中国現地企業各50％出資の合弁企業）への日本からの技術ライセンスに基づく派遣指導がプロジェクトで6か月を超えているとして「技術コンサルティングの役務提供サービス」としてPEを認定し、技術派遣指導者の滞在日数に応じ、過去5年分の個人所得税を納税するよう通知した。

　さらに、2010年1月、南沙地税局は46号通達（PE認定基準を説明、プロジェクトで6か月を超えればPEと解釈）の発行と同時に、中国で税務登記を行い、過去5年分の企業所得納税額を申告納税するよう通知した。

　この際、課税根拠として、当局は日中租税条約第5条「コンサルタント役務提供が単一ないし関連プロジェクトで6か月を超える場合PEを認定する」ことを挙げた。一方、A社は、当該派遣指導に関するA社への支払いは、技術指導に関する使用料送金であり、同派遣指導はPEにはあたらないとの反論書を提出した。更に過去5年間にわたり、A社への支払いは国家認定された技術指導料として、10％の源泉税（国税）を支払い済みであることも指摘した。」

【租税条約トピック㉝】 短期滞在者免税

　租税条約においては、一般に、短期滞在者免税が規定されていますが、日中租税条約15条2項も、次のとおり、短期滞在者免税を定めています。

「1の規定にかかわらず、一方の締約国の居住者が他方の締約国内において行う勤務について取得する報酬に対しては、次の(a)から(c)までに掲げることを条件として、当該一方の締約国においてのみ租税を課することができる。
(a) 報酬の受領者が当該年を通じて合計183日を超えない期間当該他方の締約国内に滞在すること。
(b) 報酬が当該他方の締約国の居住者でない雇用者又はこれに代わる者から支払われるものであること。
(c) 報酬が雇用者の当該他方の締約国内に有する恒久的施設又は固定的施設によって負担されるものでないこと。」

　上記事例のように、PEの認定に伴い、15条2項(c)号の要件を満たさないなどとして、短期滞在者免税が否認され個人の所得税の問題も発生する場合があることに留意する必要があります。

日中租税条約5条5項の下で，上記のとおり，日本の企業が中国においてコンサルティング業務等の役務提供を行う際に，その役務提供期間が12か月の間に合計6か月を超える場合には，当該日本企業は中国にPEを有するものとされます。この「合計6か月」の判定については，1か月に1日だけ中国に滞在している場合であっても，1か月として扱うという運用例があったようです。これは，旧中国・香港二重課税防止協定の解釈通達（国税函［2007］403号）においてそのような解釈が示されていたためとされています。なお，上記国税函［2007］403号解釈通達は，2008年に中国・香港間の二重課税防止協定における役務提供のPE認定基準が「6か月」から「183日」に変更されたことにより廃止されました（国家税務総局公告［2011］2号）。ただし，新しい通達が発遣されていなかったために，「貿易・投資円滑化ビジネス協議会」の「2016年版貿易・投資および現地生産上の問題と要望に関するアンケート調査」結果（本章において「企業調査結果」といいます。）によれば，「支援出張1日を1か月としてカウント」される事例が一部地域で引き続き存在したようです（同書「中国における問題点と要望」47頁）。

その後，中国税務当局は，2018年2月に，同年4月以降のサービスPE認定のためのカウント方法を累積183日基準に統一することとしたので（国家税務総局公告［2018］11号），上記問題は解消しました。

【租税条約トピック㉞】　サービスPEに該当するための期間

サービスPEに該当するために必要な期間が「月数」ではなく「日数」で規定されているならば，上記の中国の過去の事例のような不合理な解釈を避けることができます。上記日中条約を含む古い租税条約では，ほとんどの場合，「6か月超」と定められていますが，近年締結した租税条約においては，通常，「183日超」と規定されているようです（例えば，チリとの租税条約5条3項，サウジアラビアとの租税条約5条3項(b)号参照）。

カ　PE課税リスクの軽減策

まず，上記の出向者PE認定による課税リスクを軽減するためには，次のような方策を採ることが適切です。

- 出向者の人件費を中国の出向先企業が負担すること
- 出向者の指揮命令権限を出向先企業に帰属させること
- 出向者は出向先企業の業務に専従すること

次に，PE認定による課税リスクを軽減するためには，次のような方策の検討

も重要です。

　PE認定による課税は，実務上取引先への税務当局の調査を契機として，反面調査先として認識されることからリスクが高まっている場合があると考えられます。特に，準備的又は補助的活動を超える営業活動に近い活動として，取引先に頻繁に訪問している場合には，顧客への情報提供が売り込みに近いものと認定される可能性があると考えられます。

　また，駐在員事務所の執務環境についても，活動実態を表すファイル等が多く存在している場合や本社との通信状況等が確認された場合には，営業活動等に類似する活動を行っていると認定される場合があります。そのため，準備的又は補助的活動に限って行われている場合には，活動状況を示す詳細についてファイルを保存する必要性の有無を検討すべきです。

　他方，PE認定をされた場合には，帰属所得の算定において，経費の算入が認められず，みなし所得率が適用され巨額の帰属所得を認定されるおそれもあり，注意が必要です。そのため，活動費等の証憑類については保存していくことにより，PE認定された後の帰属所得の計算において必要経費を主張し，帰属利益の金額を引き下げていく必要もあると考えられます。

(3) インドのPE課税問題等
ア　インドの外国法人課税の概要

　インドの所得税法の下では，全世界所得課税に服する内国法人は，インド国内において設立された法人及び管理支配がインド国内で行われている法人を意味します。外国法人は，インド国内で受領した所得及びインド国内で発生した所得が課税対象となります。外国法人の事業所得については，国内にある恒久的施設を通じて事業活動を行う場合のみ課税に服します。インドにおいては，法人所得税申告書の提出義務の範囲が広い点に留意する必要があります。わが国の法人税法の下では，外国法人がわが国に恒久的施設を有しておらず，例えば，日本子会社からロイヤリティーの支払を受ける場合，支払者がロイヤリティーにかかる源泉税を税務当局に納付すれば租税関係は完結するので，外国法人が法人税の申告書を提出する必要はありません。ところが，インドにおいては，上記のような場合，源泉税の負担者は外国法人であるとして，外国法人が法人所得税申告書を提出することが義務付けられています。この提出を怠ると5,000ルピーのペナルティーが課せられます。

さらに，上記に関連して留意すべき点は，Permanent Account Number（PAN，基本税務番号）取得の必要性についてです。インド所得税法206AA条は，外国法人等の非居住者に基本税務番号の取得を義務付けています。外国法人がこの番号の取得を怠ると，上記のロイヤリティーの支払を受けるような場合，租税条約上の軽減税率の適用が受けられず，所得税法に規定されたより高い税率が適用されるという不利益を被っていました。しかしながら，2016年6月以降，一定の情報及び書類（外国法人の居住者証明等）を税務当局に提出すれば，基本税務番号を取得していなくても，軽減税率の適用が受けられるようになりました（同条7項）。

イ　株式の間接譲渡等と国内源泉所得

　わが国とインドとの租税条約（以下「日印租税条約」といいます。）13条3項は，株式譲渡益の源泉地国課税を認めています。そして，中国の場合と同様，インドの場合も，間接譲渡による株式の譲渡益が課税対象（国内源泉所得）となり得ることに留意すべきです。日本法人が外国法人（例えば，香港法人又はシンガポール法人）の株式を有しており，当該外国法人（中間法人）がインド法人の株式を有している場合に，日本法人が中間法人の株式を譲渡する場合の課税関係が問題となります。このような場合，2017年の税制改正[37]の結果，インド孫会社の資産価値が1億ルピー超であり，中間法人の総資産に占めるインド孫会社の資産価値の割合が50％を超えているならば，間接譲渡による譲渡益がインドの課税対象となります（所得税法9条1項）。すなわち，インドの直接税中央委員会は，2017年11月7日，間接譲渡による譲渡益が課税対象となる「重大な価値（Substantial Value）の保有」に係る指針を発出し，資産価値1億ルピー超及び50％超の閾値を定めました。重大な価値を有している場合に間接譲渡による譲渡益がインドの課税対象となることは既に定められていましたが，本指針により閾値が明確になったことになります。

> 【コーヒー・ブレイク】
> 　間接譲渡について，外国法人株式の価値がインドに所在する資産（重大な価値のある資産）に由来する場合インドの課税権に服するとする2012年度の税制改正前の株式の間接譲渡が問題となったのが，いわゆるボーダフォン（Vodafone）事件です。

---

[37] インドでは毎年2月末頃に予算案（Budjet）が公表され，その中に税制改正案も含まれています。

インドで携帯電話事業を行っているインド法人Hutchison Essar Ltd.（HEL）の株式の約67％を直接又はモーリシャス法人等の複数の中間持株会社等を通じて保有しているケイマン法人であるCGP Investments (Holdings) Limited (CGP)の株式を，Vodafone International Holdings B.V.（ボーダフォン・グループのオランダ法人であるVIH）がCGPの親会社であるケイマン法人のHutchison Telecommunications International Limited (HTIL) から約111億米ドルで購入したところ（下図参照），インド税務当局は，買主に約26億米ドルの源泉徴収義務があるとして課税処分を行いました。

　インド最高裁は，2012年1月20日，課税処分を支持したボンベイ高等裁判所の原判決を破棄して，上記株式の譲渡益に対してインドの課税権は及ばない旨判断しました。具体的には，インド最高裁は，取引の法的性質を判断する際に取引全体を相対的に観察すべきであるとしました。その上で，会社法及び税法（特に法人税法）は，個別事業体原則（separate entity principle）に基づいているため，経済的な実質に基づいて別個の法人格を否認して課税を行うためには，税務当局が，その取引に関するすべての事実と状況に基づいて，その取引が法人格を濫用し，合理的な事業目的を有しないことを立証する必要があるとした上で，本件取引がHEL株式の売却ではなく，CGP株式の売却によって行われたことについて，事業上の合理性が認められるため，税務当局の主張は認められないとしました。

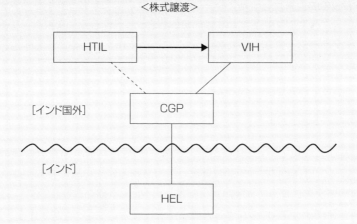

　なお，インドでは，上記最高裁判決が出た後，ボーダフォン事件の取引と同様の間接譲渡について，外国法人株式の重大な価値がインドに所在する資産に由来する場合，インドの課税権に服するとする2012年度の税制改正が成立しています。

> 次に，2012年度税制改正後の間接譲渡に対する課税処分の適法性（租税条約との抵触の有無）が争われたのがサノフィ（Sanofi）事件です。インド最高裁は，2013年に，「所得税法2条(47)に従って，Vodafone判決対応で立法化された株式の間接譲渡に関する措置（譲渡の意味の遡及的変更）の適用については，条約をオーバーライドできないとして適用を拒否」しました（青山慶二　海外論文紹介「途上国における一般的租税回避否認規定（GAAR）」（租税研究（2014・6）238頁）。

ウ　日印租税条約

日印租税条約は，恒久的施設として，次のような場所も含まれるとしているのが特徴的です（5条2項）。

> 「「恒久的施設」には，特に，次のものを含む。
> [(a)～(g)　省略]
> (h)　農業，林業，栽培又はこれらに関連した活動を行う農場，栽培場その他の場所
> (i)　店舗その他の販売所
> (j)　天然資源の探査のために使用する設備又は構築物（6箇月を超える期間使用する場合に限る。）」

さらに，日印租税条約には，次のとおり，在庫保有代理人と注文取得代理人に関する条項が設けられています（5条7項(b)号・(c)号）。したがって，代理人PEの範囲は，条文上，在庫保有代理人を定めていない中国の場合よりも広くなっています。

> 「1及び2の規定にかかわらず，一方の締約国内において他方の締約国の企業に代わって行動する者（8の規定が適用される独立の地位を有する代理人を除く。）が次のいずれかの活動を行う場合には，当該企業は，当該一方の締約国内に「恒久的施設」を有するものとされる。
> [(a)　（契約締結代理人に関する規定）　省略]
> (b)　(a)の権限は有しないが，当該一方の締約国内で，物品又は商品の在庫を反復して保有し，かつ，当該在庫により当該企業に代わって物品又は商品を規則的に引き渡すこと。

(c) 当該一方の締約国内で、専ら又は主として当該企業自体のため又は当該企業及び当該企業を支配し、当該企業により支配され若しくは同一の共通の支配下に当該企業と共に置かれている他の企業のため、反復して注文を取得すること。」

エ PE課税の実務上の問題点

インドが締結した租税条約の中には、インドと英国の租税条約のように、サービスPEの条項が含まれている租税条約も多く存在します。日印租税条約には、日中租税条約5条5項に相当するサービスPEに関する条項は存在しないにもかかわらず、実務上、サービスPE規定が存在するかのような課税処分がなされる事例もあるようです。そして、英国企業、日本企業を含む多数の外国企業が、PEの課税処分を争い、多くの裁判所の判決が出されています[38]。

例えば、近時（2014年）のニューデリー高等裁判所のセントリカ判決（Centrica India Offshore Pvt. Ltd.: 249 CTR 11（AAR））においては、英国親会社がCentricaインド子会社にグループ会社の従業員を出向させ出向後も親会社が給与を支払っていた事例において、ニューデリー高等裁判所は、雇用関係の存在は実質的な関係によって判断されるとした上で、同事例の具体的事実及び状況に鑑みれば、Centricaインド子会社に役務提供している出向者はインドにおけるPEとみなされると判断しました。その際、裁判所は、出向者の業務の内容及び方法に関する指示、指揮、管理及び監督は誰が行うか、出向者による業務のリスク及び利益は誰が負担し誰に帰属するか、従業員（出向者）を選定・解雇する権利を含む多くの要素を総合判定し、特に、実質的な解雇権が依然として出向元企業にあったとして、当該事案においては、実質的な雇用者は出向元企業であるから、出向元企業のPEがインドに存在すると認定しました。裁判所は、サービスPEが適用になるとして帰属所得への課税を認めるとともに、インド・英国租税条約13条の技術上の役務提供が適用になるとして源泉課税も認めました。なお、納税者は上記判決を不服として最高裁に上告しましたが、上告棄却により高裁判決が確定しました。

---

38 インドにおける税務訴訟においては、約7割は納税者が勝訴しているという指摘もあります（内海英博「インド・インドネシアの税務トラブルの最近の傾向」（JMC Journal（2016・7）65頁））。

さらに、機能限定的な現地子会社が、独立した意思決定能力を持たず親会社の指示に基づいて活動を行っているにすぎないとして、インドにおける親会社のPEに認定される事例もあるようです。例えば、Rolls Royce Plc判決（Rolls Royce Plc v. DIT, August 30, 2011）においては、一定の場所を占有していたこと、親会社のためだけに注文の勧誘や取得をしていたこと等を考慮して子会社がPEに該当すると判断されました。そして、PEに帰属する所得は、定式配分（formulary apportion）の考え方により計算されました。

【コーヒー・ブレイク】
　経産省報告書によれば、インドの課税事案数割合は、「「移転価格税制」（52.0％）、「ロイヤルティ」（20.0％）、「PE」（16.0％）の順」となっています（同書151頁）。

【租税条約トピック㉟】　インドのPE課税及び調査事例
　「企業調査結果」の「インドにおける問題点と要望」によれば、「現地子会社が、親会社から独立して業務を行っており、また特段の業務変更が無いにもかかわらず、突然インド税務当局から、「当該子会社は何のリスク負担もせず、親会社の取り次ぎに過ぎない」等という主張に基づき、親会社のPEであると認定された。」という事例が報告されています（20頁）。なお、ホンダのインド子会社が「日本本社の機能の一部も担っている」などと認定されて多額のPE課税処分を受けインドの裁判所で係争中という報道もされています（2018年4月2日日本経済新聞記事参照）。
　「21世紀政策研究所報告書」は、インドにおける実際の過去のPE調査事例の概要を次のとおり記載しています（47頁・48頁）。
　「日本商社B社は長年インドにて開設していた駐在員事務所の活動を停止する一方、2003年に新たにインド現地法人を設立し営業活動を開始した。2007年12月、デリー税務当局は以下を根拠として、インド現地法人がB社の日印租税条約5条7項に定める従属代理人PEであると認定した。
- 印度現地法人の収入の大部分をB社からの口銭（実際には業務委託料）が占めていることから、日印租税条約5条8項に定める独立代理人とは認められないこと
- 印度現地法人とB社との間で締結されている業務委託契約の内容から、インド現地法人がB社のために常習的に注文取得を行っていると認められること

　B社はMorgan Stanleyの最高裁判決［筆者注：括弧内省略。下記オにおいて言及された判決］を挙げ、インド現地法人に対して独立企業間価格にて対価を払っている限り、PEに帰属する追加的な所得は存在しないと主張していたが、デリー税務当局は、同判決はリスク負担・機能の全てを考慮して、独立企業間価格にて支払いがなされている場合に限り、PEに帰属する追加的な所得はないとしたものであり、かかる反論は認められないとした。加えて、SET Satellite社に対するムンバイ所得税審判所（ITAT）の裁決を引

用の上，従属代理人とPEは同一の存在ではなく，代理人へ支払われる報酬だけでは，外国企業のPEに帰属する機能，資産，リスクに対する適正な対価が含まれているとは言えないとした。

以上を踏まえ，インド現地法人は，従来の駐在員事務所と同じ機能を果たしているとして，事務所PEに帰属する所得を算定した場合と同様な考えにより，代理人PEに帰属する所得を以下のとおり算定すべきと結論づけた。

代理人PE帰属所得＝B社のインド関連売上高×連結売上総利益率
　　　　　　　　　－国内法にて控除可能な本社経費－インド現地法人宛支払口銭」

インドの税務当局は，実務上，駐在員事務所が営業行為を行っていると判断してPE課税を試みるケースも少なくなく，その判断根拠が明確ではないという問題も生じています。例えば，多人数を雇用している場合のように，事実上営利的な事業活動を行っていると疑われる場合には，PEに該当するとみなされ，支店と同じ税率で課税が行われることがあります。日本企業の中にも，このようなみなし課税を受け，インド税務当局との間の紛争に巻き込まれ裁判になったものもあります。

インド現地法人のPE認定についても，インド税務当局はその根拠を明確に示さないこともあるため，その趣旨は必ずしも明確ではありません。ただし，PE認定の根拠について，一般論として，次のように整理することが可能かもしれません。(i)独自のリスクを負わず，親会社から独立した地位を有するとはいえない，(ii)親会社と現地子会社との間の一般的なサービス契約の存在等を根拠に，親会社のために反復して注文を取得している，又は，親会社の計算で取引を行い損益は親会社に帰属するような権限を有している，(iii)子会社への人員等の派遣状況や場所の利用状況，(iv)子会社のリスク負担・機能を反映した利益水準への不満等から，親会社のPEに該当することを検討しているように考えられます。

なお，ここで注目すべきは，上記のとおり，デリー税務当局が，インド現地法人のリスク負担・機能のすべてを考慮した独立企業間の対価を収受している限り，PEに帰属する追加的な所得はないとの立場を示している点であり，インド税務当局のPE認定の背景が，現地法人の対価が独立企業間対価には不十分であると認識していることにあると推測されます。PE認定の背景には，現地子会社の利益水準に対する不満があり，税務当局としては，現地への帰属利益を増加させる方法として，子会社への移転価格課税を行うのか，親会社のPEを認定して帰属

所得を課税するのかを検討しているように思われます。

　オ　PE帰属所得
　日印租税条約7条1項は，次のとおり，PE所在地国は当該PEに帰属する所得に対してのみ課税できるとする帰属主義を定めています。ただし，「間接に帰せられる部分」も含むとしている点が特徴的です（下線は筆者によります。）。

　「一方の締約国の企業の利得に対しては，その企業が他方の締約国内にある恒久的施設を通じて当該他方の締約国内において事業を行わない限り，当該一方の締約国においてのみ租税を課することができる。一方の締約国の企業が他方の締約国内にある恒久的施設を通じて当該他方の締約国内において事業を行う場合には，その企業の利得のうち当該恒久的施設に<u>直接又は間接に帰せられる部分</u>に対してのみ，当該他方の締約国において租税を課することができる。」

　上記のとおり，「間接に帰せられる部分」を含んでいるために，例えば，日本企業の本社とインドの顧客が直接取引する場合でも，日本企業のインド支店が貢献した部分がある場合には，その部分の利得についてはPEに帰属するとされています。この点について，「所得に対する租税に関する二重課税の回避及び脱税の防止のための日本国政府とインド共和国政府との間の条約に関する書簡及びインドの経済開発を促進するための特別の奨励措置に関する書簡交換の告示（平成元年外務省告示第602号）」6条は，次のように定めています（下線は筆者によります。）。

　「条約第7条1に関し，「当該恒久的施設に直接又は間接に帰せられる」という用語の使用に当たっては，恒久的施設が関与した取引から生じた利益のうち，<u>当該取引において当該恒久的施設が果たした役割に対応する部分が当該恒久的施設に帰せられることとなる</u>。また，物品又は役務の販売又は提供に関する契約又は注文が，恒久的施設との間よりもむしろ海外にある当該企業の<u>本店</u>との間で直接的に行われる場合においても同様に，<u>当該利得のうち前記の部分が当該恒久的施設に帰せられることとなる</u>。」

　PE帰属所得について興味深い判断を示したのが，モルガンスタンレー判決で

す（DIT v. Morgan Stanley and Co Inc（2007）292 ITR 416（SC））。モルガンスタンレーのインド子会社（Morgan Stanley Advantage Services Private Limited）は，いわゆるバックオフィス業務を行い，モルガンスタンレーから役務提供対価を受け取っていました。同裁判においては，モルガンスタンレーからインド子会社に従業員として派遣された社員の活動を理由として恒久的施設の存在が認定されたものの，恒久的施設の活動に対する適正な対価（独立企業間価格）が支払われているとして，追加的利益は認定されませんでした。これは，PE帰属所得が移転価格の独立企業間価格算定の考え方に基づいて計算されたことを意味します。

カ　PE課税リスク軽減策

インドでは，わが国企業もPE認定による課税を受ける事例が多く，設備等の備付けに係る活動を行っている場合に，その活動状況が調査され，課税処分に至った事案があります。特に注意を要するのは，インドに子会社があり，販売活動を行っている場合に，子会社の利益について独立企業間利益の観点からの税務調査において，親会社の事業活動のサポート業務を行っているのであれば，その活動実態に関心を持たれる可能性があります。

子会社としての活動に加え，親会社のPEとして認定を受けると，帰属利益の金額は拡大することになり，厳しい事業環境の中，過大な税負担となるおそれもあります。そのため，子会社の活動実態を示す日報等の証憑類を整備して子会社の活動実態を証明できるドキュメンテーションを用意するとともに，PE認定を避けるため，活動実態を適正に区分して，経費支出等の証憑類を整理しておく必要があると考えられます。

なお，出向者PE認定による課税リスクを軽減するためには，上記の中国のPE課税リスク軽減策（(2)カ）において指摘したような方策を採ることが適切です。

【租税条約トピック㊱】　技術上の役務

前述のとおり，わが国とインドとの租税条約においては，技術上の役務に関するユニークな規定があります。すなわち，同条12条1項及び2項に基づいて，PEがなくても，源泉地国課税（料金の10％以下の源泉税）が認められています。そして，同条4項は，「技術上の役務に対する料金」を次のとおり定義しています。

「技術者その他の人員によって提供される役務を含む経営的若しくは技術的性質の役務又はコンサルタントの役務の対価としてのすべての支払金（支払者のその雇用する者に対する支払金及び第14条に定める独立の人的役務の対価としての個人に対する支払金を除

> く。)をいう。」
> インドは，日本との租税条約のみならず他の多くの国との租税条約においても，技術上の役務に対する料金に関する規定を設けています。なお，前述のとおり，2017年改訂により，国連モデル条約にも上記と同様の条項が盛り込まれました（12A条）。

(4) インドネシアのPE課税問題等

ア インドネシアの外国法人課税の概要

インドネシア所得税法の下で，インドネシア国内で設立された内国法人は全世界所得課税に服しますが，外国法人は国内源泉所得についてのみ課税対象となります。外国法人の事業所得については，国内にある恒久的施設を通じて事業活動を行う場合のみ課税に服します。

イ 株式の間接譲渡等と国内源泉所得

インドネシアは2008年の国内規則改正によって，タックス・ヘイブンに設立された特別目的会社等を介した租税回避目的の間接譲渡による株式の譲渡益を課税対象としました。しかし，わが国との租税条約（以下「日インドネシア租税条約」といいます。）では，そもそも，株式の譲渡益について源泉地国の課税を認めていないので（同条約13条4項），同条約上は問題とはなりません。

ウ 日インドネシア租税条約

日インドネシア租税条約においては，恒久的施設には「農場又は栽培場」も含まれるとしている点が特徴的です（5条2項(f)号）。また，同条約において，注文取得代理人の規定はありませんが，在庫保有代理人に関する規定はあります（5条6項(b)号）。また，次のとおり，サービスPEの規定も存在します（5条5項［筆者注：但書は省略］）。

> 「一方の締約国の企業が他方の締約国内において使用人その他の職員（8の規定が適用される独立の地位を有する代理人を除く。）を通じてコンサルタントの役務又は建築，建設若しくは据付工事に関連する監督の役務を提供する場合には，このような活動が単一の工事又は複数の関連工事について一課税年度において合計6箇月を超える期間行われるときに限り，当該企業は，当該他方の締約国内に「恒久的施設」を有するものとされる。」

なお，上記条約の議定書2は，独立代理人について同条約「第5条8に関し，一方の締約国内において専ら又は主として他方の締約国の企業のために行動する仲立人，問屋その他の代理人は，同条8に規定する独立の地位を有する代理人とされない。」と規定して，独立代理人の範囲を狭めています。これは，前記BEPS防止措置実施条約12条2項但書に似ています。

日インドネシア租税条約5条7項は，先進国間の租税条約においては見られない保険業に関する次のようなユニークな条文を設けています[39]。

「保険業を営む一方の締約国の企業が，使用人又は代表者（8に規定する独立の地位を有する代理人を除く。）を通じ，他方の締約国内において保険料の受領（再保険に係る保険料受領を除く。）をする場合又は当該他方の締約国内において生ずる危険の保険（再保険を除く。）をする場合には，当該他方の締約国内に「恒久的施設」を有するものとされる。」

エ　PE課税の実務上の問題点

「企業調査結果」の「インドネシアにおける問題点と要望」において，日インドネシア租税条約では，PEから除外される準備的又は補助的活動に「「引渡し（Delivery）」」が含まれていないことから，企業の所有物（商品）をインドネシア国内に保管しているだけではPE（恒久的施設）に該当しないものの，その商品の引渡しを行うという，VMI（Vendor Menaged Inventory）倉庫［筆者注：購入者が在庫を所有しているものの，その管理は供給者（vendor）が行うもの］のような運用を行うと，PEに該当してしまうという問題がある。」と指摘されています（同書31頁）。

また，外国法人のインドネシア所在の駐在員事務所の利益に関しては，通常の所得計算に代えて同法人本社及びグループ会社からインドネシアへの輸出総額の1％を駐在員事務所の利益とみなす（0.44％の徴収税を課す）というルールが適用される場合があるようです（税務局命令KEP-667／PJ.／200，インドネシア投資調整庁日本事務局公表情報参照）。これは，支店利益の算定が困難な場合に概算で課税するために，当初個別通達として規定されていたものの，その後，所得税法上の

39　前述のとおり，国連モデル租税条約には，対応する条文が規定されています（5条6項）。

正式な法文上のルールとなったという経緯があります。なお，現地に駐在員事務所を有するわが国企業の中にも，税務調査を経て上記の結果となった例があるようです。その背景としては，インドネシア税務当局が，駐在員事務所が現地において情報収集などの付随的業務を超えた業務を行っているのではないかという疑念を持ったことから税務調査に発展したものですが，最近では，BEPSへの疑念から外国企業の駐在員事務所において何らかの事業活動が行われているのではないかとの問題意識があるように思われ注意が必要です。

> 【コーヒー・ブレイク】
>
> 経産省報告書によれば，インドネシアの課税事案数割合は，「「移転価格税制」（69.4％）が大半を占め，次いで「ロイヤルティ」（14.3％），「PE」（4.1％）」となっています（同書151頁）。また，インドネシアの「恒久的施設（PE）」に関する課税事案については，「駐在員事務所」／「子会社・第三者」（各50.0％）が最も多かったとされています（同頁）。同国においては補助的・準備的な活動を行っているに過ぎない駐在員事務所がPEとして認定された事例があるようです。さらに，第三者がPEと認定されるのは異例ですが，インドネシアの第三者である法人（A社）の売上の大半が日本法人の製品であったことから，A社は日本法人の従属代理人であるとしてPE認定され，A社が日本法人に支払った技術支援料等に基づき算出した金額をPE所得とみなし，課税されたという事案でした（同書153頁）。
>
> なお，インドネシアにおいては，法人税の還付申告を行うと税務調査の対象となることが多いという実務上の取り扱いにも留意が必要です。

オ　PE課税リスク軽減策

インドネシアにおいて，駐在員事務所を通じて何らかの取引が行われる可能性がある場合には，駐在員事務所の活動が，契約締結や営業活動等の事業活動に該当しないように活動範囲を制限し，準備的又は補助的な活動を超えていないことを税務当局に対して明確に示す必要があります。例えば，日本の本社との通信記録や駐在員事務所に保管してある書類等において，駐在員事務所の活動と本社の事業活動が区分なく記録されている場合には，駐在員事務所の活動を過大評価されるおそれがあるので，整理が必要です。特に，インドネシア国内の顧客に対する交渉記録等については，顧客への反面調査も行われる可能性もあるので，インドネシア国内の顧客との交渉を，実際に誰がどのように行ったか等について，明

確に整理しておく必要があり，例えば，市場調査等の準備的な業務として整理したり，本社の営業活動の日程調整等の補助的な業務として整理したりする等により，本社の事業活動とは明確に区分した記録保存を行っていく必要があります。BEPSへの疑念を払拭するためには，実質的にも駐在員事務所の活動が準備的又は補助的な業務に過ぎないことを示していくことが求められており，駐在員事務所で現地従業員を雇用している場合には，税務当局によるヒアリングにも十分に対応できる準備をしておく必要があると考えられます。

カ 支店利益税

インドネシアには支店利益税（Branch Profit Tax）というユニークな税金があります。すなわち，PEに対しては，法人所得税に加えて，税引後利益に対して20％の税率で支店利益税が課されます。租税条約によっては軽減措置が設けられているものもあります。例えば，日インドネシア租税条約では10％に軽減されています（議定書5項(a)号）。また，税引き後利益がインドネシア国内で固定資産や無形資産へ再投資される場合には，当該支店利益税は免除されます。

(5) タイのPE課税問題等

ア タイの外国法人課税の概要

全世界所得課税に服する内国法人は，タイ国内において設立された法人です。外国法人は，タイの国内源泉所得についてのみ法人税の課税対象となります。外国法人の事業所得については，国内にある恒久的施設を通じて事業活動を行う場合のみ課税に服します。

イ 株式の間接譲渡等と国内源泉所得

わが国とタイの租税条約（以下「日タイ租税条約」といいます。）は，株式の譲渡益について源泉地国の課税を認めています（同条約13条4項）。ただし，国外間接譲渡による株式の譲渡益を課税対象（国内源泉所得）とする旨のタイ国内法の規定は現時点ではありません。

ウ 日タイ租税条約

日タイ租税条約においては，恒久的施設に，「農場又は栽培場」（5条2項(g)号）が含まれます。新興国との租税条約においては，建設工事PEに該当するための

期間が一般に短く6か月とされているものが多いように思われます。日タイ租税条約においては，3か月超とさらに短くなっている点に留意が必要です（5条3項）。さらに，日タイ租税条約においても，日印租税条約と同様，在庫保有代理人と注文取得代理人双方に関する規定が設けられています（5条6項(b)号・(c)号）。

また，次のとおり，日中租税条約と同様，サービスPEの条項が存在します（5条4項）。

「一方の締約国の企業が他方の締約国内において使用人その他の職員を通じて役務の提供（コンサルタントの役務の提供を含む。）を行う場合には，このような活動が単一の工事又は複数の関連工事について12箇月の間に合計6箇月を超える期間行われるときに限り，当該企業は，当該他方の締約国内に「恒久的施設」を有するものとされる。」

エ　PE課税問題

タイにおいては，1990年代からわが国の商社等に対してPE課税が行われ裁判となった事例もありましたが（判決No. 1015/2539（1996年）及び判決No. 3936/2548（2005年）），タイ税務当局との合意により，PE課税による問題は沈静化している状況にあります。最近では，タイに子会社として進出して事業活動を行う企業に対する移転価格課税が積極的に行われる状況に変化しているものと考えられます。

オ　PE課税リスク軽減策

タイにおけるPE課税リスクについては，これまで商社等による帰属利益に係る簡便計算の覚書があり，その適用を継続していくことにより，PE課税リスクは回避されてきたと考えられています。そのため，これらの企業については，タイの税務当局との対話を重ね，帰属利益の計算に係る合意事項の継続を行っていくことにより，PE課税リスクを回避していくべきと考えられます。

(6)　ベトナムのPE課税問題等

ア　外国法人課税の概要

ベトナム法人税法上，国内に恒久的施設を有する外国法人は，ベトナム国内で獲得された所得（上記恒久的施設に関連するかどうかは問いません。）及び国外で獲得され同恒久的施設に関連する所得について，法人税の納税義務を負います。ベ

トナム法人税法は、帰属主義ではなく、総合主義を採用しています。ただし、後述のとおり、租税条約によって帰属主義へと変更されています。

イ 株式等間接譲渡と国内源泉所得

わが国とベトナムの租税条約（以下「日越租税条約」といいます。）は、かなり詳細な譲渡収益条項（13条）を設けています。次のとおり、同条2項は株式の譲渡、3項は不動産化体株式等の譲渡に関する条項です。

> 「2　一方の締約国の居住者が他方の締約国の居住者である法人の株式の譲渡によって取得する収益に対しては、次のことを条件として、当該他方の締約国において租税を課することができる。
> 　(a)　譲渡者が保有し又は所有する株式（当該譲渡者の特殊関係者が保有し又は所有する株式で当該譲渡者が保有し又は所有するものと合算されるものを含む。）の数が、当該課税年度中のいずれかの時点において当該法人の発行済み株式の少なくとも25パーセントであること。
> 　(b)　譲渡者及びその特殊関係者が当該課税年度中に譲渡した株式の総数が、当該法人の発効済株式の少なくとも5パーセントであること。
> 　3　2の規定にかかわらず、法人が発行する株式（いずれか一方の締約国の公認の株式取引所において通常取引されるものを除く。）又はパートナーシップ、信託若しくは遺産の持分の譲渡から生ずる利益に対しては、当該法人、パートナーシップ、信託又は遺産の財産が一方の締約国内に存在する不動産から主として構成される場合には、当該一方の締約国において租税を課することができる。」

上記13条3項は、不動産化体持分譲渡に関する条項ですが、BEPS防止措置実施条約9条1項(b)号のように、株式のみならず、パートナーシップや信託も対象に含んでいるのが特徴的です。なお、ベトナム法人税法の下では、株式譲渡については、2015年のDecree12/2015/ND-CPにより、外国法人のベトナムでの課税所得について、取引が発生した場所にかかわらず資本譲渡による所得も含まれることになり、2016年のCircular 36/2016/TT-BTCにより、石油・ガスプロジェクトに係る権利譲渡による所得が資本譲渡税の対象となっています。ただし、日越租税条約の下では、株式の譲渡が13条2項又は3項に該当しない限り、ベトナ

ムで譲渡益課税はされません（同条6項）。

ウ ベトナムとの租税条約

ベトナムは，上記のとおり，法人税法の下では総合主義を採用していますが，日越租税条約は，次のとおり，帰属主義を採用しています（7条1項）。

「一方の締約国の企業の利得に対しては，その企業が他方の締約国内にある恒久的施設を通じて当該他方の締約国内において事業を行わない限り，当該一方の締約国においてのみ租税を課することができる。一方の締約国の企業が他方の締約国内にある恒久的施設を通じて当該他方の締約国内において事業を行う場合には，その企業の利得のうち当該恒久的施設に帰せられる部分に対してのみ，当該他方の締約国において租税を課することができる。」

日越租税条約においては，日インドネシアとの租税条約と同様，注文取得代理人の規定はありませんが，在庫保有代理人に関する規定があります（5条6項(b)号）。また，次のとおり，サービスPEの規定も存在します（5条4項）。

「一方の締約国の企業が他方の締約国内において使用人その他の職員を通じて役務の提供（コンサルタントの役務の提供を含む。）を行う場合には，このような活動が単一の事業又は複数の関連事業について12箇月の間に合計6箇月を超える期間行われるときに限り，当該企業は，当該他方の締約国内に「恒久的施設」を有するものとされる。」

【租税条約トピック㊲】 外国契約者税

ベトナムには外国契約者税（Foreign Contractor Tax）というユニークな税金があります。すなわち，ベトナム国内の個人又は法人と締結した契約等に従い，その外国法人がベトナム国内で役務等の提供を行って得た所得に対しては，一定の例外を除き，PEの有無に関係なく，外国契約者税が課されます。外国契約者税は，付加価値税部分と法人税部分から構成されています。税率は，役務等の種類により異なりますが，法人税部分は5％です。

日越租税条約上の対象税目を規定した2条3項(iv)号は，「外国契約者税（利得に対する税とみなされるものに限る。）」と定めているので，外国契約者税の法人税部分のみが対象となります。ただし，同条約7条1項において，日本の企業がベトナム内に恒久的施設（PE）を有していない場合には，ベトナムは当該企業の利得に対して課税を行うことはで

きないとされています。ただし、外国契約者税の運用については、次のとおり、多くの問題点が指摘されています(「企業調査結果」の「ベトナムにおける問題点と要望」16頁)。

「●日越租税条約上、同国にPEを有していない場合、ベトナムに課税権は無いにも拘わらず、"Not True Beneficially Owner"[筆者注:「受益者」のことです。]としてFCT(Foreign Contractor Tax=外国契約者税支払)が課税されるケースが存在する。……

●日本人出向者の人件費を本社が出向者に支払、現地法人が本社に戻入する形式を取ると、出向協定を結んでいても人材派遣の名目で外国契約者税を課税される恐れがある。

●2012年4月12日、外国契約者税に関する新たなガイドラインCircular 60/2012/TT-BTCが公布され、外国契約者税は、ベトナム国内に法人を有さない個人や外国組織が、ベトナムの個人又は法人などとの契約に基づく経済活動で得た利益に対して課せられる税であるが、本ガイドラインで課税対象取引に「(On the spot輸出入取引/DDP、DAT、DAP条件を含む)」が追加されたため、インコタームズのDDP、DAT、DAP条件で輸出販売する日本法人に対して、契約書記載の金額(輸入申告価格)に「みなし法人税」の1%を源泉徴収されるケースが増えている。」

日越租税条約においても、上記の日インドネシア租税条約5条7項と同様、保険業に関する特殊なPE規定が存在します(5条7項)。

エ PE課税の実務上の問題点

ベトナムでは、法人税法2条3項で、PEについて、事業所得や資源採掘地、工事現場、役務提供地及び代理人等を対象にすると規定していますが、プロジェクトPEについて、Circular 205(Circular 205/2013/TT-BTC)では、明確な定義はないものの、PEが存在すると考えられる例が記載されています。例えば、外国法人が同一年に一定期間、発電所の建設に関するコンサルタント業務契約に基づく役務提供を行い、さらに、その後同じ発電所の据付けに関するコンサルタント業務契約に基づく役務提供を一定期間行った場合に、当該2つの役務提供が同一の発電所に提供されたことを理由に関連事業とみなされ、両者の役務提供期間の合計が6か国を超えるとPEに該当するという解説がなされています。

オ PE課税リスク軽減策

ベトナムにおいては、現状ではPE認定リスクは高い状況にはないと考えられますが、ベトナムの顧客との取引規模が増加していく場合には、その活動状況により、PEの有無及びPE帰属利益に対する税務当局の注意を引くことから、他の途上国と同様、PE認定のリスクが高くなる可能性があります。そのため、活動

状況の程度に応じて、PE課税のリスクを軽減するために手当をしていく必要性も増してくるものと考えられます。特に、プロジェクトPEについては、関連事業とみなされる可能性のある役務提供については、提供する期間を明確に制限して活動していく必要があると思われます。

(7) 現地でのPE認定とわが国の税務上の取扱い

現地でPE認定がなされるとPEに帰属する事業所得が課税対象となりますが、このような課税が租税条約に適合するものでない場合、わが国の外国税額控除の適用を受けることができません。この場合、二重課税の排除のためには、現地で課税処分の取り消しを求めて争訟手続を行うか、現地国とわが国の権限のある当局間の相互協議を通じた解決を求めて同協議の申立てを行うか、適切な対応手段をとることが求められることになります。後者の相互協議を通じた解決の改善は、次の⑤において論ずるBEPS防止措置実施条約の主要なテーマの一つです。

⑤ BEPS防止措置実施条約の解説（相互協議手続の改善）

以下においては、まず、相互協議手続はどのような目的でどのように運用されているのか、特に、わが国の相互協議手続の運用実務も含め説明し、次に、BEPS防止措置実施条約の相互協議手続の改善に係る条項について説明し、最後に、相互協議最終報告書の内容を解説します。

1 相互協議手続の目的及び概要

OECDモデル租税条約25条の下では、締約国の措置により条約に適合しない課税を受けたと認める者又は受けることになると認める者は、いずれか一方の締約国の権限のある当局に対して、条約に適合しない課税に対する救済を得るために相互協議の申立てを行うことができるとされています。また、同条は、租税条約の解釈又は適用に関して生ずる困難又は疑義を解決するための相互協議手続も定めています。

(1) OECDモデル租税条約での相互協議規定

2017年改訂後のOECDモデル租税条約第25条は、相互協議について以下のとお

り具体的に規定しています（下線は筆者によります。）。

> 第25条　相互協議
> 「1　一方の又は双方の締約国の措置によりこの条約の規定に適合しない課税を受けたと認める者又は受けることになると認める者は、当該事案について、当該一方の又は双方の締約国の法令に定める救済手段とは別に、<u>いずれか一方の締約国の権限のある当局に対して、申立てをすることができる。</u>当該申立ては、この条約の規定に適合しない課税に係る措置の最初の通知の日から3年以内に、しなければならない。
> 2　権限のある当局は、1の申立てを正当と認めるが、自ら満足すべき解決を与えることができない場合には、この条約の規定に適合しない課税を回避するため、他方の締約国の権限のある当局との合意によって当該事案を解決するよう努める。成立したすべての合意は、両締約国の法令上のいかなる期間制限にもかかわらず、実施されなければならない。
> 3　両締約国の権限のある当局は、この条約の解釈又は適用に関して生ずる困難又は疑義を合意によって解決するよう努める。両締約国の権限のある当局は、また、この条約に定めのない場合における二重課税を除去するため、相互に協議することができる。
> 4　両締約国の権限のある当局は、2及び3の合意に達するため、直接相互に通信すること（両締約国の権限のある当局又はその代表者により構成される合同委員会を通じて通信することを含む。）ができる。」

　上記1項及び2項は、条約の規定に適合しない課税に係る相互協議について規定しており、1項では、一方又は双方の締約国の措置により、条約の規定に適合しない課税を受けたと認める者又は受けることになると認める者は、締約国の法令に定める救済手段とは別に、いずれか一方の締約国の権限のある当局に対して、相互協議の申立てを行うことができ、その申立ては、措置の最初の通知の日から3年以内にしなければならないとしています。
　なお、2017年改訂前のOECDモデル租税条約25条1項は次のとおり規定していました（下線は筆者によります。）。

> 「一方の又は双方の締約国の措置によりこの条約の規定に適合しない課税を受けたと認める者又は受けることになると認める者は、当該事案について、当該一方の又は双方の締約国の法令に定める救済手段とは別に、<u>自己が居住者

である締約国の権限のある当局に対して又は当該事案が前条１の規定の適用に関するものである場合には自己が国民である締約国の権限のある当局に対して，申立てをすることができる。当該申立ては，この条約の規定に適合しない課税に係る措置の最初の通知の日から３年以内に，しなければならない。」

　改訂前は，相互協議の申立ては，自国の権限のある当局に対してのみ可能であったのに対して，改訂後は，いずれの締約国の権限のある当局に対してもできるようになりました。これは，後述のとおり，相互協議最終報告書の勧告を踏まえてのものです（２項以下については，2017年改訂前後で変更はありません。）。
　２項は，権限のある当局は，相互協議の申立てを正当と認めるが，自ら満足すべき解決を与えることができない場合には，条約の規定に適合しない課税を回避するため，他方の締約国の権限のある当局との合意によって事案を解決するよう努め，成立した合意は，両締約国の法令上のいかなる期間制限にもかかわらず，実施されなければならないとしています。
　３項は，条約の解釈等に係る相互協議について規定しており，権限のある当局は，条約の解釈又は適用に関して生ずる困難又は疑義について合意により解決するよう努めるとしており，また，権限のある当局は，条約に定めのない場合における二重課税を除去するため，相互に協議することができるとしています。
　４項は，相互協議の方法について規定しており，権限のある当局は直接相互に通信することができるとしており，権限のある当局又はその代表者により構成される合同委員会を設置して，その合同委員会により通信することもできるとしています。

(2)　OECDモデル租税条約コメンタリーの指摘する論点
　ア　１項及び２項に係る論点
　(i)　相互協議手続の目的
　１項及び２項に規定された相互協議手続の目的は，租税条約の規定に適合しない課税から納税者を救済することにあります。以下において，OECDモデル租税条約コメンタリーの指摘を踏まえ敷衍して説明します。

　①　相互協議の意義
　租税条約の規定に適合しない課税に係る相互協議について規定している１項及

び2項に関するOECDモデル租税条約コメンタリーの7は、本条約に適合しない締約国の課税を排除するために行う相互協議の意義について説明しています。同コメンタリーは、納税者は、通常、直接に、又は不服申立てが税務当局により棄却もしくは却下されてから、裁判所に訴訟を提起することができるが、本条約に適合しない課税が締約国における本条約の誤った適用により生ずる場合、納税者は、国内争訟手続に伴う不利益と不確実性を甘受せざるを得ない状況が生じてしまうと指摘しています。そこで、1項は、影響を受ける納税者に対して、通常利用できる法的救済措置を奪うことなく、相互協議の手続を提供しています。その手続については、まず、相互協議の申立てを受理した一方の権限のある当局の判断だけで救済を可能とする第一段階が遂行され、次に、第二段階として権限のある当局間の合意に基づき当該紛争を解決することが企図されていると説明しています。

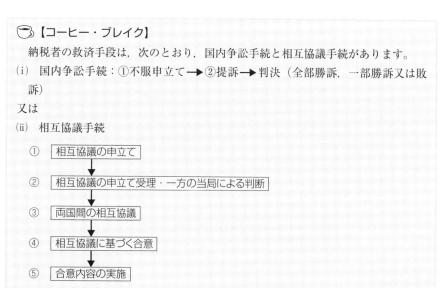

② 条約に適合しない課税の種類

1項に定める「条約の規定に適合しない課税」について、OECDモデル租税条約コメンタリーの9は、実務上、相互協議手続の対象となる事例は非常に多いが、二重課税を回避する条約の目的において、二重課税を引き起こす以下の事例を挙げています。

- 7条2項の下での，恒久的施設に帰属する利益に係る問題
- 支払者と実質的所有者の間に特別の関係がある場合における9条，11条6項又は12条4項の規定の下での，利子及びロイヤリティの超過部分への支払者の国での課税
- 債務者の居住地国において利子を配当として処理する過少資本税制の適用において，例えば9条又は11条6項に対応した条約の条項に基づく処理の事例
- 納税者の実際の状況に係る情報の欠如により条約の誤った適用につながる事例として，特に，4条2項における居住者，5条における恒久的施設の存在，又は15条2項における短期滞在者免税に係る決定事例

③　移転価格課税による経済的二重課税

相互協議の対象となる二重課税について，OECDモデル租税条約コメンタリーの10は，権限のある当局による相互協議は，法的二重課税だけでなく，移転価格に係る経済的二重課税の問題も対象とする枠組みを提供していると説明しています[40]。特に，経済的二重課税については，9条1項の下で関連企業の利益を取り込む結果生じるとした上で，同条2項における対応的調整が求められる場合に，十分な根拠に基づく検証がなされているか，また，適切に課税額が決定されているかの双方について，相互協議手続の対象になると説明しています。

さらに，同コメンタリーの11では，9条2項における対応的調整規定に類似したルールは，1977年以前に署名された租税条約には規定されていないことが多いが，9条1項で規定した移転価格課税により利益が調整された結果生じる経済的二重課税は少なくとも租税条約の精神に従っていないことから，ほとんどのOECD加盟国は，25条の下で設定される相互協議手続の射程内にあると考えています。

相互協議による救済を経済的二重課税にまで含めることについては，各国における自国の企業に対する独占的な課税権を浸食することにつながるとの抵抗感があり，こうした抵抗感が対応的調整を認めるかについての各国の立場の違いに反映されているように考えられます。

各国の税務当局にとっては，自国に所在する企業への課税権は，主権の問題と

40　例えば，同一法人の国外支店の帰属所得に対する本国と外国による二重課税を法的二重課税といい，親子会社間の移転価格課税のように異なる法人を通じて生じる二重課税を経済的二重課税といいます。

して考えられているわけですが，多国籍企業にとっては，多国籍企業グループの連結利益を一体と考えれば，国家間の調整が行われなければ二重課税になるという経済的二重課税の主張により救済を求めることになります。

　各国が主権の問題として主張する課税権の確保と多国籍企業の投資や貿易を促進させるための国際協調として主張する二重課税の回避は対立するものであり，実際に，相互協議での合意が困難となる状況は，各国の税務当局が投資や貿易の促進を目的とした国際協調よりも自国の課税権確保を優先することにより生まれるものと考えられます。

　また，投資家所在地国である先進国における投資・貿易促進の観点からの経済的二重課税回避の優先度合いと市場所在地国である新興国・開発途上国における源泉地国課税の観点からの課税権確保の優先度合いとが対立する場合があり，特に最近，源泉地国課税権主張の優先度を増している中国及びインド等において，課税権主張が二重課税回避に優先し，相互協議が難航する事例が増加してきています。

　こうした立場の違いは，義務的かつ拘束力を有する仲裁による課税権調整への新興国・開発途上国の抵抗感に反映されており，新興国・開発途上国の立場を反映する国際連合では拘束力のない調停により各国の課税権に配慮する議論が行われるようになってきています。

【租税条約トピック㊳】　相互協議の申立対象

　国税庁は，平成13年6月25日付官協1-39「相互協議の手続について（事務運営指針）」（最終改正平成29年6月）（以下「相互協議事務運営指針」といいます。）の「第2　居住者・内国法人等からの申立てに係る相互協議」「3　相互協議の申立てができる場合」(1)（注）1として，以下の例を示しています。

　イ　内国法人とその国外関連者との間における取引に関し，わが国又は相手国等において移転価格課税を受け，又は受けるに至ると認められることを理由として，当該内国法人が相互協議を求める場合

　ロ　居住者又は内国法人が，相手国等における恒久的施設の有無又は相手国等に有する恒久的施設に帰せられる所得の金額について，相手国等において租税条約の規定に適合しない課税を受け，又は受けるに至ると認められることを理由として，相互協議を求める場合

　ハ　居住者又は内国法人が，相手国等において行われる所得税の源泉徴収について，租税条約の規定に適合しない課税を受け，又は受けるに至ると認められることを理由として，相互協議を求める場合

ニ　非居住者で日本の国籍を有する者が、相手国等において、当該相手国等の国民よりも重い課税又は要件を課され、又は課されるに至ると認められることを理由として、相互協議を求める場合

ホ　居住者で相手国等の法令により当該相手国等の居住者ともされる者が、租税条約の適用上その者が居住者であるとみなされる国の決定について、相互協議を求める場合

ヘ　相続税法に規定する相続税又は贈与税の納税義務者が、実施特例法施行省令第3条第1項の規定により、二重課税回避のため、相互協議を求める場合

【コーヒー・ブレイク】

わが国の近年の相互協議の大部分は、次のとおり移転価格事案に関するものです。平成29年11月に公表された「平成28事務年度の『相互協議の状況』について」によれば、平成28事務年度（平成28年7月から平成29年度6月まで）の相互協議事案の発生件数は162件で、そのうち事前確認に係るものは131件、移転価格課税に係るものは25件、その他恒久的施設（PE）及び源泉所得税に係るものは6件となっており、事前確認及び移転価格課税に係るものは全体の96.3％となっています。

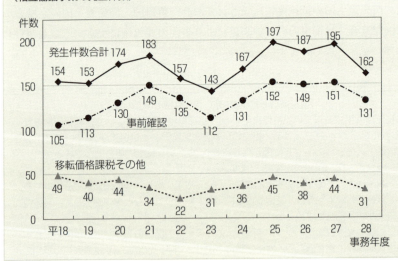

(相互協議事案の発生件数)

④　二重課税とならない課税に係る相互協議

「条約の規定に適合しない課税」であれば、二重課税にならないとしても、相互協議の対象となります。OECDモデル租税条約コメンタリーの13は、条約によ

り他方の締約国に排他的課税権があるものの国内法上の問題から課税できない状況下で，一方の締約国が課税した場合には相互協議の対象になるとしています。また，一方の締約国の国民が他方の締約国の居住者であり，他方の締約国により24条1項の下で差別的取扱いを受ける場合には相互協議の対象になります。

⑤ 条約の規定に適合しない課税の蓋然性

相互協議の申立ては，「条約の規定に適合しない課税を受けた」場合のみならず，「条約の規定に適合しない課税を受けることになると認め」られる場合にも許容されます。後者の場合について，OECDモデル租税条約コメンタリーの14は，相互協議は，国内法上の紛争の対象となっている請求に係る手続と異なり，納税者が条約の規定に適合しないと考える課税が行われ又は通知されるのを待たなくても，納税者により開始できる点に留意すべきであるとしています。そして，相互協議を開始するには，納税者は一方の又は双方の締約国の措置により，課税リスクが可能性（possible）でなく蓋然性（probable）のあるものとして発生していることを立証すれば十分であるとされています。こうした措置については，立法的か規制的であるか，一般的適用か個別的適用かを問わず，直接かつ必然の結果として，申立人に対し条約の規定に反して租税を課することとなるすべての措置や決定を意味しています。例えば，一方の締約国の租税法令の変更により，特定の種類の所得を稼得する者が条約の規定に適合しない課税を受けることになる場合，法令がそのように変更され，かつ，当該所得を稼得又は稼得する蓋然性があるのであれば直ちに相互協議を申し立てることができるとしています。また，条約の規定に適合しない課税を受ける蓋然性が生ずる状況としては，申告納税制度の下での申告書の提出や税務調査の過程における特定の納税者の申告ポジションに対する積極的な審査として，例えば，一方の締約国の法令に基づき納税者に要求される別の申告ポジションが提示され，条約に適合しない課税を受ける蓋然性を生じさせる場合が考えられます。また，一方の締約国の公表された見解や税務調査の実務が，特定の申告ポジションに対する積極的な審査により，条約に適合しない課税を受ける蓋然性を生み出す賦課通知の提示に繋がる高い見込みを生じさせる場合も考えられます。

特に，1項の冒頭の文言から示唆されるとおり，一方の又は双方の締約国の措置により条約の規定に適合しない課税を受けることになるか否かについては，納税者の観点から判断されなければならず，課税を受けるという納税者の確信は合理的かつ立証可能な事実に基づかなければならないものの，課税当局は，課税が

行われることになることの証明について，例えば蓋然性の衡量の下での国内訴訟法上の証明の基準に達していないという理由だけで，1項に基づく申立てを拒否すべきではないとしています。

　相互協議による救済については，各国の権限のある当局のリソースにも配慮し，条約の規定に適合しない将来の課税の蓋然性がなければ救済を与える必要はないわけですが，課税処分により二重課税となってから相互協議を行う場合には，例えば，課税処分により増加した租税収入を相互協議で減額することに対する抵抗が課税処分を行った国の権限のある当局に生まれることになり，相互協議での二重課税回避のための柔軟な交渉の妨げになるという問題があります。課税処分に係る相互協議と事前確認に係る相互協議とでは，実際に合意の困難性も異なるので，可能な限り，課税処分により増加した租税収入の既得権を減額することへの抵抗感を和らげる工夫が必要と考えられています。

　EU域内では，課税処分を行う前に相互協議を行い，二重課税の回避を行った上で，相互協議の合意に基づく課税処分を行うという実務が行われており，条約の規定に適合しない課税の蓋然性の要件については，二重課税の回避を優先して緩和していくのが正しい方向であると考えられます。

⑥　延滞税及び加算税に係る相互協議

　延滞税及び加算税に係る相互協議について，OECDモデル租税条約コメンタリーの49は，ほとんどの締約国が，行政上課される延滞税及び加算税は租税条約2条の対象税目に含まれないとの立場に立っているものの，そのような立場に立ったとしても，延滞税及び加算税が租税条約2条の対象税目に直接関連している場合，相互協議の結果，対象税目に関する納税額が減額されるのであれば，延滞税及び加算税を課した締約国は，それに連動して延滞税及び加算税も減額すべきであるとしています。

　OECDモデル租税条約コメンタリーの49.1では，延滞税及び加算税が租税条約2条の対象税目と直接関係しない場合，そのような延滞税及び加算税は通常相互協議の対象に含まれないものの，延滞税及び加算税を課すことが正当化されないようなときには，締約国が延滞税及び加算税を課さないことについて合意することはできるとしています。

　同コメンタリーの49.4では，二重課税の回避という租税条約の目的及び締約国は誠実に租税条約を実施しなければならないという要請に照らし，納税者による相互協議の申立てを行う意欲を削ぐような延滞税及び加算税の賦課は避けるべき

であるとしています。なぜなら、延滞税及び加算税は、納税者に費用及びキャッシュ・フロー上の負担を課すものであるために、納税者の相互協議の利用にネガティブな影響を及ぼしかねないからです。

また、締約国が延滞税及び加算税の納付を要件とする場合でも、相互協議の手続が、国内法上の審査よりも負担が大きいものであってはならないとしています。

> 【コーヒー・ブレイク】
> 　加算税に係る相互協議については、わが国においても、ほとんどの締約国と同様、行政上課される加算税は、各国国内法の問題であり、租税条約2条の対象税目に含まれないとの立場に立っていますが、延滞税については、財務大臣が相手国の権限のある当局との間で合意をした期間に対応する部分に相当する金額を免除することができます。
> 　租税特別措置法66条の4第25項では、「第一項の規定の適用がある場合において、法人と当該法人に係る国外関連者（中略）との間の国外関連取引に係る第一項に規定する独立企業間価格につき財務大臣が当該条約相手国等の権限ある当局との間で当該租税条約に基づく合意をしたことその他の政令で定める要件を満たすときは、国税局長又は税務署長は、政令で定めるところにより、当該法人が同項の規定の適用により納付すべき法人税に係る延滞税及び地方法人税に係る延滞税のうちその計算の基礎となる期間で財務大臣が当該条約相手国等の権限ある当局との間で合意をした期間に対応する部分に相当する金額を免除することができる。」と規定しています。
> 　そして、租税特別措置法施行令39条の12第16項は、延滞税免除のための具体的要件を規定しています。
> 　いずれにせよ、財務大臣が相手国の権限のある当局との間で合意をした期間に対応する部分に相当する金額の延滞税を免除するためには、相手国においても相互主義により、同様に延滞税を免除できることが合意の前提になると考えられています。

⑦　対応的調整を含む二重課税の回避

OECDモデル租税条約コメンタリーの12は、相互協議手続は、9条2項に規定する対応的調整により発生する問題に対処することが明確な役割とされていることから、9条2項と同様の規定がないとしても、2項が念頭に置くタイプの事例（移転価格の課税事例等）では、対応的調整を含む二重課税の回避を求めるべきであり、見解の違いがあるとしても、経済的二重課税に対する対応的調整がなされるべきであるとしています。

【租税条約トピック㊴】　対応的調整の適法性

　旧日米租税条約の下では，現行の日米租税条約25条２項に相当する条項は存在しなかったところ，米国内国歳入庁がトヨタ及び日産米国子会社に対し移転価格税制に基づき連邦所得税の増額更正をした事案について，日本の親会社の申立てに基づき日米の権限のある当局間で交わされた合意が，旧日米租税条約に基づかない違法なものか否かが争われた事例があります。

　東京高裁平成８年３月28日判決は，次のように説示しました（判決15。なお，原判決は，横浜地裁平成７年３月６日判決（判決16）です。）。

　「日米租税条約が，国際間の二重課税の回避を主たる目的として締結されたことを考えると，移転価格税制の規定を設けながら，その適用によって他方当事国の関連者に生ずる国際的，経済的二重課税の問題について，これを放置していたと解するのは常識的でなく，対応的措置については25条の協議に委ね，合意が可能な限りにおいて，経済的二重課税の回避を測ろうとしているものと解するのが相当である。このことは，日米租税条約と同様に，対応的措置の義務付けについての規定を有しなかったOECDの昭和52年改正前のモデル条約の解釈として，OECD租税委員会が，昭和59年の報告書で「モデル条約９条２項に相当する条項がない場合であっても，第１項に相当する条項の存在は，経済的二重課税を条約の対象に含めようとする締約国の意図を示している。従って，移転価格の調整によって生ずる経済的二重課税は，少なくとも租税条約の精神に反するものであることから，モデル条約第25条第１項及び第２項の相互協議手続の対象となり得る。」との見解を示していることからも裏付けられるところである。……控訴人らの右主張は，日米租税条約の下で，対応的調整の合意をするためには，同条約25条の国内法的効力では足りず，これとは別個に国内立法を要するとの考え方に立脚するものであるが，このような考え方には多分に疑問があり，国内法がなくても，大蔵大臣は，対応措置について米国との間で協議することができ，かつ，合意することができるものと解する余地が多分にある。

　しかし，この点はしばらくおき，仮に我が国が対応的措置について合意するためには，租税条約実施特例法７条の規定を要するとの考え方に立ったとしても，同条は昭和62年４月１日から施行されたのであるから，同日以降に合意に達した本件日米合意が，同条に基づく合意であることは明らかであり，また，同条には，対応的調整を遡ってなしうる期間についてはなんらの制限も設けていないから，被控訴人日産について昭和51年３月期，同トヨタについて昭和54年３月期に遡って対応的調整に合意したからといって，なんら国内法上違法となるものではない。」

(ⅱ)　相互協議手続の概要

①　相互協議申立ての要件

　相互協議申立ての要件について，OECDモデル租税条約コメンタリーの16は，１項に基づく申立てとして認められるためには，１項において明示的に定式化された二つの要件を充足しなければならないとしており，第１に申立てはいずれか

一方の締約国で行われること，第2に条約に適合しない課税を生じさせる措置の最初の通知から3年以内に申し立てられなければならないことを求めています。条約では，申立ての形式に関する特別な準則は定めておらず，権限のある当局は適当と考える特別な手続を定めることができるとしており，特別な手続が明定されていない場合には，関係国の税務当局に対して租税に関する異議が申し立てられるのと同じ方法で，その申立てを行うことができることになります。

【コーヒー・ブレイク】
　租税条約の規定に適合しない課税に関するわが国における相互協議申立て手続について，租税条約等実施特例法施行省令12条1項及び2項は，以下のとおり規定しています。
「1　居住者若しくは内国法人で第1条の3第2項第14号に規定する相手国等における居住者（中略）でないもの又は非居住者若しくは外国法人で相手国等における居住者であるものは，租税条約のいずれかの締約国又は締約者の租税につき当該租税条約の規定に適合しない課税を受け，又は受けるに至ると認める場合において，その課税を受けたこと又は受けるに至ることを明らかにするため当該租税条約の規定に基づき国税庁長官に対し当該租税条約に規定する申立てをしようとするときは，次の各号に掲げる事項を記載した申立書を国税庁長官に提出しなければならない。
　一　申立書を提出する者の氏名，住所若しくは居所及び個人番号（中略）又は名称，本店若しくは主たる事務所の所在地，その事業が管理され，かつ，支配されている場所の所在地及び法人番号（法人番号を有しない法人（中略）にあつては，名称，本店又は主たる事務所の所在地及びその事業が管理され，かつ，支配されている場所の所在地）
　二　申立書を提出する者（中略）の当該租税条約の相手国等における納税地及び当該申立書を提出する者が当該相手国等において納税者番号を有する場合には，当該納税者番号
　三　当該租税条約の規定に適合しない課税を受け，又は受けるに至る事実及びその理由
　四　当該租税条約の規定に適合しない課税を受け，又は受けるに至る年，事業年度又は年度
　五　申立書を提出する者が国税通則法第117条第2項の規定による納税管理人の届出をしている場合には，当該納税管理人の氏名及び住所又は居所

> 六　その他参考となるべき事項
> 2　前項の申立書には，同項の租税条約の規定に適合しない課税を受けたこと又は受けるに至ることを証明するために必要な書類を添付しなければならない。」

② 期間制限

相互協議の申立てに係る期間制限（1項2文により3年の期間制限が定められています。）について，上記OECDモデル租税条約コメンタリーの20は，時期を逸した申立てへの対応による負担から税務当局を解放するためのものであるとしています。本期間制限は最低限のものと解すべきであり，両締約国は二国間条約において納税者のためにより長い期間を合意することが可能であり，条約に関して国内法が期間制限をなくすことも可能と考えられています。

【租税条約トピック㊵】　相互協議の申立てに係る期間

例えば，わが国とイタリアとの租税条約25条(1)項においては，旧ベルギーとの租税条約25条1項と同様，次のとおり，相互協議の申立てに係る期間の制限はありませんでした。
「一方の締約国の居住者は，一方の又は双方の締約国の措置によってこの条約に適合しない課税を受け又は受けるに至ると認める場合には，両締約国の法令で定める救済手段とは別に，自己が居住者である締約国の権限のある当局に対し，その事案について申立てをすることができる。」
ただし，後述のとおり，イタリアが，3年の期間制限を定めたBEPS防止措置実施条約16条1項の選択を確定的に行えば，3年の期間制限が適用されることになります（同条4項(a)号(ii)後段）。また，後述のとおり，2016年に締結された現行のベルギーとの租税条約25条1項も3年の期間制限を規定しています。
さらに，わが国とカナダとの租税条約25条1項においては，3年よりも短い2年の期間制限が定められています。後述のとおり，カナダが，3年の期間制限を定めたBEPS防止措置実施条約16条1項の選択を確定的に行えば，従前の2年の期間制限が3年に修正されることになります（同条4項(a)号(ii)前段）。

また，OECDモデル租税条約コメンタリーの21では，課税リスクの蓋然性が認められれば納税者は直ちに申立てができるとしても，条約の規定に適合しない課税に係る措置の最初の通知日から3年の期間制限に係る始期は，納税者に有利に解すべきとされており，賦課決定通知又は告知その他徴税や賦課関係書類により明示された措置の通知日から起算すべきであるとされています。すなわち，納税

者は条約の規定に適合しない課税結果になると見込まれると思料したら直ちに事案を申し立てる権利があることから，3年の期間制限の始期よりも前に相互協議の申立てを行うことができるものの，期間制限の始期自体は結果が顕在化した時点で初めて開始するとされています。

さらに，同コメンタリーの22は，多くの場合には，措置の最初の通知日については，適切な賦課決定通知，告知その他徴税や賦課関係書類により明らかであり，一般的には国内法において通知がなされた日が規定され，通知を送付した時点，送付後特定の日数経過日，通知が到達すると見込まれる日，実際に通知を受領した日に着目しているとしています。しかし，こうした規則がない場合には，実際に通知を受領した日，又は十分な証拠がない場合には通知が適切な住所に通常到達すると見込まれる日を通知日とし，本規定は，納税者にとって最も有利な方法により解されるべきであるとしています。

☕【コーヒー・ブレイク】

わが国においても，納税者は条約の規定に適合しない課税結果になると見込まれると思料したら直ちに事案を申し立てる権利があると解されており，条約の規定に適合しない課税に係る措置の最初の通知日（すなわち，3年の期間制限に係る始期）よりも前に相互協議の申立てを行うことができることになります。また，実務上，相互協議手続については，事前相談を行うことができ，移転価格調査が開始され，担当者意見等，最終判断に至る前の課税提案等の段階で，相互協議室と相談する事例が多く，事前相談を複数回行った後で相互協議の申立てを行うことも多いと考えられます。

事前相談の過程で，相手国の課税方法等に関する検討や相互協議を見越した反論等について，相互協議室と連携していく場合もあり，特に，相手国の課税提案を受け入れる等により相互協議における日本側反論の障害になるような対応は，相互協議室との相談を経ずに行うことは避けるべきと考えられます。

しかしながら，相互協議の目的が二重課税の排除であり，双方の国の権限のある当局に譲歩させていくことにより，二重課税の排除を求めていくことになることから，一方的に相手国の課税処分だけを問題であるとする主張も避けるべきものと考えられます。相手国での課税処分がいかに不合理であるかを事前相談の段階で説明するとしても，相手国での課税処分取消を求める相手国での争訟等での手続とは異なり，相互協議においては一方的な主張が相互協議での合意をむしろ困難にする場

> 合があります。相手国での課税処分を可能な限り減額するための議論を相互協議において行うとしても，最終的には自国での対応的調整も求めていく必要があり，そのための説明としては，相手国の課税処分についても一部合理性のあることを事前相談に盛り込んでいった方が二重課税の排除には有効であると考えられます。

　3年間の期間については，同コメンタリーの25は，不服申立手続等の国内法上の手続（行政手続を含む。）の間も継続して進行するため，納税者は，国内法の手続と相互協議手続による救済との選択を求められるという困難が生じることを指摘しています。この点に関して，25条に適合する2つのアプローチがあり，1つ目は，国内法の手続の間も中断されないため納税者は相互協議手続の開始を求めるものの，国内法の手続において最終的な決定がされるまでは，権限のある当局間では本格的な議論に入らないというものです（国内手続優先アプローチ）。2つ目は，権限のある当局は議論を開始するものの，納税者が国内法の手続を取り下げることに同意しなければ，最終的な合意を形成しないというものです（相互協議手続優先アプローチ）。相互協議で合意に至らない場合を慮って国内法の下での申立ての必要性を納税者が検討するか否かにかかわらず，すべての関係者に望ましいアプローチは，相互協議手続による納税者の問題解決にまずは焦点を合わせ，二国間ベースでの解決を求めるべきであるという後者のアプローチです。

③　国内での手続

　相互協議手続について規定している2項に係るOECDモデル租税条約コメンタリーの30は，相互協議は2つの段階に分かれているとしています。

　同コメンタリー31は，納税者の相互協議申立てにより開始される第一段階では，納税者と事案が申立てられた国の権限のある当局との間の交渉段階だけで手続が進行するとしています。1項の規定は，納税者に対して，締約国の各国内法における救済手段を尽くしたか否かにかかわらず，いずれか一方の締約国の権限のある当局に対して申立てを行う権利を与えています。他方，権限のある当局には，申立てが「正当と認められるか」否かを検討し，正当と認められる場合には，2項に規定する二つの形式のいずれかの措置をとる義務（自ら満足すべき解決を与えるか，他方の締約国の権限のある当局との合意によって当該事案を解決するよう努める義務）があるとしています。

☕【コーヒー・ブレイク】

　わが国においては、相互協議手続において合意が得られない場合を慮って、納税者は、従来、相互協議の申立てに加えて、異議申立て（現行法では再調査の請求、以下同様。）を行い、さらに、実務上、相互協議手続を優先的に進行させ、その間異議申立て手続を中止して欲しい旨の上申書を税務当局に提出している例が多かったと思います。そして、当該上申を受けて、相互協議手続中は異議申立手続を中止するという運用がなされています。相互協議で合意が得られその内容が受け入れられるものであれば、納税者は異議申立てを取り下げることになります。もし、相互協議で合意が得られなければ（また、合意が得られたとしてもその内容が納税者にとって受け入れられるものでなければ）、納税者は中止していた国内の不服申立手続を再開することになります。上記を図解すると次のとおりである。

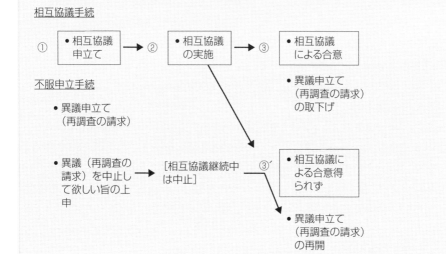

　また、同コメンタリー31.1は、相互協議の申立てが「正当と認められる」か否かについて判断するに当たり、事案の申立てを受けた権限のある当局は、締約国における課税が条約の規定に適合しているか否かを決定するために、納税者の申立てについて予備的評価を行う必要があるとしています。いずれか一方の締約国において、条約に適合しない課税があるか、又はそのような課税に成り得ると考えることが合理的である場合、納税者の申立ては正当であると考えることが適切であるとしています。

さらに，同コメンタリー32は，正当な申立てを受けた権限の当局が，申立が正当であると認められ，かつ，申立ての対象となった課税の全部又はその一部は申立てられた国の措置によるものであると考える場合，権限のある当局は，申立人に対して，正当と認められる調整又は救済措置を講ずることにより可能な限り早期に満足を与えなければならないとしています。こうした状況では，相互協議の第二段階に進むことなく（一国による）問題解決が可能となっています。他方，例えば条約の所定の解釈について確認するため，他方の締約国の権限のある当局との間で見解と情報の交換を行うことが有用とされることがあり得るとしています。

　しかし，同コメンタリー33は，権限のある当局が，申立ての対象となった課税の全部又は一部が他方の締約国の措置によるものであると考える場合には，2項の規定の文言から明らかなように，（両締約国による）相互協議の第二段階の手続を開始することが権限のある当局の責務であり，義務であるとしています。権限のある当局は，特に移転価格調整の結果として関連企業の利得が調整された場合，第二段階の手続を開始する義務を可能な限り早期に遂行することが重要であるとしています。

　また，同コメンタリー34は，納税者は，一方（又は双方）の国の法令に従い不服申立てを行ったか又は訴訟を開始したかどうかにかかわらず，1項により自己の事案についていずれか一方の権限のある当局に対し申立てをすることができるとしています。相互協議の申立てが行われた国において訴訟が係属中であれば，居住地国の権限のある当局は，最終的な判決を待たずに，事案が相互協議の適格性を有すると考えるか否かについて明らかにすべきであるとしています。適格性を有すると判断される場合，権限のある当局は，自身で満足すべき解決を与えることができるか否か，又は当該事案は他方の締約国の権限のある当局に送付されなければならないか否かについて判断しなければならず，相互協議の開始を求める納税者の申立ては正当な理由なく拒絶されるべきではないとしています。

　同コメンタリー35は，いずれか一方の居住地国の裁判所の最終的な判決が下された場合でも，納税者は，相互協議の申立て又は同手続の続行を希望するかもしれず，権限のある当局が裁判所の判決と異なる満足すべき解決に達することができる国もあります。一方，権限のある当局が裁判所の判決に拘束される国も存在しますが，権限のある当局は，他方の締約国の権限のある当局に事案を申入れ，

二重課税を回避するための措置を取るよう当該権限のある当局に求めることができるとしています。

> 🍵【コーヒー・ブレイク】
> わが国においても，救済のための過度のリソース配分を避けるため，納税者が裁判手続を優先する場合には相互協議を開始しないが，他方，相互協議を優先する場合には，不服審査等の手続を進行させないとした上で，相互協議手続を行うことになります。裁判を受ける権利を侵害しないことに配意した上で，二重課税の除去を優先するための取扱いとなっています。そのため，相互協議の仮合意が行われた際にも，納税者が仮合意結果に不服で，裁判による救済を求める場合には，本合意を行わず，相互協議を終了することになります。その点について，相互協議事務運営指針の「第2 居住者・内国法人等からの申立てに係る相互協議」「16 合意に先立っての申立て者の意向の確認(1) 1」において，「庁相互協議室は，相手国等の権限ある当局と合意に至ると認められる状況となった場合には，合意に先立ち，合意案の内容を文書で申立者に通知するとともに，申立者が当該合意内容に同意するかどうかを申立者に確認する。」としています。
> そして，同「18 相互協議手続の終了(1)へ」において，「16(1)の確認を行った場合において，申立者が権限ある当局間の合意案に同意しなかった場合」には，相互協議手続を終了するとしています。

④ 国際間の協議手続

第二段階の国際間の協議手続について，OECDモデル租税条約コメンタリーの36は，相互協議の申立てが行われた国においては，申立てを支持する立場に立ち，両締約国の権限のある当局間で協議を行うとしています。第二段階の相互協議手続については，両締約国に協議を行う義務を課しているが，合意に達する義務までも課しているのかという問題があります。

25条2項が協議する義務を課していることは明らかです。同コメンタリー37は，権限のある当局が，相互協議手続を通じて合意に達するよう最善を尽くす義務はあるものの，合意に達するまでの義務は負わないとしています。そのため，後述のとおり，5項で仲裁規定を設け，権限のある当局が相互協議を通じて合意に達することができなかった問題がある場合にも，合意に達することができるメカニズムを提供しています。

さらに、同コメンタリー38は、二国間で合意に達するため、権限のある当局は、まず、各国の税法及び租税条約の規定に照らして協議のポジションを決定しなければならないが、これは、納税者を拘束する税法及び租税条約は、権限のある当局も拘束するからであるとしています。しかしながら、厳格な運用が合意に達することを妨げる場合には、国際的仲裁の場合と同様、権限のある当局は、納税者を満足させるために、公平の観点を考慮することにより解決を図ることが合理的と考えられています。

イ 第3項に係る論点
(i) 条約の解釈又は適用に関して生じる困難又は疑義についての相互協議

OECDモデル租税条約コメンタリーの50は、本項の第1文において、権限のある当局に対して条約の解釈又は適用に関する困難を相互協議により解決する権限を与えているとしています。

同コメンタリーの51は、本項の条約の解釈又は適用に関して生じる困難については、源泉地国での配当、利子又は使用料に課された源泉所得税の救済措置の適用等に関して発生する実務的な困難性だけでなく、租税条約交渉の担当者が予定していた租税条約の規定の適正な運用を損ない又は妨げるような困難性で、租税条約の解釈に関する従来の合意では解決できないものも含まれています。

同コメンタリーの52は、本項の規定の下で、権限のある当局においては、以下のようなことができるとしています。

- 租税条約の用語が不完全又は不明瞭に定義されている場合、困難を取り除くために、定義を完全又は明確なものとすること。
- 一方の締約国の法令が改正され、改正が租税条約の実質や均衡を損なうものでない場合、改正された税制から生じる可能性のある困難性を解決すること。
- 過少資本税制の適用に関して、借主の国で利子が配当と取り扱われるか否か、貸主の国で配当と同様の二重課税の救済措置を与えるべきか否か、また、いかなる条件により救済を認めるのかを決定すること。
- 多国間の事例について、本項2文と同様に1項及び2項の適用に係る適切な手続、条件及び様式を決定すること。

OECDモデル租税条約コメンタリーの53は、権限のある当局については、第3

条の定義により、通常、財務大臣又は権限を与えられたその代理者が指名されており、租税条約の解釈に関して生じる困難を相互協議手続により解決する権限が与えられているとしています。しかし、彼ら以外で外務省や裁判所等の他の機関にも、国際的な条約や取決めの解釈権限、特に排他的な解釈権限を有している点に留意すべきであるとしています。

そして、同コメンタリーの54は、権限のある当局が、租税条約の解釈又は適用に関して合意に達した場合には、当該合意について権限のある当局が修正又は廃止に合意しない限り、両国政府を拘束することになるとしています。

(ii) 条約に定めのない二重課税の除去のための相互協議

OECDモデル租税条約コメンタリーの55は、本項の2文において、権限のある当局が、条約に定めのない二重課税の除去についても相互協議により処理することができると規定しています。例えば、両締約国に恒久的施設を有する第三国の居住者に、恒久的施設間での二重課税が発生し、両締約国と第三国の間に租税条約が締結されている場合には、各租税条約を組み合わせて、25条1項、2項及び3項の下ですべての締結国の権限のある当局は二重課税問題を解決することができることになります。関係するすべての締約国の権限のある当局による多国間の合意は、二重課税を除去するための最善策になるとしています。

本コメンタリーの55.1は、条約による処理について明示的に又は黙示的に規定していないことを国内法において補完することを禁じている国においては、租税条約又は議定書の交換の際に、本問題を相互協議手続で処理できることを議論することが有益であり、本問題を処理する議定書により租税条約を補完する必要があるとしています。

また、本コメンタリー55.2は、3項1文の下で、権限のある当局は、第三国における課税が事案の解決に影響を与えると思われる場合、当該第三国の権限のある当局との間でも事案を解決できるよう努力をすることに一般的に同意するかもしれないとしています。そして、多国間の相互協議手続に関する明示的な規定を設けることを望む締約国は、2項に係る以下の代替案（下線は筆者によります。）の使用に合意するであろうとしています。

「2　権限のある当局は、1の申立てを正当と認めるが、自ら満足すべき解決を与えることができない場合には、この条約の規定に適合しない課税

を回避するため,他方の締約国の権限のある当局との合意によって当該事案を解決するよう努める。事案の解決が,第三国における所得又は資本への課税に影響する又は影響を受ける場合には,権限のある当局は,各締約国の間で有効な租税条約が存在し,第三国の権限のある当局が第1項に規定する3年以内の申立てに合意している場合に,締約国の権限のある当局による相互協議で事案を解決するために,第三国の権限のある当局との間でも,相互協議による事案の解決に努める。事案の解決のために,権限のある当局は,本租税条約の適切な規定について,手続に関係する締約国と第三国の間の租税条約の適切な規定とともに,検討しなければならない。成立したすべての合意は,両締約国の法令上のいかなる期間制限にもかかわらず,実施されなければならない。」

ウ 第4項に係る論点

4項は,1項及び2項における個別事例,個別事例に関係する一般的問題としての3項における条約の解釈及び適用について,権限のある当局が相互協議をどのように実施していくかを定めています。

OECDモデル租税条約コメンタリーの57では,4項は,権限のある当局が相互に直接通信できることを最初に規定しており,外交チャンネルを通じる必要がないとしています。また,同コメンタリーの58は,権限のある当局は,相互に通信することができ,書面,電話,ファクシミリ及び直接の会合その他の便利な方法によりこれを行うことができ,望めば,本目的のために,正式に合同委員会を設置することができるとしています。

> 【コーヒー・ブレイク】
> わが国においては,実務上,相互協議による解決は相互協議室による解決事績となっていることから,相互協議室以外の組織である合同委員会による解決は行われていないと考えられます。
> なお,OECDモデル租税条約コメンタリーの40は,OECD租税委員会が対応的調整により発生する問題に対する以下の勧告において,権限のある当局間等におけるコミュニケーションの重要性を指摘しています。
> a) 移転価格の事案において,国内では税務当局と納税者の間で,また,国際的

な場面では，関係するすべての関連企業と税務当局の間で，すべての関係する問題について可能な限り早期に，かつ十分な接触ができることが重要であるとしています。
b) 権限のある当局は，こうした問題について，書面，電話，又は直接面談や会議の方法により，最適な方法で，可能な限り柔軟に話し合いを行うべきであるとしています。そして，最も効率的な問題解決のための方法を模索すべきであり，権限のある当局は，判断に当たりに十分な事実関係に係る情報を入手するため，26条による情報交換の規定を活用すべきであるとしています。
c) 移転価格の事案に関する相互協議の過程において，関係する納税者は，両締約国の権限のある当局に対して，文書及び口頭で関係する事実及び主張を提示するためのあらゆる合理的機会が与えられるべきであるとしています。

さらに，同コメンタリーの59は，4項の合同委員会の委員の数及び手続規定の決定は，両締約国の権限のある当局に委ねられているとしています。しかし，同コメンタリーの60は，合同委員会を通じて2項の相互協議を行う場合には，両締約国は，納税者に対して，以下のような重要な権利保障を与えなければならないとしています。
- 書面又は口頭で自ら又は代理人を通じて意見陳述を行う権利
- 弁護士の助力を受ける権利

もっとも，同コメンタリーの61は，本手続の特別な性格から，納税者又は代理人に対して関連する文書の開示を義務付けてはいません。

同コメンタリーの62は，合同委員会の人選については，権限のある当局に任されていますが，合同委員会における代表者については，経験豊富な高官又は裁判官を選任することが望ましいとしています。

2 相互協議手続の実務上の運用概要

以下において，近年の相互協議件数の国際的推移とわが国に係る推移を示します。課税事案に係る相互協議件数は，国際的には増加傾向があるのに対して，わが国に係る相互協議件数は減少傾向にあります。この原因の一つは，近年，わが国の課税当局による移転価格の課税処分件数が減少していることにあると推測されます。他方で，わが国の相互協議案件の約8割が事前確認に係るものであり，

紛争予防のための事前確認の案件数は増加傾向にあります。

(1) 相互協議の国際的潮流
ア　OECD加盟国における課税事案に係る相互協議発生件数の増加

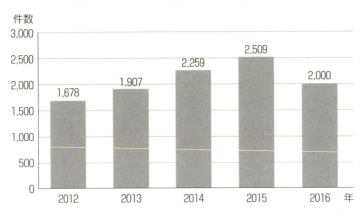

(出所：OECD：Mutual Agreement Procedure Satistics for 2017より作成)

イ　相互協議発生件数の多い国の推移
2006年から2016年の推移は次頁の表のとおりです。なお，2016年においてわが国は16位でした。上記のとおり，国際的に見た場合，相互協議件数に係るわが国の位置付けは相対的に大きく低下してきています。

ウ　わが国における相互協議発生・処理件数等
平成29年11月に公表された「平成28事務年度の『相互協議の状況』について」によれば，相互協議事案の発生件数は162件，処理件数は171件で，そのうち事前確認に係るものは発生131件／処理143件，移転価格課税に係るものは発生25件／処理28件，その他恒久的施設（PE）及び源泉所得税に係るものは発生6件／処理0件となっており，事前確認及び移転価格課税に係るものは全体の発生件数の96.3％／処理件数の100％となっています（252頁参照）。
処理事案1件当たりに要した平均的な期間は29.1か月で，そのうち事前確認に係るものは28.9か月で，移転価格課税その他に係るものは30.2か月でした。
さらに，相互協議事案の繰越件数は，252頁下の図のとおり，平成28事務年度において456件で，そのうち事前確認に係るものは343件，移転価格課税に係るも

5　BEPS防止措置実施条約の解説（相互協議手続の改善）　◆251

	2006		2012		2013		2014		2015		2016	
1	United States	240	Germany	277	United States	403	Germany	374	Belguim	428	Belguim	426
2	Germany	212	United States	236	Germany	267	United States	354	Germany	363	Germany	353
3	France	104	France	181	France	216	Belguim	205	United States	289	France	296
4	Netherlands	80	Belguim	151	Switzerland	131	France	201	Luxembourg	212	Luxembourg	284
5	Canada	76	Switzerland	120	Canada	127	Canada	127	France	173	United States	179
6	Sweden	72	Sweden	100	Belguim	124	United Kingdom	117	Switzerland	148	Italy	159
7	Japan	37	Canada	87	United Kingdom	79	Luxembourg	116	Canada	130	Switzerland	147
8	Belguim	31	Netherlands	83	Netherlands	75	Switzerland	109	Netherlands	128	Canada	124
9	Austria	29	United Kingdom	69	Sweden	65	Sweden	91	United Kingdom	115	Netherlands	113
10	Luxembourg	22	Austria	61	Finland	56	Italy	89	Sweden	92	United Kingdom	109
11	Spain	18	Italy	45	Italy	52	Netherlands	87	Italy	80	Spain	85
12	Norway	15	Luxembourg	39	Luxembourg	45	Austria	49	Denmark	52	India	78
13	Denmark	15	Spain	36	Austria	41	Finland	49	Austria	43	Austria	70
14	Italy	14	Japan	31	Japan	36	Japan	45	Korea	42	Sweden	63
15	Mexico	14	Denmark	24	Norway	26	Denmark	43	Japan	38	Denmark	50

のは94件、その他恒久的施設（PE）及び源泉所得税に係るものは19件となっており、事前確認及び移転価格課税に係るものは全体の95.8%となっています。

（相互協議事案の処理件数）

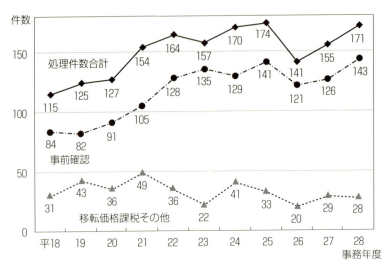

（相互協議事案の繰越件数の推移）

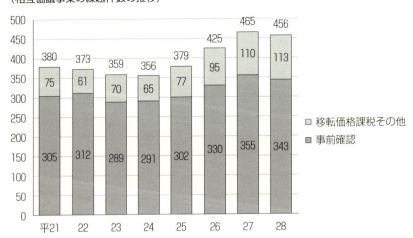

相互協議処理事案の業種内訳等は，以下のとおりとなっています。

(業種別内訳)（単位：件）

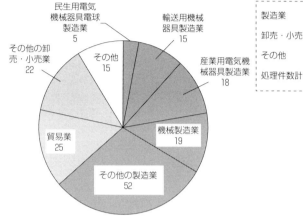

(対象取引別内訳)（単位：件）

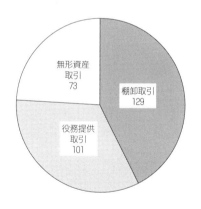

（注）1　処理事案1件について複数の取引が対象になっている場合には，それぞれ1取引としてカウントしているため，対象取引数の合計と処理件数とは一致しません。

2　事前確認に係る相互協議事案の合意後，当該事案に係る補償調整及び修正が生じた場合には，当初合意で対象とした取引でカウントしています。

（独立企業間価格の算定方法内訳）（単位：件）

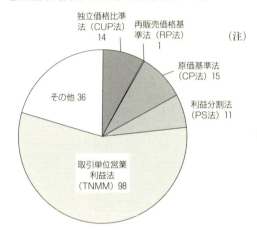

(注) 1　処理事案1件について複数の独立企業間価格の算定方法が使用されている場合には，それぞれ1算定方法としてカウントしているため，算定方法の合計と処理件数とは一致しません。
2　事前確認に係る相互協議事案の合意後，当該事案に係る補償調整及び修正が生じた場合には，当初合意で用いた独立企業間価格の算定方法でカウントしています。

（出所：国税庁公表資料より作成）

また，相互協議繰越事案の相手国・地域は以下のとおりとなっています。

（相互協議繰越事案の相手国・地域）

	欧州	アジア・大洋州	米州	国・地域計
OECD加盟国	ベルギー	豪州	カナダ	18か国
	チェコ	韓国	メキシコ	
	デンマーク		米国	
	フィンランド			
	フランス			
	ドイツ			
	アイルランド			
	イタリア			
	ルクセンブルク			
	オランダ			
	スウェーデン			
	スイス			
	英国			

OECD非加盟国・地域		中国		9か国・地域
		香港		
		インド		
		インドネシア		
		マレーシア		
		シンガポール		
		台湾		
		タイ		
		ベトナム		
国・地域計	13か国	11か国・地域	3か国	27か国・地域

(出所:国税庁公表資料より作成)

さらに,繰越事案の相手国・地域の地域別件数内訳は,アジア・大洋州が最も多く229件となっており,次いで米州が124件,欧州103件となっています。

OECD非加盟国・地域との相互協議事案について,発生件数は41件,処理件数は28件,同年度末の繰越件数は178件で,相互協議事案の繰越件数全体(456件)の39%に当たります。

OECD非加盟国・地域との相互協議事案に限ってみると,処理事案1件当たりに要した平均的な期間は36.9か月で,そのうち事前確認に係るものは37.3か月で,移転価格課税その他に係るものは35.9か月でした。OECD加盟国との相互協議事案に比べて,より長い期間を要しています。

3　主要国との間の相互協議に関する留意事項

近年,わが国との相互協議案件(繰越案件数)が多い上位2国は,米国と中国となっています。そこで,米中との相互協議に関する留意事項を説明します。

(1) 米　国
(i) 担当部署

事前確認相互協議部局(Advance Pricing and Mutual Agreement Program(以下「APMA」ということがあります。))

(ii) 相互協議の頻度
年4回程度

(iii) 根拠手続
- 相互協議に関する歳入手続（Rev. Proc. 2015-40）
- 条約相手国当局への相互協議申立て後に米国IRSへの相互協議の申立てを遅滞なく行うこと（Section 3.04(1)），相手国の当局に提出した資料はすべてIRSにも提出を義務付ける（Section 3.05(1)）など，義務規程や推奨規定を詳細に規定しています。
- APAに関する歳入手続（Rev. Proc. 2015-41）

相手当局へのAPA申立てから60日以内に同様の申立てを米国IRSに対しても行うこと（Section 3.03(2)(b)）などを義務付けています。

(iv) 1980年代以降の米国との相互協議による問題解決の歴史
　米国との相互協議はわが国にとって最も歴史が古く，多種多様な事案を解決してきました。そのため，米国との相互協議において，他国の事案にも役立つ論点が多く存在するため，これまでの相互協議での主要な議論を解説いたします。

① 円高時の日本企業の米国子会社に対する再販売価格基準法及び利益比準法による課税に係る対応的調整協議
　1980年代後半は，85年のプラザ合意を受け，急激な円高となっていましたが，それに先立つ70年代後半から80年代前半にかけての日本企業の輸出価格については，鉄鋼ダンピング問題に代表される低価格での輸出が問題となっていました。当時は，円安等もあり，相対的に輸出競争力の向上した日本企業による米国への輸出価格は相対的に低いと評価され，貿易摩擦の要因となっていました。

　80年代前半までの円安等によるダンピングの疑いは，日本企業の鉄鋼以外の業種にも及び，自動車製造業の米国子会社への輸出価格が低いのではないかとして，価格資料の提供が求められました。
　最終的には，当該日本企業による米国子会社への輸出価格はダンピングには該当しないこととなりましたが，提出された価格資料はIRSにおいて利用されることとなり，輸出価格が低いのではなく，逆にその後の円高により輸出価格が高い

として，米国子会社の売上原価を過大にして，売上総利益の水準が低くなる要因になっているとの指摘を受けることとなりました。日本企業の米国子会社は販売子会社であったことから，米国では販売子会社に適用する再販売価格基準法による移転価格課税が行われることになりました。

米国での販売子会社に対する取引の比較対象については，日米間の合弁による販売契約を行っていた同種の非関連の販売会社が存在したため，当該販売会社を比較対象企業とする移転価格課税が行われることになりました。ただし，日米間の合弁による販売契約では，円ドルの為替変動にかかわらず販売子会社の利益水準を確保するという内容の契約であったため，プラザ合意後の円高を受けた輸出価格の上昇により日本企業の米国子会社の売上原価が上昇し，売上総利益の水準が低下していったにもかかわらず，米国の比較対象企業の利益水準は低下しなかったという状況にありました。

具体的な数字を使いシミュレーションしてみると以下のとおりとなります。

プラザ合意前の1985年8月末の円ドル為替レートは1ドル＝237.25円であったのに対して，プラザ合意の1年後1986年8月末の円ドル為替レートは1ドル＝156.10円であったので，単純化して例えば1ドル＝240円で移転価格を設定し，1ドル＝160円まで円高が進行した場合を考えてみます。

原価基準法を前提に，例えば日本企業の製造コストを2,000,000円，製造マージンを400,000円とすると移転価格は2,400,000円となり，1ドル＝240円でドル換算すると10,000ドルとなります。米国販売子会社の再販売マージンを2,000ドルとして，再販売価格を12,000ドルと設定すれば，製造マージン及び再販売マージンがともに確保される取引となります。

ここで，1ドル＝160円まで円高が進行した場合に，原価基準法により日本企業の製造マージンを固定すると，2,400,000円の移転価格は，1ドル＝160円でドル換算すると15,000ドルとなってしまいます。

仮に米国販売子会社の再販売価格が米国市場における競争により値上げができず12,000ドルと固定される場合には，15,000ドルが輸入原価となるため，米国販売子会社のマージンは，－3,000ドルとなり，損失が発生することになります。

プラザ合意以降の継続的な円高局面において，為替変動を移転価格へ転嫁した場合には，米国ドル建て価格の引き上げを通じて米国市場での価格競争力を低下させて，市場シェアを失う結果となることから，日本企業としては，米国市場で

のシェアを確保するために，移転価格への転嫁を抑制せざるを得ない状況にあったと考えられます。

そこで，IRSが，米国内の為替リスクを負っていない販売会社を比較対象として，再販売マージン2,000ドルの確保を求める再販売価格基準法による移転価格課税を行ってきた場合，再販売価格12,000ドルから，米国販売子会社の再販売マージン2,000ドルを差し引いた10,000ドルが輸入価格となり，1ドル160円で円換算すると，移転価格は1,600,000円とすることが求められました。

日本企業の製造コストは2,000,000円であったわけですから，日本企業の製造マージンは，－400,000円となってしまい，赤字を計上することになりました。このように，米国販売子会社の所得を創造するために，日本企業が損失を負担する状況は，インカムクリエーションと呼ばれ，その後の日米相互協議の最大の争点となっていきました。

日本の親会社と米国販売子会社の利益が合算で黒字となっていないにもかかわらず，米国販売子会社の利益を黒字にするために，日本の親会社がより多くの損失を負担することになるというインカムクリエーションの状態は，日本の親会社の円建ての業績を大幅に引き下げる効果を持ち，輸出主導型のわが国経済にとってデフレ的な効果を継続して及ぼしていたものと考えられます。

ただし，日米取引における円高による損失負担の問題は，当初は十分に議論がなされていなかったものと考えられ，最終的に課税金額の減額が一部行われたものの，米国での課税所得が維持された部分については，親会社の課税所得を減額する巨額の対応的調整による還付が行われました。本事案において，円高による米国子会社の利益水準の低下を十分に議論していなかったことを引き継ぎ，日本企業の米国子会社の利益水準の低下に対しては，米国内の為替リスクを負っていない販売会社を比較対象とすれば，移転価格課税が可能になるとの課税スタンスが米国IRSにおいて確立されていったものと考えられます。為替変動の移転価格への前方転嫁を米国市場で行うことができるか，逆に日本側で後方への転嫁として親会社が負担することになるのかが，日米両国の移転価格問題の課題となっていました。

こうした状況はさらに深刻化し，日米自動車・同部品協議の交渉終盤，1995年4月19日には，1ドル79円75銭にまで円高となりましたが，それに応じて日本企

業の米国子会社の利益水準は一層低下し，米国では日本企業の販売子会社の利益水準が米国の販売子会社と比較して低いとの指摘が，内国歳入長官フレッド・ゴールドバーグにより議会でなされ，外国企業への代替的ミニマム税導入の議論も行われていました。当時は，1986年に導入された所得相応性基準の適用をめぐり，1988年の「内国歳入法482条に関する白書（移転価格の研究）」の公表を受け，無形資産を含む取引を評価するための独立企業原則の適用について，Basic Arm's Length Return Method（BALRM）及びProfit Split Methodによる解決が提案されていました。同白書を受け，1992年には財務省規則案が策定され，利益比準法及び利益比準幅（Comparable Profit Interval（CPI）Method）の適用による解決が提案され，クリントン政権に移行した1993年には財務省暫定規則において，独立企業間価格の算定方法における基本三法優先をやめ，各算定方法の中で最も適した方法を採用する最適方法ルール（The Best Method Rule（BMR））が導入されました。そして，1994年の財務省最終規則により利益比準法の適用が確定したため，外国企業への代替ミニマム税による課税水準の引き上げではなく，利益比準法（Comparable Profit Method（CPM））による外国企業の販売子会社の利益水準の引き上げによる解決が模索されていったものと考えられます。外国企業の販売子会社の利益水準が低いとの問題意識は，最近では，2017年1月からIRSが行っているインバウンド・ディストリビューター・キャンペーンにおける外国企業への問題意識と同様であり，トランプ税制改革により導入されたBEAT（Base Erosion and Anti-Abuse Tax）が外国企業への代替ミニマム税の側面を持つことから，同様の課税スタンスを米国IRSが有しているおそれがあるものと考えられます。

　また，中国への製造移転を行い，中国から販売子会社へ輸出している場合は，中国への制裁関税が仮に20％となれば，同様に販売子会社の利益水準を大幅に押し下げる効果があり，移転価格課税を受けるリスクが高まってくるものと考えられます。

② 利益比準法の適用によるインカム・クリエーションへの批判

　円高時の利益比準法による移転価格課税は，日本企業の米国子会社の利益水準を引き上げるためのツールとして活用されていったものと考えられ，1990年代には自動車及びエレクトロニクス関係等の機械輸出企業の多くが米国の移転価格課税により二重課税を経験することになりました。既述したIRSのゴールドバーグ長官による議会証言は，円高による日本企業の問題だけでなく，同様にマルク高に

よるドイツ企業の問題としても指摘がなされたため，日本企業とドイツ企業の米国子会社が利益比準法による移転価格課税を受ける状況にありました。

IRSによる利益比準法での課税は，米国内の比較対象企業から算定される米国ドル建ての独立企業間利益率の確保を求めることを通じて，Pricing to Marketによる米国ドル建て移転価格の維持を後押しする効果を持っており，日本企業にとっては，米国ドル建て価格の引き上げを行うことができず，為替変動の移転価格への後方転嫁となる円建て価格の引き下げを余儀なくされ，原価割れ輸出を引き起こす結果となるものであったと考えられます。

そのため，OECD移転価格ガイドラインの改訂を議論するOECD租税委員会第6作業部会では，米国の利益比準法による課税に対して，日本及びドイツが中心となって問題点を指摘し，適用を制限するための議論が行われるようになりました。わが国の経団連及び日本機械輸出組合も，1992年8月及び1993年8月に国際租税ミッションを派遣し，IRS公聴会において反対意見を表明しています。当時の大蔵省においても，第6作業部会において，利益比準法によるみなし課税（インカム・クリエーション）に対する反対意見を表明し，ハーバード・ビジネススクールのマイケル・ポーター教授による5フォース分析を使用して，企業の投資収益率は，新規参入業者，競争業者との直接競合，代替品との間接競合，供給業者，顧客との力関係により決定されると主張し，比較対象企業によるみなし課税は，移転価格決定の実態から乖離しているとの主張を展開しました。

③ 利益比準法への歯止め

こうした活動の結果，利益比準法に対する歯止めとして，利益比準法の企業単位での適用を避け，取引単位での適用を求める取引単位営業利益法を国際的に認められた方法であるとし，独立価格比準法，再販売価格基準法及び原価基準法の基本三法には劣後する方法として利益法を位置づけ，利益分割法の次に記載することとなり，OECD移転価格ガイドラインの1995年の改訂において，以下の規定を置くこととしました。

- 伝統的な基本三法が利益法より好ましい（パラグラフ172）。
- 基本三法だけで処理できない「最後の手段（Last Resort）」の事例では利益法の適用も検討されるが，一般的にいって，利益法の適用は控えられることが望ましい（パラグラフ173）。
- ほとんどの国は，利益比準法が実験段階の方法であると考えており，「最後

の手段」の場合には，利益分割法の利用の方が好ましいと考えている（パラグラフ175）。
- データの入手が困難だというだけの理由で自動的に利益法を適用してはならない（パラグラフ130）。

そのため，日米間の相互協議においても，円高等により日本の親会社及び米国子会社双方が赤字となっているシステムロスの状況において，米国子会社の片側だけ検証して利益水準を確保するためにインカム・クリエーションを行うのは，日本の親会社において更なる赤字を創出することになり，極めて問題であるとの議論を行ってきました。そして，利益分割法を応用して，損失分割にも適用し，日本の親会社が一方的に損失を負担するのではなく，米国子会社も損失を負担すべきであるとの主張を行っていきました。

しかしながら，米国側は，米国市場への入場税としての側面や外国企業への代替ミニマム税に近い発想から，米国子会社が赤字を負担するのは許容せず，米国子会社のインカム・クリエーションによる日本の親会社による損失負担による対応的調整を求める議論が継続することになりました。

④　修正再販売価格基準法による協議

利益比準法による課税は，営業利益を利益水準指標として採用するものですが，ベリー比と同様，当時のわが国では，売上総利益を利益水準指標とする再販売価格基準法しか適用が認められていませんでした。そのため，相互協議での合意を同じ利益水準指標を用いて行うことは困難な状況にあり，修正再販売価格基準法と言われる方法により玉虫色の合意を達成する工夫が行われるようになっていました。修正再販売基準法による合意とは，米国側では，利益比準法による営業利益での検証と合意水準を決定するのですが，日本側では，販売費一般管理費を調整して営業利益の水準を売上総利益の水準に引き直した上で検証し合意水準を決定するという方法でした。このように，国内法の違いを克服して両国が可能な限り独立企業間価格算定方法を修正していく努力は，相互協議においても求められている重要な要素であったと考えられます。

また，ベリー比（売上総利益／営業費）についても，
売上総利益＝営業利益＋営業費
であることから，

（営業利益＋営業費）／営業費

と書き換えられ，

（営業利益／営業費）＋100％

となり，営業利益を分子とする利益水準指標として，利益比準法と同様のものと解することとし，日米の相互協議では，受け入れられていくようになりました。

⑤ ハイブリッド・メソッドの適用及び事前確認による将来年度への損失繰延による解決の模索

修正再販売価格基準法による合意が行われるとしても，米国子会社のインカム・クリエーションによる日本の親会社の損失負担による対応的調整が引き続き行われる場面があったことから，二重課税解決のために利益比準法以外の方法として，ハイブリッド・メソッドによる合意が模索されていきました。

ハイブリッド・メソッドによる合意とは，利益分割法と利益比準法を複合して使用するものであり，日本の親会社及び米国子会社の双方が赤字となるシステムロスの状況では，米国子会社の利益水準が利益比準法による要求水準を下回ることから，低い利益水準又は損失について，利益（損失）分割法を適用することとし，システム・プロフィットの状況では，利益比準法を適用して，米国の要求水準に応えていくという合意を行うようになりました。しかし，ハイブリッド・メソッドによる解決は，日米間の一般的な解決としては採用されず，事実と状況の下で，個別にハイブリッド・メソッドによる解決が模索されるにとどまっていました。

また，IRSにおける相互協議の体制は現在のAPMAと異なり，権限のある当局と法律顧問官室のアナリストが別の組織であったことから，過去の課税年分に対する協議は，権限のある当局の譲歩が引き出しやすく，将来年度の事前確認に対する協議は，アナリストの譲歩が引き出しにくいという状況にありました。そのため，別の意味でのハイブリッドでの合意として，過去年度の課税を権限のある当局により譲歩させて日本での対応的調整を最小化し，将来年度の事前確認の水準を黒字化して引き上げる譲歩を差し出す合意も行われ，インカムクリエーションによる二重課税の解決が図られるようになっていきました。

⑥ ロイヤリティーの放棄による損失補填への対応

米国子会社の赤字に対するIRSによる利益比準法による課税は，日本の親会社と米国子会社の間で直接の輸出取引がある場合には，輸出価格の調整により対応

的調整が可能になる場合がありますが，米国子会社が，現地調達現地販売のように日本の親会社との間で直接の輸出取引がない場合には，対応的調整が困難になる事例が見られます。こうした事例では，ブランドや製造ノウハウ等のロイヤリティーしか利益水準を変更する調整弁がなく，それだけでは十分な対応的調整ができない場合があります。しかしながら，日本側の譲歩として行われていたのは，ロイヤリティーの放棄までで，損失補塡を行うための負のロイヤリティーまでは認めることはできないという立場を採っていました。そのため，日米間では，二重課税が一部残る部分合意による解決が図られたり，場合によっては，商流変更を行うことにより親会社経由の取引とすることで，利益水準の変更を行うための調整弁を作り出す取組みが模索されるようになっていきました。

⑦　円高時の外国企業の日本子会社に対する再販売価格基準法による日本での課税に係る対応的調整協議

　円高時に，例えば薬価基準等による政府規制の影響で，円建ての市場価格が固定され下方硬直的である輸入取引においては，その輸入価格を外貨換算すると為替差益が膨らむ事例が存在していました。仮に輸入価格をドル換算するとわが国で輸入している価格は，国際的に見て極めて高い水準にある内外価格差が移転価格上の問題として注目されるようになったわけです。

　既述した米国での利益比準法による課税の分析と同様，具体的な数字を使いシミュレーションしてみると以下のとおりとなります。

　プラザ合意前に，例えば1ドル＝240円で移転価格を設定し，1ドル＝160円まで円高が進行した場合を考えてみます。

　外国企業は，再販売価格基準法を前提に，例えば外国企業の製造コストを8,000ドル，製造マージンを2,000ドルとすると移転価格は10,000ドルとなり，1ドル＝240円で円換算すると2,400,000円となります。日本の販売子会社の再販売マージンを400,000円として，再販売価格を2,800,000円と設定すれば，製造マージン及び再販売マージンがともに確保される取引となります。

　ここで，1ドル＝160円まで円高が進行した場合に，日本の販売子会社の再販売価格が日本市場における政府規制等の影響により値下げされず，2,800,000円と固定される場合には，リセールマイナスにより日本の販売子会社のマージン400,000円を固定して差し引くと，2,400,000円の移転価格は変わらないのですが，ドル建てでは，1ドル＝160円でドル換算すると15,000ドルとなる状況にありました。

そのため，15,000ドルが外国企業の輸出価格となるため，外国企業のマージンは，7,000ドルとなり，円高による為替差益が日本に還元されず，外国企業に円高による超過利益が移転する結果となっていました。
　そこで，わが国の税務当局は，政府規制等による価格の下方硬直性を前提とした内外価格差が生み出す超過利益の外国への移転に歯止めをかけるための移転価格課税を行っていったわけです。

　米国における日本企業への利益比準法による移転価格課税においては，米国販売子会社の損失を引き上げるため，為替リスクを負っていない米国の販売会社を比較対象として課税を行うことが可能でしたが，わが国の税務当局にとって，超過利益の外国への移転に歯止めをかけるためには，その外国企業が他国へは10,000ドルで輸出しているにもかかわらず，日本向けに15,000ドルで輸出していることに対して，外国において製造マージンが過大となっている事実を確認して，原価基準法による移転価格の算定から，10,000ドルを移転価格として超過利益を取り戻す課税を行うことが求められました。しかし，わが国の移転価格税制においては，外国企業の保有する資料の入手は努力義務となっていたため，外国企業は，原価資料の提供には応じる義務はなく，外国での製造原価と製造マージンの情報に基づく原価基準法による移転価格の設定により超過利益を取り戻す課税を行うことができず，内外価格差の問題を解決するための方策が考えられることになりました。

　こうした内外価格差による移転価格問題は，最近では，中国がマーケットプレミアムとして主張しているものですが，外国企業のリセールマイナスによるマージンの固定による超過利益の海外への移転に対して歯止めをかけるための課税を行うことが課題になっていたものと考えられます。
　わが国の税務当局では，政府規制等による内外価格差に基づく超過利益を直接検証して日本への帰属を主張するのではなく，例えば，医薬品業等であれば，一次卸における医療情報担当者（Medical Representative: MR）等におけるマーケティング機能を評価することにより，日本への超過利益の帰属を求めることとしていました。そのため，比較対象企業の選定に当たっては，一次卸を前提に高い販売マージンを採用することで超過利益の帰属を求めていくことになりました。
　当時は，営業利益による検証を行う取引単位営業利益法の適用を行うことがで

きなかったとして，再販売価格基準による売上総利益での検証を行うこととしていました。そのため，無形資産使用料を織り込んだ移転価格での輸入を行う外国企業の場合，売上原価が過大で売上総利益は過小となるのですが，販売費一般管理費では無形資産使用料を負担していないため，営業利益では一定の利益が確保される状況にありました。わが国の税務当局は，比較対象として，無形資産使用料を販売費一般管理費で負担している販売会社を採用したため，売上原価は相対的に低く売上総利益が相対的に高くなることから，外国企業の売上総利益の引き上げを行うことが可能となっていました。これにより，販売費一般管理費で無形資産使用料を負担していない外国企業の営業利益は，比較対象企業の水準よりも相当高い水準が求められることになるのですが，輸入価格に無形資産使用料が織り込まれていることを示すために外国企業の原価資料の提出を求め，それが立証された場合には，販売費一般管理費の差異の調整を行い，営業利益での検証を認めるという既述した修正再販売価格基準法の応用による実務が行われていました。

⑧ 事前確認のロールバックによる二重課税の解決

移転価格課税を行い，二重課税を解決するために相互協議を行うと，合意により二重課税が解決されるまで，2年から3年程度経過することになります。そのため，相互協議が継続している間に後続年分の二次課税が行われるという事態が起き，場合によっては三次課税も行われることになるのではないかとの懸念が生まれました。そこで，1995年頃の外国企業に対するわが国での移転価格課税に係る相互協議において，一次課税の相互協議合意に併せて後続年分の相互協議を二次課税の前に合意することにより，二重課税を回避した二次課税が行われることとなりました。その経験から，移転価格課税を受けた多国籍企業は，相互協議の申立てと共に，相互協議継続中の後続年分の事前確認を申請し，オープンイヤーをロールバックにより解決する実務が確立されるようになったと考えられます。現在では，移転価格課税を当初から受けていない多国籍企業においても，過去の事業年分の課税リスクを回避するために，事前確認に併せてロールバックを申請する実務が確立されています。

また，ほぼ同時期に，米国において日本企業の米国子会社への利益比準法による移転価格課税が拡大してきたことから，米国においても同様の実務を確立していくことにより，利益比準法による二重課税の後続年分への二次課税による累積を避けることに効果があったものと考えられます。

☕【コーヒー・ブレイク】

　2018年3月に公表された米国IRSによる事前確認の2017年のアニュアルレポートでは，2017年に申請された事前確認事案の相手国は，日本が38％，インドが21％，カナダが8％の順になっています。確認した事案の相手国は，日本が57％，カナダが16％，韓国が9％となっています。また，協議中の事案の相手国は，日本が30％，インドが14％，カナダが12％となっています。

　確認した事案の業種別は，製造業が41％，卸売業が37％，サービス業が10％となっており，製造業では，コンピュータとエレクトロニクス製品が19％，化学製品が19％，輸送機器が17％となっています。

　また，外国企業の米国子会社の事案が59％，米国企業の外国子会社の事案が21％となっており，有形資産の米国への移転取引が28％，米国からの移転取引が16％，サービスの米国企業による提供が19％，外国企業による提供が16％，無形資産の米国企業による使用が14％，外国企業による使用が7％となっています。

　さらに，検証対象企業は，米国卸売企業が52％，米国サービスプロバイダーが19％，米国製造企業が11％となっています。

(v) 合意による解決の困難性

　現状では，日米間の相互協議は，事前確認が多数を占めています。権限のある当局間の信頼関係は確立されており，基本的には解決が困難ではないものと考えられますが，損失が発生する等，利益水準が低い場合には，どこまで損失補填が求められるかなど協議が困難になる局面もあるものと考えられます。さらに，次のような問題も指摘されています。

① 利益水準指標に係る議論

　最近の相互協議の状況について国税庁相互協議室長が外部へ説明している内容からは，利益水準指標について，日米間で見解が分かれていることが示されています（秦幹雄「最近の相互協議の状況について」（租税研究（2018・5）212頁以下）参照）。

　例えば，取引単位営業利益法を適用して米国における製造子会社の利益水準を検証する際に，わが国は，総費用営業利益率等を採用することが多いのに対して，米国では，資産集約的な製造活動であるとして営業資産営業利益率（Return on Assts:ROA）を主張して対立していると指摘しています。わが国の相互協議室では，ROAは，生産設備の稼働状況や製品の販売状況にかかわらず投資資産に対

するリターンが確保されるべきとの立場を採っており、必ずしも適切な結果が導かれないと主張しています。こうした考え方は、運転資本調整の項目である棚卸資産に対して、不良在庫の存在等、必ずしも利益に貢献しているとは限らないとの主張に類似しており、個別企業の利益水準の検証においては、固有の市場やリスクの条件、果たす機能、事実と状況に応じて個別に考慮すべきとの立場を採っていると考えられます。

　これは、既述したとおり、米国における利益比準法の導入が、ウィリアム・シャープ教授のCAPMの影響を受けた投資理論的な立場を採用したものであったのに対し、わが国がマイケル・ポーター教授による5フォース分析で反論した1995年OECD移転価格ガイドライン改訂での議論が、現在も継続していることを示しています。すなわち、独立企業原則の適用が、投資理論的な企業活動の期待利益を求めるものであるのか、又は企業活動の実績値を算定するものであるのかという、日米間の独立企業原則適用に係る立場の違いを反映したものと考えられます。

② 販売無形資産のロイヤリティーの取扱い

　米国に所在するわが国企業の販売子会社が、商品を購入した際に、その対価に加え、販売費一般管理費において、商標等の無形資産使用料を支払っている場合に、日米両国で見解が異なっているとされています。米国IRSは、独立第三者間であれば商品の対価に無形資産使用料が含まれており、商標等の無形資産使用料を別途支払うべきでないと主張していますが、わが国は、商品の購入対価に加え、無形資産使用料を別途支払っているのであれば、それを含め、商品の購入対価と無形資産使用料を一体で検証し、双方の控除後の米国子会社の利益水準を検証すればよいとの立場を採っています。米国側では、無形資産の二重取りではないかとの懸念を有しており、二重取りとなっていないことを明確に示すことが困難になっている状況にあります。

　この点についても、既述したとおり、過去においては、わが国における外資系企業への移転価格課税において、無形資産使用料を外国からの販売価格の控除として売上原価に反映させるのか、又は販売費一般管理費の控除として営業利益に反映させるのかという議論に類似しており、無形資産使用料の控除については、売上原価における控除項目であるのか、販売費一般管理費における控除項目であるのか議論が分かれ、二重取りの問題と併せ、各国の税務当局において議論の分かれる状況となっています。

また，外国企業への代替的ミニマム税に類するトランプ税制改革により導入された税源浸食濫用防止税（BEAT）の計算においては，無形資産使用料を売上原価で控除した場合には，損金算入が認められ，販売費一般管理費で控除した場合には，損金算入が認められない仕組みとなっており，類似した考え方が採られているものと考えられます。

③　第三国取引の取扱い
　米国子会社が，メキシコ等の日本以外の第三国に所在する関連会社との間で，販売や仕入れ等の取引を行っている場合，第三国との取引をどのように取り扱うか論点になる場合があるとされています。
　米国子会社の利益水準が，メキシコ等の第三国に所在する国外関連者との間の取引価格の歪みにより，将来変動してしまうという可能性があり，その影響を日米双方でどのように補償調整していくかという問題になるわけです。
　こうした事例では，第三国に所在する国外関連者との取引が独立第三者間価格であるとする重要な前提条件を付すことにより，解決してきたわけですが，近年，メキシコ等第三国において，課税権を主張する事例が発生しており，従来の日米二国間の合意だけでは，第三国の課税権に対する配慮が十分にはできないという問題となっています。
　現状では，第三国を含めたマルチでの相互協議の困難性から，日米二国間で解決すべきとの立場をわが国は採っていますが，BEPS最終報告書で議論されているバリューチェーン分析を前提として利益分割法による議論も将来は視野に入れていくことも必要になってきているものと考えられます。

④　APAにおける合意への柔軟性の欠如
　米国における相互協議担当は，2012年の組織変更によりAPAの審査部局と相互協議部局が合併して設立された事前確認相互協議部局（Advance Pricing and Mutual Agreement Program:APMA）となっています。組織変更前は，わが国と同様，国税庁調査課及び国税局国際情報第2課等に相当する審査部局と国税庁相互協議室に相当する相互協議部局が独立しており，相互協議部局には，相互協議における合意のための裁量が幅広く認められる状況にありました。しかし，当時の議論では，事前確認について，2つの部局が担当することからリソースの二重配分ではないかとの指摘があり，統合して効率化を図るという立場が採られまし

た。そのため，組織変更により，事前確認審査手続と相互協議手続での二度手間が省かれ，処理の促進が図られたわけです。

しかし，最近では，事前確認審査担当が相互協議における合意のための裁量を狭め，合意への柔軟性が欠ける状況となっている場合があります。国税庁相互協議室が，課税処分又は事前確認審査を行う国税庁調査課及び国税局国際情報第2課等と独立して判断を行うことができる背景としては，二重課税の除去を課税権の確保に対して優先することができるという政策的配慮があったと考えられますが，米国におけるAPMAの運用は，自国の課税権確保を優先する意向が示されており，合意による解決の困難性を高める結果となる場合も見受けられます。

(2) 中 国

(i) 担当部署

国家税務総局国際税務司反避税処

(ii) 相互協議の頻度

年2回程度（最近は増加傾向）

(iii) 根拠手続

国家税務総局公告2017年第6号公告（「国家税務総局の『特別納税調査調整及び相互協議手続に関する管理弁法』の公告」）

(iv) 合意による解決を困難にする中国税務当局側の事情

① 課税権確保の強い姿勢

中国における課税権確保への強い姿勢は，2008年施行の企業所得税法を契機としており，それまでの外国企業への二免三半減による優遇税制が撤廃され，移転価格税制等による外国企業への課税強化が行われたことが背景にあります。中国における多国籍企業への課税姿勢は，独立当事者間法理の解釈として，独立企業間で公平な配分を受ける権利があると主張していることであり，移転価格調査では，関連者間取引における不公平な配分に被害者意識のある当局者による機能・リスクに係る主観的な事実認定を前提とする傾向があります。そのため，地域性特殊要因としてマーケットプレミアムやロケーションセービングの主張による中国固有の高収益性や超過利益の現地子会社への帰属を求めて課税権を確保する姿

勢があります。具体的には，中国市場におけるマーケティング無形資産の主張により，マーケットプレミアムによる超過利益を帰属させるため，親会社の商標等の価値を過小評価してロイヤリティーを否認する主張を行っています。また，現地製造機能の改善等の主張により，ロケーションセービングによる超過利益を帰属させるため，親会社の製造ノウハウ等の価値を過小評価してロイヤリティーを否認する主張も行っています。

こうした中国の主張の背景としては，新興国と開発途上国メンバーの多い国際連合（UN）と先進国をメンバーとするOECDによるダブルスタンダートの問題が背景にあります。新興国と開発途上国が租税条約のポリシーとして採用している消費地・源泉地国への課税権の確保について，移転価格税制での独立企業原則の適用においても主張している状況にあります。そのため，OECD移転価格ガイドラインとUN移転価格マニュアルの対立が相互協議での議論において大きな障害になることがあります。

② 地方税務局との調整の困難性

中国では，分税制財政管理により地方税務局間の税源争奪に相互協議が巻き込まれるおそれがあり，中国内での拠点間利益の調整が困難な場合には，相互協議での合意が困難になる可能性があります。例えば中国子会社の利益水準が問題となる場合に，中国内での別の地方税務局管轄の子会社への利益移転が背景にあったとしても，日本の親会社に対する利益移転として問題を提起する傾向があります。

そのため，中国内の複数の地方税務局間の税源争奪に影響を与えないよう，国家税務総局は柔軟な譲歩を行うことが困難な状況にあります。例えば，日本への利益移転として認定した課税所得が，複数の地方税務局に帰属する場合があり，二重課税の解決のために複数の地方税務局の帰属利益の配分を変えないことが求められ，国家税務総局にわが国の相互協議室のような裁量が付与されていない状況にあります。

こうした地方税務局との調整の困難性が，相互協議での合意による解決の困難性につながっているものと考えられます。

③ 敗訴リスクが低いことによる強硬なスタンス

課税処分を受けた場合の救済手段として，中国内での取消訴訟による納税者の勝訴確率は極めて低いものと推測されています。そのため，日本や米国等では，

取消訴訟における国の敗訴リスクを回避するために相互協議での柔軟な譲歩が生まれているのに対して，中国においては敗訴リスクが極めて低いために，相互協議での柔軟な譲歩に向けたインセンティブに欠け，強硬なスタンスを堅持して，合意が困難な状況となっています。

また，相互協議での決裂を解決する仲裁についても自国の課税権を侵害するものであるとして受け入れておらず，相互協議での解決は極めて困難な状況にあるものと考えられます。

④　地域性特殊要因の協議困難性

既述したマーケットプレミアムやロケーションセービングについて，BEPS最終報告書を受けたOECD移転価格ガイドラインでは，これらは，無形資産に該当せず，過大評価しないように比較対象取引と比べて再調整する程度でよいとしていますが，中国はこの立場に必ずしも同意しておらず，最終的には，地域性特殊要因（Location Specific Characteristics）という表現を入れることで決着したのですが，依然として超過利益の中国市場への帰属を求めています。2013年に策定された国連の開発途上国のための移転価格実務マニュアルにおいても，中国における実務の説明において，中国市場に信頼できる比較対象が存在しないため，人件費が低いことによるセービング部分及び市場価格が高いことによる超過利益は，機能・リスク分析により中国の帰属利益になるとの記載があり，2017年に改訂されたマニュアルでも記載は削除されておらず，OECD加盟国との立場の違いは際立っています。この問題が深刻なのは，中国がマーケットプレミアムやロケーションセービングに超過利益の帰属を求めて移転価格課税をしている事例について，OECDは超過利益の帰属を認めていないとして，日本側も譲歩できず二重課税が解決されないおそれがあるという点です。

既述したとおり，わが国においても，マーケットプレミアムのような内外価格差による移転価格問題は経験しているわけですが，子会社のマーケティング機能を評価することにより，日本への超過利益の帰属を求めてきたことに鑑みれば，可能な限り，OECD移転価格ガイドラインの許容範囲内での立論により超過利益の帰属を認めることで相互協議の合意を図っていくべきであると考えられます。

⑤　追跡管理による事前確認のロールバックによる解決困難性

中国においては，移転価格課税を行った場合には，後続年分について追跡管理

による調査が義務付けられており，上記(1)(iv)⑧で指摘したように，わが国での1995年頃までの状況と同様，移転価格課税が行われ二重課税を解決するために相互協議を行うと，後続年分の追跡管理による調査に基づき二次課税が繰り返される状況にありました。

中国では，追跡管理による調査が義務付けられていたため，OECD加盟国のように，移転価格課税を受けた多国籍企業は，相互協議の申立てと共に，後続年分の事前確認を行い，オープンイヤーをロールバックにより解決することが困難な状況にありました。

しかし，2017年に公布された第6号公告においては，追跡管理による調査の規定が廃止され，移転価格課税が行われ相互協議を申し立てた時点で，後続年分の調査が開始されていない場合には，国家税務総局公告2016年第64号「国家税務総局の事前確認管理の改善事項に関する公告」により事前確認の申請を行い，ロールバックにより二重課税を解決することが可能になっています。そのため，今後は，OECD加盟国と同様，移転価格課税を受けた多国籍企業は，相互協議の申立てと共に，後続年分の事前確認を行い，オープンイヤーをロールバックにより解決する実務が確立されていくものと期待されています。

> 【コーヒー・ブレイク】
> 中国国家税務総局が公表している移転価格税制の執行状況の報告の中で，2015年の移転価格管理による税収額は以下のとおりとなっています。
> 管理（関連者間取引に係る同時文書の審査，移転価格の自主調整，移転価格調査の追跡管理）による増収額410億人民元（67％）
> 調査（移転価格調査の正式立案）による増収額116億人民元（19％）
> サービス（事前確認及び相互協議）による増収額84億人民元（13％）
> 経産省報告書によると，中国における課税措置への日系企業の対応については，次のように報告されています（同書154頁）。
> 「「当初課税措置を受け入れ」（68.7％）が大半を占め，次いで「相互協議」（10.4％）となっており，中国に進出した日本企業の特徴として，当局から受けた課税措置を受け入れる傾向にあることが分かる。」

(v) 合意による解決の困難性

日中間の相互協議は，既述した様々な要因により，解決が困難となっていますが，現状では，中国側で相互協議を担当する部署である国家税務総局の反避税処

のマンパワーが不足していることが要因であるとの見解をわが国は採っているようです。また，相互協議の開催回数も現在では，年間2回に限られ，議論の進捗が進まないことも要因として指摘されています。過去には，年間4回程度の相互協議開催実績もあったわけですが，日米の相互協議と同様，可能な限り開催回数を増加していく必要があると考えられます。

　相互協議の改善については，2018年末において，BEPS行動計画14の相互協議の効果的実施の勧告を受け，中国に対してもピアレビューが行われる予定となっています。ピアレビューでは，長期間解決していない二重課税問題について，相互協議の効果的な実施を求めており，中国の国家税務総局も相互協議のための体制を充実させてきているため，2018年になって日中間の相互協議は回数が増加し，合意案件が生まれてきています。

【コーヒー・ブレイク】

　近年日系企業に対するインドネシア及びインドにおける課税事例が増加しています。経産省報告書によると，インドネシア及びインドにおける課税措置への日系企業の対応については，次のように報告されています（同書155頁・154頁）。

　「インドネシアでは，「不服申し立て」(57.1％)と「裁判で係争」(51％)が上位を占め，「当初課税措置を受け入れ」(22.4％)は少なくなっている。」

　上記結果は，日インドネシア間で相互協議手続が余り有効に機能していないことも影響しているように思われます。そして，相互協議手続が有効に機能していないことの原因の一つとして，日インドネシア租税条約23条2項にはOECDモデル租税条約25条2項で規定している「成立したすべての合意は，両締約国の法令上のいかなる期間制限にかかわらず，実施されなければならない。」という一文が含まれていないことにもあると考えられます。

　「インドでは，「裁判で係争」(68.0％)，「不服申し立て」(64.0％)，「相互協議」(24.0％)に対し，「当初課税措置を受け入れ」(12.0％)は少なくなっている。」上記結果は，インドにおいては国内争訟手続によって課税処分が取り消される割合が大きいことも関連していると推測されます。なお，インドネシア及びインドいずれにおいても，国内争訟手続と相互協議手続が同時並行で進行する場合が少なくないようです。そして，インドネシアの場合，租税裁判所で結審すると，相互協議手続は終了することになっているようです。

4 BEPS防止措置実施条約（紛争解決の改善（第5部））

(1) はじめに

　BEPS防止措置実施条約第5部は，二重課税を回避するための相互協議手続の改善に関する後述の相互協議最終報告書記載のミニマムスタンダードの勧告を反映した規定です（16条〜26条）。第6部には仲裁手続に関する詳細な規定が盛り込まれましたが，第5部とは別立てになっています。最初に，仲裁手続を除いた相互協議手続の改善に関する規定の解説を行い，次に，相互協議最終報告書の解説を行い，最後に，仲裁手続に関する規定の解説を行います。

(2) 第16条：相互協議手続

ア　条　文

第16条
「1　一方又は双方の当事国の措置により対象租税協定の規定に適合しない課税を受けたと認める者又は受けることとなると認める者は，その事案につき，当該一方又は双方の当事国の法令に定める救済手段とは別に，いずれかの当事国の権限のある当局に対して申立てをすることができる。当該申立ては，当該対象租税協定の規定に適合しない課税に係る措置の最初の通知の日から三年以内に，しなければならない。

2　権限のある当局は，1に規定する申立てを正当と認めるが，自ら満足すべき解決を与えることができない場合には，対象租税協定の規定に適合しない課税を回避するため，他方の当事国の権限のある当局との合意によってその事案を解決するよう努める。成立した全ての合意は，両当事国の法令上のいかなる期間制限にもかかわらず，実施されなければならない。

3　両当事国の権限のある当局は，対象租税協定の解釈又は適用に関して生ずる困難又は疑義を合意によって解決するよう努める。両当事国の権限のある当局は，また，対象租税協定に定めのない場合における二重課税を除去するため，相互に協議することができる。

4(a)(i)　1の第1文の規定は，一方若しくは双方の当事国の措置により対象租税協定の規定に適合しない課税を受けたと認める者若しくは受けることとなると認める者が，その事案について，当該一方若しくは双方の当事国の法令に定める救済手段とは別に，自己が居住者である当事国の権限のある当局に対して若しくは当該事案が国籍に基づく無差別待遇に関連

する対象租税協定の規定の適用に関するものである場合には自己が国民である当事国の権限のある当局に対して申立てをすることができることを規定する対象租税協定の規定の全部若しくは一部に代えて，又は当該規定がない対象租税協定について，適用する。
(ii)　1の第2文の規定は，1の第1文に規定する事案に関する申立てを対象租税協定の規定に適合しない課税に係る措置の最初の通知の日から三年未満の一定の期間内にしなければならないことを規定する対象租税協定の規定に代えて，又は当該事案について申立てをしなければならない期間を規定する規定がない対象租税協定について，適用する。」（下線は筆者によります。）

［5及び6　省略］

イ　条文の解説

　上記16条は，相互協議最終報告書に記載された後述のミニマムスタンダード1.1及び3.1の勧告を受けて設けられたものです。

　相互協議へのアクセスについて，OECDモデル租税条約25条1項に関するコメンタリーの17は，いずれか一方の締約国の権限のある当局に対して事案を申し立てるという納税者に提供される選択肢について，可能な限り幅広く相互協議へアクセスできるようにすべきであるという一般的な原則を強化し柔軟性を提供することを意図しているとしています。この選択肢については，事案が相互協議の第二段階として，両締約国の権限のある当局により協議される段階に進むべきか否かに係る決定を，双方の権限のある当局が検討することを確保することも意図しています。

　また，OECDモデル租税条約25条1項において，いずれか一方の締約国の権限のある当局に申し立てることを認めていることは，両締約国の権限のある当局に対する事案の同時申立てを妨げておらず，その場合は，双方の当局における事案に対する協調したアプローチを促進するため，双方の権限のある当局にその旨を適切に通知すべきであるとしています。

ウ　わが国の適用関係

　上記16条1項1文について，英国，オーストラリア，スウェーデン，スロバキア，ニュージーランド及びフランスとの間で合意が成立しているので，それぞれ

の対象租税条約の関連の条文が修正されることになります（なお，OECDのBEPS防止措置実施条約のMLI Matching Database（beta）での2018年9月27日時点の情報に基づくと，下記諸国・地域は，批准が未了で暫定ベースのものですが，上記条文を選択しています。ただし，今後変更の可能性があるので，具体的検討の際には，その時点の最新情報を確認する必要があります。）。

> アイルランド，アラブ首長国連邦，イタリア，ウクライナ，エジプト，オランダ，カナダ，韓国，クウェート，サウジアラビア，チェコ，トルコ，ノルウェー，パキスタン，フィジー，フィンランド，ブルガリア，香港，マレーシア，メキシコ，ルーマニア，ルクセンブルク

なお，上記16条2項2文については，英国，及びスロバキアとの間で合意が成立しているので，それぞれの対象租税条約の関連の条文が修正されることになります。

エ　わが国が締結した個別の租税条約

わが国が締結する租税条約においては，従来，相互協議の申立ては自国（居住地国）の権限ある当局に対してのみ行うことができるとされていました。すなわち，「これまでに我が国が締結した租税条約では，相互協議の申立ては，納税者の居住地国の権限ある当局のみに対して行うことができることとされていました」。しかし，「上記のBEPSプロジェクトの最終報告書の内容を踏まえ，我が国においても，平成28年10月に署名された日本・ベルギー租税条約，平成29年1月に署名された日本・ラトビア租税条約及び日本・オーストリア租税条約において，相互協議の申立ては，納税者の居住地国にかかわらず，いずれかの締約国の権限ある当局に対して行うことができることとされました。」（『改正税法のすべて（平成29年度版）』767頁）。例えば，ベルギーとの租税条約25条1項1文は，「一方又は双方の締約国の措置によりこの条約の規定に適合しない課税を受けたと認める者又は受けることになると認める者は，その事案について，当該一方又は双方の締約国の法令に定める救済手段とは別に，いずれかの締約国の権限のある当局に対して申立てをすることができる。」と規定しています（下線は筆者によります。）。

(i)　ベルギー等との租税条約を含む最近の租税条約

以下において，2016年10月に締結された上記ベルギーとの租税条約25条1項並

びに改正前の対応する条文を記載します（下線は筆者によります。）。

改正前（25条1項）	改正後（25条1項）
いずれの締約国の居住者も，一方又は双方の締約国の措置によりこの条約の規定に適合しない課税を受け又は受けるに至ると認めるときは，両締約国の法令で定める救済手段とは別に，<u>自己が居住者である締約国の権限のある当局に対し</u>，その事件について申立てをすることができる。	一方又は双方の締約国の措置によりこの条約の規定に適合しない課税を受けたと認める者又は受けることになると認める者は，その事案について，当該一方又は双方の締約国の法令に定める救済手段とは別に，<u>いずれかの締約国の権限のある当局に対して申立てをする</u>ことができる。当該申立ては，この条約の規定に適合しない課税に係る措置の最初の通知の日から3年以内に，しなければならない。

　2017年1月に締結されたオーストリアとの租税条約25条1項も，また，同年11月に締結されたデンマークとの租税条約25条1項も，2018年1月に締結されたアイルランドとの租税条約25条1項も，さらには，2018年10月に締結されたスペインとの租税条約24条1項も，上記ベルギーとの改正後租税条約と同様です。
　なお，前述のとおり，わが国とカナダとの租税条約23条1項は2年の期間制限を規定していましたが，カナダがBEPS防止措置実施条約16条1項を確定的に選択すれば，3年の期間制限に修正されることになります（同条4項(a)号(ii)）。

(ii)　日米租税条約（日米新条約）
　相互協議の申立ては自国の権限ある当局に対してのみ行うことができるとされています（25条1項）。

(iii)　日中租税条約
　相互協議の申立ては自国の権限ある当局に対してのみ行うことができるとされています（25条1項）。

オ　租税条約改正に対応するための国内制度の整備
　上記の租税条約の相互協議手続の改正に対応するため，平成29年度税制改正に

よって,「相互協議の申立手続について,非居住者及び外国法人についても,国税庁長官に対して相互協議の申立てを行うことができることとされました。」(『改正税法のすべて(平成29年度版)』768頁)。具体的には,前述の実施特例法施行省令12条1項が次のとおり定めています(下線は筆者によります。)。

「居住者若しくは内国法人で第1条の3第2項第14号(免税対象の役務提供対価に係る所得税の還付請求書の記載事項等)に規定する相手国等における居住者(以下この項及び第3項第2号において「相手国等における居住者」という。)でないもの又は<u>非居住者若しくは外国法人で相手国等における居住者であるもの</u>は,租税条約のいずれかの締約国又は締約者の租税につき当該租税条約の規定に適合しない課税を受け,又は受けるに至ると認める場合において,その課税を受けた又は受けるに至ることを明らかにするため当該租税条約の規定に基づき<u>国税庁長官に対し当該租税条約に規定する申立てをしようとするとき</u>は,次の各号に掲げる事項を記載した申立書を国税庁長官に提出しなければならない。」

(3) 第17条:対応的調整
ア 条 文

> 第17条
> 「1 一方の当事国が,他方の当事国において租税を課された当該他方の当事国の企業の利得を当該一方の当事国の企業の利得に算入して租税を課する場合において,その算入された利得が,双方の企業の間に設けられた条件が独立の企業の間に設けられたであろう条件であったとしたならば当該一方の当事国の企業の利得となったとみられる利得であるときは,当該他方の当事国は,その利得に対して当該他方の当事国において課された租税の額について適当な調整を行う。この調整に当たっては,対象租税協定の他の規定に妥当な考慮を払うものとし,両当事国の権限のある当局は,必要があるときは,相互に協議する。
> 2 1の規定は,一方の当事国が他方の当事国の企業の利得を当該一方の当事国の企業の利得に算入して租税を課する場合において,その算入された利得が,双方の企業の間に設けられた条件が独立の企業の間に設けられたであろう条件であったとしたならば当該一方の当事国の企業の利得となったとみら

> れる利得であるときは、当該他方の当事国の企業の利得に対して当該他方の
> 当事国において課された租税の額について適当な調整を行うことを当該他方
> の当事国に求める規定に代えて、又は当該規定がない対象租税協定について、
> 適用する。」
> [3・4 省略]

イ 条文の解説

上記17条は、相互協議最終報告書に記載された後述のミニマムスタンダード1.1（及びベストプラクティス1）の勧告に基づいて設けられたものです。

対応的調整規定は、わが国において移転価格税制が導入された1986年以前には、留保を付していたため（川田・徳永「コメンタリー逐条解説」254頁）、それ以前に締結し1986年以降改正していない租税条約の特殊関連企業条項、例えば、日中租税条約（1984年6月26日発効）の9条及び日ブラジル租税条約（1977年12月29日発効）の6条には、対応的調整規定が存在しておらず、わが国の移転価格課税について、相手国での対応的調整による二重課税の排除に不確実性が伴うものと考えられています（ただし、日中租税条約については、後述のとおり、中国が確定的に選択すれば、上記BEPS防止措置実施条約17条（対応的調整）が盛り込まれることになります。）。

これに対して、OECDモデル租税条約9条2項には、相手国の移転価格課税に伴い対応的調整を行う以下の規定が設けられています（下線は筆者によります。）。

> 「第9条 特殊関連企業
> 2 一方の締約国において租税を課された当該一方の締約国の企業の利得を他方の締約国が当該他方の締約国の企業の利得に算入して租税を課する場合において、当該一方の締約国が、その算入された利得が、双方の企業の間に設けられた条件が独立の企業の間に設けられたであろう条件であったとしたならば当該他方の締約国の企業の利得となったとみられる利得であるときは、当該一方の締約国は、当該利得に対して当該一方の締約国において課された租税の額について適当な調整を行う。この調整に当たっては、この条約の他の規定に妥当な考慮を払うものとし、<u>両締約国の権限のある当局は、必要がある場合には、相互に協議する。</u>」

これに対して，現行の日米租税条約9条2項の規定は，相手国の移転価格課税に伴う対応的調整について，以下のとおり規定しています（下線は筆者）。

「<u>第9条</u>
2　一方の締約国において租税を課された当該一方の締約国の企業の利得を他方の締約国が当該他方の締約国の企業の利得に算入して租税を課する場合において，当該一方の締約国が，その算入された利得が，双方の企業の間に設けられた条件が独立の企業の間に設けられたであろう条件であったとしたならば当該他方の締約国の企業の利得となったとみられる利得である<u>ことにつき当該他方の締約国との間で合意するときは</u>，当該一方の締約国は，当該利得に対して当該一方の締約国において課された租税の額について適当な調整を行う。この調整に当たっては，この条約の他の規定に妥当は考慮を払う。」

　OECDモデル租税条約では，対応的調整を行うに当たり両締約国の権限のある当局は，「必要がある場合には」相互に協議するとしていますが，現行の日米租税条約では，「必要がある場合には」とは規定していません。英国等相互協議件数が多く対応的調整について効率的に処理している締約国においては，小規模事案等について相互協議を行うまでもなく，対応的調整を行う場合があることから，OECDモデル租税条約においては，「必要がある場合には」と規定していると考えられます。

　しかし，わが国では，対応的調整は，下記のとおり，租税条約等実施特例法により，租税条約に基づく合意が行われたことにより，減額更正の請求に基づき，税務署長が更正をすることができるとしているため，相互協議に基づく合意を経ないで対応的調整を行うことはできないと解されています。

　そして，相互主義の観点から，わが国の条約相手国においても，対応的調整を行うためには必ず相互協議を行うことを求める結果となっており，相手国における柔軟な対応を妨げている状況にあると考えられます。わが国の適用においては，租税条約等実施特例法に鑑みて，すべての事例が「必要がある場合には」に該当するとみなして，関連規定を解釈・運用していく余地もあるかもしれませんが，現行の規定は，相手国の対応的調整に係る効率的な処理には貢献できない規定となっています。

【コーヒー・ブレイク】

　租税条約に基づく相互協議の合意があった場合の対応的調整（わが国における減額更正）について，租税条約等実施特例法が関連の規定を設けています。すなわち，租税条約に基づく相互協議での合意について，租税条約等実施特例法7条（租税条約に基づく合意があった場合の更正の特例）1項及び2項は，次の内容を規定しています。

　まず，1項では，租税条約に基づく合意が行われたことにより，減額されるものがあるときは，当該居住者若しくは当該内国法人又は当該相手国居住者等の更正の請求に基づき，税務署長は，当該合意をした内容を基に計算される各種所得の金額又は各課税事業年度の基準法人税額を基礎として更正をすることができると規定しています。

　次に，同条2項は，租税条約に基づく合意が行われたことにより，居住者の各年分の国外所得金額又は内国法人の各事業年度の国外所得金額若しくは各連結事業年度の連結国外所得金額のうちに増額されるものがあり，かつ，これらの金額が増額されることにより，対応して所得税額又は法人税額等の内に減額されるものがあるときは，当該居住者又は当該内国法人の更正の請求に基づき，税務署長は，当該合意をした内容を基に計算される当該居住者の各年分の国外所得金額又は当該内国法人の各事業年度の国外所得金額若しくは各連結事業年度の連結国外所得金額を基礎として，更正をすることができると規定しています。

　いずれの規定においても，租税条約に基づく合意が行われたことにより，納税者からの減額更正の請求に基づき，税務署長が，更正をすることができるとしていますが，特に移転価格税制については，租税条約に基づく権限のある当局間の合意がなされることが，対応的調整を行うことができる根拠となっていることに留意が必要です。

　また，租税条約等実施特例法7条5項は，租税条約に基づく合意があった場合の更正の特例として，還付をする場合には，所定の要件の下で，還付加算金を付さないとしています。すなわち，同法施行令6条2項の下で，相手国等において，延滞税に相当する税のうち，計算の基礎となる期間で財務大臣が相手国等の権限ある当局との間で免除の合意をした期間に対応する部分に相当する還付加算金額が免除されます。

ウ　わが国の適用関係

　上記17条について，英国，イスラエル，スロバキア，ニュージーランド，フラ

ンス及びポーランドと合意がなされているので、それぞれの対象租税条約の関連条項が修正されることになります（なお、OECDのBEPS防止措置実施条約のMLI Matching Database（beta）での2018年9月27日時点の情報に基づくと、下記の諸国・地域は、批准が未了で暫定ベースのものですが、上記条文を選択しています。ただし、今後変更の可能性があるので、具体的検討の際には、その時点の最新情報を確認する必要があります。）。

アイルランド、アラブ首長国連邦、イタリア、オランダ、カザフスタン、クウェート、シンガポール、中国、パキスタン、ハンガリー、フィジー、フィンランド、ポルトガル、南アフリカ、ルーマニア、ルクセンブルク

エ　わが国が締結した個別の租税条約

わが国は、上記のとおり、対応的調整は権限のある当局間の相互協議による合意に基づいて行うという立場です。そのため、対応的調整に言及する特殊関連企業条項自体については、下記のとおり表現に違いがあったとしても、実務の運用上は実質的な差異は存在しないと解されます。

(i)　ドイツ及びベルギー等との租税条約

ドイツとの租税条約9条2項も、また、ベルギーとの租税条約9条2項も次のとおり、本条約17条1項と同様の規定を設けています。

「一方の締約国が、他方の締約国において租税を課された当該他方の締約国の企業の利得を当該一方の締約国の企業の利得に算入して租税を課する場合において、その算入された利得が、双方の企業の間に設けられた条件が独立の企業の間に設けられたであろう条件であったとしたならば当該一方の締約国の企業の利得となったとみられる利得であるときは、当該他方の締約国は、その利得に対して当該他方の締約国において課された租税の額について適当な調整を行う。この調整に当たっては、この条約の他の規定に妥当な考慮を払うものとし、両締約国の権限のある当局は、必要があるときは、相互に協議する。」

デンマークとの租税条約も、アイスランドとの租税条約も、また、スペインとの租税条約も、上記と同様の規定を設けています（9条2項）。

(ii) 日米租税条約（日米新条約）

同条約9条2項の内容は上記のイのとおりです。

(iii) 日中租税条約

日中租税条約9条には本条約17条に相当する規定はありませんでしたが，上記のとおり，同条について中国が確定的な選択を行えば，その内容が日中租税条約9条に盛り込まれることになります。

5 相互協議最終報告書の解説

(1) はじめに

相互協議最終報告書[41]は，わが国を含め各国の相互協議の実務上の課題及び改善策を要領よくまとめているので，上記のBEPS防止措置実施条約の相互協議関連条項や相互協議手続の実務上の問題点の理解に資することになります。以下において，相互協議最終報告書の解説を行います。

(2) 相互協議最終報告書の構成

まず，相互協議最終報告書の全体像を把握するために，同報告書全体の構成を示します。

要約
序
Ⅰ　ミニマムスタンダード，ベストプラクティス及びモニタリングプロセス
A　租税条約に関する紛争を，適時に，効果的かつ効率的に解決することを確保するためのミニマムスタンダードの構成要素
1　各国は，相互協議に関する租税条約上の義務の誠実かつ全面的な実施及びMAP事案の適時解決を確保すべきである。
2　各国は，租税条約に関する紛争の未然防止及び適時の解決を促進する行政手続を確保すべきである。
3　各国は，第25条第1項の要件を満たす納税者の相互協議へのアクセスを確保すべきである。

---

[41] 相互協議報告書の和文を引用する場合には，国税庁公表の同報告書仮訳（以下本項において「仮訳」といいます。）に依拠しています。

B　ベストプラクティス
1　各国は，相互協議に関する租税条約上の義務の誠実かつ全面的な実施及びMAP事案の適時解決を確保すべきである。
2　各国は，租税条約に関する紛争の未然防止及び適時の解決を促進する行政手続を確保すべきである。
3　各国は，第25条第1項の要件を満たす納税者の相互協議へのアクセスを確保すべきである。

C　モニタリングメカニズムの枠組み

Ⅱ　強制的拘束的MAP仲裁制度に対するコミットメント

付属資料　付託事項及び評価手法の策定に向けたマンデイト

(3)　相互協議最終報告書全体の概要

　まず，上記「要約」は，次のとおり，相互協議最終報告書全体の要約を記載しています（仮訳1頁）。

ア　相互協議最終報告書による勧告の目的

　相互協議最終報告書による勧告の目的については，次のように説明されています。

　「BEPS行動計画の行動14に基づいて策定された措置は，MAP［筆者注：Mutual Agreement Procedure，相互協議のこと］プロセスの実効性及び効率性を強化することを目的としている。当該措置は，相互協議を通じた租税条約の解釈や適用に関する紛争を効果的かつ適時に解決することを含め，租税条約の一貫した適切な実施を確実にすることで，不確実性及び意図しない二重課税のリスクを最小化することを目的としている。」

イ　ミニマムスタンダードとベストプラクティスの関係

　次に，租税条約に関する紛争解決に係るミニマムスタンダードとベストプラクティスの関係については，ミニマムスタンダードはベストプラクティスによって補完されるという関係に立ちます。そして，ミニマムスタンダード及びベストプ

ラクティス共通の原則は次のとおりです（パラグラフ4）。

> ① 相互協議に関する租税条約上の義務の誠実かつ全面的な実施及びMAP事案における適時解決の確保（以下「第1の原則」ということがあります。）
> ② 租税条約に関する紛争の未然防止及び適時の解決を促進する行政手続の実施の確保（以下「第2の原則」ということがあります。）
> ③ 申立要件を満たす納税者に対するMAPへのアクセスの確保（以下「第3の原則」ということがあります。）

上記のミニマムスタンダードの実施状況に係るモニタリングは、後述のとおり、BEPSプロジェクトの一環として策定される詳細な付託事項と評価手法に従って実施されます（パラグラフ3）。

ウ 強制的拘束的仲裁規定の導入

相互協議最終報告書は、わが国を含む後述の多数の国が「条約に関する紛争を特定の期間内に解決するメカニズムとして、自国の二国間租税条約に強制的拘束的仲裁規定を導入することへのコミットを宣言した」ことに言及しています。すなわち、「MAP事案を適時に解決することを確保するメカニズムとしての、強制的拘束的仲裁規定の採用に関しては、現時点では、全てのOECD加盟国及びG20諸国の間のコンセンサスが得られていないが、有意な国の集団が、強制的拘束的仲裁制度を採用し実施することにコミットしている。」と述べています（仮訳パラグラフ8。なお、BEPS防止措置実施条約仮訳においては、「強制的拘束的仲裁」ではなく、「義務的かつ拘束力を有する仲裁」という表現が使用されています。したがって、本書においても、相互協議最終報告書の解説の際には、同報告書仮訳に従って「強制的拘束的仲裁」という表現を使用し、BEPS防止措置実施条約の解説の際には、「義務的かつ拘束力を有する仲裁」という表現を使用しています。）。

(4) 第1の原則

ア ミニマムスタンダード

まず、上記(3)イの①の「各国は、相互協議に関する租税条約上の義務の誠実かつ全面的な実施及びMAP事案の適時解決を確保すべきである。」というミニマムスタンダードの第1の原則に関しては、以下の構成要素が記載されています（仮訳5頁～8頁）。

> 1.1 各国は，第25条第1項から第3項までを自国の租税条約に規定すべきである。その際は，コメンタリーが解釈するところに従い，かつミニマムスタンダードの構成要素3.1及び3.3に定められたこれらの項に関する変更に従うこととする。各国は，移転価格事案に関してMAPへのアクセスを提供すべきであり，さらにその結果得られた相互の合意事項（例えば，課された租税に対する適切な調整の実施）を実施すべきである。

前述のとおり，OECDモデル租税条約25条1項及び2項は条約の規定に適合しない課税に係る相互協議について規定しており，また3項は条約の解釈等に係る相互協議について規定しています。

> 【コーヒー・ブレイク】
> OECDモデル租税条約コメンタリーの41は，相互協議手続一般について，OECD租税委員会が以下の勧告を出しているとしています。
> a) 相互協議手続の開始及び運用に関する手続規定は，最小限に止めるべきであり，不必要な形式は除去されるべきである。
> b) 相互協議事案は，個別の内容に従い，それぞれ決定されるべきであり，他の事案の結論とのバランスを考慮して決定されるべきではない。
> c) 権限のある当局は，適当である場合に，相互協議手続の利用に係る国内規則，ガイドライン及び手続規定を定め公表すべきである。

> 1.2 各国は，租税条約の濫用防止規定の適用の条件が満たされたか否か，又は国内法の濫用規定の適用が租税条約の規定に抵触するか否かにつき，納税者と調整を行う税務当局との間で意見の相違がある場合には，MAPへのアクセスを提供すべきである。

租税条約の濫用防止規定の適用条件充足の有無又は国内法の濫用規定の適用が租税条約の規定に抵触するか否かについては，税務当局の判断によることから，相互協議へのアクセスを提供すべきではないとの立場を税務当局が採る可能性があります。しかし，濫用防止規定の適用についての判断を一方の国のそれに委ねる理由は必ずしも明確になっていないと解されることから，相互協議へのアクセスを提供していくことが必要と考えられています。

【コーヒー・ブレイク】

相互協議申立て対象の制限について，OECDモデル租税条約コメンタリーの26は，いくつかの締約国では，納税者の申立て対象取引が濫用とみなされる場合には，25条1項の下での相互協議手続の申立てを拒否する場合があるとしています。そして，この問題は，本条のコメンタリーの54及び1条のコメンタリーで議論している条約の不正利用の問題と密接に関係しているが，特別の規定がなければ，相互協議手続に係る濫用と認識された事例に係る一般的な拒否規定はないとしています。国内法における租税回避否認規定の下で課税処分がなされた単純な事実だけでは，相互協議へのアクセスを否認する理由にすべきではないが，国内法に係る深刻な違反で重大な罰則に関係する結果となる場合には，相互協議手続へのアクセスを否認したいと考える国もあり，相互協議手続へのアクセスを否認できる状況については，条約において明確にしておかなければならないとしています。

1.3　各国は，適宜にMAP事案を解決することにコミットすべきである。各国は，平均24か月以内にMAP事案を解決するよう努めることにコミットする。当該目標の達成に向けた各国の進捗状況は，構成要素1.5で述べられる合意された報告枠組みに従い作成される統計に基づいて，定期的に審査される。

相互協議での議論は，期間を重ねることにより解決が進むとは限らず，集中的な議論により議論の深化を図る方が効果的と考えられており，目標期間を設定することは，両締約国の権限のある当局による議論を促進し，相互協議の合意をより現実のものにする可能性があるものと考えられています。

【コーヒー・ブレイク】

わが国の相互協議事案の近年の平均処理期間は，次のとおりです（出所：国税庁公表資料）。

	すべての国 全事案	OECD非加盟国 全事案
平成25事務年度	22.6	40.0
平成26事務年度	22.4	30.6
平成27事務年度	26.0	33.3
平成28事務年度	35.9	36.9

> 近年処理期間が次第に伸び、上記の「平均24か月以内」という目標を達成できていないことがわかります。ただし、「ミニマムスタンダード」の「評価基準は、機械的に適用されるのではなく、参加国・地域の改善に向けた努力も考慮され」るので、例えば、平均24か月以内に相互協議を解決できていない場合であっても、その点だけを取り上げて「ミニマムスタンダード」が満たされていないと評価されるわけでは」ないとされています（秦幹雄「最近の相互協議の状況について」租税研究（2018・5）225頁）。

> 1.4 各国は、税務長官会議の相互協議フォーラム（FTA MAP フォーラム）のメンバーになり、各国の権限のある当局の関係を強化し、MAPの実効性を向上させるために共同で取り組むべきである。

　FTA（Forum on Tax Administration）の相互協議フォーラム（FTA MAP フォーラム）では、相互協議のためのマニュアル等を作成して、二重課税問題の最適な解決方法の模索を行ってきており、個別事案における対立軸での対話だけでなく、協調的な立場で対話を重ねていくことにより、両締約国の権限のある当局による協議能力の向上に役立つと考えられています。

> 1.5 各国は、FTA MAP フォーラムと共同で策定された報告枠組みに従って、相互協議の統計を適時かつもれなく報告すべきである。

　相互協議の進捗状況について報告を求め、相互協議の統計が開示されていくことは、両締約国の権限のある当局による相互協議の進捗へのプレッシャーとなり、相互協議の合意努力義務の履行とともに、効果的効率的な相互協議手続の運営が期待できると考えられています。

> 1.6 各国は、ミニマムスタンダードの遵守状況について、FTA MAP フォーラム参加国により審査を受けることにコミットすべきである。

　両締約国の権限のある当局及び納税者のような直接の利害関係のないFTA MAPフォーラムの参加国による相互審査（ピアレビュー）により、相互協議に係る審査の客観性が確保され、各国の権限のある当局の相互協議への取組の改善が

期待されると考えられています。

> 1.7 各国は，MAP仲裁制度に対する立場に関して，明確にすべきである。

　MAP仲裁制度については，立場を明確に表明していない国もあり，仲裁が可能な締約国との間で大きな隔たりがある状況となっています。そのため，MAP仲裁制度に対する立場を明確に示していくことにより，MAP仲裁制度の導入のためのプレッシャーをかけ，各国がMAP仲裁制度の導入を検討していくことが望ましいと考えられています。相互協議を補充する仲裁制度及び同制度に対するわが国の立場に関しては，後で詳細に解説します。

イ　ベストプラクティス

「各国は，相互協議に関する租税条約上の義務の誠実かつ全面的な実施及びMAP事案の適時解決を確保すべきである。」という第1の原則に関して，次のベストプラクティスが記載されています（仮訳19頁）。

> ベストプラクティス1：各国は，自国の租税条約に第9条第2項を規定すべきである。

　上記の提言の理由については，次のように説明されています。

　「第9条第2項を基にした租税条約の規定がないことを理由に，第一次の移転価格調整により生じるであろう経済的二重課税に関して，対応的調整を実施する義務又はMAPへのアクセスを付与する義務を負わないという立場をとる国もある。こうした立場は，二重課税の排除という租税条約の主要な目的を妨げ，適切な移転価格調整を決定するための二国間の協議も妨げる。」（パラグラフ43.）

☕【コーヒー・ブレイク】

　上記の立場を採る国の例としては，ブラジルがあります。その問題点について，次のように指摘されています。

> 「ブラジルが締結している租税条約は，OECDモデル条約第9条（特殊関連企業グループ会社）を含んでいるものの，相手国において主要な調整が行われた場合におけるそれに対応するブラジルでの課税利益の調整を定める第9条第2項の内容は租税条約に含まれていないことが通常である。日本との租税条約も同様である（なお，日本との租税条約においては，第6条が特殊関連企業に関する条項である。）。」
> 「ブラジルは，OECDモデル条約第9条（特殊関連企業）及び第25条（相互協議手続）の内容を含む二重課税回避のための条約（租税条約）に批准しているが，現実には，ブラジル税務当局はブラジルの納税者や外国の税務当局と具体的な案件について協議をすることについて全く積極的ではない。しかし，ブラジルは，二重課税を防ぐための解決策を効果的に得ることができるようにこの点をより発展させなければならない。実際，ブラジルには，相互協議手続に関する法律や通達はなく，一般論として，ブラジルの税務当局は，外国の税務当局と税務について協議をした経験がほとんどない。」（藤枝純，笠原康弘，BRUNO GOMES（ブルーノ・ゴメス）「日本企業が海外進出に際しての，日本の税制及び進出国の税制を含む法制調査のチェックポイント　第5回　ブラジル子会社の設立及び同子会社と取引を行う際の移転価格税制を含む実務上の諸問題」（月刊監査役（No.637）40頁・47頁））

(5) 第2の原則

ア　ミニマムスタンダード

　次に，上記(3)イの②「各国は，租税条約に関する紛争の未然防止及び適時の解決を促進する行政手続を確保すべきである。」という第2の原則のミニマムスタンダードに関しては，以下の構成要素が記載されています（仮訳9頁～11頁）。

> 2.1　各国は，MAPにアクセスし利用するための規則，ガイドライン及び手続を公表すべきであり，納税者が当該情報を利用できるように適切な措置をとるべきである。各国は，相互協議ガイダンスが明確であること及び公に容易に入手できることを確保すべきである。

　MAPへのアクセスは，手続の透明性を向上させることが重要であり，専門家だけでなく，多国籍企業の担当者が容易に理解できることが望ましいと考えられています。そのため，可能な限りわかりやすい情報開示が求められています。わが国においては，相互協議に関するガイダンスとして，相互協議事務運営指針及びこれを補足するものとして「相互協議に関するガイダンス（Q&A）」が公表さ

れています。国税庁相互協議室による平成29年7月の同ガイダンスの公表は，このミニマムスタンダード2.1の勧告に沿ったものです。

> 2.2　各国は，自国のMAPプロファイルを共通の公開プラットフォームで公表すべきである（FTA MAP フォーラムと共同で策定される合意されたテンプレートに従う）。

　MAPの利用可能性を高め，MAPの業務効率化を図るためには，共通の公開プラットフォームを利用していくことが重要であり，MAPプロファイル（権限のある当局の連絡先，相互協議に係る国内ガイドラインへのリンク先等の情報）を公開することにより，納税者の利用を促進していく必要があると考えられています。わが国においても，MAPプロファイルを平成30年1月よりOECDホームページ（http://www.oecd.org/tax/dispute/Japan-Dispute-Resolution-Profile.pdf）において公開しています。

> 2.3　各国は，MAPプロセスの担当職員が，とりわけ，対象となる課税を行った税務職員の承認若しくは指示に依存することなく，又は，その国が将来の租税条約の改正に反映させようとする政策上の考慮事項に影響を受けることなく，適用される租税条約の規定に従ってMAP事案を解決する権限を確保すべきである。

　権限のある当局は，財務大臣又は権限を与えられたその代理者であることから，課税処分及び減額更正等に係る最も高い権限を有し，適用する租税条約に忠実であるべきであり，国内法に基づく課税処分の担当者の拘束を受けず，独立して判断できる体制を構築していく必要があると考えられています。

> 2.4　各国は，権限のある当局の組織及びMAPプロセスの担当職員の業績指標として，維持された調査所得金額又は維持された税収の額を用いてはならない。

　税務当局内では，課税処分を行った側が相互協議における二重課税排除のための譲歩を批判する傾向があるため，国によっては，権限のある当局が，独立して判断できる体制となっていない場合があり，相互協議合意のための障害となっています。

> 2.5 各国は，MAP機能に十分なリソースが与えられることを確保すべきである。

　課税処分を行う担当者と比較して，より上位の立場の者が相互協議担当部署に配置され，課税処分を行った担当者に拘束を受けず，独立した判断を行うことが重要です。また，適時の問題解決のために相互協議手続を進めるためには，相互協議を担当するスタッフを充実させることも重要です。

> 【コーヒー・ブレイク】
> 　わが国の相互協議は，古くは調査査察部調査課が行っていたこともありましたが，国税審議官が設置された後は，国際担当の企画官が担当するようになりました。その後，国際業務室が設置され相互協議を担当することになり，国際業務課が設置されてからは企画官が担当していました。そして，平成12年から相互協議室が設置され，専担の部署として機能するようになりました。
> 　相互協議室には，国際業務課企画官も置かれ，主に欧州の事案を専担し，室長は，米国及び中国等の事案を専担するとともに，企画官の事案も含め，全体を統括することとなりました。現在では，企画官は2名に増員され，国別の担当が細分化されるようになっています。
> 　上記のとおり，組織も拡充され，2018年現在，44名の人員が配置されています（秦幹雄「最近の相互協議の状況について」租税研究（2018・5）215頁参照）。

> 2.6 各国は，税務当局と納税者の間で調査上の和解があった場合でも，MAPへのアクセスが妨げられないことを自国のMAPガイダンスに明確にすべきである。各国に税務調査部門から独立した行政上又は法律上の紛争の和解／解決プロセスがあり，当該プロセスが納税者の要請を通じてのみアクセス可能な場合，各国は，当該プロセスで解決された事項に関しては，MAPへのアクセスを制限するかもしれない。各国は，当該行政上又は法律上のプロセスについて条約相手国に通知するとともに，自国の当該プロセスに係る公表ガイダンス及びMAPプログラムの公表ガイダンスにおいて，MAPに対して当該プロセスが与える影響を明示的に記述すべきである。

　相互協議の申立ては，調査上の和解や自主修正による二重課税であったとしても救済されるべきであり，そのための相互協議へのアクセスを制限すべきではなく，幅広く救済の道を普及させていくべきであると考えられています。

【コーヒー・ブレイク】

わが国の租税法上の和解については，次のように説明されています。

「合法性の原則とは，執行上の原則として，租税法が強行法規であることを理由に，課税のための要件事実が充足されているかぎり，課税庁には租税を減免したり徴収しない自由はないとする原則である。執行の不正，賦課徴収の不公平を防ぐ原則といえる。

しばしば問題とされるのは，課税庁と納税者との和解，協定である。合法性の原則からは，法的根拠のない減免や徴収猶予をもたらす和解，協定は，無効となる。」
（岡村忠生・酒井貴子・田中晶国『租税法』23頁）

ただし，いわゆる東京都銀行税条例の有効性等が争われた事案については，最高裁において，平成15年10月8日，訴訟当事者である複数の銀行と東京都との間で和解が成立しました。

2.7 二国間の事前確認（APA）制度を有する各国は，適切な場合には，APAの対象年度より前の課税年度においても関連事実及び状況が同様であり，かつ，当該事実及び状況を調査で検証することを条件として，適用される期間制限（課税の除斥期間など）に従って，APAの過年度への遡及適用を認めるべきである。

わが国でロールバックを行うようになったのは，既述したように，移転価格課税の相互協議中にオープンとなっている後続年分に係る二次課税を回避するために，事前確認に併せてロールバックを申請する実務が確立されるようになったと考えられます。移転価格課税の除斥期間が6年であったことから，二次課税のための調査は一次課税の後，2年か3年を経過してから着手することとなっており，それまでは，調査を予期せずに修正申告する場合の加算税免除のルールを活用して，加算税なしの補償調整が可能となっています。また，納税者にとっては，後続年分の申告水準の目標を一次課税前の水準とすべきか，一次課税の結果を反映した水準とするか判断に困っていたことから，事前確認のロールバックを申請することにより，税務当局と調整することが可能となったとして評価されています。

イ ベストプラクティス

「各国は，租税条約に関する紛争の未然防止及び適時の解決を促進する行政手続を確保すべきである。」という上記第2の原則に関して，以下のベストプラクティス2ないしベストプラクティス5が記載されています（仮訳20頁～21頁）。

> ベストプラクティス2：各国は，第25条第3項の第1文「この条約の解釈又は適用に関して生ずる困難又は疑義を合意によって解決するよう努める」に定める権限に従い至った，（特定の納税者のMAP事案というよりは）全ての納税者又はあるカテゴリーの納税者への租税条約の適用に影響を及ぼすような合意について，当該合意が将来の紛争防止に有用となり得るガイダンスを提供するものであり，かつ権限のある当局間で，公表することが健全な税務行政の原則に合致することに同意する場合，当該合意を公表するための適切な手続を整備すべきである。

　上記提言に関して，「第25条第3項に基づく相互協議の合意を公表する手続きには，納税者情報の守秘性を保護する適切な規定を定めなければならない」とされています（仮訳パラグラフ45）。

> ベストプラクティス3：各国は，税務長官会議で作成された「Global Awareness Training Module」を適切な職員に配付することを通じて，国際的な事柄に関わっている税務調査部門における「国際的な認識」を高めるべきである。

　税務長官会議の相互協議フォーラム（FTA MAP フォーラム）の戦略プランは，「国際的な事柄に関わる税務調査部門の「国際的な認識」を高めることは，機能不全的な税務当局の行為（例えば，非居住者の法人に対する統一的でない調整）を防止し，当該行為の結果生ずる紛争を避ける上で最も重要である」と述べています。そして，税務長官会議は，当該目的で利用できる「Global Awareness Training Module」を作成，承認しました。「各国は，「Global Awareness Training Module」を適切に用いて，自国の税務当局の税務調査部門における「国際的な認識」を高めるよう努めるべきである。」とされています（仮訳パラグラフ47）。

> ベストプラクティス4：各国は，二国間APAを実施すべきである。

　前述のとおり，わが国を含めて多くの国が二国間APAを実施しています。なお，事前確認制度は，わが国が世界に先駆けて昭和62年4月24日付査調5-1ほか2課共同「独立企業間価格の算定方法等の確認について」と題する通達に基づき導入しました。

> ベストプラクティス5：各国は，一定の事案において当初更正後に，関連事実及び状況が同様であり，かつ，当該事実及び状況を調査で検証することを条件として，納税者が申告済課税年度にも同様に生じ得る問題につき相互協議を通じた複数年度の解決を要請することを認めるための適切な手続を実施すべきである。当該手続は，依然として第25条第1項の要件に従うものであり，特定の課税年度に関する問題を解決するための申立ては，当該課税年度に関して条約の規定に適合しない課税を生じさせる措置についての最初の通知の日から3年以内に事案が申し立てられた場合に限り認められる。

上記提言の趣旨については次のように説明されています。

「一定の事案では，所得に対するある特定の調整についての権限のある当局への申立てが，それ以前又は以後の申告済課税年度においても関連するような，同様に生じ得る問題を提起する場合があるかもしれない。他の申告済課税年度においてこのように同様に生じ得る問題についても，（関連事実及び状況が同様であり，かつ，当該事実及び状況を調査で検証することを一般的には条件として，）MAPの支援要請を納税者に認めるような相互協議手続は，重複する相互協議申立てを回避し，権限のある当局のリソースをより効率的に用いることができるかもしれない。」（仮訳パラグラフ49）

(6) 第3の原則
ア　ミニマムスタンダード

上記(3)イの③「各国は，第25条第1項の要件を満たす納税者の相互協議へのアクセスを確保すべきである。」という第3の原則に関しては，ミニマムスタンダードとして以下の構成要素が記載されています（仮訳12頁～16頁）。

> 3.1　両締約国の権限ある当局は，相互協議の申立てがあった事実を認識し，当該申立てを受理するか却下するかについて見解を示すことができるようにすべきである。そのためには，各国は，次のいずれかを行うべきである。
> ● 第25条第1項を改正し，相互協議の申立てをいずれか一方の締約国の権限のある当局に対して行うことを認める。

> ・租税条約上，相互協議の申立てをいずれか一方の締約国に対して行うことが認められない場合は，相互協議の申立てを受けた権限のある当局が納税者の申立てが正当でないと考える事案については，二国間での通知又は協議を実施する（当該協議は事案の解決方法に関する協議として解釈してはならない）。

　25条1項を改正し，相互協議の申立てをいずれか一方の締約国の権限のある当局に対して行うことを認めるという上記勧告の目的は，「可能な限り幅広く相互協議へアクセスできるようにすべきであるという一般的な原則を強化すること及び柔軟性を提供することを意図したものである」とされています。「当該選択肢はまた，事案が相互協議の第二段階（すなわち，事案が両締約国の権限のある当局により協議される段階）に進むべきか否かに関する決定を，双方の権限のある当局が検討することを確保することも意図している」とされています（仮訳341頁，コメンタリーパラグラフ17）。前述のとおり，上記の最初の勧告内容は，BEPS防止措置実施条約16条に反映されました。

> 3.2　各国が公表するMAPガイダンスでは，納税者が相互協議の申立てに添付して提供する必要のある具体的な情報及び文書を特定すべきである。各国は，納税者が必要とされた情報を提供している場合は，提供された情報が不十分であるという根拠に基づいて，MAPへのアクセスを制限すべきではない。

　わが国の相互協議事務運営指針は，申立てがわが国又は相手国における課税に係るものである場合には[42]，申立の際に次の添付資料を添付すべきであるとしています（同指針第2　6(1)）。

① 更正通知書等当該課税の事実を証する書類の写し，同課税に係る事実関係の詳細及び当該課税に対する申立者又はその国外関連者の主張の概要を記載した書面（課税に至っていない場合には，課税を受けるに至ると認められる事情の詳細及び当該事情に対する申立者又はその国外関連者の主張の概要を記載した書面）

② 申立者又はその国外関連者が当該課税について不服申立て又は訴訟を行っているときは，不服申立て又は訴訟を行っている旨及び申立者又はその国外

---

[42] 申立てが実施特例法施行省令13条（双方居住者の取扱いに係る協議に関する申立ての手続）に係るものである場合については，特則が設けられています（同指針第2　6(1)二）。

関連者の主張の概要を記載した書面並びに不服申立書又は訴状の写し
③　当該申立ての対象となる取引の当事者間の直接若しくは間接の資本関係又は実質的支配関係を示す資料
④　申立者又はその国外関連者が相手国の権限ある当局に相互協議の申立てを行っている場合には，その旨を証する書類の写し
⑤　その他協議の参考となる資料

> 3.3　各国は，第25条第2項の第2文（「成立した全ての合意は，両締約国の法令上のいかなる期間制限にもかかわらず，実施されなければならない」）を自国の租税条約に定めるべきである。第25条第2項の第2文を自国の租税条約に定めることができない各国は，相互協議による救済が利用できなくなるほど時機に遅れた所得調整を回避するため，締約国が第9条第1項又は第7条第2項に従って調整を行うことができる期間を制限するという代替規定を受け入れるべきである。

　期間制限にかかわらず実施しなければならないとするのは，両締約国での期間制限が異なる場合に，対応的調整等による救済が期間制限により制約を受けるのであれば，二重課税が解決されないおそれがあると考えられたことによります。例えば，日本企業の子会社がオランダに所在し，孫会社がフランスに所在し，これら三社がサプライチェーンを構成している場合に，フランスの税務当局が，フランスの孫会社とオランダの子会社との間の取引に対して移転価格課税を行い，オランダの子会社が対応的調整をする事例を考えます。仮にオランダの子会社の対応的調整のための利益が，日本企業へ移転している場合には，オランダの子会社と日本企業との間の取引に対してオランダの税務当局が移転価格課税を行い，日本企業の対応的調整を引き出す必要があります。この場合に，オランダの税務当局が期間制限のために，移転価格課税を行うことができない場合には，本来，日本企業での対応的調整により資金を環流することが不可能となり，日本，オランダ及びフランスの間でのサプライチェーンにおける二重課税が解決されないおそれがあるものと考えられます。
　なお，相互協議による救済が利用できなくなるほど時機に遅れた所得調整を回避するため，締約国が9条1項に基づく移転価格課税又は7条に基づく事業所得課税を行うことができる期間を制限するという代替規定は，上記のようなサプライチェーンを構成する国すべてにおいて受け入れるべきと考えられます。

> 【コーヒー・ブレイク】
>
> OECDモデル租税条約コメンタリーの39は，2項2文の下で，成立したすべての合意は，両締約国の法令上のいかなる期間制限にもかかわらず，実施されなければならないとされているが，事情により不可能な場合もあるとしています。例えば，憲法上又はその他の法律上の理由から，相互協議の合意について期間制限を超えて実施できない国においては，国内法上の期間制限に沿った期間制限を合意自体に盛り込むこととしています。又は，自国の期間制限を超えなければ合意を実施できないような相互協議自体を開始しないこととしています。また，裁判所の確定判決等によっても，合意の実施に影響を及ぼす可能性があり，その場合も，両締約国は，障害を除去するための規定を合意に入れることが考えられます。どのような場合でも，執行の遅延により，又は期間制限に執行の遅延が加わることによって相互協議が無駄とならないように，税務当局はあらゆる努力をしていくことが求められています。

イ　ベストプラクティス

「各国は，第25条第1項の要件を満たす納税者の相互協議へのアクセスを確保すべきである。」という上記第3の原則に関しては，以下のベストプラクティス6ないしベストプラクティス11が記載されています（仮訳21頁～27頁）。

> ベストプラクティス6：各国は，MAP事案の協議が継続している期間中は，徴収手続を停止させるための適切な措置をとるべきである。当該徴収手続の停止は，少なくとも，国内の行政上又は司法上の救済を求める者に適用する場合と同じ条件で利用できるようにすべきである。

わが国においては，移転価格税制の更正又は決定を受けた日本法人が，相互協議の申立てを行った場合，関連の法人税及び加算税について納税の猶予（すなわち，徴収を差し控えること）を受けることができます（租税特別措置法66条の4の2第1項）。なお，納税の猶予に係る金額に相当する担保を提供しなければならないとされている点に留意が必要です（同条2項）。納税の猶予の申請手続は，相互協議の申出書を所轄税務当局に提出後，更正処分の納期限（更正の通知があった日から1か月を経過する日）までに納税猶予の申請書及び担保提供に係る書類等を提出して行います。

【租税条約トピック㊶】 相互協議の申立てと納税の猶予

　相互協議の申立てと納税の猶予について，OECDモデル租税条約コメンタリーの46は，係争中の税額の全部又は一部が納付されない場合，又は納付が完了するまで，納税者は相互協議の申立てができないとする見解を採る国もありますが，こうした国においては，納税を要件とすることは基本的には25条による手続上の問題であり，25条には抵触しないと考えられています。しかし，多くの国では，25条は納税を要件としていないという反対の見解を採っています。同見解は，納税者は賦課決定の前でも相互協議の申立てができること，3項の租税条約の解釈等に係る困難の問題に関する相互協議については，納税は要件となり得ないこと等を根拠としています。

　なお，同コメンタリー47は，25条は，争点となっている租税の全部又は一部の支払がなかったことを理由に，納税者が申立てた相互協議を拒否できるかについての明確な回答を示していないとしています。そして，同コメンタリー47.1では，相互協議の合意前に納税を求めることは，多くの国において納付税額に納付後のすべての期間に対応する利子を付して還付するわけではないので，不適切に課された税額について，解決するまでの期間の時間的価値のコストを発生させることになります。そのため，相互協議手続は，経済的意味において，二重課税又は条約の規定に適合しない他の課税を完全には除去できていないことになります。両締約国に同一の所得について二重に租税を支払うことを要求することは，国際間の取引と投資の障害を除去するという租税条約の目的と一致しないキャッシュ・フローの負担を納税者に課すことになります。既に納付された税金が還付されるという結果が予想される場合には，一方の締約国が相互協議手続を開始することをあまり望まず，事案の解決が遅れる可能性があります。そのため，納税が国内法による審査を開始する要件となっていない場合には，相互協議申立ての要件とすべきではなく，納税者が，課税の前に相互協議を申し立てる場合には，少なくとも納税義務発生後に要請されるべきであるとしています。

　さらに，同コメンタリーの48は，相互協議手続中に納税を猶予することは望ましい政策であるとしており，幅広く機会を提供すべきであるとしています。そして，同コメンタリーの48.1は，締約国が，納税を納税者が相互協議手続を開始する前提条件とする見解を採る場合には，租税条約の交渉の段階で，条約相手国へ通知すべきであるとしており，当該見解を採用する国は，納税者が二重に納税しなければならないリスクがあるので，国内法で可能であれば，例えば，相互協議手続の結果が出るまでの間，信託等の口座に両締約国の税額の高い方の額を預金したり，納税者の利用銀行が銀行保証を提供する要件を満たしたりする場合には，いずれか一方の締約国は，納税者が他方の締約国に支払った税額との差額以上の納税を求めないこととするとしています。

> ベストプラクティス7：各国は，救済手段の選択権は納税者に帰属するという一般原則を認識しつつ，租税条約に関する紛争を解決するために，MAPを用いることを促進する適切な行政上の措置をとるべきである。

OECDモデル租税条約コメンタリーの44は，どの救済方法を適用するかについての選択は，国内手続にもよるが，通常，納税者が行うものであり，ほとんどの場合，納税者は二国間の相互協議手続を指向し，その間，不服審査又は訴訟等の国内法上の救済手続が停止されることになるとしています。

上記提言に関連して，次のような指摘がなされています。

「納税者は，両締約国の国内法に定める司法上及び行政上の救済手段に関係なく，第25条に定める相互協議を利用できる。多くの国の憲法及び／又は国内法では，いかなる者も国内法に基づき利用できる司法上の救済手段を奪われないと定めているので，納税者が行使する手段の選択は，一般的に，適用される期間制限（国内法における出訴期間又は第25条第1項で定める期間制限）及びほとんどの税務当局が，納税者の事案をMAPと国内訴訟又は行政上の手続の両方において，同時に取り扱わない状況（すなわち，通常は，一方の手続が他方に先行することになる）によってのみ制約を受ける。」（仮訳パラグラフ51）

☕【コーヒー・ブレイク】

OECDモデル租税条約コメンタリーの27は，憲法や他の国内法の規定や決定を理由として，問題によっては，相互協議手続，少なくとも納税者の申立てによる相互協議手続による解決には向かないとみなす国があるとしています。例えば，納税者を救済することが，憲法の下で税務当局による遵守が求められる最終的な司法判断に反することになる事例が当てはまります。しかし，租税及びその他の条約のための一般に認められた原則では，国内法は条約上の義務に応えないことを正当化するものではないとしており，条約法に関するウィーン条約第27条は，条約法に係るこの一般原則を反映しているものです。条約に違反するであろうことを正当化するためには，条約自体の条文に規定されることが必要であるとしています。

> ベストプラクティス8：各国は，公表する自国のMAPガイダンスに，MAPと国内法の行政上及び司法上の救済手段との関係についての説明を記載すべきである。当該公表ガイダンスでは，特に，権限ある当局が，MAPにおいて，自らを国内裁判所の判決に従うよう法的に拘束されているとみなすか否か，又は権限ある当局が，行政政策上若しくは慣行上，国内裁判所の判決と相違しないものとするか否かについて記載すべきである。

わが国では，例えば，国税不服審判所における裁決が行政庁を拘束することにより裁決後は相互協議での日本側の譲歩はできないとされていますが，相手国側の譲歩を引き出すために相互協議を行う場合があるほか，相互協議の合意結果を納税者が受け入れず裁判等による救済を求めることも認められていることを記載することは可能と考えられます。

☕【コーヒー・ブレイク】

相互協議手続と国内法での救済手続との関係について，OECDモデル租税条約コメンタリーの42は，いずれかの締約国の管轄裁判所に相互協議と同じ目的で訴訟を提起した納税者との関係で相互協議の合意がなされたが，訴訟も係属中であるという場合もあり得るとしています。このような場合，訴訟について裁判所の判決が下されるまで，相互協議の結果として合意された解決策の受け入れ延期が認められるべきであるという納税者の要求を拒絶する根拠は存在しないとしています。また，権限のある当局が合理的に採るかもしれない見解は，納税者により合意が求められている特定の問題に関して納税者の訴訟が係属している場合には，権限のある当局レベルでの深度ある議論は，裁判所の判決を待つべきであるとしています。納税者の相互協議の要請が，裁判所での訴訟と異なる課税年度に関してなされているが，実質的に同様の事実と法律問題に関するもので，裁判所での結果が，実務上，訴訟の対象とされない年度における納税者の取扱いに具体的に影響を及ぼすことが予想されるならば，実務上，立場は同じかもしれず，いずれの場合でも，正式の国内手続が進行している間，裁判所の判決を待つか相互協議を停止することにより，本条5項で規定する2年間の期間が進行し又は満了となることはないとしています。いずれの場合でも，権限のある当局が，（例えば，訴訟が行われる場合にも権限のある当局は裁判所の判決に法的に拘束又は制約されないため）国内法令上の手続にかかわりなく事案が解決され得ると考えるならば，相互協議は通常通り進行できるが，権限のある当局は，裁判所が租税条約の規定に適合しない課税であるとの判決を下

した場合は、課税を維持することが法律上できなくなるかもしれないとしています。

対照的に、いくつかの国では、権限のある当局は、裁判所が租税条約の規定に適合した課税であるとの判決を下した場合でも、課税への救済を与えることを法律上妨げないことがあり得るとしており、いかなるもの（例えば、行政政策又は慣行）も、双方の権限のある当局が相互の合意に達し、これにより双方の権限のある当局が租税条約の規定に適合しないと考えた課税を、一方の締約国が排除し、その結果として当該国の裁判所の判決と相違することを妨げるべきではないとしています。

また、同コメンタリーの43は、相互協議の申立者と別の納税者が、相互協議手続が行われている問題について提訴し裁判が進行中の場合には状況が異なるとしています。一方又は双方の権限のある当局の措置により租税条約の規定に適合しない課税を回避できるのであれば、別の納税者の係争事例において法律の一般的な明確化が行われるまで、相互協議手続は不当に引き延ばされるべきではないとしています。こうした事例では、問題の明確化が申立者の事例に有益であるなら、相互協議による合意を求めている申立者は合意するかもしれないとしています。そして、権限のある当局は、すべての状況において、可能な限り相互協議による合意を求めている納税者の不利益を回避すべきであり、国内法が認める場合には、遅延の間又は少なくとも納税者のコントロールの及ばない期間について納税を猶予することで達成できるとしています。

同コメンタリーの45では、裁判所と相互協議の決定が異なったり矛盾したりすることを回避したいとする権限のある当局の懸念を考慮する必要があり、相互協議の実施においては、通常、以下のことを前提としています。
- 納税者が、相互協議の合意を受け入れ、かつ、
- 納税者が相互協議により決着した論点に関する提訴を取り下げる。

同コメンタリー45.1は、調査での和解が、調査の終了を促進するためのメカニズムとして利用できる国もあり、通常は納税者及び税務当局の双方にとっての譲歩となりますが、調査において、相互協議で解決すべき租税条約の解釈に関連した問題がある場合には、困難な問題になるとしています。

ベストプラクティス9：各国が公表するMAPガイダンスにおいて、納税者が行った真正な国外調整（すなわち、納税者の見解としては、独立企業原則に適合した結果を申告する観点から、(i)特殊関連企業との取引価格、又は(ii)恒久的施設に帰せられる利得を調整するために、適切な状況下で、以前に申告済の税務申告書を修正することを納税者に認めるという、条約相手国の国内法の下で許容される

納税者が行う調整)の場合に生じ得る二重課税を,双方の権限のある当局が協議を通じて解決できるようにするために,納税者がMAPへのアクセスを認められることを定めるべきである。かかる目的のためには,納税者が行った国外調整は,関連者取引から生じる課税所得又は恒久的施設に帰せられる利得について正確に申告しようとする納税者の誠実な努力を反映している場合,及び納税者がその他の点では両締約国の租税法令に基づいて当該課税所得又は利得に関する自らの義務のすべてを,適時かつ適切に履行している場合は,真正であるとみなされるべきである。

相互協議の申立ては,一方の又は双方の締約国の措置により租税条約の規定に適合しない課税を受けたと認める者又は受けることになると認める者により可能となっていますが,締約国の措置を前提としており,納税者自らのアクションにより二重課税が起きる場合には,相互協議の申立てはできないものと解されていました。

そのため,移転価格調査を受け,半強制的に修正申告を受け入れる場合として,例えば中国における移転価格税制の執行状況について既述したように,自主調整により移転価格を是正して二重課税となった場合には,相互協議での救済を求めることができず,二重課税を受け入れる状況となっています。こうした事案について相互協議による救済を求めることが可能となれば,二重課税が一部でも解決する可能性もあるものと考えられます。中国側は自主調整により申告したため,譲歩をしてこないと想定されますが,日本側で許容範囲内での対応的調整が可能であれば,自主調整により生じている多額の日中間の二重課税問題の解決に資するものと考えられます。

特に,中国での移転価格課税では,例えば,売上高営業利益率について,自主調整を受け入れるなら3％を認めるが,受け入れないのであれば7％で課税するような執行が行われており,自主調整を受け入れることが当初の二重課税金額を低くするために有効となっている状況にあります。相互協議において二重課税を解決するためには,3％による自主調整の方が日本での対応的調整は少なく済むのですが,相互協議を前提に自主調整を受け入れず,7％の課税が行われた場合には,相互協議で引き下げることが5％までが限界としたら,自主調整による3％での対応的調整の方が影響が少ない場合があると考えられます。

既述したとおり,英国の条約ポリシーでは,必ずしも相互協議を経なくとも

3％の対応的調整を受け入れることは可能となるのですが，わが国の場合には，3％の対応的調整を受け入れる場合においても相互協議が必要となり，中国側は自主調整による3％であることから，それ以下には譲歩してこないにもかかわらず，中国側が譲歩しなければ日本側も3％の対応的調整に応じないとする保守的なポジションを取るおそれがあり，それを見直していく必要もあると考えられます。そのため，修正申告による相互協議の申立てを認める場合には，相互協議においても，自国だけで許容範囲内の対応的調整を行う英国と同様，相手国の譲歩がない場合であっても対応的調整を行っていく実務が確立されていくことが望ましいと考えられます。

ベストプラクティス10：各国が公表するMAPガイダンスでは，相互協議の中での利子及び罰金に関する配慮についてのガイダンスを示すべきである。

わが国では，前述のとおり，租税条約に基づく合意があった場合の還付加算金の特例があり，還付加算金について，租税条約等実施特例法7条5項及び同法施行令6条2項において特例を規定しています。すなわち，租税条約に基づく合意があった場合の更正の特例として，還付をする場合には，所定の要件の下で，還付加算金を付さないこととなっていますが，具体的には同法施行令6条2項の下で，相手国等において，延滞税に相当する税のうち，計算の基礎となる期間で財務大臣が相手国等の権限ある当局との間で免除の合意をした期間に対応する部分に相当する還付加算金額が免除されるとしており，ガイダンスを示すことも可能と考えられます。

ベストプラクティス11：各国が公表するMAPガイダンスでは，多国間のMAP及び事前確認（APA）に関するガイダンスを定めるべきである。

上記提言の背景として次のような説明がされています。

「近年，グローバル化が著しく進展する中，既存の租税条約の紛争解決メカニズムに類を見ない課題が生じている。OECDモデル租税条約の第25条に定める相互協議手続は，伝統的に二国間の紛争の解決に焦点を当ててきたが，地域的及び世界的なビジネスモデルが採用され，国家経済及び市場の統合が加速さ

れるような状況の下で，多国間の租税紛争を解決する有効なメカニズムの必要性が強調されてきている。したがって，各国は，多国間のMAP及びAPAに関する適切なガイダンスを策定し，自国が公表するMAP及びAPAプログラムのガイダンスに含めるべきである。」（仮訳パラグラフ58）

【コーヒー・ブレイク】

わが国では，例えば外国企業のシンガポール子会社がアジア地域を統括し，孫会社がわが国での販売会社となっている事例において，多国間の相互協議が行われることがあります。また，日本企業のオランダ子会社が欧州地域を統括しており，孫会社が欧州での販売会社となっている事例においても，多国間の協議が行われることがあります。しかし，シンガポールやオランダの権限のある当局が外国企業の側に立ち協議をする場合には，外国側の2国の権限のある当局が結束し，わが国の権限のある当局の議論に反論してくるため，相互協議での議論が不利となる可能性があります。そのため，状況によっては，わが国は，多国間の相互協議に応じない場合もあるものと考えられます。

金融機関の本支店間取引としてのグローバルトレーディングに係る多国間のAPA協議については，これまでも，いわゆるブックパス型の取引で多国の拠点の機能が均質であり，多国の権限のある当局がイコールフッティングである場合には，多国間のAPAが行われる場合があります。確認手法も利益分割法を適用しており，配分キーで合意できれば，有効に相互協議が機能しているものと考えられます。

OECDモデル租税条約コメンタリー38.1は，二国間の租税条約の組み合わせにより，いくつかの締約国の間で，条約の25条1項及び2項の下での相互協議により，権限のある当局が多国間の事例を解決することができるとしています。多国間の相互協議では，関係する締約国のすべての権限のある当局間の単一の協議での交渉，又は別々であるが整合性の取れた二国間の相互協議を通じて合意に達するとしています。

こうした相互協議の例として，同コメンタリー38.2は，二つの異なる締約国に企業の恒久的施設が所在し関連の租税条約の下で恒久的施設における適切な利益配分を決定する事例が該当するとしており，企業の所在する締約国と恒久的施設の所在する締約国との間の租税条約25条1項及び2項に基づき，企業の所在する締約国の権限のある当局には，恒久的施設の所在する締約国の権限のある当局との間の相互協議により事案を解決するよう努め，両租税条約の下で恒久的施設に対する適切な利益配分を決定する権限が明らかにあるとしています。そして，企業の所在する締約国と恒久的施設の所在する締約国の間の租税条約において，一方の条約が2010年

版のOECDモデル租税条約での規定で，他方の条約がそれ以前の版での規定となっているように，7条の規定が異なる場合には，権限のある当局は，適用可能な条約の規定に従い，課税を確定するための適切な解決を見出すため，上記コメンタリーの38において説明した公平の観点を考慮することができるとしています。

同様に，こうした相互協議の例として，同コメンタリー38.3は，異なる締約国における多くの関連企業が関係する統合して支配された一連の取引において，すべての企業の所在する締約国の間に二国間の租税条約がある事例が該当するとしています。それは，統合して支配された一連の取引において，例えば，多国籍企業グループの2つの構成メンバー間の支配された取引において知的財産がライセンスされる場合に，被許諾者が知的財産を使用し製造した商品を多国籍企業グループの他のメンバーへ販売した事例のような場合です。租税条約25条1項及び2項に基づき，こうした企業の所在する締約国の権限のある当局には，9条の独立企業原則に従い，支配された取引に対する適切な独立企業間価格を合意により決定するための権限があるとしています。

同コメンタリー38.5は，確実性を願うことにより，結果として納税者が多国間の事前確認取決めを求めるようになり，いくつかの締約国に所在する関連企業間の支配された取引での移転価格を，事前に決定することにつながるとしています。こうした締約国すべての間に二国間の租税条約が存在し，少なくとも1つ締約国の措置により，納税者にとって条約の規定に適合しない課税となるであろうことが判明した場合，これらの条約の25条は，こうした締約国の権限のある当局が，多国間ベースで，支配された取引の移転価格決定のための適切な基準の枠組みを交渉することを可能にするとしています。そして，多国間の事前確認が，関係する締約国のすべての権限のある当局間の単一の協議での交渉，又は別々であるが整合性の取れた二国間の相互協議を通じて合意に達するとしています。

(7) モニタリングメカニズムの枠組み

相互協議最終報告書は，上記のミニマムスタンダード実現へのコミットメントが効果的に果たされることを確保するために，同スタンダードの実施状況を参加国間でのモニタリングメカニズムを通じて評価することとしています（仮訳パラグラフ60）。

すなわち，OECD加盟国，G20諸国及びミニマムスタンダード実現へのコミットメントを行った国は，「自国のミニマムスタンダードの実施状況について審査を受ける」ものとされ，「当該審査では，被審査国の租税条約及び国内法令が定

める法的枠組み，被審査国のMAPプログラムのガイダンス及びミニマムスタンダードの実施状況を評価する」ものとされています（仮訳パラグラフ60 1.）。モニタリングの結果は報告書の形で示され，同報告書は，被審査国の実施状況について「長所と短所を識別し記述するとともに，被審査国による当該短所への対処方法に関する勧告を行う」ものとされています（仮訳パラグラフ60 2.）。

　モニタリングプロセスに関する主要な文書は，「付託事項」と「評価手法」の二つとされています。「付託事項」（Terms of Reference）は，「ミニマムスタンダードの構成要素に基づくとともに，国の法的枠組み，相互協議プログラムのガイダンス及びミニマムスタンダードの実際の実施状況を評価するための具体的な要素に当該構成要素を分解する」ものとされています。次に，「評価手法」（Assessment Methodology）は，「参加国によるモニタリングのための詳細な手続及びガイドラインを定め，これには，ミニマムスタンダードの実施状況を評価するシステムを含む」ものとされています（仮訳パラグラフ60 3.）。上記「付託事項」と「評価手法」の策定方針について，相互協議最終報告書の付属資料として「付託事項及び評価手法の策定に向けたマンデイト」が添付されています。

> ☕【コーヒー・ブレイク】
> 　上記のモニタリング相互審査（ピアレビュー）は，FTA MAPフォーラムにより，2016年12月から開始し，一時期に6〜8の国をひとまとめ（バッチ）にして取り上げ，BEPSプロジェクトの初期参加国（44か国）については2018年末までに審査を行い，その後残りの国・地域に対して順次審査を実施する予定です。「OECDより2017年9月26日に，第一バッチ（ベルギー・カナダ・オランダ・スイス・米国・英国）を対象としたピアレビューレポートが公表されたが，今回は先進国が対象とされたこともあって比較的良好な評価」となっています（池田義典「BEPSプロジェクト最終報告書—税務行政における主な対応と課題—」（序章注3参照。以下「池田・BEPSプロジェクト最終報告書」といいます。）301頁。なお，わが国は第4バッチに属し2017年末に審査が開始されました。また，「インドは第6バッチ，中国は第7バッチ」に属しています（秦幹雄「最近の相互協議の状況について」（租税研究（2018・5）225頁参照）。

6 BEPS防止措置実施条約の解説(仲裁)

1 仲裁手続の目的

　前述のとおり,権限のある当局は,租税条約上の相互協議手続において合意が得られるように努力を尽くしますが,必ず合意が得られるという保障はありません。すなわち,相互協議が決裂して合意が成立しないというリスクがあります。例えば,武田薬品工業株式会社や本田技研工業株式会社の移転価格課税事案においては,相手国(米国及びブラジル)との相互協議が不調に終わり,その結果,国内争訟手続によって紛争を解決せざるを得なくなりました。このようなリスクを回避して,移転価格紛争等を解決するために相互協議手続を補完する手続が仲裁手続です。そして,相互協議において合意が成立しない場合には仲裁手続が開始されることになるというプレッシャーが相互協議担当者に働き,相互協議の決裂を避けるための努力をさらに尽くそうとする事実上の効果も期待されています。

2 租税条約における仲裁手続導入の経緯

　川村「租税条約における仲裁制度の現状と課題」(第1章注6参照)によれば,「1899年,プロシア・オーストリア/ハンガリー租税条約において,初の相互協議手続」条項が導入されました(同書7頁)。その際,仲裁条項は含まれていませんでした。その後,「1985年,西ドイツ・スウェーデン租税条約の草案に初めて任意的仲裁条項が導入され」た後,「1989年,米独租税条約が改正され,初めて仲裁条項(任意的仲裁条項)が導入」されました(同書11頁)。なお,前述のとおり,仲裁に付託することについて,任意的(optional)なものと義務的(mandatory)なものの2種類が存在しますが,上記の米独租税条約の仲裁条項は,義務的なものではなく,任意的なものでした。すなわち,両権限ある当局の合意があって初めて仲裁に付託されるというものでした。権限のある当局による相互協議が不調に終わった案件を解決するという目的上は,相互協議の申立者の要請があれば原則仲裁へ付託しなければならない義務的なものにすることが望ましいと言えます。

　多国間のEU仲裁条約(the Convention on the Elimination of Double Taxation in Connection with the Adjustment of Profits of Associated Enterprises)は,1990年7

月に欧州12か国が署名した当初は移転価格課税事案のみを仲裁の対象とするものであり、同条約は1995年に発効しました[43]。同条約においては、「協議不調の場合には義務的に仲裁委員会（advisory commission）へ付託される」（同書13頁）こととなっています。同条約の下で、既にいくつかの移転価格課税事案について仲裁判断が示され、また、係属中の案件もあるようです。かかるEU仲裁条約及び同条約の下での実績も鑑みて、2006年の「米独租税条約改正により義務的仲裁条項が導入され」ました（同書17頁）。

なお、義務的仲裁条項を租税条約に盛り込むという上記課題については、OECDにおいても長期間議論され、2008年にOECDモデル租税条約が改訂され、25条5項に下記の義務的仲裁条項が導入されました。

「a) 一方の又は双方の締約国の措置によりある者がこの条約の規定に適合しない課税を受けた事案について、1の規定に従い、当該者が一方の締約国の権限のある当局に対して申立てをし、かつ、

b) 当該事案に対処するために両締約国の権限のある当局から求められる全ての情報が両締約国の権限のある当局に対して提供された日から2年以内に、2の規定に従い、両締約国の権限のある当局が当該事案を解決するための合意に達することができない場合において、当該者が書面によって要請するときは、当該事案の未解決の事項は、仲裁に付託される。ただし、当該未解決の事項について、いずれかの締約国の裁判所又は行政審判所が既に決定を行った場合には、当該未解決の事項は仲裁に付託されない。当該事案によって直接に影響を受ける者が、仲裁決定を実施する両締約国の権限のある当局の合意を受け入れない場合を除くほか、当該仲裁決定は両締約国を拘束するものとし、両締約国の法令上のいかなる期間制限にもかかわらず実施される。両締約国の権限のある当局は、この規定の実施方法を合意によって定める。」

上記のとおり、OECDモデル租税条約25条5項は、仲裁について規定しており、締約国の措置により条約の規定に適合しない課税を受けた者が相互協議の申立て

43　上記EU仲裁条約は、前述のとおり、理事会指令（EU）2017/1852 of 10 October 2017によって、仲裁の対象が移転価格課税事案のみならず、他の課税事案にも拡張されました。

を行い，事案に対処するために権限のある当局から求められるすべての情報を提供した日から2年以内に，権限のある当局が事案を解決するための合意に達することができない場合において，当該者が書面によって要請するときは，当該事案の未解決の事項は，仲裁に付託されるとしています。ただし，未解決の事項について，締約国の裁判所又は行政審判所が既に決定を行った場合には，当該事項は仲裁に付託されません。そして，当該事案により直接に影響を受ける者が，仲裁決定を実施する締約国の権限のある当局の合意を受け入れない場合を除き，仲裁決定は締約国を拘束し，締約国の法令上のいかなる期間制限にもかかわらず実施されることとし，権限のある当局は，仲裁の実施方法を合意により定めるとしています。

その後，わが国においても，2010年8月に署名されたオランダとの租税条約において初めて，義務的仲裁条項が導入されました（同条約24条5項）。

3　仲裁手続

ア　仲裁手続の概要

上記OECDモデル租税条約25条5項の仲裁手続に関しては，それを実施するための基礎として利用し得る合意形式の見本である「仲裁に関する合意見本」が示されています（OECDモデル租税条約25条コメンタリー付録[44]）。

2017年版コメンタリー付録に記載された「仲裁に関する合意見本」の項目は次のとおりです。

1．事案の仲裁への付託の要請
2．2年の期間の起算日
3．仲裁人の選任
4．仲裁手続
5．選択可能な代替の仲裁手続

---

[44] ANNEX, SAMPLE MUTUAL AGREEMENT ON ARBITRATION。なお，2017年改訂前のOECDモデル租税条約25条コメンタリー付録「仲裁に関する合意見本」を引用又は言及する場合においては，川端康之監訳「OECDモデル租税条約2010年版（所得と財産に対するモデル租税条約）簡略版」（社団法人日本租税研究協会，以下本項において「和訳」といいます。）によります。

6. 情報の通信と秘密保持
7. 適時の情報提供が行われなかった場合
8. 費用
9. 必要な期間内に仲裁決定の通知が行われなかった場合
10. 仲裁決定を行う必要がない場合
11. 終局の決定
12. 仲裁決定の実施

　上記合意見本は，仲裁手続について，見本となるルールを次のとおり定めています。

　例えば，「1．事案の仲裁への付託の要請」については，「相互協議事案から生ずる未解決の事項がこの条約第25条第5項に従って仲裁に付託されるべきとする要請（「仲裁の要請」）は書面によりなされ，かつ，一方又は双方の権限のある当局に送付されなければならない。」と定めています。次に，「2．2年の期間の起算日」については，「仲裁の要請は，第25条第1項に基づき一方の締約国の権限のある当局に申し立てられた事案に対処するために必要なすべての情報が両締約国の権限のある当局に対して提示された日から2年を経過した後に可能となるものとする。」と定めています。さらに，「3．仲裁人の選任」については，「双方の権限のある当局は，仲裁の申立受領後60日以内に各々一の仲裁人を選任するものとする。二人の仲裁人のうち二人目の選任後60日以内に，そのように選任された仲裁人は，長となる第三の仲裁人を選任する。」と定めています。

【コーヒー・ブレイク】
　ICC（International Chamber of Commerce，国際商業会議所）等の国際商事仲裁手続の一般的な流れは，大体次のようなものとなります。
1．仲裁申立書の提出（及び相手方への送達）
2．答弁書の提出（及申立人への送達）
3．仲裁人の選任
4．仲裁費用の前払い
5．追加主張の提出
6．争点整理（付託事項書の作成）
7．証拠調べ

> 8．審理の終結
> 9．仲裁判断
> 10．仲裁費用（確定分）の支払い
> 11．仲裁判断の承認・執行

イ　仲裁方式
（i）独立意見方式とベースボール方式

2017年改訂前OECDモデル租税条約コメンタリーは，「合意見本の一般的アプローチ」として，次のような解説を行っていました（OECDモデル租税条約25条コメンタリー付録（和訳387頁）参照）。

「2．相互協議を補充すべく用いられる仲裁手続の構成には多くのアプローチを採り得る。あるアプローチ（「独立意見」アプローチと称し得る）の下では，仲裁人は，適用される法令の下で当事者により事実と主張の提示を受け，その上で，当該事実と適用される法の出所に関する理由付けを伴う書面の分析に基づき独自の判断に至るであろう。
 3．これに代えて，いわゆる「最後・最適の申し出（last best offer）」又は「最終の申し出（final offer）」アプローチによれば，それぞれの権限のある当局は，仲裁廷に対して争点の解決案を提供するよう要求され，当該仲裁廷は提供を受けた二つの提案から選択を行うことになる。これら二つの立場の間には数多くの亜種が存することは明らかである。例えば，仲裁人は独立の判断に到達し得るが，書面による判断を提示することは要求されず，単に結論のみを提示することが要求される。何が適切な方法かは，判断の対象とされる争点の種類にある程度依存する。
 4．上述の合意見本は，出発点として，「独立意見」アプローチを採っており，それ故，それは一般に適用可能な手続である」。

仲裁方式については，「独立意見方式」（独立意見（"Independent opinion"）アプローチ）と，前述の「ベースボール方式」（OECDコメンタリーは，「最後・最適の申し出」又は「最後の申し出」（"Last best offer"）と呼んでいます。）があり，2017年改訂前OECDモデル租税条約コメンタリーの下では，前者が原則的方式，後者

の「ベースボール方式」は選択可能な代替方式と位置付けられていました。なお，「ベースボール方式」については，上記改訂前「仲裁に関する合意見本」6.が「能率的仲裁手続」というタイトルの下，次のとおり定めていました（和訳384頁）。

「[a) 及び b)　省略]
c)　権限のある当局からの最後の返答を受領した後1箇月以内に，仲裁人は，当該問題に関し双方の権限のある当局から受領した二通の返答のうち一方に従って付託事項に含まれるそれぞれの問題を判断し，さらに，その選択につき，当該選択を説明する簡潔な理由を添えて，権限のある当局に通知する。そのような判断は，第19パラグラフの定めに従って実施される。」

2017年版OECDモデル租税条約コメンタリーの下では，上記とは逆に，「ベースボール方式」が原則的方式（合意見本4条），「独立意見方式」が選択可能な代替方式（合意見本5条）と位置付けられています。そして合意見本4条5項は，次のとおり定めています。

「5．仲裁委員会は，各事項及びすべての課税の前提となる事項に関し，両締約国の権限のある当局が提出した当該事案についての解決案の一をその決定として選択するものとし，当該決定の理由その他の説明を付さない。仲裁決定は，仲裁人の単純多数による議決で採択される。両締約国の権限のある当局が別に合意する場合を除くほか，仲裁決定は，仲裁人が最後の応答書を受領した後60日以内に，又は応答書が提出されない場合には仲裁委員会の長の任命後150日以内に，両締約国の権限のある当局に対して書面によって送付される。仲裁決定は，先例としての価値を有しない。」

なお，「ベースボール方式」といっても，細かな手続については，多くの異なる方式があります。例えば，2017年改訂前OECDモデル租税条約コメンタリーの方法は，いずれかの解決案を選択する際に「簡潔な理由」を示すことになっていますが，後述のとおり，BEPS防止措置実施条約が原則的方法として採用した「ベースボール方式」においては，2017年改訂版コメンタリー及び日米新条約の下での「ベースボール方式」の仲裁手続と同様，選択の理由を示すことは不要で，非常に簡易な手続になっています。

(ii) 独立意見方式とベースボール方式の違い

独立意見方式とベースボール方式の違いについては，次のように説明されています。

「両者の大きな違いは仲裁内容の決定方式にある。前者は，仲裁へ付託された事案について仲裁委員会で審理をした後，多数決で仲裁決定がなされ，仲裁委員会独自の見解が表明されるのに対して，後者は，仲裁委員会が双方の締約国から提示された決定案の内いずれか一方を選択するのみであり，仲裁委員会は独自の見解を表明することはできない。Last best offer方式は，……簡素な手続に基づいて，仲裁が実施される点で特徴的である。Last best offer方式の利点として，一般には，迅速性，低コストが挙げられる。さらには，Last best offer方式を採用することで，両国の権限ある当局が交渉の過程で譲歩を促されることにより，より妥当な結論となる蓋然性が高められるとも評価されており，「移転価格課税処分の紛争解決の方法として……極めて実践的な制度設計」であるとして紹介されている」（川村「租税条約における仲裁制度の現状と課題」16頁・17頁）。

上記の「両国の権限ある当局が交渉の過程で譲歩を促されることにより，より妥当な結論となる蓋然性が高められる」というLast best offer方式（ベースボール方式）の長所は，一方の権限ある当局が自己の強気な立場に固執した場合，仲裁委員会は，他方の権限ある当局の案をより妥当なものとして選択する可能性が高くなるために，双方の権限ある当局とも，自己の案が選択されるように譲歩を事実上促されることを意味しています。

ウ 仲裁手続の流れ

独立意見方式かベースボール方式かを問わず，仲裁手続の流れは次のとおりとなります。

仲裁手続の流れ
1．相互協議2年超過するも合意に至らず
2．仲裁要請
3．付託事項の合意及び通知

4．仲裁人の選任
　5．仲裁審理
　6．仲裁判断（決定）
　7．仲裁判断の実施

エ　仲裁制度に関する相互協議最終報告書の説明

　相互協議最終報告書は，「経済界及び多くの国は，強制的拘束的MAP仲裁制度を，租税条約上の紛争がMAPを通じて効果的に解決されることを確保する最善の方法と考えている」ことを指摘しています（同書仮訳パラグラフ62）。そして，「MAP事案の解決を確保するメカニズムとして仲裁制度を採用することについては，全てのOECD加盟国及びG20諸国におけるコンセンサスは得られていないが，下記の国々が，強制的拘束的仲裁制度を採用し実施することにコミットした」としています（仮訳同パラグラフ）。米国は，BEPS防止措置実施条約には加盟しませんでしたが，仲裁制度推進の協議には参加しました。

　アイルランド，イタリア，英国，オーストラリア，オーストリア，オランダ，カナダ，スイス，スウェーデン，スペイン，スロベニア，ドイツ，日本，ニュージーランド，ノルウェー，フランス，ベルギー，米国，ポーランド及びルクセンブルグ

　なお，相互協議最終報告書（行動14の報告書）とBEPS防止措置実施条約の仲裁に関する具体的規定との関係については，次のように説明されています。

　「本条約第6部に規定されている仲裁については，行動14の報告書において相互協議の実効性の改善に有効であると指摘されているものの，仲裁制度に対する各国の立場の隔たりのため，仲裁に関する具体的な規定は行動14の報告書の中では示されず，行動15に基づいて制定されている多数国間条約，すなわち，本条約において策定されるべきものとされた。本条約に規定されている仲裁に関する規定は，このような経緯の下で策定された独自の規定であり，そのため，仲裁に関する各規定の説明や解釈は，行動14の報告書ではなく，本条約の公式の解説書であるExplanatory Statement［筆者注：本条約解説］に記載されている。」（中澤・解説74頁）

4 BEPS防止措置実施条約（仲裁（第6部））

　上記関連各国による仲裁制度推進の協議結果を反映して，BEPS防止措置実施条約第6部の中に仲裁に関する規定が以下のとおり盛り込まれました。以下において，仲裁に関する主要な規定を概説します。

(1) 第18条：第6部の規定の適用の選択
ア　第18条

> 第18条
> 　「締約国は，対象租税協定について，この部の規定を適用することを選択することができる。締約国は，この部の規定を適用することを選択する場合には，その旨を寄託者に通告する。この部の規定は，二の当事国がその通告を行った場合に限り，当該二の当事国に関して対象租税協定について適用する。」

イ　第18条の解説

　18条は仲裁規定適用の選択について定めています。締約国は，第6部の仲裁規定の適用の選択を行うことができるとしており，一般的に受け入れ可能であれば，選択する旨を寄託者に通告することになります。そして，租税条約の両当事国が通告を行った場合に限り，当該両国に関して対象租税条約について仲裁を適用することになります。仲裁手続は通告が行われた条項に限り適用されることになります。

(2) 第28条第2項：仲裁対象事案の範囲に関する留保
ア　第28条第2項

> 第28条
> 「2(a)　1の規定にかかわらず，第18条（第6部の規定の適用の選択）の規定に基づき第6部（仲裁）の規定を適用することを選択する締約国は，同部の規定に基づいて仲裁に付託することができる事案の範囲に関して一又は二以上の留保を付すことができる。この条約の締約国となった後に同条の規定に基づき同部の規定を適用することを選択する締約国は，当該締約国が同条の規定に従って寄託者に通告する時にこの(a)の規定に基づく留保を付する。
> 　(b)　(a)の規定に基づいて付される留保は，受諾されなければならない。(a)の規定に基づいて付される留保は，締約国が，寄託者が当該留保について通報し

> た日に開始する12箇月の期間が満了する日又は当該締約国が批准書，受諾書若しくは承認書を寄託する日のいずれか遅い日までに，当該留保に対する異議を寄託者に通告しなかった場合には，当該締約国によって受諾されたものとみなす。この条約の締約国となった後に第18条（第6部の規定の適用の選択）の規定に基づき第6部（仲裁）の規定を適用することを選択する締約国は，当該締約国が同条の規定に従って寄託者に通告する時に，(a)の規定に基づいて他の締約国によって既に付された留保に対して異議を申し立てることができる。(a)の規定に基づいて付される留保に対して締約国が異議を申し立てる場合には，当該異議を申し立てる締約国と当該留保を付する締約国との間においては，同部の規定の全部を適用しない。」

イ 第28条第2項の解説

　本条約28条は留保に関する条文ですが，本条約の仲裁手続の適用が認められるかどうかと密接に関わる条項を含んでいるので，ここで解説します。

　28条2項は，仲裁対象事案の範囲に関する留保とそれに対する異議の申立てについて定めています。

　28条2項が規定する仲裁対象事案の範囲に関して各国が付している留保の内容はある程度類型化されており，「主な例として，国内法又は租税条約に規定されている濫用防止規定が適用された事案，実際に二重課税が生じていない事案，重大な罰則が適用された事案などを仲裁の対象としないとする留保が付されている。」と説明されています（中澤・解説75頁）。そして，わが国も同条項に基づき特定の留保を行っていますが，当該留保の一つは「本条約第4条に規定される双方居住者の振分け規定に関する事案を仲裁の対象外とするものであるが，これは，第4条1の実体規定における「両締約国の権限のある当局の合意」に仲裁決定が含まれないことを確認するためのもの」です（同76頁。BEPS防止措置実施条約の適用に関する我が国の選択（確定版）「第28条　留保［仲裁の範囲に関する留保］」1参照）。もう一つの留保は，一定の種類の事案について双務的に対象外とする次の内容のものです（BEPS防止措置実施条約の適用に関する我が国の選択（確定版）「第28条　留保［仲裁の範囲に関する留保］」2）。

　他方の当事国における課税の事案のみを条約第6部の対象から除外する場合には，日本国は，当該対象租税協定について，当該他方の当事国の留保において言及される事案に類似する日本国における課税の事案を同部の対象から除外する権

利を留保する。

なお,「仲裁の対象となる事案の範囲に関する留保を相手国が付した場合に,そのような制限のある仲裁を適用することに問題があると考える国は,相手国が付した留保に対して異議を申し立てることができ,そのような異議が申し立てられた場合には,それらの国の間の租税条約については第6部の全体,すなわち,仲裁が一切適用されないこととなる。相手国が一部の例外的な事案を仲裁の対象外とする留保を付したことに対して異議を申し立てれば,その結果として,その他の多数の事案についても仲裁が適用されないこととなるため,本条約における仲裁の実効性を確保するためには,仲裁の対象となる事案の範囲に関する留保を付すこと及びそのような留保に対する異議を申し立てることの双方について,各国の慎重な判断が求められる。」ことになります(同75頁)。

ウ 第28条第2項及び第18条に関するわが国の適用関係

わが国は暫定的通告において28条2項(b)号に基づき上記の異議を申し立てていましたが,わが国の異議申し立ては,仲裁規定の適用を排除することを意図したものではないと,国会の本条約承認前に次のように説明されていました。

「わが国が異議を付けている意味は,一部の事案が仲裁の対象にならなくなるからといって,仲裁全体を適用しないことにしようとする趣旨ではなく,各国が自由に付す留保は,その内容が抽象的で,仲裁の対象とならない事案を具体的に特定することが困難となる傾向にあるので,わが国としては仲裁対象外となる事案を具体的に明らかにする必要があり,今後各国と協議を行い留保の内容について具体的に特定していくために,予防的に異議を付しています。従いまして,批准時に提出するリストでは,そのときまでに各国との協議により留保の内容が明らかになっていて,実際には異議を付さなくてもいいようになっているのではないかと考えています。」(中澤・講演録70頁)

第6部(仲裁)について,わが国の批准書の寄託日(2018年9月26日)時点でフランス及びオーストラリアと確定的な合意がなされているので,それぞれの対象租税条約に仲裁手続が導入されることになります(なお,OECDのBEPS防止措置実施条約のMLI Matching Database (beta)での同時点の情報に基づくと,アイルランド,イタリア,カナダ,シンガポール,フィジー,フィンランド及びルクセンブルクは,

批准が未了で暫定ベースのものですが、わが国との租税条約について第6部（仲裁）を選択しています。ただし、今後変更の可能性があります。さらに、上記の留保と異議の問題について、将来協議が進展すれば、第6部（仲裁）が盛り込まれる租税条約の数が今後増加する可能性があるように思われます。したがって、具体的検討の際には、その時点の最新情報を確認する必要があります。）。

(3) 第19条
　ア　条　文

第19条
「1(a) 一方又は双方の当事国の措置により対象租税協定の規定（この条約によって修正される場合には，その修正の後のもの）に適合しない課税を受けたと認める者又は受けることとなると認める者がその事案について一方の当事国の権限のある当局に対して申立てをすることができることを規定する当該対象租税協定の規定（第16条（相互協議手続）1の規定によって修正される場合には，その修正の後のもの）に従い，一方又は双方の当事国の措置により当該対象租税協定の規定（この条約によって修正される場合には，その修正の後のもの）に適合しない課税を受けたと認める者が，その事案について，一方の当事国の権限のある当局に対して申立てをし，かつ，
　(b) 一方の当事国の権限のある当局が他方の当事国の権限のある当局との合意によって事案を解決するよう努めることを規定する対象租税協定の規定（第16条（相互協議手続）2の規定によって修正される場合には，その修正の後のもの）に従い，両当事国の権限のある当局が，8又は9に規定する起算日から起算して二年以内（当該期間が満了する前に，両当事国の権限のある当局が，その事案について異なる期間について合意し，かつ，当該事案の申立てをした者に対してその合意を通知した場合には，その合意された期間内）に，当該事案を解決するための合意に達することができない場合において，
　　　当該者が書面によって要請するときは，当該事案の未解決の事項は，10の規定に基づいて両当事国の権限のある当局が合意する規則又は手続に従い，この部に規定する方法によって仲裁に付託される。
2　一又は二以上の同一の事項に関する事案について裁判所又は行政審判所において手続が係属中であることを理由として，一方の当事国の権限のある当局が，1に規定する両当事国の権限のある当局の合意のための手続を停止した場合には，1(b)に規定する期間は，裁判所若しくは行政審判所が最終的な決定を行うまで又は当該事案に係る裁判所若しくは行政審判所の手続が停止され，若しく

は当該事案に係る訴訟若しくは審査請求が取り下げられるまで，進行を停止する。また，事案の申立てをした者及び一方の当事国の権限のある当局が，両当事国の権限のある当局の合意のための手続を停止することについて合意した場合には，1(b)に規定する期間は，当該手続の停止が解除されるまで，進行を停止する。

［3　省略］

4(a)　仲裁に付託された事項に関する仲裁決定は，1に規定する事案に関する両当事国の権限のある当局の合意によって実施される。仲裁決定は，最終的な決定とする。

(b)　仲裁決定は，次の場合を除くほか，両当事国を拘束する。

　(i)　事案によって直接に影響を受ける者が，当該仲裁決定を実施する両当事国の権限のある当局の合意を受け入れない場合。この場合には，当該事案について，両当事国の権限のある当局による更なる検討は，行われない。当該事案によって直接に影響を受けるいずれかの者が，当該合意についての通知がその者に送付された日の後六十日以内に，裁判所若しくは行政審判所に対し当該合意において解決された全ての事項に関する訴訟若しくは審査請求を取り下げない場合又は当該合意と整合的な方法によって当該事項に関する係属中の訴訟手続若しくは行政手続を終了させない場合には，当該合意は，当該事案によって直接に影響を受ける者によって受け入れられなかったものとする。

　(ii)　いずれかの当事国の裁判所による最終的な決定によって当該仲裁決定が無効とされる場合。この場合には，1に規定する仲裁の要請は，行われなかったものとし，仲裁手続（第21条（仲裁手続の秘密）及び第25条（仲裁手続の費用）の規定に係るものを除く。）は，行われなかったものとする。この場合には，両当事国の権限のある当局が新たな仲裁の要請は認められないことについて合意する場合を除くほか，新たな仲裁の要請を行うことができる。

　(iii)　当該事案によって直接に影響を受ける者が，当該仲裁決定を実施する両当事国の権限のある当局の合意によって解決された事項について，いずれかの裁判所又は行政審判所において訴訟又は審査請求による解決を求める場合

5　1(a)に規定する両当事国の権限のある当局の合意のための手続に関する最初の申立てを受けた一方の当事国の権限のある当局は，当該申立てを受けた後二箇月以内に，次の全てのことを行う。

(a) 事案の申立てをした者に対し、当該申立てを受けた旨の通知を送付すること。
(b) 他方の当事国の権限のある当局に対し、当該申立ての文書の写しとともに当該申立てを受けた旨の通知を送付すること。
6 一方の当事国の権限のある当局は、両当事国の権限のある当局の合意のための手続の申立てを受けた後又は他方の当事国の権限のある当局から申立ての文書の写しを受領した後三箇月以内に、次のいずれかのことを行う。
(a) 事案の申立てをした者及び当該他方の当事国の権限のある当局に対し、当該事案の実質的な検討を行うために必要な情報を受領した旨を通知すること。
(b) 事案の申立てをした者に対し、当該事案の実質的な検討を行うために必要な追加の情報を要請すること。
［7～11 省略］
12 この条の他の規定にかかわらず、締約国は、対象租税協定について次の規則を適用する権利を留保することができる。
(a) この条約に定める仲裁手続の対象となる両当事国の権限のある当局の合意のための手続に係る事案の未解決の事項は、いずれかの当事国の裁判所又は行政審判所が当該事項について既に決定を行った場合には、仲裁に付託されない。
(b) 仲裁の要請が行われてから仲裁のための委員会がその決定を両当事国の権限のある当局に送付するまでの間に、当該事項についていずれかの当事国の裁判所又は行政審判所が決定を行う場合には、当該仲裁手続は、終了する。」

イ 条文の解説

19条は、仲裁の具体的手続を規定しています。当事国の措置により対象租税条約の規定に適合しない課税を受けたと認める者又は受けることとなると認める者が権限のある当局に対して申立てをし、かつ、両当事国の権限のある当局が2年以内に、事案を解決するための合意に達することができない場合、当該者が書面によって要請するときは、当該事案の未解決の事項は、仲裁に付託されるとしています（1項）。

権限のある当局が、裁判所又は行政審判所において手続が係属中であることを理由として、合意のための手続を停止した場合、その期間は、裁判所又は行政審判所の最終的な決定、手続の停止、又は訴訟若しくは審査請求が取り下げられるまで、進行を停止することになります（2項）。

仲裁に付託された事項に関する仲裁決定で両当事国の権限のある当局に送付されたものは，両権限のある当局の合意により実施され，仲裁決定は最終的な決定となります（4項(a)）。

そして，仲裁決定は，次の場合を除くほか，両当事国を拘束します（同項(b)）。
(ⅰ) 事案によって直接に影響を受ける者が，当該仲裁決定を実施する両当事国の権限のある当局の合意を受け入れない場合

　　ここで，合意についての通知が送付された日の後60日以内に，裁判所又は行政審判所に対して，訴訟又は審査請求を取り下げない場合又は当該合意と整合的な方法により訴訟手続又は行政手続を終了させない場合，合意は受け入れられなかったものとなります。
(ⅱ) いずれかの当事国の裁判所による最終的な決定によって当該仲裁決定が無効とされる場合
(ⅲ) 事案によって直接に影響を受ける者が，権限のある当局の合意によって解決された事項について，裁判所又は行政審判所において訴訟又は審査請求による解決を求める場合

なお，わが国は19条12項の権利を留保したので（BEPS防止措置実施条約の適用に関する我が国の選択（確定版）「第19条　義務的かつ拘束力を有する仲裁［留保］」），いずれかの当事国の裁判所又は行政審判所（わが国の場合は国税不服審判所がこれに該当します。）が最終的な決定を先に行った場合には，仲裁には付託されないこととなります（同項(a)）。また，仲裁決定を両当事国の権限のある当局に送付するまでの間に，当該事項についていずれかの当事国の裁判所又は行政審判所が決定を行う場合には，仲裁手続は終了することになります（同項(b)）。

最初の申立てを受けた権限のある当局は，2か月以内に，次のすべてのことを行います（5項）。
(a) 事案の申立てをした者に対し，申立てを受けた旨の通知を送付
(b) 他方の権限のある当局に対し，申立文書の写しと申立てを受けた旨の通知を送付

また，次の3か月以内に，権限のある当局は，次のいずれかのことを行います（6項）。
(a) 事案の申立てをした者及び他方の当事国の権限のある当局に対し，事案の

実質的な検討を行うために必要な情報を受領した旨を通知
  (b) 事案の申立てをした者に対し，当該事案の実質的な検討を行うために必要な追加の情報を要請

(4) 第20条
ア 条 文

> 第20条
> 「1 両当事国の権限のある当局が異なる規則について合意する場合を除くほか，この部の規定の適用上，2から4までの規定を適用する。
> 2 仲裁のための委員会の構成員の任命については，次の規則を適用する。
>   (a) 仲裁のための委員会は，国際租税に関する事項について専門知識又は経験を有する3人の個人によって構成される。
>   (b) 各当事国の権限のある当局は，前条（義務的かつ拘束力を有する仲裁）1の規定に基づく仲裁の要請の日から60日以内に，1人の仲裁のための委員会の構成員を任命する。このようにして任命された2人の仲裁のための委員会の構成員は，そのいずれか遅い方の任命の時から60日以内に，仲裁のための委員会の長となる第三の構成員を任命する。仲裁のための委員会の長は，いずれの当事国の国民又は居住者でもあってはならない。
>   (c) 仲裁のための委員会の構成員に任命された者は，それぞれ，任命を受諾する時において，両当事国の権限のある当局，税務当局及び財務省並びに事案によって直接に影響を受ける全ての者及びその顧問に対して公平でなければならず，かつ，これらの者から独立していなければならず，当該事案に係る仲裁手続を通じて，その公平性及び独立性を維持しなければならず，並びに当該仲裁手続の後の妥当な期間において，当該仲裁手続に関する仲裁のための委員会の構成員が公平であり，及び独立しているという外観を損なうおそれのある行為を行ってはならない。
> 3 一方の当事国の権限のある当局が，2に規定する方法によって，及び2に規定する期間内に，又は両当事国の権限のある当局が合意する方法によって，及び両当事国の権限のある当局が合意する期間内に，仲裁のための委員会の構成員を任命することができない場合には，当該一方の当事国の権限のある当局に代わって，経済協力開発機構の租税政策及び税務行政センターの最も高い地位にある職員であっていずれの当事国の国民でもないものが，1人の構成員を任命する。

> 4　最初に任命された2人の仲裁のための委員会の構成員が，2に規定する方法によって，及び2に規定する期間内に，又は両当事国の権限のある当局が合意する方法によって，及び両当事国の権限のある当局が合意する期間内に，仲裁のための委員会の長を任命することができない場合には，経済協力開発機構の租税政策及び税務行政センターの最も高い地位にある職員であっていずれの当事国の国民でもないものが，仲裁のための委員会の長を任命する。」

イ　条文の解説

20条は，仲裁委員会の設置手続について規定しています。仲裁委員会の構成員の任命については，両当事国の権限のある当局が別途合意する場合を除き，次の規則を適用します（1項）。

(ⅰ) 仲裁委員会は，国際租税に関する事項について専門知識又は経験を有する3人の個人によって構成されます（2項(a)）。

(ⅱ) 権限のある当局は，仲裁の要請の日から60日以内に，それぞれ1人の仲裁委員会の構成員を任命し，いずれか遅い方の任命の時から60日以内に，仲裁委員会の長となる第3の構成員を任命します。仲裁委員会の長は，当事国の国民又は居住者であってはなりません（同項(b)）。

(ⅲ) 仲裁委員会の構成員に任命された者は，任命を受諾する時において，権限のある当局，税務当局及び財務省並びに事案により直接に影響を受けるすべての者及びその顧問に対して，仲裁手続を通じてその公平性及び独立性を維持しなければならず，その外観を損なうおそれのある行為を仲裁手続の後の妥当な期間行ってはなりません（同項(c)）。

権限のある当局が，上記2項に規定する方法及び期間内に，又は権限のある当局が合意する方法及び期間内に，仲裁委員会の構成員やその長を任命することができない場合，権限のある当局に代わり，経済協力開発機構（OECD）の租税政策及び税務行政センターの最高位にある職員でいずれの当事国の国民でもないものが，1人の構成員やその長を任命することになります（3項・4項）。

(5) 第21条

ア　条　文

> 第21条
> 「1　この部の規定，関連する対象租税協定の規定並びに情報の交換，秘密及び行政支援に関する両当事国の法令の適用上，仲裁のための委員会の構成員及びその職員（構成員1人について3人までに限る。）並びに仲裁のための委員会の構成員の候補者は，情報（当該候補者については，当該候補者が仲裁のための委員会の構成員の要件を満たすことができることを確認するために必要な範囲に限る。）の開示を受けることができる者又は当局とみなす。仲裁のための委員会又は仲裁のための委員会の構成員の候補者が受領する情報及び両当事国の権限のある当局が仲裁のための委員会から受領する情報は，情報の交換及び行政支援に関する対象租税協定の規定に基づいて交換された情報とみなす。
> 2　両当事国の権限のある当局は，仲裁のための委員会の構成員及びその職員が，仲裁手続の実施に先立って，情報の交換及び行政支援に関する対象租税協定の規定並びに両当事国の関係法令に規定する秘密及び不開示に関する義務に従って仲裁手続に関する情報を取り扱うことについて書面によって合意することを確保する。」

イ　条文の解説

　21条は，仲裁委員会の構成員等に開示される情報の取扱いを定めています。

　仲裁委員会の構成員及びその職員並びに仲裁委員会の構成員の候補者は，本部（第6部）の規定，対象租税条約の規定並びに情報交換，秘密及び行政支援に関する両当事国の法令の適用上，情報の開示を受けることができる者又は当局とみなすとしています。そして，仲裁委員会又は仲裁委員会の構成員の候補者が受領する情報及び権限のある当局が仲裁委員会から受領する情報は，情報交換及び行政支援に関する対象租税条約の規定に基づき交換された情報とみなすことになります（1項）。

　また，権限のある当局は，仲裁委員会の構成員及びその職員が，仲裁手続の実施に先立ち，情報交換及び行政支援に関する租税条約の規定並びに関係法令に規定する秘密及び不開示に関する義務に従い仲裁手続に関する情報を取り扱うことにつき書面により合意することを確保するとしています（2項）。

(6) 第22条
　ア　条　文

> 第22条
> 「この部の規定及び両当事国の権限のある当局の合意による事案の解決について規定する関連する対象租税協定の規定の適用上，仲裁の要請が行われてから仲裁のための委員会がその決定を両当事国の権限のある当局に送付するまでの間に，次のいずれかに該当する場合には，当該事案に関する両当事国の権限のある当局の合意のための手続及び仲裁手続は，終了する。
> (a) 両当事国の権限のある当局が，当該事案を解決するための合意に達する場合
> (b) 当該事案の申立てをした者が，仲裁の要請又は両当事国の権限のある当局の合意のための手続の申立てを撤回する場合」

　イ　条文の解説

22条は，仲裁手続の終了事由を定めています。すなわち，仲裁手続は，以下の場合に終了することになるとしています。
　(a)　権限のある当局が，事案を解決するための合意に達する場合
　(b)　事案の申立てをした者が，仲裁の要請又は両当事国の権限のある当局の合意のための手続の申立てを撤回する場合

(7) 第23条第1項
　ア　条　文

> 第23条
> 「1　両当事国の権限のある当局が異なる規則について合意する場合を除くほか，この部に定める仲裁手続について，次の規定を適用する。
> 　(a) 事案が仲裁に付託された後，各当事国の権限のある当局は，当該事案に関して両当事国権限のある当局の間で既に達した全ての合意を考慮した上で，仲裁のための委員会に対し，合意によって定める日までに，当該事案の全ての未解決の事項に対処する解決案を提出する。当該解決案は，当該事案における調整又は類似の事項のそれぞれにつき，特定の金額（例えば，所得又は費用の金額）の決定又は対象租税協定の規定に従って課される租税の率の上限の決定に限られる。関連する対象租税協定の規定を適用する要件に関する事項（以下「課税の前提となる事項」という。），例えば，個人が居住者であ

るか否か又は恒久的施設が存在するか否かに関する事項について両当事国の権限のある当局が合意に達することができなかった場合には，両当事国の権限のある当局は，当該課税の前提となる事項の解決に応じて決定される事項に関して，代替的な解決案を提出することができる。
(b) 各当事国の権限のある当局は，仲裁のための委員会による検討のために解決案の説明書を提出することができる。解決案又はその説明書を提出する各当事国の権限のある当局は，これらの提出の期限とされた日までに，他方の当事国の権限のある当局に対してこれらの写しを提供する。各当事国の権限のある当局は，合意によって定める日までに，仲裁のための委員会に対し，他方の当事国の権限のある当局が提出した解決案及びその説明書に対する応答書を提出することができる。応答書の写しは，応答書の提出の期限とされた日までに，他方の当事国の権限のある当局に提供される。
(c) 仲裁のための委員会は，各事項及び全ての課税の前提となる事項に関し，両当事国の権限のある当局が提出した当該事案についての解決案の一をその決定として選択する。仲裁のための委員会は，当該決定の理由その他の説明を付さない。仲裁決定は，仲裁のための委員会の構成員の単純多数による議決で採択される。仲裁のための委員会は，その決定を両当事国の権限のある当局に対して書面によって送付する。仲裁決定は，先例としての価値を有しない。」

イ　条文の解説

　上記23条1項は，前述のベースボール方式の内容を定めた規定です。このことは，同項(c)号が，「仲裁委員会は，各事項およびすべての課税の前提となる事項に関し，両国の権限のある当局が提出した当該事案についての解決案の一をその決定として選択し，当該決定の理由その他の説明を付さない。」と定めていることからも明らかです（下線は筆者によるものです。）。このように決定の理由や説明を付す必要がないとされており，簡素な手続となっています（「本条約解説」パラグラフ241〜244）。独立意見方式に比べて，迅速かつ低コストで紛争解決を図ることができます。

(8) 第23条第2項及び第3項

ア 条文

> 第23条
> 「2 対象租税協定についてこの条の規定を適用するに当たり，締約国は，当該対象租税協定について1の規定を適用しない権利を留保することができる。この場合には，両当事国の権限のある当局が異なる規則について合意する場合を除くほか，仲裁手続について，次の規定を適用する。
> (a) 事案が仲裁に付託された後，各当事国の権限のある当局は，全ての仲裁のための委員会の構成員に対し，仲裁決定のために必要な情報を不当に遅滞することなく提供する。両当事国の権限のある当局が別に合意する場合を除くほか，両当事国の権限のある当局が仲裁の要請を受ける前に利用することができなかった情報は，仲裁のための委員会がその決定を行うに当たって考慮しない。
> (b) 仲裁のための委員会は，対象租税協定の関連する規定に従い，及びこれらの規定に従うことを条件として両当事国の法令の関連する規定に従い，仲裁に付託された事項を決定する。仲裁のための委員会の構成員は，両当事国の権限のある当局が合意によって明示的に特定することができる他の根拠を考慮する。
> (c) 仲裁決定は，両当事国の権限のある当局に対して書面によって送付される。仲裁決定には，その結論の法的根拠及びその結論に至った理由を付する。仲裁決定は，仲裁のための委員会の構成員の単純多数による議決で採択される。仲裁決定は，先例としての価値を有しない。
> 3 2の規定に基づく留保を付さない締約国は，当該留保を付する締約国との間の対象租税協定について1及び2の規定を適用しない権利を留保することができる。この場合には，当該対象租税協定の両当事国の権限のある当局は，当該対象租税協定について適用する仲裁手続の種類について合意に達するよう努める。当該合意が得られるまでの間，第19条（義務的かつ拘束力を有する仲裁）の規定は，当該対象租税協定については，適用しない。」

イ 条文の解説

締約国は，ベースボール方式の内容を定めた上記23条1項の規定を適用しない権利を留保することができ，この留保を付した場合，仲裁手続について，前述の独立意見方式を定めた2項(a)号〜(c)号の規定を適用するとしています。このことは，同項(b)号及び(c)号が，それぞれ，「仲裁委員会は，対象租税協定の関連する

規定に従い，およびこれらの規定に従うことを条件として両国の法令の関連する規定に従い，仲裁に付託された事項を決定」すると定めていることからも明らかです（「本条約解説」パラグラフ245～247参照）。

ウ　わが国の適用

わが国は上記23条2項に基づく留保を付して，ベースボール方式ではなく，独立意見方式を選択しました。2017年のOECDモデル租税条約コメンタリー（付録）の改訂前には，前述のとおり，独立意見方式がOECD型仲裁方式と呼ばれ，米国のベースボール方式は選択可能な代替方法と解されていたことから，わが国では，独立意見方式を採用したものと考えられます。上記のフランス及びオーストラリアとの租税条約については，独立意見方式が選択されました。なお，相手国がベースボール方式を選択したとしても，上記23条3項1文の留保を付さない限り，同項1文～3文の反対解釈により，わが国との対象租税条約に仲裁規定が盛り込まれることになります。実務上は，実際の具体的仲裁案件が生じたとき又はそれ以前に，ベースボール方式又は独立意見方式のいずれの方式を適用するかについて両国間で協議の上決定するものと推測されます。

(9)　第24条
ア　条　文

> 第24条
> 「1　対象租税協定についてこの部の規定を適用するに当たり，締約国は，2の規定を適用することを選択することができる。締約国は，2の規定を適用することを選択する場合には，その旨を寄託者に通告する。2の規定は，二の当事国がその通告を行った場合に限り，当該二の当事国に関して対象租税協定について適用する。
> 2　第19条4の規定にかかわらず，対象租税協定の両当事国の権限のある当局が，この部に規定する仲裁決定が両当事国の権限のある当局に送付された後3箇月以内に，全ての未解決の事項についての解決であって当該仲裁決定と異なるものについて合意する場合には，当該仲裁決定は，両当事国を拘束せず，かつ，実施されない。」

イ　条文の解説

24条は，独立意見方式を選択する場合には，寄託者に通告することとし，対象租税条約の両当事国が通告した場合に限り適用されるとしています（1項）。わが国は，上記のとおり，23条2項の適用を選択し通告しました。次に，24条2項は，仲裁決定後の両当事国の権限のある当局の合意の効力について定めています。すなわち，仲裁決定は両当事国の権限のある当局に送付された後3か月以内に，仲裁委員会と異なる解決について，権限のある当局間で合意に達した場合には，仲裁委員会の決定は両当事国を拘束せず，かつ実施されないことになります（2項）。

(10) 第25条

25条は仲裁手続の費用負担について規定しており，仲裁委員会の構成員の報酬及び費用並びに仲裁手続に関連して生ずる費用は，権限のある当局が合意により定める方法によって両当事国が負担することとし，合意がない場合には，各当事国の費用及び各当事国が任命する仲裁委員会の構成員に係る費用は，各当事国が負担し，仲裁委員会の長の費用その他仲裁手続の実施に関する費用は，両当事国が均等に負担することとしています。

(11) 第26条

26条は仲裁規定の適用対象について規定しており，第6部の仲裁規定は，権限のある当局の合意のための手続に係る事案の未解決の事項に関する仲裁について定める対象租税条約の規定に代えて，又は当該規定がない対象租税条約について，適用することになります。そして，対象となる規定を寄託者に通告することとし，それにより第6部の仲裁規定は，当事国について，対象租税条約の規定に代わることとなります（1項）。

また，事案の未解決の事項が，二国間又は多数国間の条約に従う仲裁委員会又はこれに類する機関が既に設けられた事案に含まれる場合，仲裁に付託されないことになります（2項）。

さらに，1項の規定に従うことを条件として，第6部のいかなる規定も，当事国が当事者である他の条約に基づく両当事国の権限のある当局の合意のための手続における未解決の事項に関わる仲裁に関するより広範な義務の実施に影響を及ぼすものではないとしています（3項）。

そして，締約国は，両当事国の権限のある当局の合意のための手続に係る事案

の未解決の事項に関する義務的かつ拘束力を有する仲裁について定める特定の対象租税条約について，第6部の規定を適用しない権利を留保することができるとしています（4項）。わが国は当該留保を行っているので，既に仲裁条項が盛り込まれている下記のオランダ等との租税条約については，本条約第6部の仲裁に係る条項は適用されません。具体的には，ドイツ，香港，オランダ，ニュージーランド，ポルトガル，スウェーデン及び英国との租税条約が該当します（BEPS防止措置実施条約の適用に関する我が国の選択（確定版）「第26条　第6部の規定の適用対象［留保］」参照）。

5　わが国が締結した個別の租税条約

(1)　はじめに

仲裁条項は，2010年にオランダとの租税条約に導入されて以降，上記のBEPS防止措置実施条約による仲裁手続の導入も含め，前述のとおり，多くの国との間の租税条約に盛り込まれています。このような仲裁条項を盛り込む租税条約や租税協定が増加していけば，相互協議において権限のある当局間で合意が得られなくとも，仲裁手続を通じて国際的二重課税を排除することが可能になります。

(2)　オランダとの租税条約

わが国の租税条約においてこの仲裁手続が初めて導入されたのが，オランダとの間の上記租税条約です。同条約24条5項に以下のような仲裁に関する規定が設けられました（下線は筆者によります。）。

> 「5(a)　一方の又は双方の締約国の措置によりある者がこの条約の規定に適合しない課税を受けた事案について，1の規定に従い，当該者が一方の締約国の権限のある当局に対して申立てをし，かつ，
> (b)　当該一方の締約国の権限のある当局から他方の締約国の権限のある当局に対し当該事案に関する協議の申立てをした日から<u>2年以内</u>に，2の規定に従い，両締約国の権限のある当局が当該事案を解決するために<u>合意に達する</u>ことができない場合において，<u>当該者が要請するときは，当該事案の未解決の事項は，仲裁に付託される</u>。ただし，当該未解決の事項についていずれかの締約国の裁判所又は行政審判所が既に決定を行った場合には，当該未解決の事項は仲裁に付託されない。当該事案によって直接に影響を受ける者が，仲

> 裁決定を実施する両締約国の権限のある当局の合意を受け入れない場合を除くほか，当該仲裁決定は，両締約国を拘束するものとし，両締約国の法令上のいかなる期間制限にもかかわらず実施される。両締約国の権限のある当局は，この5の規定の実施方法を合意によって定める。」

そして，上記租税条約24条5項の規定を受けて，同条約の「議定書」12条(a)～(e)が仲裁手続に関する以下のようなルールを定めています。

> 「(a) 両締約国の権限のある当局は，同条5の規定に従って申し立てられた事案によって直接に影響の受ける者の作為若しくは不作為が当該事案の解決を妨げる場合又は両締約国の権限のある当局及び当該者が別に合意する場合を除くほか，同条5に規定する仲裁の要請から2年以内に仲裁決定が実施されることを確保するため，仲裁手続を合意によって定める。
> (b) 仲裁のための委員会は，次の規則に従って，設置される。
> 　(i) 仲裁のための委員会は，国際課税に関する事項について専門知識又は経験を有する3人の仲裁人により構成される。
> 　(ii) それぞれの締約国の権限ある当局は，それぞれ1人の仲裁人を任命する。両締約国の権限ある当局が合意する手続に従い，両締約国の権限ある当局が任命する2人の仲裁人は，仲裁のための委員会の委員長となる第三者の仲裁人を任命する。
> 　(iii) 全ての仲裁人は，いずれの締約国の税務当局の職員であってはならず，同条1の規定に従って申し立てられた事案にこれまで関与した者であってはならない。
> 　(iv) 両締約国の権限ある当局は，仲裁手続の実施に先立って，全ての仲裁人及びその職員が，それぞれの締約国の権限ある当局に対して送付する書面において，条約25条2及び両締約国において適用される法令に規定する秘密及び不開示に関する義務と同様の義務に従うことに合意することを確保する。
> 　(v) それぞれの締約国の権限ある当局は，自らが任命した仲裁人に係る費用及び自国の費用を負担する。仲裁のための委員会の長の費用及びその他の仲裁手続の実施に関する費用については，両締約国の権限ある当局が均等に負担する。
> (c) 両締約国の権限ある当局は，すべての仲裁人及びその職員に対し，仲裁決定のために必要な情報を不当に遅滞することなく提供する。
> (d) 仲裁決定は，次のとおり取り扱う。

(i) 仲裁決定は，先例としての価値を有しない。

(ii) 仲裁決定は，条約24条5の規定，この12の規定又は(a)の規定に従って決定される手続規則のいずれかに違反すること（仲裁決定に影響を及ぼしたものとして相当と認められるものに限る。）により，当該仲裁決定がいずれか一方の締約国の裁判所によって無効であるとされる場合を除くほか，確定する。仲裁決定は，その違反によって無効であるとされる場合には，行われなかったものとする。

(e) 仲裁の要請が行われた後で，かつ，仲裁のための委員会がその決定を両締約国の権限ある当局及び仲裁の要請を行った者に送達する前に，両締約国の権限ある当局が仲裁に付託された全ての未解決の事項を解決した場合には，当該事案は同条2の規定に従って解決されたものとし，仲裁決定は行われない。」

さらに，両国間で「所得に対する租税に関する二重課税の回避及び脱税の防止のための日本国とオランダ王国との間の条約第24条5に係る実施取決め」が2010年9月に締結され，仲裁手続の実施細則を定めています。なお，「所得及び譲渡収益に対する租税に関する二重課税の回避及び脱税の防止のための日本国とグレートブリテン及び北アイルランド王国との間の条約25条5に係る実施取決め」においては，「簡素化された仲裁手続」（ベースボール方式）の選択を可能にする規定(17)を設けているのに対して，上記日蘭間の実施取決めにはこのような規定が存在しないので，日蘭租税条約の下での仲裁は独立意見方式に従って行われるものと考えられます。

なお，上記オランダとの実施取決めによると，仲裁手続は次頁の図のような流れになります（国際税務（Vol.30 No.10）9頁から転載）。

仲裁手続の基本的な流れ

相互協議の開始から2年を経過しても当局間の解決に至らない

⬇

①仲裁の要請
- 仲裁の要請を行う者が，居住地国の権限のある当局に書面で要請
- 要請を受けた権限のある当局は，10日以内に相手国に写しを送付

⬇ 90日以内

②付託事項の決定
- 権限のある当局間で，解決すべき事項について合意し，仲裁の要請者に通知

⬇ 150日以内

③仲裁人の任命
- 権限のある当局は，それぞれ1名の仲裁人を任命
- 任命された仲裁人は，仲裁委員会の長となる第三の仲裁人を任命

⬇ 120日以内

④事案の検討
- 権限のある当局は，仲裁人が必要とする資料を提供
- 仲裁委員会の長は，事案の検討に必要なすべての情報を受領した旨を通知

⬇ 180日以内

⑤仲裁決定
- 権限のある当局及び要請者に対して，仲裁決定を書面で通知

⬇ 180日以内

⑥仲裁決定の実施
- 要請者への同意の意向の確認
- 仲裁決定に基づく相互協議の合意，対応的調整等の実施

（①〜⑥を通じて）原則として2年以内

(3) 日独租税条約を含む最近の租税条約

上記オランダとの租税条約と類似の仲裁条項が，ベルギーとの租税条約にも（25条5項・6項），デンマークとの租税条約にも規定されています（24条5項及び同条約「議定書」1条）。また，アイスランドとの租税条約にも（25条5項），スペ

インとの租税条約にも規定されています（24条5項）。さらに，日独租税条約においても，設けられています（24条5項及び同条約「議定書」10条）。なお，同条約の下では，両締約国の権限のある当局が，当該未解決の事項が仲裁による解決に適さないことについて合意し，かつ，その旨を仲裁の要請者（納税者）に通知した場合には仲裁に付託されないことが規定されています（同条約24条5項参照）。

(4) 日米租税条約（日米新条約）

日米租税条約の下では仲裁規定はありませんでしたが（25条参照），日米新条約の下で下記の仲裁規定が新たに導入されました（25条5項以下参照）。日独租税条約と同様，両締約国の権限のある当局が，当該未解決の事項が仲裁による解決に適さないことについて合意できる旨が規定されています（25条6項）。

> 「5　この条の規定に従い，一方又は双方の締約国の措置によりある者がこの条約の規定に適合しない課税を受けた事案について，当該者が自己が居住者である締約国（当該事案が前条1の規定の適用に関するものである場合には，自己が国民である締約国）の権限のある当局に対して申立てをし，かつ，両締約国の権限のある当局が当該事案を解決するための合意に達することができない場合において，次の(a)及び(b)に定める要件が満たされるときは，当該事案は，この5，6及び7並びに両締約国の権限のある当局が7(i)の規定に従って合意する規則又は手続に定める方法及び要件に従って行われる仲裁を通じて解決される。
> (a) 当該事案について申立てをした者が，その申立てをした権限のある当局に対し，当該事案の仲裁による解決を要請する書面を提出したこと。
> (b) 全ての関係者及び権限を与えられたその代理人が，仲裁手続の過程においていずれかの締約国の権限のある当局又は仲裁のための委員会から受領した情報（仲裁のための委員会の決定を除く。）を他の関係者以外のいかなる者に対しても開示しない旨を表明した書面を提出したこと。
> 6　5の規定にかかわらず，次のいずれかに該当する場合には，事案は仲裁に付託されない。
> (a) 当該事案についていずれかの締約国の裁判所又は行政審判所が既に決定を行った場合
> (b) 両締約国の権限のある当局が，当該事案が仲裁による解決に適しない旨を合意し，かつ，その旨を当該事案について申立てをした者に対して開始日の後2年以内に通知した場合」
> [(c) 省略]

日米新条約の下での仲裁手続の特色は，事前価格取決め（APA）に関する事案も対象とされること（日米新議定書11条（日米新条約25条7項(d)号参照））とベースボール方式が採用されたことです。ベースボール方式については，次のとおり定められています（日米新議定書14条3(d)項以下。下線は筆者によります。）。

> 「(d)　各締約国の権限のある当局は，事案において提起された調整又は類似の事項のそれぞれに対処する解決案を提出することができる。当該解決案は，当該事案全体を解決するものでなければならず，かつ，両締約国の権限のある当局の間で既に合意した当該事案における全ての事項を修正することなく反映するものでなければならない。当該解決案は，当該事案における調整又は類似の事項のそれぞれについて，当該事案に対するこの条約の適用に基づく特定の金額（例えば，所得，利得，収益又は費用の金額）の決定又は条約の規定に従って課される税率の上限の決定に限られる。各締約国の権限のある当局は，また，仲裁のための委員会による検討のために意見書を提出することができる。
> [(e)　省略]
> (f)　仲裁手続が，二以上の調整又は類似の事項であって，それぞれについて特定の金額（例えば，所得，利得，収益又は費用の金額）の決定又は条約の規定に従って課される税率の上限の決定が必要なものから成る事案に関するものである場合には，解決案は，当該調整又は類似の事項のそれぞれについての決定を提案するものとすることができる。
> (g)　各締約国の権限のある当局は，他方の締約国の権限のある当局が提出した解決案及び意見書を受領するものとし，仲裁のための委員会に応答書を提出することが認められる。各締約国の権限のある当局は，他方の締約国の権限のある当局の応答書を受領する。
> (h)　事案について申立てをした者は，仲裁のための委員会による検討のために，当該事案についての自己の分析及び意見を記載した書面を提出することが認められる。当該書面は，両締約国の権限のある当局の合意のための手続において事前に両締約国の権限のある当局に提供されなかった情報を含まないものとし，両締約国の権限のある当局が入手することができるものとする。
> (i)　仲裁のための委員会は，その決定を両締約国の権限のある当局に対して書面により送付する。<u>仲裁のための委員会の決定は</u>，調整又は類似の事項および課税の前提となる問題のそれぞれに関し<u>両締約国の権限のある当局が提出した解決案のうちのいずれかに限られ</u>，<u>当該決定の理由その他の説明を含まない</u>。仲裁のための委員会の決定は，他の事案における条約の適用に関して先例としての価値を有しない。」
> [(j)・(k)　省略]

(5) 日中租税条約

日中租税条約においては、仲裁手続は規定されていません（25条参照）。

> 【コーヒー・ブレイク】
> 中国は、次のとおり、仲裁条項を導入することには消極的です。
> 「現在のところ、中国が締結した租税条約または手続に仲裁条項がないため、仲裁手続は国際的な租税争議を解決する有効な手段ではない。仲裁条項を記載したモデル租税条約や協定も存在はするが、これらは先進国側のニーズにより制定されたものである。国際的な租税問題に直面している中国が仲裁条項を導入すると、国際租税業務の制約になるだけでなく、中国の租税権の一部譲渡を意味するものとなる。こうした理由から、仲裁制度導入の機はまだ熟していないと考えられる。」（範堅＝姜躍生著、角田伸広＝大谷泰彦監訳『移転価格税制実務指針　中国執行実務の視点から』218頁）

6　国内手続

(1) 租税条約上の仲裁要請手続の改正

上記の最近の租税条約の進展を受けて、平成29年度税制改正によって、「仲裁の要請手続について、相手国等の権限ある当局に対して相互協議の申立てをした者についても、国税庁長官に対して仲裁の要請をすることができることとされました（『改正税法のすべて（平成29年度版）』768頁）。具体的には、実施特例法施行省令12条3項は次のとおり規定しています。

　「租税条約の規定に適合しない課税を受けたことにつき当該租税条約の規定に基づき国税庁長官又は当該租税条約の相手国等の権限ある当局に対し当該租税条約に規定する申立てをした者は、当該申立てに係る当該租税条約に規定する協議の対象となる事項のうち財務大臣と当該租税条約の相手国等の権限ある当局との間で当該租税条約に規定する期間を経過しても当該租税条約に基づく合意に至らないものがある場合において、当該合意に至らないものにつき当該租税条約の規定に基づき国税庁長官に対し当該租税条約に規定する仲裁を要請しようとするときは、次の各号に掲げる事項を記載した要請書を国税庁長官に提出しなければならない。

一　要請書を提出する者の氏名，住所若しくは居所及び個人番号（個人番号を有しない個人にあつては，氏名及び住所又は居所）又は名称，本店若しくは主たる事務所の所在地，その事業が管理され，かつ，支配されている場所の所在地及び法人番号（法人番号を有しない法人にあつては，名称，本店又は主たる事務所の所在地及びその事業が管理され，かつ，支配されている場所の所在地）

二　要請書を提出する者（非居住者又は外国法人で相手国等における居住者であるものに限る。以下この号及び第6号において同じ。）の当該租税条約の相手国等における納税地及び当該要請書を提出する者が当該相手国等において納税者番号を有する場合には，当該納税者番号

三　当該租税条約に規定する申立てをした年月日

四　当該仲裁の要請の対象とする事項及び年，事業年度又は年度

五　当該仲裁の要請の対象とする事項につき，我が国における審査請求又は訴えについての裁決又は判決（以下この号において「裁決等」という。）がない旨及び当該租税条約の相手国等における裁決等に相当するものがない旨

六　要請書を提出する者が国税通則法第117条第2項の規定による納税管理人の届出をしている場合には，当該納税管理人の氏名及び住所又は居所

七　その他参考となるべき事項」

(2) **事務運営指針における仲裁手続規定**

　国税庁は，上記規定を受けて，相互協議手続に関する事務運営指針に「第5　仲裁」という章を設け，次のとおり，34から42までの具体的規定を設けています。

「34　仲裁手続
　庁相互協議室は，仲裁手続に関する事務を行うに当たって，租税条約，租税条約等実施特例省令及び仲裁手続に係る実施取決めに従う。

［35・36　省略］

37　仲裁の要請ができる場合
　仲裁の要請は，租税条約の規定に基づき，租税条約等実施特例省令第12条第3項又は第4項の規定に従って行うことができる。

38　事前相談
　庁相互協議室は，仲裁の要請前に相談（代理人を通じた匿名の相談を含む。）

があった場合には，これに応じる。
39　仲裁の要請の手続
⑴　仲裁の要請は，「仲裁要請書」（別紙様式7）を庁相互協議室に提出することにより行われるものとする。
　　［（注）　省略］
⑵　庁相互協議室は，収受した仲裁要請書及び添付書類の写しを，その収受した日の翌日から10日以内に，相手国等の権限ある当局に送付する。
［⑶　省略］
40　仲裁の要請を行った者等への通知
⑴　庁相互協議室は，次に掲げる場合の区分に応じ，それぞれ次に掲げる事項を事案によって直接に影響を受ける者（相互協議の合意により我が国又は相手国等において所得金額等が変更される可能性のある者をいう。以下40において同じ。）に該当する居住者又は内国法人（当該事案に係る取引の当事者である内国法人が連結子法人である場合には，その連結親法人。以下40において同じ。）に通知する。
　　イ　仲裁に付託される未解決の事項について決定した場合
　　　　当該仲裁に付託される未解決の事項
　　ロ　仲裁手続の期間の延長が行われた場合
　　　　当該仲裁手続の期間の延長の理由及び延長の期間
　　　　［（注）　省略］
　　ハ　仲裁決定が行われる前に仲裁手続が終了した場合
　　　　当該終了の理由
　　　　［（注）　省略］
⑵　庁相互協議室は，仲裁の要請が相手国等の権限ある当局に行われた場合において，相手国等の権限ある当局から仲裁の要請が行われた旨の通知を受領したときは，⑴に加えて，当該通知を受けた事実及び当該受領の日を事案によって直接に影響を受ける者に該当する居住者又は内国法人に通知する。
［⑶・41　省略］
42　仲裁の要請の取下げ
⑴　仲裁要請書の提出後，17⑴の通知（相互協議の合意の通知）を受けるまでは，仲裁の要請を行った者は仲裁の要請を取り下げることができるものとして取り扱う。

(2) 仲裁の要請の取下げは,「仲裁要請の取下書」(別紙様式8)を,庁相互協議室に提出することにより行われるものとする。
 [(注) 省略]
(3) 仲裁の要請を行った者が,仲裁の要請とともに相互協議の申立てを取下げる場合には,19(2)の「相互協議申立ての取下書」を提出すれば足り,「仲裁要請の取下書」の提出は要しないことに留意する。
(4) 庁相互協議室は,(2)により仲裁要請の取下書の提出を受けた場合には,相手国等の権限ある当局に,仲裁の要請が取り下げられたために仲裁手続を終了する旨を通知する。」

第3章

情報交換を含む
行政支援に関する条約

１ 税務行政執行共助条約

1 はじめに

　税務行政執行共助条約[1]は、「締約国の税務当局間における租税に関する情報の交換、徴収における支援（徴収の共助）及び文書の送達（送達共助）の枠組み等について定めた多数国間条約です。」（『改正税法のすべて（平成24年版）』672頁）。

2 税務行政執行共助条約の経緯

　税務行政執行共助条約は、当初、1988年１月欧州評議会の加盟国及びOECD加盟国に署名のため開放され、1995年４月に発効しました。その後同条約議定書により一部の改正が行われ、2010年５月に当初の加盟国以外の国の署名のため開放され2011年６月に発効しました。

　わが国は、2011年（平成23年）11月４日、フランスのカンヌ（G20サミット）において、上記の税務行政執行共助条約（同条約改正議定書を含む。）に署名し、同条約を2013年（平成25年）年１月25日に受諾し、同年６月28日に受諾書をOECD事務総長に預託し、同年10月１日に効力が生じました（「租税に関する相互行政支援に関する条約及び租税に関する相互行政支援に関する条約を改正する議定書の日本国による受諾に関する告示」（以下「受諾告示」といいます。）。

　それまでわが国が参加を見送っていたのは、租税条約に基づく二国間の情報交換を従来積極的に行い相当の成果を達成してきた実績から、新たに税務行政執行共助条約に参加することのメリットが必ずしも明確に認識されておらず、EU加盟国を中心とした適用状況を見定めてから参加しようとの立場を取っていたものと考えられます[2]。しかし、近年、人、資本、物品及びサービスの国際的な移動がますます進展し、国際的な租税回避及び脱税も増加してきているので、それに

---

[1] 英文名は"Council of Europe/OECD Convention on Mutual Administrative Assistance in Tax Matters"です。

[2] なお、「我が国は、しばらく多国間税務執行共助条約に加盟しなかったが、その理由の一つに、本条約参加国である米国が、執行共助のうちの、徴収共助等に留保を付していることから、円滑な執行共助が臨めないという観測があったのではないかとも言われて」います（笹倉宏紀「手続間情報交換」『現代租税法講座国際課税』所収369頁））。

有効に対処するためには，多国間の税務行政執行共助条約の枠組みを利用することが有用と考えて，参加に踏み切ったものです。

3 税務行政執行共助条約の署名国

2018年10月1日末現在，本条約への署名国・地域は，次の126か国・地域です。

> アルバニア，アンドラ，アンギラ，アンティグア・バーブーダ，アルゼンチン，アルメニア，アルバ，オーストラリア，オーストリア，アゼルバイジャン，バハマ，バーレーン，バルバドス，ベルギー，ベリーズ，バミューダ，ブラジル，英領バージン諸島，ブルネイ，ブルガリア，ブルキナファソ，カメルーン，カナダ，ケイマン諸島，チリ，中国，コロンビア，クック諸島，コスタリカ，クロアチア，キュラソー島，キプロス，チェコ共和国，デンマーク，ドミニカ共和国，エクアドル，エルサルバドル，エストニア，フェロー諸島，フィンランド，マケドニア，フランス，ガボン，ジョージア，ドイツ，ガーナ，ジブラルタル，ギリシャ，グリーンランド，グレナダ，グアテマラ，ガーンジー，香港，ハンガリー，アイスランド，インド，インドネシア，アイルランド，マン島，イスラエル，イタリア，ジャマイカ，日本，ジャージー，カザフスタン，ケニア，韓国，クウェート，ラトビア，レバノン，リベリア，リヒテンシュタイン，リトアニア，ルクセンブルク，マカオ，マレーシア，マルタ，マーシャル諸島，モーリシャス，メキシコ，モルドバ，モナコ，モンセラト，モロッコ，ナウル，オランダ，ニュージーランド，ナイジェリア，ニウエ，ノルウェー，パキスタン，パナマ，パラグアイ，ペルー，フィリピン，ポーランド，ポルトガル，カタール，ルーマニア，ロシア，セントクリストファー・ネイビス，セントルシア，セントビンセント・グレナディーン，サモア，サン・マリノ，サウジアラビア，セネガル，セーシェル，シンガポール，セント・マーチン島，スロバキア共和国，スロベニア，南アフリカ，スペイン，スウェーデン，スイス，チュニジア，トルコ，タークス・カイコス諸島，ウガンダ，ウクライナ，アラブ首長国連合，英国，米国，ウルグアイ及びバヌアツ

4 税務行政執行共助条約の目的

税務行政執行共助条約の目的は，租税回避及び脱税に国際的に対処するため，多数国間で租税に関する相互行政支援を行うことです。当該目的は，税務行政執行共助条約の下記前文を読めば理解できます。

「……租税回避及び脱税に国際的に対処するため，近年様々な努力が払われていることを歓迎し，納税者の権利の適切な保護を確保すると同時に，あらゆる種類の租税に関しあらゆる形態の行政支援を促進するため，各国が相互に調整の上努力することが必要であることを考慮し，協力の新たな環境が生じたことを考慮し，また，最も多くの国がこの協力の新たな環境の恩恵を得るとともに，租税の分野における協力に関する最高の国際的な基準を満たすことができるようにするため，多数国間の枠組みを利用可能とすることが望ましいことを考慮し，租税に関する相互行政支援に関する条約を締結することを希望して，次のとおり協定した。」

5　税務行政執行共助条約の条文構成

税務行政執行共助条約は次のような条文構成となっています。

```
前文
第1章　条約の適用範囲（Scope of the Convention）
    第1条　条約の目的及び対象となる者（Object of the Convention and persons covered）
    第2条　対象となる租税（Taxes covered）
第2章　一般的定義（General Definitions）
    第3条　定義（Definitions）
第3章　支援の形態（Form of Assistance）
    第1節　情報の交換（Exchange of Information）
        第4条　総則（General Provision）
        第5条　要請に基づく情報の交換（Exchange of information on request）
        第6条　自動的な情報の交換（Automatic Exchange of Information）
        第7条　自発的な情報の交換（Spontaneous Exchange of Information）
        第8条　同時税務調査（Simultaneous Tax Examination）
        第9条　海外における租税に関する調査（Tax Examination Abroad）
        第10条　矛盾する情報（Conflicting Information）
    第2節　徴収における支援（Assistance in Recovery）
        第11条　租税債権の徴収（Recovery of Tax Claims）
        第12条　保全の措置（Measures of Conservancy）
        第13条　要請に添付する書類（Documents Accompanying the Request）
        第14条　期間制限（Time Limits）
```

第15条　優先権（Priority）
第16条　納付の繰延べ（Deferral of Payment）
第3節　文書の送達（Service of Documents）
　第17条　文書の送達（Service of Documents）
第4章　全ての形態の支援に関する規定（Provisions Relating to All Forms of Assistance）
　第18条　要請国が提供する情報（Information to be Provided by the Applicant State）
　第19条　要請の拒否の可能性（Possibility of Declining a Request）
　第20条　支援の要請への対応（Response to the Request for Assistance）
　第21条　対象となる者の保護及び支援を行う義務の限度（Protection of Persons and Limits to the Obligation to Provide Assistance）
　第22条　秘密（Secrecy）
　第23条　争訟の手続（Proceedings）
第5章　特別規定（Special Provisions）
　第24条　条約の実施（Implementation of the Convention）
　第25条　言語（Language）
　第26条　費用（Costs）
第6章　最終規定（Final Provisions）
　第27条　他の国際規定又は取極（Other International Agreements or Arrangements）
　第28条　この条約の署名及び効力発生（Signature and Entry into Force of the Convention）
　第29条　条約の適用領域（Territorial Application of the Convention）
　第30条　留保（Reservations）
　第31条　廃棄（Denuciation）
　第32条　寄託者及びその任務（Depositaries and Their Functions）
附属書（Annexes）

6　対象となる租税

　税務行政執行共助条約2条1項は，対象となる租税を次のとおり定めています。なお，受諾告示において通告したわが国について適用される対象の租税を【　】に記載しています。

a　締約国のために課される次に掲げる租税
　i　所得又は利得に対する租税
　　【所得税，法人税，復興特別所得税，復興特別法人税】
　ii　所得又は利得に対する租税とは別に課される譲渡収益に対する租税
　iii　純資産に対する租税
b　次に掲げる租税
　i　締約国の地方政府又は地方公共団体のために課される所得，利得，譲渡収益又は純資産に対する租税
　ii　強制加入の社会保険に係る保険料であって，一般政府又は公法に基づいて設立された社会保障機関に対して支払われるもの
　iii　締約国のために課されるその他の区分の租税（関税を除く。），すなわち，次のAからGまでに掲げるもの
　　A　遺産税，相続税又は贈与税
　　　【相続税，贈与税】
　　B　不動産に対する租税
　　　【地価税】［ただし，徴収共助の対象外です（受諾告示5項）。］
　　C　付加価値税，売上税等の一般消費税
　　　【消費税】
　　D　個別消費税等の物品及び役務に対する特定の租税
　　　【酒税，たばこ税，たばこ特別税，揮発油税，地方揮発油税，石油ガス税，航空機燃料税，石油石炭税】［ただし，徴収共助の対象外です（受諾告示5項）。］
　　E　自動車の使用又は所有に対する租税
　　　【自動車重量税】［ただし，徴収共助の対象外です（同項）。］
　　F　自動車以外の動産の使用又は所有に対する租税
　　　【登録免許税，電源開発促進税，印紙税，地方法人特別税】［ただし，徴収共助の対象外です（受諾告示5項）。］

G　その他の租税［ただし，徴収共助の対象外です（同項）。］
　iv　締約国の地方政府又は地方公共団体のために課されるiiiに掲げる区分の租税

7　行政支援の種類

　税務行政執行共助条約の下で相互に行われる行政支援は，次のa 情報の交換，b 徴収における支援，及びc 文書の送達という3種類のものから成ります（1条2項）。

> a　情報の交換（同時税務調査及び海外における租税に関する調査への参加を含みます。）
> b　徴収における支援（保全の措置を含みます。）
> c　文書の送達

8　情報の交換

ア　情報の交換の種類

　税務行政執行共助条約第3章（4条～10条）は，情報の交換について規定しています。狭義の情報の交換には，(i)要請に基づく情報の交換（5条），(ii)自動的な情報の交換（6条），及び(iii)自発的な情報の交換（7条）があります。また，広義の情報の交換には，(i)同時税務調査（8条）及び(ii)海外における租税に関する調査（9条）が含まれます。

イ　情報交換に関する総則的規定

　4条は，情報交換に関する総則的規定であり，同条1項は，次のとおり，一般的なルールを定めています。

> 「締約国は，特にこの節に定めるところに従い，この条約の対象となる租税に関する締約国の法令の運用又は執行に関連するあらゆる情報を交換する。」

ウ　要請に基づく情報の交換

　5条は，次のとおり，要請に基づく情報の交換を規定しています。

「1　被要請国は，要請国の要請があったときは，前条に規定する情報であって特定の者又は取引に関するものを当該要請国に提供する。
　2　被要請国は，自国の租税に関して保有する情報が情報提供の要請に応ずるために十分ではない場合には，要請された情報を要請国に提供するため全ての関連する措置をとる。」

【租税条約トピック㊷】　要請に基づく情報交換の法的性質
　租税条約に基づき相手国に対して国税庁が行った情報交換要請について，原告らが当該情報要請の取消しや国家賠償法に基づく損害賠償等を請求したユニークな事案において，東京地裁平成29年2月17日判決（判決18）は，原告の請求を退ける判断を下しました（控訴審判決も，同判断を支持しました（判決17））。
　最初の争点は，上記情報要請行為が行政処分に該当するか否かという点です。
　裁判所は，「処分の取消しの訴えにおける「処分」とは，行政庁の処分その他公権力の行使に当たる行為をいい（行政事件訴訟法3条2項），公権力の主体が行う行為のうち，その行為によって国民の権利義務を形成し又はその範囲を確定することが法律上認められているものをいう」と判断基準を示した上で，租税条約に基づき「情報要請行為がされたからといって，当該要請のされた情報の関係者に対して被要請国において義務が課されることが必然であるといえない以上は，本件各租税条約に基づく情報要請行為は，国民の権利義務を形成し又はその範囲を確定することが法律上認められているものに該当するとはいえず，抗告訴訟の対象となる行政処分に当たらないというべきである。」と判断しました。
　裁判所は，原告らの主張内容を検討する際に，その判断過程で，「要請国の当局による情報要請行為は，基本的に，課税要件事実に関する資料を収集する目的で行われるものであり，課税のための手段にすぎないものであるところ，具体的な課税に至る前の段階におけるその手段たる行為について処分性を認めなければ適切な時期に救済を得られないと解すべき理由もない。」と判示しました（下線は筆者によります。）。そして，原告らの処分取り消し請求を不適法として却下しました。
　次の争点は，被告に国家賠償法上の違法が認められるか否かという点です。より具体的には，上記情報要請に際して税務職員に職務上の注意義務違反があったか否かが争われました。
　被告国は，上記情報要請に当たり，「被要請国の居住者である原告らに対し職務上の法的義務を負ってい」ないと主張しましたが，裁判所は，次のように説示して，職務上の法的義務を負っていると判断しました。
　「租税条約に基づく特定の事案に係る情報交換要請行為は，租税に関する国内法を適正に執行するために必要な情報の交換を目的とするものであり，国内であればいわゆる反面調査等に相当するものを外国に存在する情報について行うのに類するものということができるから，税務職員としては，国内における場合に準じて，各個別の租税に関する調査について「必要があるとき」という要件（所得税に関する調査についていえば，新通則法74

条の2第1項，平成23年改正前の所得税法234条）の下でこれを行う必要があるものと解するのが相当である（行政機関個人情報保護法3条1項も参照）。そして，適法に取得されたものでない情報が，行政機関個人情報保護法上，利用停止請求の対象とされていること（同法36条1項1号）にも鑑みれば，本件各租税条約に基づく情報要請が本件各租税条約上の要件に適合したものであることも，上記の必要性の要件が満たされているといえるための前提となるというべきである。したがって，税務職員は，被要請国の居住者との関係でも，上記の<u>必要性の要件及び本件各租税条約上の要件のいずれにも沿って，本件各租税条約に基づく情報要請を行うべき職務上の法的義務を負っている</u>」（下線は筆者によります。）。

そして，税務職員は，①「本件各租税条約の実施又は両締約国若しくはそれらの地方公共団体が課す全ての種類の租税に関する両締約国の法令の規定の運用又は執行に関連する情報」に該当しない情報（非関連情報）を要請してはならないという職務上の注意義務，②わが国の法令の下において又は行政の通常の運営において入手することができない情報（国内入手不能情報）を要請してはならないという職務上の注意義務，③国内における調査を補完する性質を有しない情報を要請してはならないという職務上の注意義務を負っているところ，本件の具体的事実・状況の下で，担当の税務職員の情報要請は，非関連情報及び国内入手不能情報を要請するものとして違法であるとはいえず，また，情報入手手段を尽くさずに行われ又は既に我が国で得た情報を要請するものとして違法であるともいえないと判断されました。

なお，平成28事務年度における要請に係る情報交換の件数は，国税庁から発した要請件数が473件，外国税務当局から寄せられた件数が415件となっています（国税庁プレスリリース「平成28事務年度における租税条約等に基づく情報交換事績の概要」（平成29年11月））。

エ　自動的な情報の交換

6条は，次のとおり，自動的な情報の交換を規定しています。

「二以上の締約国は，当該締約国の合意によって決定する区分の事案に関しては，その合意によって決定する手続に従い，第4条に規定する情報を自動的に交換する。」

【コーヒー・ブレイク】
BEPS行動13（多国籍企業の企業情報の文書化）の勧告に基づき導入された国

別報告書の交換は、税務行政執行共助条約の自動的な情報の交換規定に基づいて行われますが、「わが国は2016年1月に同条約の執行に係るマルチ当局間合意 (Multilateral Competent Authority Agreement：MCAA) に署名を行って」おり、「2017年12月時点で、マルチ当局間合意に署名を行っているのは68か国・地域」です（池田・BEPSプロジェクト最終報告書293頁）。また、銀行口座情報に係る共通報告基準 (Common Reporting Standard：CRS) については、Multilateral Competent Authority Agreement for the Common Reporting Stndard：CRS MCAAにより情報交換が行われることになり[3]、2018年10月29日現在で104か国・地域が対象となっています。

【租税条約トピック㊸】 共通報告基準による自動的な情報の交換

銀行口座情報に係る共通報告基準 (Common Reporting Standard：CRS) については、国税庁「非居住者に係る金融口座情報の自動的交換のための報告制度 (FAQ)」（最新改正平成30年7月。以下「金融口座情報報告資料」ということがあります。）1頁において、「2008年のUBS事件等を受けて、米国において、2010年3月、米国市民による外国の金融機関の口座を利用した脱税を防止する『外国口座税務コンプライアンス法 (FATCA：Foreign Account Tax Compliance Act)』が成立しました。このFATCAへの対応について2012年に欧州5か国が米国と合意したことを契機として、OECDは、税務当局間で非居住者の口座情報を提供し合う自動的情報交換に関する国際基準の策定に着手しました。」（金融口座情報報告資料1頁）と説明されています。

「共通報告基準」の目的及び概要については、次のように説明されています（金融口座情報報告資料2頁・3頁）。

自動的情報交換の対象となる非居住者の金融口座の特定方法や情報の範囲等を各国で共通化する国際基準であり、これを適用することにより、金融機関の事務負担を軽減しつつ、金融資産の情報を税務当局間で効率的に交換し、外国の金融機関の口座を通じた国際的な脱税及び租税回避に対処することを目的としています。

「共通報告基準」の概要は、以下のとおりです（金融口座情報報告資料2頁・3頁）。

3　わが国においても、平成27年度税制改正により、2017年に金融機関による非居住者に係る口座情報報告制度を導入し、2018年から税務当局による口座情報に係る自動的情報交換を開始することとしました。国内に所在する金融機関等は、2018年以後、毎年4月30日までに特定の非居住者の金融口座情報を所轄税務署長に報告し、報告された金融口座情報は、租税条約等の情報交換規定に基づき、各国税務当局と自動的に交換されることとなります。なお、当初の情報交換相手国（報告対象国）として、83か国・地域が定められていました（実施特例法施行省令16条の12第8項、別表）。

> 「イ　各国の税務当局は、それぞれ自国に所在する金融機関から非居住者（個人・法人等）に係る金融口座情報の報告を受け、非居住者の各居住地国の税務当局に対して年一回まとめて互いに提供することとされています。
> 　（注）共通報告基準に従った税務当局間の自動的情報交換は、実際には、税務当局間の合意に基づいて実施されることとなります。
> 　　非居住者の金融口座情報を報告する義務を負う金融機関（以下「報告金融機関等」といいます。）は、銀行等の預金機関（Depository Institution）、生命保険会社等の特定保険会社（Specified Insurance Company）、証券会社等の保管機関（Custodial Institution）及び信託等の投資事業体（Investment Entity）とされています。また、報告の対象となる口座は、普通預金口座等の預金口座（Depository Account）、貯蓄性の保険契約・年金保険契約（Cash Value Insurance Contract, Annuity Contract）、証券口座等の保管口座（Custodial Account）及び信託受益権等の投資持分（Equity Interest）とされ、報告の対象となる口座情報は、口座保有者の氏名・住所、納税者番号、口座残高、利子・配当等の年間受取総額等とされています。
> ロ　金融機関は、共通報告基準に定められた手続に従って、口座保有者の居住地国を特定し、報告すべき非居住者の口座を選別することとされています。具体的には、新規開設口座については金融機関が口座開設者から居住地国を聴取する方法等により居住地国を特定し、既存の口座については金融機関が口座保有者の住所等の記録から居住地国を特定する方法等により、報告すべき非居住者の口座の選別を行う必要があります。」
> 　共通報告基準による自動的な情報の交換は2018年9月から実施されており、2018年10月31日付けの日本経済新聞記事によれば、わが国は64か国・地域（タックス・ヘイブンを含む。）から日本人の口座情報約55万件を入手したとのことです。これらの情報に基づく税務調査が行われるものと考えられます。

　なお、上記CRSに基づく情報交換開始前の平成28事務年度において、国税庁から提供した自動的情報交換の件数は53万1千件、外国税務当局から提供された件数は20万5千件となっています（国税庁プレスリリース「平成28事務年度における租税条約等に基づく情報交換事績の概要」（平成29年11月））。

オ　自発的な情報の交換

　7条は、自発的な情報の交換を定めた規定ですが、「当該他の締約国において租税の損失があると推測する根拠を有する場合」など、同条1項に列挙された事由に該当する場合には、締約国は、「自国が保有する情報を、事前の要請なしに、他の締約国に提供する」旨（同条1項）、また、そのような情報の送付を確保す

るため「必要な措置をとり，及び手続を実施する」旨規定しています。

> ☕【コーヒー・ブレイク】
> BEPS行動5（有害税制への対抗）において，個別ルーリングと同様，相互協議を伴わない事前確認についても，取引相手国に情報提供を行うこととされました。わが国も，2016年6月より租税条約に基づき自発的情報交換を開始しました。これは，従来の二国間租税条約に基づき行われる場合と税務行政執行共助条約に基づき行われる場合が考えられますが，税務行政執行共助条約に加盟していない国との間では，二国間租税条約に基づき行われることになると考えられます。

なお，平成28事務年度において国税庁から提供した自発的情報交換の件数は272件，外国税務当局から提供された件数は549件となっています（国税庁プレスリリース「平成28事務年度における租税条約等に基づく情報交換事績の概要」（平成29年11月））。

カ　同時税務調査

8条は，次のとおり，同時税務調査について規定しています。両締約国の税務当局は同時税務調査において入手した関連情報を交換することになるので，広義の情報交換に含まれるとされています。

「1　二以上の締約国は，これらの締約国のうちいずれかの締約国の要請があったときは，同時税務調査の事案及び手続を決定するため，相互に協議する。関与する締約国は，特定の同時税務調査に参加するか否かを決定する。
2　この条約の適用上，「同時税務調査」とは，二以上の締約国による調査であって，入手した関連する情報を交換することを目的として，共通の又は関連する利害を有する者の租税に関する事項について，それぞれの締約国が自国の領域内において同時に行うものをいう。」

キ　海外における租税に関する調査

9条は，海外における租税に関する調査について規定しています。通常，税務調査は国家主権の行使であるため，自国の領域外で行うことはできません。そこで，9条は，次のとおり，一方の国が要請により相手国（被要請国）の同意を得

て，相手国で行われる税務調査に立ち会うことを定めています。

「1　被要請国の権限のある当局は，要請国の権限のある当局の要請があったときは，被要請国における租税に関する調査の適当な部分に要請国の権限のある当局の代表者が立ち会うことを認めることができる。
2　被要請国の権限のある当局は，要請に応じる場合には，できるだけ速やかに，要請国の権限のある当局に対し，調査の時期及び場所，当該調査を行う当局又は職員並びに当該調査を行うために被要請国が求める手続及び条件を通報する。租税に関する調査の実施についての全ての決定は，被要請国が行う。」

ク　税務行政執行共助条約の下での情報交換と二国間の租税条約の下での情報交換の関係

情報交換は相互主義により双方の権限のある当局が交換できる情報を交換することから，これまでの二国間の租税条約の下で交換されてこなかった情報について，税務行政執行共助条約の下では有効に交換されるのであれば，当該条約の下で情報交換を行っていくものと考えられます。

9　徴収の支援及び文書の送達

ア　徴収の支援

税務行政執行共助条約第3章第2節（11条〜16条）は，徴収の支援を定めています。徴収の支援の基本規定である11条（租税債権の徴収）は次のとおり定めています。

「1　被要請国は，要請国の要請があったときは，第14条［筆者注：「期間制限」に関する条文です。］及び第15条［筆者注：「優先権」に関する条文です。］の規定に従い，要請国の租税債権を自国の租税債権を徴収する場合と同様に徴収するため，必要な措置をとる。
2　1の規定は，要請国において執行を許可する文書[4]の対象となる租税債権であって，関係締約国に別段の合意がある場合を除くほか，争われていないものについてのみ，適用する。ただし，当該租税債権が要請国の居住者

でない者に対するものである場合には，1の規定は，関係締約国に別段の合意がある場合を除くほか，当該租税債権がもはや争われることがないときにのみ，適用する。

3　死亡者又はその遺産に関する租税債権の徴収における支援を行う義務は，当該租税債権が遺産から徴収されるか又は遺産の受益者から徴収されるかに応じ，当該遺産の価値又は当該遺産の各受益者が取得した財産の価値に限定される。」

なお，税務行政執行共助条約15条（優先権）は，「被要請国が自国の租税債権を他の債権に先立って優先的に徴収する制度を有しているとしても，共助を要請された外国租税債権を他の債権に先立って優先的に徴収することはない旨を規定」［筆者注：括弧書省略］しています（『改正税法のすべて（平成24年版）』678頁）。

【租税条約トピック㊹　徴収の支援】

日米新条約27条1項及び3項は，徴収の支援について次のとおり定めています（現行の日米租税条約は，下記3項に規定された「租税の免除又は税率の軽減が，このような特典を受ける権利を有しない者によって享受されることがないようにするため」の徴収共助に限定していましたが，日米新条約は徴収の支援の対象を拡大しました。）。

「1　両締約国は，この条の規定に従い，租税（その課税がこの条約又は両締約国が当事国となっている他の協定の規定に反しない場合に限る。）並びに利子，徴収の費用，当該租税に対する附加税及び当該租税に関連する民事上又は行政上の金銭罰（以下この条において「租税債権」という。）の徴収につき相互に支援を行う。この支援は，第1条1及び第2条の規定による制限を受けない。一方の締約国は，当該一方の締約国の法令によって認められる範囲においてのみ，支援を行う。

［2　省略］

3　2の規定にかかわらず，1に規定する支援は，この条約に基づいて認められる租税の免除又は税率の軽減が，このような特典を受ける権利を有しない者によって享受されることがないようにするために必要な租税債権の徴収について行われる。ただし，被要請国が，特典が不当に付与されたと認定することに同意する場合に限る。」

4　「「執行を許可する文書」とは，要請国において租税の徴収が許可されていることを示す文書（例えば，裁判所が発出した令状）のことを指すと考えられます。他方，我が国の徴収制度では，租税の徴収に当たって裁判所の許可をとらず，一定の要件を満たす税務当局が自ら滞納処分を行うことができます。このため，「執行を許可する文書」とは，我が国では，税務当局自らが滞納処分を執行できる状態を証明する処理を指すと考えられます。」（『改正税法のすべて（平成24年版）』677頁）

イ　文書の送達

税務行政執行共助条約第３節（17条）は，文書の送達について定めています。文書の送達の基本規定である17条１項及び２項は，次のとおり定めています。

「１　被要請国は，要請国の要請があったときは，要請国から発出される文書（司法上の決定に関する文書を含む。）であって，この条約の対象となる租税に関するものを名宛人に送達する。
　２　被要請国は，次に掲げる方法により，文書の送達を実施する。
　　a　実質的に同様の性質の文書の送達に関する被要請国の法令に定める方法
　　b　可能な範囲で，要請国によって要請される特別の方法又はこれに最も類似する方法であって被要請国の法令によって認められるもの」

10　納税者の権利の適切な保護

税務行政執行共助条約の目的は，上記のとおり，租税回避及び脱税に国際的に対処するため，多数国間で租税に関する相互行政支援を行うことです。しかし，納税者の権利を侵害するような行政支援は許されるものではありません。そこで，次のとおり，税務行政執行共助条約21条（対象となる者の保護及び支援を行う義務の限度）及び22条（秘密）が規定されています[5]。

まず，21条１項は，「この条約のいかなる規定も，対象となる者に対し被要請国の法令又は行政上の慣行によって保障される権利及び保護に影響を及ぼすものではない。」と規定しています。また，同条２項は，次の行為を含む同項に列挙された行為をなす義務を被要請国は負わないとしています。

「a　被要請国又は要請国の法令又は行政上の慣行に抵触する措置をとること
　b　公の秩序に反することとなる措置をとること
　c　被要請国又は要請国の法令又は行政上の慣行の下において入手することができない情報を提供すること

---

[5]　なお，21条４項は，金融機関が有する情報等について，次のとおり規定しています。
「この条約（特に１及び２の規定）は，提供を要請された情報が銀行その他の金融機関，名義人，代理人若しくは受託者が有する情報又はある者の所有に関する情報であることのみを理由として，被要請国が情報の提供を拒否することを認めるものと解してはならない。」

d 営業上,事業上,産業上,商業上若しくは職業上の秘密若しくは取引の過程を明らかにするような情報又は公開することが公の秩序に反することとなる情報を提供すること
［e～hは省略］」

また,22条1項及び2項は,秘密情報の保護に関して次のとおり規定しています。

「1 この条約に基づき締約国が入手した情報は,当該締約国の法令に基づいて入手した情報と同様に,かつ,個人情報の保護の必要な水準を確保するために必要な範囲内で,情報を提供した締約国が自国の法令に基づいて特定する保護の方法に従い,秘密として取り扱い,かつ,保護する。
2 1の規定により入手した情報は,いかなる場合にも,締約国の租税の賦課若しくは徴収,これらの租税に関する執行若しくは訴追,これらの租税に関する不服申立てについての決定又はこれらの監督に関与する者又は当局（裁判所及び行政機関又は監督機関を含む。）に対してのみ,開示される。これらの者又は当局のみが,当該情報をそのような目的のためにのみ使用することができる。これらの者又は当局は,1の規定にかかわらず,当該情報を当該租税に関する公開の法廷における審理又は司法上の決定において開示することができる。」

☕【コーヒー・ブレイク】
　日米租税条約の情報交換規定に基づいて米国がわが国に対して提供したある米国納税者（わが国にその関連会社がありました。）に関する申告漏れ情報が誤ったものであり,また,日本側において当該情報が外部に漏れマスコミ報道されてしまいました。納税者は,その事業に重大な悪影響を及ぼしたとして,米国政府を相手に損害賠償請求を行い,裁判所（アリゾナ連邦地方裁判所）が請求の一部を容認したという裁判例があります（Aloe Vera of America Inc. v. United States 2：99-cv-01794（2015））。これは,日米租税条約の情報交換規定に関わる事案でしたが,上記裁判において,納税者は,日本においては米国ほど守秘義務が遵守されていないといった主張も行ったようです。わが国においては,随分以前には,例えば,移転価格に関する課税処分がなされると,新聞等において「国際的租税回避」があった

かのような報道されることが少なからずあったように思われます。近年はこのような報道を見る機会はほとんどなくなったように思います。租税条約の情報交換規定に基づき提供された情報については、わが国の税務当局も、また、外国の税務当局も、関連の条約及び法令に従い、納税者の権利保護のため守秘義務を厳守する必要があります。

② タックス・ヘイブン等の軽課税国との租税協定の締結

1 はじめに

本項においては、タックス・ヘイブン等の軽課税国・地域との租税協定による情報交換について説明します。

わが国は、従来、タックス・ヘイブン等の軽課税国・地域との間では、二重課税の回避を求める必要性に乏しい等の理由から租税条約を締結しないという方針をとってきましたが[6]、2010年以降、多くの軽課税国・地域との間で租税条約を締結しています。わが国は、最初のバミューダとの租税協定の締結後も、次のとおり、多くの国との間で租税条約や租税協定を締結しています（括弧の日付は署名日です。）。

> バミューダ（2010年2月1日）、香港（2010年11月9日）※、バハマ（2011年1月27日）、ケイマン諸島（2011年2月7日）、マン島（2011年6月21日）、ジャージー（2011年12月2日）、ガーンジー（2011年12月6日）、リヒテンシュタイン（2012年7月5日）、UAE（2013年5月2日）※、サモア（2013年6月4日）、マカオ（2014年3月13日）、英領バージン諸島（2014年6月18日）、パナマ（2016年8月25日）
> ※租税情報交換協定ではなく、二重課税の回避及び脱税防止のための租税条約です。

---

6 従前は、タックス・ヘイブンに対して租税情報交換条約（TIEA）の締結を持ちかけても、相手国がそれに応じず、各種の特典を織り込んだフル・セットの標準型条約の締結を希望されてしまう事情があったと考えられています。タックス・ヘイブンの側からすれば、情報交換に応じることの見返りとして各種の条約上の特典を得たいと考え、わが国からすれば、タックス・ヘイブンには条約上の特典を与えないという条約ポリシーを譲ることが困難であったと考えられます（増井良啓「タックス・ヘイブンとの租税情報交換条約（TIEA）」（GCOEソフトロー・ディスカッション・ペーパー・シリーズ）（2009年3月）3頁）。

2 タックス・ヘイブン等の軽課税国との租税協定等

(1) 情報交換協定モデル（TIEA）

　上記のとおり，かつてはタックス・ヘイブン国・地域との間では租税条約は締結されていませんでしたが，これらの国・地域への不透明な資金の流れが経済活動を歪め租税回避を含めた種々の課税問題を引き起こす可能性が大きいため，情報交換を通じてかかる課税問題に関する国際協力を進める目的で，OECDグローバルフォーラムを中心に作業が進められ，2002年4月，OECDは「OECD情報交換協定モデル」（Tax Information Exchange Agreement：以下「TIEA」といいます。）を採択しました。TIEAは次のような条文構成となっています。

第1条　協定の対象及び目的（Object and Scope of the Agreement）
第2条　地域（Jurisdiction）
第3条　対象税目（Taxes Covered）
第4条　定義（Definitions）
第5条　要請に基づく情報交換（Exchange of Information Upon Request）
第6条　外国における税務調査（Tax Examination Abroad）
第7条　要請拒否の可能性（Possiblity of Declining Request）
第8条　秘密（Confidentiality）
第9条　費用（Costs）
第10条　実地法制（Implementation Legislation）
第11条　言語（Language）
第12条　他の国際協定及び取決め（Other International agreement or arrangements）
第13条　相互協議（Mutual Agreement Procedure）
第14条　受寄者の機能（Depositary's functions）
第15条　発効（Entry into Force）
第16条　終了（Termination）

　TIEAには，OECDグローバル・フォーラムでピア・レビューの対象となった要請に基づく情報交換に係る法整備，情報交換の目的外使用と納税者に係る秘密保持，行政事件に係るdomestic tax interest（自国課税利益）の要件廃止，信頼性のある情報入手方法の整備等が盛り込まれています。

(2) わが国が締結した軽課税国・地域との租税協定

わが国は、TIEAをベースに、軽課税国・地域との間で協定を締結していますが、中には、限定された所得の種類について二重課税排除のための条項を設けたり、香港との租税協定のように、租税協定の体裁で、実質的には通常の租税条約に近い内容で締結したりしているものもあります。以下において、バミューダとの租税協定を採り上げて、その主要条項について説明します。

わが国政府は、2010年2月1日にバミューダとの間で租税協定を締結し、同協定は同年8月1日に発効しました。これが、わが国が締結した最初の租税協定です。同協定は次のような条文構成となっています。

第1条　総則	第12条　対象となる租税
第2条　目的及び適用範囲	第13条　居住者
第3条　管轄	第14条　退職年金
第4条　対象となる租税	第15条　政府職員
第5条　要請に基づく情報の交換	第16条　学生
第6条　海外における租税に関する調査	第17条　相互協議手続
第7条　要請を拒否することができる場合	第18条　不利益な又は制限的な租税に係る課税措置の禁止
第8条　秘密	第19条　見出し
第9条　保護	第20条　効力発生
第10条　費用	第21条　終了
第11条　対象となる者	

同協定の中心となるものは情報交換規定です。同協定第5条は次のとおり定めています（ただし、5条5項以下は省略）。なお、情報交換規定の内容は、要請に基づく情報交換に限られており、自動的情報交換も自発的情報交換も含まれていないことに留意が必要です。

「第5条　要請に基づく情報の交換
1　被要請者の権限のある当局は、第2条に規定する目的のため、要請に応じて情報を提供する。
2　被要請者は、その権限のある当局が保有する情報が情報提供の要請に応ずるために十分でない場合には、自己の課税目的のために必要でないとき

であっても，要請された情報を要請者に提供するためにすべての関連する情報収集のための措置をとる。
3　要請者の権限のある当局から特に要請があった場合には，被要請者の権限のある当局は，被要請者の法令によって認められる範囲において，記録の原本の写しに認証を付した形式で，この条の規定に基づく情報の提供を行う。
4　各締約者は，第2条に規定する目的のため，自己の権限のある当局に対し，次に掲げる情報を要請に応じて入手し，及び提供する権限を付与することを確保する。
　(a)　銀行その他の金融機関及び代理人として活動し，又は受託者の資格で活動する者（名義人及び信託の受託者を含む。）が有する情報
　(b)　法人，組合その他の者の所有に関する情報（第3条の規定の範囲内で，所有の連鎖におけるすべての者の所有に関する情報を含む。）並びに信託については，委託者，受託者及び受益者並びに所有の連鎖における地位に関する情報」

上記租税協定6条は，次のとおり，日本の調査官がバミューダでの調査に立ち会うことを許容する規定です。

「第6条　海外における租税に関する調査
1　被要請者の権限のある当局は，要請者の権限のある当局の要請があったときは，被要請者における租税に関する調査の適当な部分に要請者の権限のある当局の代表者が立ち会うことを認めることができる。
2　租税に関する調査を行う被要請者の権限のある当局は，1に規定する要請に応ずる場合には，できる限り速やかに，要請者の権限のある当局に対し，当該調査の時間及び場所，当該調査を行う当局又は職員並びに当該調査を行うために被要請者が求める手続及び条件を通知する。租税に関する調査の実施についてのすべての決定は，当該調査を実施する被要請者が行う。」

上記6条について，金子基史「査察調査における国外証拠収集について」（税大論叢第66号）において，次のような指摘がなされています（448頁）。

「わが国がバミューダとの間で締結した情報交換を主体とした租税協定では，第6条において，「被要請国の権限のある当局は，要請国の権限のある当局の要請があったときは，被要請国における租税に関する調査の適当な部分に，要請国の権限のある当局の代表者が立ち会うことを認めることができる」と規定しており，これを根拠として，被要請国が行う調査に，わが国査察官が立ち会うことができれば，特信性の情況的保障の立証が可能となることから，今後の運用が注目されるところである」。

第4章

日米租税条約と日中租税条約の比較等

1 はじめに

本章においては、まず、日中租税条約について、BEPS防止措置実施条約による修正がなされた場合の修正前後を対比した表を、次の 2 に記載します（中国は、2018年9月末の時点で批准が未了です。）。その後で、平成25年（2013年）1月にワシントンにおいて署名された「所得に対する租税に関する二重課税の回避及び脱税の防止のための日本国政府とアメリカ合衆国政府との間の条約を改正する議定書」（以下「日米改正議定書」といいます。）による現行の日米租税条約の改正点（改正後の条約が「日米新条約」です。ただし、同条約は、2018年9月末の時点で未発効です。）について簡潔に説明します。次に、日米租税条約と日中租税条約の前章までで採り上げなかった主要項目に関して、両者を対比させて内容の違いを明らかにします。その過程で、租税条約の関連条項に関わる裁判例等も説明します（これらの裁判例は、日中租税条約又は日米租税条約に限定したものではなく、他の租税条約の条項やそれらと関連するものも含んでいることに留意ください。）。

2 日中租税条約とBEPS防止措置実施条約による修正

前述のとおり、日中租税条約は、BEPS防止措置実施条約によって、中国の暫定的選択が確定的な内容になれば、下記の修正がなされます（なお、日中租税条約で用いられている用語の表現に合わせた変更を行っています。）。

	本条約修正前	本条約の対応条文	本条約修正後
前文	「日本国政府及び中華人民共和国政府は、所得に対する租税に関し、二重課税を回避し及び脱税を防止するための協定を締結することを希望して、次のとおり協定した。」	6条	「日本国政府及び中華人民共和国政府は、所得に対する租税に関して、脱税又は租税回避を通じた非課税又は租税の軽減（第三国の居住者の間接的な利益のためにこの協定において与えられる租税の免除

				又は軽減を得ることを目的とする条約漁りの仕組みを通じたものを含む。)の機会を生じさせることなく，二重課税を除去することを意図して，次のとおり協定した。」
4条3項	「1の規定により双方の締約国の居住者に該当する者で個人以外の者は，その者の本店又は主たる事務所が存在する締約国の居住者とみなす。」	4条		「双方の締約国の居住者に該当する者で個人以外の者については，両締約国の権限のある当局は，その者の事業の実質的な管理の場所，その者が設立された場所その他関連する全ての要因を考慮して，合意によって，この協定の適用上その者が居住者とみなされる当事国を決定するよう努める。そのような合意がない場合には，その者は，この協定に基づいて与えられる租税の軽減又は免除を受けることができない。」
主要目的テスト条項	規定なし	7条		「この協定のいかなる規定にもかかわらず，全ての関連する事実及び状況を考慮して，この協定に基づく特典を受けることが当該特典を直接又は間接に得ることとなる仕組み又は取引の主たる目的の一つであったと判断することが妥当である場合には，そのような場合においても当該特典を与えることがこの協定の関連する規定の目的に適合するこ

とが立証されるときを除くほか，その所得又は財産については，当該特典は，与えられない。」

| 対応的調整条項 | 次のとおり，対応的調整条項はなし
「第9条（特殊関連企業）
(a)一方の締約国の企業が他方の締約国の企業の経営，支配若しくは資本に直接若しくは間接に参加している場合又は
(b)同一の者が一方の締約国の企業及び他方の締約国の企業の経営，支配若しくは資本に直接若しくは間接に参加している場合
であって，そのいずれの場合においても，商業上又は資金上の関係において，双方の企業の間に，独立の企業の間に設けられる条件と異なる条件が設けられ又は課されているときは，その条件がないとしたならば一方の企業の利得となったとみられる利得であってその条件のために当該一方の企業の利得とならなかったものに対しては，これを当該一方の企業の利得に算入して租税を課することができる。」 | 17条 | 「一方の締約国が，他方の締約国において租税を課された当該他方の当事国の企業の利得を当該一方の締約国の企業の利得に算入して租税を課する場合において，その算入された利得が，双方の企業の間に設けられた条件が独立の企業の間に設けられたであろう条件であったとしたならば当該一方の締約国の企業の利得となったとみられる利得であるときは，当該他方の締約国は，その利得に対して当該他方の締約国において課された租税の額について適当な調整を行う。この調整に当たっては，この協定の他の規定に妥当な考慮を払うものとし，両締約国の権限のある当局は，必要があるときは，相互に協議する。」 |

3 日米改正議定書による主要な改正点

以下において，日米新条約の主要な改正点の解説を行います。

1 親子会社間配当の源泉税免除要件の緩和

日米租税条約10条3項(a)号の下では，源泉税免除の要件は，議決権株式の50%超を，配当の支払を受ける者が特定される日以前12か月の期間を通じて，直接又は間接に保有することとされています。日米新条約の下では，「50%以上」「6か月間」の保有に緩和されます（日米改正議定書3条，日米新条約10条）。

2 利子の源泉税免除の拡大

日米租税条約11条の下では，利子の支払額の10%を限度とする源泉徴収税の課税が原則であり，金融機関等が受益者である利子については免除されています。改正後は，「利子の源泉地国免税を利用した租税回避行為を防止する等の観点から，いわゆる利益連動型の利子及び不動産担保債権の利子については，源泉地国で課税できることとされ」たものの（『改正税法のすべて（平成25年版）』（以下本章において『改正税法のすべて』といいます。）755頁），これらの例外を除いて，源泉税が免除され，利子の受益者の居住地国においてのみ課税されることとされます（日米改正議定書4条，日米新条約11条）。

3 役員報酬対象「役員」の範囲の明確化

日米租税条約15条は，「一方の締約国の居住者である法人の役員が取得する報酬に対しては，当該一方の締約国において課税できることを規定し……本条の対象となる「役員」については，条約上に定義がないため，条約第3条2（条約に定義のない用語の定義）に基づき，我が国においては，我が国の法令に従い，取締役，執行役，監査役等が含まれ」るとされています（『改正税法のすべて』757頁・758頁）。しかし，改正後は，役員は，「取締役会の構成員」に限定されます（日米改正議定書6条，日米新条約15条）。

4 外国子会社配当益金不算入制度の反映

日米租税条約23条1項(b)号は，わが国の居住者である親法人について間接税額

控除の適用を規定していましたが，日米新条約の下では，わが国の平成21年度の法人税法改正を反映して，外国子会社配当益金不算入制度の適用に変更されました。持株保有割合要件は10％以上と，法人税法上の原則である25％から緩和されています（日米改正議定書9条，日米新条約23条）。これは，わが国の法人税法で既に手当てされていること（同法23条の2，同法施行令22条の4第7項）の確認規定です。

5　仲裁手続の導入

日米租税条約25条は，仲裁手続を定めていませんでしたが，前述のとおり，改正により新たに仲裁手続が導入されます（日米改正議定書11条，日米新条約25条5項～7項）。

6　適用開始日

「日米改正議定書により改正された規定は，源泉徴収される租税については日米改正議定書の発効日の3か月後の日の属する月の初日以降に支払われ又は貸記される額から，その他の租税については日米改正議定書が発効する年の翌年1月1日以降に開始する各課税年度から適用されます。ただし，相互協議手続における仲裁制度は日米改正議定書の発効日に相互協議が行われている事案及び発効日後に相互協議が行われる事案について，徴収共助制度は日米改正議定書の発効日に現存する租税債権及び発効日後に生ずる租税債権について適用されます。」（日米改正議定書15条。『改正税法のすべて』753頁）

【租税条約トピック㊺】　条約適用の始期

現行の日米租税条約適用の始期が争われたのが，東京地裁平成22年12月3日判決です（判決19）。

旧日米租税条約ではロイヤリティーに10％の源泉徴収税を課すこととされていましたが，現行の日米租税条約ではロイヤリティーには課税しないこととされました。同条約では，平成16年7月1日以降に租税を課される額に適用することとされていました（30条2項(a)号(i)(aa)）。契約によれば，同年1月から5月までのロイヤリティーを，6月末日までに支払うべきところを，納税者（原告）は遅滞して7月に支払ったという事案について，旧条約又は新条約（現行条約）のいずれが適用されるかが争点となりました。東京地裁は，「7月1日以降に租税を課される額」とは，「7月1日以降に所得税の納税義務を負担させられる金額」のことであるとして，本件事例には旧条約が適用され，ロイヤリティーに10％の源泉徴収税が課される旨を判示しました。上記判断は，控訴審（東京高裁平成23年5月18日判決）及び上告審（最高裁平成25年1月31日判決）でも維持されています。

---

4 日米租税条約と日中租税条約のその他の比較

以下において,前章までで採り上げなかった日米租税条約と日中租税条約の主要項目に関して,両者を対比させて内容の異同を示します。

1 日本国の定義

わが国の課税権が及ぶ日本国の定義は,当然のこととはいえ,次のとおり,両条約間で違いはありません。

日米3条1項(a)号（日本国の定義）	日中3条1項(b)号（日本国の定義）
「「日本国」とは,地理的意味で用いる場合には,日本国の租税に関する法令が施行されているすべての領域（領海を含む。）及びその領域の外側に位置する区域で日本国が国際法に基づき管轄権を有し日本国の租税に関する法令が施行されているすべての区域（海底及びその下を含む。）をいう。」	「「日本国」とは,地理的意味で用いる場合には,日本国の租税に関する法令が施行されているすべての領域（領海を含む。）及びその領域の外側に位置する水域で日本国が国際法に基づき管轄権を有し日本国の租税に関する法令が施行されているすべての水域（海底及びその下を含む。）をいう。」

> 【コーヒー・ブレイク】
> 東京高裁昭和59年3月14日判決は,パナマ法人がわが国大陸棚の鉱区において海底石油及びガス井の掘削等の作業を行い,その対価の支払いを受けたものの法人税の申告を行わなかった事案について,わが国の課税権（法人税法の施行地域）が及ぶ範囲と大陸棚の関係について,次のとおり判示しました（判決20。なお,原判決は,東京地裁昭和57年4月22日判決（判決21）です。）。
> 「法人税法の施行地域は日本の属地的管轄権の及ぶ範囲と同じであり,主権ないし主権的権利の効力によっておのずと定まるものであって,大陸棚に対する沿岸国の主権的権利が慣習国際法によって受容されるに及び,大陸棚は鉱物資源の探索・開発という目的の範囲内で当然に法人税法の施行地となり,大陸棚に法人税法を施行するについて特別の立法措置を要するものではない。」

2 国際運輸業所得

国際運輸業所得は居住地国のみで課税されるというルールも，両条約間で同様です。

日米8条1項（国際運輸業所得）	日中8条1項（国際運輸業所得）
「一方の締約国の企業が船舶又は航空機を国際運輸に運用することによって取得する利得に対しては，当該一方の締約国においてのみ租税を課すことができる。」	「一方の締約国の企業が船舶又は航空機を国際運輸に運用することによって取得する利得に対しては，当該一方の締約国においてのみ租税を課することができる。」

> 【租税条約トピック㊻】　国際運輸業による所得
>
> 　コンテナ船の国際運航等の事業を営み，日本に営業所を有する米国法人である原告が，公団の建設する埠頭の専用使用権を獲得するに際し，当該公団発行の債券を引き受け，その後受領した利子が，当時の旧日米租税条約（1954年署名・1962年第3次改訂）5条の「船舶の運用によって取得する所得」にあたるか否かが争われた事案において，東京地裁昭和57年6月11日判決は，次のように説示しました（判決22）。
>
> 　旧条約5条(1)［筆者注：現行日米租税条約8条1項に相当する条項］の趣旨は，「かような所得を非課税とすることにより国際運輸業を盛んにし，国際間の交流を発展させようとする政策的意図もあるものの，それと同時に……国際運輸業による所得の特質として，その所得の配賦が極めて困難であるという技術的理由にもよるものと解される。モデル条約8条の「コメンタリー1項14……も旧条約5条(1)と同様の考慮によるものであり，国際運輸業は，その業務の特殊性から所得の源泉地国が判然とせず，それによって生じた所得の一部については相互に免税とせざるを得ないものがあるが，投資所得は源泉地国が明らかであるから，投資所得一般に対して通常適用される取扱いに従い，免税とされる所得の範囲には含めないこととしているものと解される。」

3 配　当

配当所得については，次のとおり，源泉地国課税の範囲が広いか（日中）狭いか（日米）の大きな違いがあります（下線は筆者によります。）。

日米10条（配当）	日中10条（配当）
「1　一方の締約国の居住者である法人が他方の締約国の居住者に支払う配当に対しては，当該他方の締約国において租税を課することができる。 2　1の配当に対しては，これを支払う法人が居住者とされる締約国においても，当該締約国の法令に従って租税を課することができる。その租税の額は，当該配当の受益者が他方の締約国の居住者である場合には，4及び5に定める場合を除くほか，次の額を超えないものとする。 　(a)　当該配当の受益者が，当該配当の支払を受ける者が特定される日に，当該配当を支払う法人の議決権のある株式の10パーセント以上を直接又は間接に所有する法人である場合には，当該配当の額の5パーセント。 　(b)　その他のすべての場合には，当該配当の額の10パーセント 　　　この2つの規定は，当該配当を支払う法人のその配当に充てられる利得に対する課税に影響を及ぼすものではない。 3　2の規定にかかわらず，1の配当に対しては，当該配当の受益者が次の(a)又は(b)に該当する場合には，当該配当を支払う法人が居住者とされる締約国においては租税を課することができない。 　(a)　他方の締約国の居住者であり，かつ，当該配当の支払を受ける者	「1　一方の締約国の居住者である法人が他方の締約国の居住者に支払う配当に対しては，当該他方の締約国において租税を課することができる。 2　1の配当に対しては，これを支払う法人が居住者とされる締約国においても，当該締約国の法令に従って租税を課することができる。その租税の額は，当該配当の受領者が当該配当の受益者である場合には，当該配当の額の10パーセントを超えないものとする。 　　この2の規定は，配当に充てられる利得についての当該法人に対する課税に影響を及ぼすものではない。」 ［3以下　省略］

が特定される日をその末日とする12箇月の期間を通じ，当該配当を支払う法人の議決権のある株式の50パーセントを超える株式を直接に又はいずれかの締約国の一若しくは二以上の居住者を通じて間接に所有する法人であって，次のいずれかに該当するもの
　(i)　第22条1(c) i 又はiiに該当する法人
　(ii)　第22条1(f)(i)又は(ii)に規定する要件を満たす法人で，当該配当に関し同条2に規定する条件を満たすもの
　(iii)　この3の規定の適用に関し，第22条4の規定により認定を受けたもの」
[3(b)以下　省略]

なお，上記のとおり，日米新条約は，10条3項の上記配当免除の要件を，次のとおり緩和しています。

「他方の締約国の居住者であり，かつ，当該配当の支払を受ける者が特定される日をその末日とする6箇月の期間を通じ，当該配当を支払う法人の議決権のある株式の50パーセント以上を直接に又はいずれかの締約国の一若しくは二以上の居住者を通じて間接に所有する法人であって，次のいずれかに該当するもの
　(i)　第22条1(c)(i)又は(ii)に該当する法人
　(ii)　第22条1(f)(i)又は(ii)に規定する要件を満たす法人で，当該配当に関し同条2に規定する条件を満たすもの
　(iii)　この3の規定の適用に関し，第22条4の規定により認定を受けたもの」
（下線は筆者によります。）

【コーヒー・ブレイク】

　米国法人（A社）がある事業部門を切り離して分社化を行い（スピンオフ），分社化した法人（B社及びC社）の株式をA社の株主であるわが国の居住者に割り当てた場合，配当（みなし配当を含む。）に該当するかどうかが争われたのが東京地裁平成21年11月12日判決です（判タ1324号134頁（判決24））。なお，上記スピンオフは，米国歳入法上非課税取引と扱われていました。

　裁判所は，スピンオフの原資に利益剰余金が充てられている部分については，株主としての地位に基づいて分配した通常の配当に該当し，資本剰余金が充てられている部分については，剰余金等の留保利益から成るものであって実態において配当利益と異ならないのでみなし配当に該当する旨判断しました。なお，裁判所は，上記スピンオフが米国歳入法上非課税取引と扱われていることは，わが国の税法の解釈について特段の影響を及ぼすものではないと説示しました。上記東京地裁判決は，控訴審によっても支持されました（東京高裁平成22年8月14日判決（判決23））。

　内国法人である原告が，外国子会社から資本剰余金及び利益剰余金をそれぞれ原資とする剰余金の配当を受け，前者については法人税法（平成27年度法律第9号による改正前のもの。以下同じ。）24条1項3号にいう資本の払戻しの一態様である「剰余金の配当（資本剰余金の額の減少に伴うものに限る。）」に，後者については法人税法23条1項1号にいう「剰余金の配当（……資本剰余金の額の減少に伴うもの……を除く。）」に該当することを前提に法人税の確定申告をしたところ，原処分庁から，「これらの剰余金の配当は，それぞれの効力発生日が同じ日であることなどから，その全額が法人税法24条1項3号の資本の払戻しに該当するとして法人税の更正処分」を受けたため，その取消しを求め当該処分が取り消された事案があります（東京地裁平成29年12月6日判決（判決25））。

　本件の特徴は，配当を支払った外国子会社の利益積立金額が0未満（マイナス）の状態で剰余金の配当が行われたため，法人税法施行令23条1項3号の規定に基づいて「株式又は出資に対応する部分の金額」を計算すると，減少した資本剰余金の額を超える「払戻し等の直前の払戻等対応資本金額等」が算出されることになり，利益剰余金を原資とする部分の剰余金の配当の額についても，法人税法61条の2第1項1号の「有価証券の譲渡に係る対価の額」として認識され，法人税の課税を受けることとなってしまう点にあります。東京地裁判決は，法人税法は，利益剰余金を原資とする部分の剰余金の配当の額が，同法24条1項柱書の「株式又は出資に対応する部分の金額」に含まれて同法61条の2第1項1号にいう有価証券の譲渡にかかる対価の額として認識され，法人税の課税を受けることとなる事態を想定してい

ないものと解されるため，同法の委任を受けて政令で定める上記「株式又は出資に対応する部分の金額」の計算の方法に従って計算した結果，利益剰余金を原資とする部分の剰余金の配当の額が上記「株式又は出資に対応する部分の金額」に含まれることとなる場合には，当該政令の定めは，そのような計算結果となる限りにおいて同法の委任の範囲を逸脱した違法なものとして無効であると解するのが相当であるとの判断を示しました。

4 利 子

利子所得については，下記のとおり，金融機関が受益者である場合を除き，現行の日米租税条約と日中租税条約との間で大きな違いはありませんが（下線は筆者によります。），上記の日米新条約と比較すると，源泉地国課税の範囲が広いか（日中）狭いか（日米新条約）の大きな違いがあります（下線は筆者によります。）。

日米11条（利子）	日中11条（利子）
「1　一方の締約国内において生じ，他方の締約国の居住者に支払われる利子に対しては，当該他方の締約国において租税を課することができる。 2　1の利子に対しては，当該利子が生じた締約国においても，当該締約国の法令に従って租税を課することができる。その租税の額は，当該利子の受益者が他方の締約国の居住者である場合には，当該利子の額の10パーセントを超えないものとする。 3　2の規定にかかわらず，一方の締約国内において生ずる利子であって，次のいずれかの場合に該当するものについては，<u>他方の締約国においてのみ租税を課することができる。</u> 　(a)　当該利子の受益者が，当該他方の締約国，当該他方の締約国の地	「1　一方の締約国内において生じ，他方の締約国の居住者に支払われる利子に対しては，当該他方の締約国において租税を課することができる。 2　1の利子に対しては，当該利子が生じた締約国内においても，当該締約国の法令に従って租税を課することができる。その租税の額は，当該利子の受領者が当該利子の受益者である場合には，当該利子の額の10パーセントを超えないものとする。 3　2の規定にかかわらず，一方の締約国内において生ずる利子であって，他方の締約国の政府，当該他方の締約国の地方公共団体，当該他方の締約国の中央銀行又は当該他方の締約国の政府の所有する金融機関が取得するもの及び当該他方の締約国の政

方政府若しくは地方公共団体，当該他方の締約国の中央銀行又は当該他方の締約国が全面的に所有する機関である場合，
　[(b)　省略]
　(c)　当該利子の受益者が，次のいずれかの場合に該当する当該他方の締約国の居住者である場合
　　(i)　銀行（投資銀行を含む。）
　　(ii)　保険会社
　　(iii)　登録を受けた証券会社
　　(iv)　(i)から(iii)までに掲げるもの以外の企業で，当該利子の支払が行われる課税年度の直前の3課税年度において，その負債の50パーセントを超える部分が金融市場における債券の発行又は有利子預金から成り，かつ，その資産の50パーセントを超える部分が当該居住者と第9条1(a)又は(b)にいう関係を有しない者に対する信用に係る債権から成るもの
[(d)(e)及び4　省略]

5　この条において，「利子」とは，すべての種類の信用に係る債権（担保の有無及び債務者の利得の分配を受ける権利の有無を問わない。）から生じた所得，特に，公債，債券又は社債から生じた所得（公債，債券又は社債の割増金及び賞金を含む。）及びその他の所得で当該所得が生じた締約国の租税に関する法令上貸付金から生じた所得と同様に取り扱わ

府，当該他方の締約国の地方公共団体，当該他方の締約国の中央銀行又は当該他方の締約国の政府の所有する金融機関による間接融資に係る債権に関し当該他方の締約国の居住者が取得するものについては，当該一方の締約国内において租税を免除する。

4　この条において，「利子」とは，すべての種類の信用に係る債権（担保の有無及び債務者の利得の分配を受ける権利の有無を問わない。）から生じた所得，特に，公債，債券又は社債から生じた所得（公債，債券又は社債の割増金及び賞金を含む。）をいう。

れるものをいう。前条で取り扱われる所得は，この条約の適用上利子には該当しない。

［6　省略］

7　利子は，その支払者が一方の締約国の居住者である場合には，当該一方の締約国内において生じたものとされる。ただし，利子の支払者（いずれかの締約国の居住者であるか否かを問わない。）が，その者が居住者とされる国以外の国に恒久的施設を有する場合において，当該利子の支払の基因となった債務が当該恒久的施設について生じ，かつ，当該利子が当該恒久的施設によって負担されるものであるときは，次に定めるところによる。

　(a)　当該恒久的施設が一方の締約国内にある場合には，当該利子は，当該一方の締約国内において生じたものとされる。

　(b)　当該恒久的施設が両締約国以外の国にある場合には，当該利子は，いずれの締約国内においても生じなかったものとされる。」

［8以下　省略］

［5　省略］

6　利子は，その支払者が一方の締約国の政府，当該一方の締約国の地方公共団体又は当該一方の締約国の居住者である場合には，当該一方の締約国内において生じたものとされる。ただし，利子の支払者（いずれの締約国の居住者であるか否かを問わない。）が一方の締約国内に恒久的施設又は固定的施設を有する場合において，当該利子の支払の基因となった債務が当該恒久的施設又は固定的施設について生じ，かつ，当該利子が当該恒久的施設又は固定的施設によって負担されるものであるときは，当該利子は，当該恒久的施設又は固定的施設の存在する当該一方の締約国内において生じたものとされる。」

［7　省略］

【コーヒー・ブレイク】

　金融市場において行われている債券レポ取引（売却後買戻すという法形式をとる債券取引）の差額が，「利子」に該当するかどうかが争われた裁判があります。東京高裁平成20年3月12日判決（判決26）は，次のように説示して，上記レポ差額は所得税法161条6号の「利子」には該当しないので，源泉徴収義務の対象とはならないと判断して，課税処分を取り消した原判決（東京地裁平成19年4月17日判決（判決27））を支持しました。

「「貸付金（これに準ずるものを含む。）」は，「消費貸借契約に基づく貸付債権以外の債権を含む趣旨で規定されたものと解するのが相当」であるが，「同号の『貸付金（これに準ずるものを含む。）』の『利子』は，消費貸借契約に基づく貸付債権を基本としつつ，その性質，内容等がこれをおおむね同様ないし類似の債権の利子というべきであり，原因となる法律行為の法形式のみからその適用の有無を判断できるものではないものの，他方で，社会通念上，私法上の消費貸借契約における貸付債権とその性質，内容等がおおむね同様ないし類似するか否かが問題となり，その法形式等を全く考慮することなく，経済的効果のみに着目して判断することもできないから，これについて，専ら経済的な効果に着目して『貸付金』の解釈の範囲を広げ，『これに準ずるものを含む。』との規定と相まってその外延を不明確にする結果をもたらすことは，租税法律主義の内容である租税要件明確主義に沿った解釈ということはできず，租税要件明確主義に反した解釈とならないためには，外延を不明確にすることのない解釈を行うべきであ」る。さらに，上記解釈のレポ取引への当てはめにつき，同判決は，「本件各基本契約の沿革及びその内容からすれば，本件各基本契約は，倒産隔離を果たすため，契約条項において売買及び再売買により構成されることを明確に定めたものであって，他方，金融的取引の側面があり，それを示唆するかのような条項の存在によっても，その法的性質を変容させるまでのものとはいえず，本件各レポ取引は，売買・再売買を一つの契約で実効する複合的な性格を有する契約であると解するのが相当であって，本件各レポ取引のエンド取引における売買代金債権が消費貸借契約における貸付債権とその性質，内容等がおおむね同様ないし類似するということはできない。」と判示しました。

なお，大阪地裁平成20年7月24日判決は，貸付金（これに準ずるものを含む。）とは貸付債権を基本としつつ，その性質，内容等がこれとおおむね同様ないし類似の債権をいうものと解するのが相当であるとした上で，造船契約の解除に伴う既払の分割代金の返還に加えて支払われる代金の8％の金員は貸付金（これに準ずるものを含む。）の利子には該当しないと判示しました（判決29）。同判決は，大阪高裁平成21年4月24日判決によって支持されました（判決28）。

【租税条約トピック㊼】 債務者主義と使用地主義

利子や使用料等の源泉地を定める基準として，「債務者主義」と「使用地主義」があります。両主義については，次のように説明されています。

「日米租税条約の「利子は，その支払者が一方の締約国の居住者である場合には，当該一方の締約国内において生じたものとされる。」（日米11条7）という規定は，利子の源泉地を定めている。利子支払の債務を負う者の居住地を基準とするという意味で，いわゆる

> 債務者主義を採用する旨を定めている。
>   使用料についても，租税条約上，債務者主義を明記する例がある（日印12条6）。使用地を基準とする旨の規定を置いていた条約例もあり（旧日米6条），特に所得源泉の定めを置かないものもある（日米12条）。これに対し，日本の国内法上は，「国内において業務を行う者から受ける使用料で当該業務に係るもの」と定めており（新所法161条11号），いわゆる使用地主義（正確にいえば業務者の行為地を基準にする主義）を採用している。」
> （増井・宮崎「国際租税法」65頁）

前述のとおり，利子の源泉税免除の大幅な拡大が，日米新条約による改正の最も重要な点の一つです。これを反映して，利子に関する11条が，次のとおり，大きく改正されました（下線は筆者によります。）。すなわち，いわゆる利益連動型の利子（2項(a)号）及び不動産担保債権の利子の内比較可能な債券の利子の額の超過部分（2項(b)号）を除き源泉税が免除されます。

「1　一方の締約国内において生じ，他方の締約国の居住者が受益者である利子に対しては，<u>当該他方の締約国においてのみ租税を課することができる。</u>
2　1の規定にかかわらず，
  (a)　債務者若しくはその関係者の収入，売上げ，所得，利得その他の資金の流出入，債務者若しくはその関係者の有する資産の変動若しくは債務者若しくはその関係者が支払う配当，組合の分配金その他これらに類する支払金を基礎として算定される利子又はこれに類する利子であって，一方の締約国内において生ずるものに対しては，当該利子が生じた一方の締約国内において，当該一方の締約国の法令に従って租税を課することができる。その租税の額は，当該利子の受益者が他方の締約国の居住者である場合には，当該利子の額の10パーセントを超えないものとする。
  (b)　一方の締約国は，不動産により担保された債権又はその他の資産の流動化を行うための団体の持分に関して支払われる利子の額のうち，当該一方の締約国の法令で規定されている比較可能な債券の利子の額を超える部分については，当該一方の締約国の法令に従って租税を課することができる。」

5 使用料

使用料については，次のとおり，日米租税条約の下では源泉税免除であるのに対して，日中租税条約の下では源泉地国課税されるという大きな違いがあります。

日米12条（使用料）	日中12条（使用料）
「1 一方の締約国内において生じ，他方の締約国の居住者が受益者である使用料に対しては，当該他方の締約国においてのみ租税を課することができる。」 ［2以下　省略］	「1 一方の締約国内において生じ，他方の締約国の居住者に支払われる使用料に対しては，当該他方の締約国において租税を課することができる。 2　1の使用料に対しては，当該使用料が生じた締約国においても，当該締約国の法令に従って租税を課することができる。その租税の額は，当該使用料の受領者が当該使用料の受益者である場合には，当該使用料の額の10パーセントを超えないものとする。」 ［3以下　省略］

【租税条約地ピック㊽】　ロイヤリティーと源泉地(1)
　米国法人が米国の特許権を有しており，日本においては特許出願を行っているのみという状況の下で，日本法人が米国においてある製品の販売を行っていたところ当該米国法人は，特許権を侵害しているとして，米国通商法上の手続（具体的には，米国関税法337条に基づく米国への輸入差止め）の申立てを行いました。これに対して，日本法人は，米国法人との間で和解契約を締結し，当該和解契約に基づき一定の金員を，源泉所得税を控除することなく，米国法人に対して支払いました。課税庁は，本件金員が，「国内において業務を行う者から受ける次に掲げる使用料」に該当するとして，日本法人に対して源泉所得税の徴収納付義務につき納税告知処分等をしたため，日本法人は，本件金員は使用料には該当しないとして，処分の取消を求めて提訴しました。和解契約に基づいて米国法人に支払った本件金員が国内源泉所得である使用料に該当するかどうかという争点について，最高裁は，本件金員は，米国内における製品の販売等に係る米国特許権の使用料として支払われたものと解されるため，日本法人の日本における業務に関して支払われたものということはできないと判示しました（最判平成16年6月24日判時1872号46頁（判決30））。

【租税条約トピック㊾】　ロイヤリティーと源泉地(2)

　使用料の源泉地国課税を規定していた旧日米租税条約の下で，米国法人である原告は，日本法人（ライセンシー）に対して特許ノウハウ等の実施権を許諾し，ライセンシーはロイヤリティーについて源泉徴収し税務当局に納付したところ，輸出先における販売分に係るロイヤリティーは国外源泉所得であるとして，対応する源泉税の還付請求を行いました。東京地裁は，わが国の製造地が源泉地であると次のように説示して，原告の請求を棄却しました（東京地裁昭和60年5月13日判決（判決31））。

　「特許権の実施とは，その権利の内容である技術等を用いるあらゆる段階の行為，すなわち，本件のような物を生産する方法の発明の場合には，発明された製法を使用して物を生産し，生産された物を使用し，譲渡し，貸し渡し，譲渡若しくは貸渡しのために展示し，又は輸出する行為であり（特許法2条3項参照），本件契約においても，特許権の実施は，特許にかかる発明された製法を使用して製品を「製造し，使用し，販売する」こととされているが，特許として保護される権利の内容は，本来的には自然法則を利用した技術的思想の創設で高度のもの（特許法2条1項参照）であるから，前記のような各使用段階のうちでも最も根源的なもので，かつ重要視されるものは，その技術方法を使用して新たな付加価値を創出する生産（製造）であると考えられ，製品の譲渡（販売）は，生産の後に生ずる第二次的な使用にすぎないのである。」

【コーヒー・ブレイク】

　上告人（原告，控訴人）は，外国のスポーツイベントの主催団体から「放映権」の許諾を受けて，これを国内の放送事業者に譲渡していたところ，上告人が外国のスポーツイベントの主催団体に対して支払った対価が所得税法161条7号ロ（昭和62年改正以前のもの。現在の所得税法161条11号ロ。）の「著作権（出版権及び著作隣接権その他これに準ずるものを含む。）の使用料又はその譲渡による対価」に該当するものであり，上告人には源泉徴収の義務があったとして，源泉所得税についての納税の告知が行われました。

　上告人は，上記の「放映権」に関して提供される影像は著作権の対象となる著作物ではないと主張しましたが，最高裁は，次のとおり説示して，この影像は著作物に該当するとして，上告人の主張を退けました（平成15年2月27日判決（判決32））。

　「上告人がスポーツイベントの各主催団体から配信を受けた影像は，スポーツ競技の影像を効果的に表現するために，カメラワークの工夫，モンタージュ，カット等の手法又はフィルム編集等が行われたものであるというのであるから，上記影像は著作権法2条1項1号にいう著作物ということができる。そうすると，上記影像が所得税法（昭和62年法律第96号による改正前のもの）161条7号ロにいう著作権の対象となる著作物に該当しないことをいう論旨は，上記影像が映画の著作物に該当するか否かを判断するまでもなく，採用することができず，同条項の解釈適用の誤りを前提とする所論違憲の主張は，その前提を欠く。」

6 譲渡収益

譲渡収益については，日米租税条約13条は源泉地国課税の対象となるものを限定列挙しているのに対して，日中租税条約13条4項は源泉地国課税の原則を定めているという大きな違いがあります。

日米13条（譲渡収益）	日中13条（譲渡収益）
「1　一方の締約国の居住者が他方の締約国内に存在する不動産の譲渡によって取得する収益に対しては，当該他方の締約国において租税を課することができる。 2(a)　一方の締約国の居住者が，他方の締約国の居住者である法人（その資産の価値の50パーセント以上が当該他方の締約国内に存在する不動産により直接又は間接に構成される法人に限る。）の株式その他同等の権利の譲渡によって取得する収益に対しては，当該他方の締約国において租税を課することができる。ただし，当該譲渡に係る株式と同じ種類の株式が第22条5(b)に規定する公認の有価証券市場において取引され，かつ，当該一方の締約国の居住者及びその特殊関係者の所有する当該種類の株式の数が当該種類の株式の総数の5パーセント以下である場合は，この限りでない。 　(b)　一方の締約国の居住者が組合，信託財産及び遺産の持分の譲渡によって取得する収益に対しては，これらの資産が他方の締約国内に	「1　一方の締約国の居住者が第6条に規定する不動産で他方の締約国内に存在するものの譲渡によって取得する収益に対しては，当該他方の締約国において租税を課することができる。 ［2・3　省略］ 4　一方の締約国の居住者が1から3までに規定する財産以外の財産の譲渡によって取得する収益であって他方の締約国において生ずるものに対

存在する不動産から成る部分に限り、当該他方の締約国において租税を課することができる。」

［3以下　省略］

しては、当該他方の締約国において租税を課することができる。」

【租税条約トピック㊿】　Domesticationと譲渡

　わが国には存在しない法制度が適用された場合に、わが国が締結した租税条約又はわが国の租税法上どのように取り扱うべきかという問題があります。

　例えば、米国デラウェア州会社法にはDomesticationという手続が規定されています。これは、同州外（国外を含む。）の法人が、当該法人の地位を保ったまま、米国デラウェア州法人になることを認めるものです。同州法のDomesticationの手続によれば、Domesticationの証明書（Certificate of Domestication）及び設立証書（Certificate of Incorporation）をデラウェア州政府に提出した段階で、外国法人はその地位を保った状態で（すなわち、外国法の下で解散・清算手続を行わないで）、同一法人格を維持したまま、米国法上デラウェア州法人としても取り扱われることになります。すなわち、当該外国法の下で同国法人の地位を保ったまま、同時に米国法の下ではデラウェア州法人にもなります。Domesticationを行った法人は、米国においてデラウェア州法人として、全世界課税を受けることになります。なお、米国歳入庁（IRS）は、Domesticationの手続を踏んでデラウェア法人となる法人については、要求があれば、米国居住者証明（Certification of United States Residency）を発行するようです。

　Domesticationを行う法人が、例えば、日本法人の株式を有している場合、同株式を譲渡したものと扱われるのかという疑問が生じます。要は、Domesticationの結果、租税条約又はわが国の租税法上、株式の譲渡を行ったものと扱われるかどうかが解釈上の論点になりますが、この問題を取り扱った裁判例はないようです。いずれにしろ、個別・具体的な事実及び事情の認定に加えて、Domesticationの制度内容（その法的効果を含め）の正確な理解が、正しい解釈を行うに際し重要なポイントになりそうです。

【コーヒー・ブレイク】

　日本法人の外国子会社が国外関連者に対して著しく低価格の新株発行を行った結果、日本法人の保有する当該子会社株式の価値が国外関連者に移転した事実が、法人税法22条2項の「資産の譲渡」又は「その他の取引」に該当するかどうかが争われたのが、いわゆるオウブンシャホールディング事件です（関係者の持株関係は下図のとおりです。）。

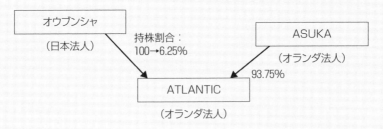

　最高裁は，次のとおり，法人税法22条2項の「取引」に該当すると判示しました（最高裁平成18年1月24日判決（判決33））。
　オウブンシャホールディング（「オウブンシャ」）は，「A社［筆者注：OBUNSHA ATLANTIC B.V.（以下「ATLANTIC」）］の唯一の株主であったというのであるから，第三者割当により同社の新株の発行を行うかどうか，だれに対してどのような条件で新株発行を行うかを自由に決定することができる立場にあり，著しく有利な価額による第三者割当増資を同社に行わせることによって，その保有する同社株式に表章された同社の資産価値を，同株式から切り離して，対価を得ることなく第三者に移転させることができたものということができる。そして，オウブンシャがATLANTICの唯一の株主の立場において，同社に発行済株式総数の15倍の新株を著しく有利な価額で発行させたのは，オウブンシャのATLANTICに対する持株割合を100％から6.25％に減少させ，F社［筆者注：ASUKA FUND B.V.（以下「ASUKA」）］の持株割合を93.75％とすることによって，ATLANTIC株式200（株）に表章されていた同社の資産価値の相当部分を対価を得ることなくASUKAに移転させることを意図したものということができる。また，前記事実関係等によれば，上記の新株発行は，オウブンシャ，ATLANTIC，ASUKA及び財団法人C［筆者注：センチュリー文化財団］の各役員が意思を相通じて行ったというのであるから，ASUKAにおいても上記の事情を十分に了解した上で，上記の資産価値の移転を受けたものということができる。
　以上によれば，オウブンシャの保有するATLANTIC株式に表章された同社の資産価値については，オウブンシャが支配し，処分することができる利益として明確に認めることができるところ，オウブンシャは，このような利益をASUKAとの合意に基づいて同社に移転したというべきである。したがって，この資産価値の移転は，オウブンシャの支配の及ばない外的要因によって生じたものではなく，オウブンシャにおいて意図し，かつ，ASUKAにおいて了解したところが実現したものということができるから，法人税法22条2項にいう取引に当たるというべきである。」

☕【コーヒー・ブレイク】

　不動産の譲渡者が非居住者か否か，及び非居住者であるか否かを確認すべき義務を購入者が尽くしていたかが争われた事案があります。これは租税条約の下で，不動産の譲渡所得については不動産の所在地国に課税権があるとされているところ（日米租税条約13条1項及び日中租税条約13条1項），わが国においても非居住者による国内にある不動産の譲渡対価は国内源泉所得に該当し（所得税法161条1項5号），その支払者は，原則として，譲渡対価の10％を源泉徴収しなければならないとされています（同法212条1項・213条1項2号）。

　上記事案について，東京地裁は，不動産の譲渡者は非居住者であること，及び支払者は非居住者か否かの確認義務を尽くしていないことを認定しました（東京地裁平成28年5月19日判決（判決35））。そして，かかる判断は，控訴審においても維持されました（東京高裁平成28年12月1日判決（判決34））。

7　役員報酬

役員報酬については，次のとおり，両者間で違いはありません。

日米15条（役員報酬）	日中16条（役員報酬）
「一方の締約国の居住者が他方の締約国の居住者である法人の役員の資格で取得する役員報酬その他これに類する支払金に対しては，当該他方の締約国において租税を課することができる。」	「一方の締約国の居住者が他方の締約国の居住者である法人の役員の資格で取得する役員報酬その他これに類する支払金に対しては，当該他方の締約国において租税を課することができる。」

☕【コーヒー・ブレイク】

　国税不服審判所平成29年8月31日裁決（裁決4）は，内国法人の非居住者役員の報酬等が国内源泉所得に該当するか否かについて，次のとおり判断しました。

　「内国法人の役員としての勤務に基因する俸給等は，その勤務が国内において行われるか国外において行われるかにかかわらず原則として国内源泉所得に該当するが，内国法人の役員として国外において行う勤務のうち，当該役員としての勤務を行う者が同時にその内国法人の使用人として常時勤務を行う場合の当該使用人としての勤務に基因する俸給等は，国内源泉所得に該当しない。」

8 教授

教授の報酬については，次のとおり，現行の日米租税条約と日中租税条約の間で実質的に大きな違いはありません。

日米20条（教授）	日中20条（教授）
「一方の締約国内にある大学，学校その他の教育機関において教育又は研究を行うため当該一方の締約国内に一時的に滞在する個人であって，他方の締約国において第4条1にいう居住者に引き続き該当するものが，教育又は研究につき取得する報酬については，当該一方の締約国に到着した日から2年を超えない期間当該一方の締約国において租税を免除する。」	「一方の締約国内にある大学，学校その他の公認された教育機関において教育又は研究を行うことを主たる目的として当該一方の締約国内に一時的に滞在する個人であって，現に他方の締約国の居住者であるもの又は当該一方の締約国を訪れる直前に他方の締約国の居住者であったものは，当該一方の締約国に最初に到着した日から3年を超えない期間，その教育又は研究に係る報酬につき当該一方の締約国において租税を免除される。」

なお，日米新条約は教授の報酬の特例（一定期間の源泉地国課税免除）（上記20条）を廃止しました。廃止の理由は，上記20条については，従前から，特定の職業を優遇するものであり不公平である，課税上の空白が生じる可能性がある，優秀な教授等の海外流出につながるおそれがあるなど，様々な問題点が指摘されていたためであろうと推測されます。

9 二重課税の排除

二重課税の排除（外国税額控除）については，次のとおり，両者間で実質的に大きな違いはありません。

日米23条（二重課税の排除）	日中23条（二重課税の排除）
「1　日本国以外の国おいて納付される租税を日本国の租税から控除することに関する日本国の法令の規定に従い， 　(a)　日本国の居住者がこの条約の規定に従って合衆国において租税を課される所得を合衆国において取得する場合には，当該所得について納付される合衆国の租税の額は，当該居住者に対して課される日本国の租税の額から控除する。ただし，控除の額は，日本国の租税の額のうち当該所得に対応する部分を超えないものとする。 　(b)　合衆国において取得される所得が，合衆国の居住者である法人により，その議決権のある株式の10パーセント以上を配当の支払義務が確定する日に先立つ6箇月の期間を通じて所有する日本国の居住者である法人に対して支払われる配当である場合には，日本国の租税からの控除を行うに当たり，当該配当を支払う法人によりその所得について納付される合衆国の租税を考慮に入れるものとする。 　この1の規定の適用上，日本国の居住者が受益者である所得でこの条約の規定に従って合衆国において租税を課されるものは，合衆国内の源泉から生じたものとする。」	「2　日本国以外の国おいて納付される租税を日本国の租税から控除することに関する日本国の法令の規定に従い， 　(a)　日本国の居住者がこの協定の規定に従って中華人民共和国において租税を課される所得を中華人民共和国において取得する場合には，当該所得について納付される中国の租税の額は，当該居住者に対して課される日本国の租税の額から控除する。ただし，控除の額は，日本国の租税の額のうち当該所得に対応する部分を超えないものとする。 　(b)　中華人民共和国において取得される所得が，中華人民共和国の居住者である法人によりその議決権のある株式又はその発行済株式の少なくとも25パーセント以上を所有する日本国の居住者である法人に対して支払われる配当である場合には，日本国の租税からの控除を行うに当たり，当該配当を支払う法人によりその所得について納付される中国の租税を考慮に入れるものとする。」

☕【コーヒー・ブレイク】

外国法人がその関係会社に直接貸付を行ったのでは利子に対する源泉税の負担が重いため，邦銀外国支店に介在してもらい，その外国税額控除の余裕枠を利用して，同邦銀が上記外国源泉税についてわが国の外国税額控除を受けるという事案について，最高裁平成17年12月19日判決は，外国税額控除制度の趣旨とその濫用について，次のとおり説示しました（民集59巻10号2964頁（判決36））。なお，関係者の取引関連図は次のとおりです。

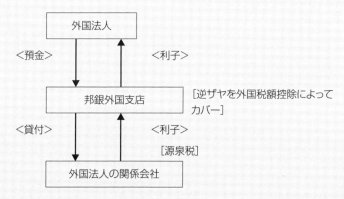

「(1) 法人税法69条の定める外国税額控除の制度は，内国法人が外国法人税を納付することとなる場合に，一定の限度で，その外国法人税の額を我が国の法人税の額から控除するという制度である。これは，同一の所得に対する国際的二重課税を排斥し，かつ，事業活動に対する税制の中立性を確保しようとする政策目的に基づく制度である。

(2) ところが，本件取引は，全体としてみれば，本来は外国法人が負担すべき外国法人税について我が国の銀行である被上告人が対価を得て引き受け，その負担を自己の外国税額控除の余裕枠を利用して国内で納付すべき法人税額を減らすことによって免れ，最終的に利益を得ようとするものであるということができる。これは，我が国の外国税額控除制度をその本来の趣旨目的から著しく逸脱する態様で利用して納税を免れ，我が国において納付されるべき法人税額を減少させた上，この免れた税額を原資とする利益を取引関係者が享受するために，取引自体によっては外国法人税を負担すれば損失が生ずるだけであるという本件取引をあえて行うというものであって，我が国ひいては我が国の納税者の負担の下に取引関係者の利益を図るものというほかない。【要旨】そうすると，本件取引に基づいて生じた所得に対する外国法人税を法69条の定める外国税額

控除の対象とすることは，外国税額控除制度を濫用するものであり，さらには，税負担の公平を著しく害するものとして許されないというべきである。」

10 外交特権

日米28条（外交官）	日中28条（外交官）
「この条約のいかなる規定も，国際法の一般原則又は特別の協定に基づく外交使節団又は領事機関の構成員の租税上の特権に影響を及ぼすものではない。」	「この条約のいかなる規定も，国際法の一般原則又は特別の協定に基づく外交官又は領事官の租税上の特権に影響を及ぼすものではない。」

【租税条約トピック(51)】 外国大使館と免税

外国大使館は，国際慣習法上，源泉徴収義務を免除されています（東京高裁平成16年11月30日判決（判決37)。同判決は，大使館の現地職員の勤務に対する給与の支払は，国家の統治権の典型的な発現である外交活動を行うためにされるものであるから，わが国の課税権は免除されると解すべきであると説示して，原判決を支持しました。なお，原判決は，東京地裁平成16年4月19日判決（判決38）です。

第5章

遺産，相続及び贈与に対する租税に関する二重課税の回避及び脱税の防止のための日米間の条約等

1 遺産，相続等に対する租税に関する二重課税の回避及び脱税の防止のための日米間の条約

　国際化の進展により，国境を越えた人の移動も活発化し，それに伴って遺産，相続及び贈与についても国際的な事例が増加しています。ここでは，遺産，相続及び贈与に関してわが国が唯一締結した条約である「遺産，相続及び贈与に対する租税に関する二重課税の回避及び脱税の防止のための日本国とアメリカ合衆国との間の条約」（以下「相続税条約」といいます。）について，概説します。同条約は，昭和29年4月16日に署名され，昭和30年4月1日に発効しています。

> 第1条（対象税目）
> 「(1)　この条約にいう租税は，次のものとする。
> 　(a)　アメリカ合衆国については，連邦遺産税及び連邦贈与税
> 　(b)　日本国については，相続税（贈与税を含む。）
> (2)　この条約は，遺産，相続又は贈与に対する他の租税で，本条(1)に掲げる租税と実質的に同様の性質を有し，且つ，この条約の署名の日の後にいずれの一方の締約国によって課せられるものについても，また，適用する。」

　1条は，相続税条約の対象税目を定めています。米国については連邦遺産税及び連邦贈与税が，わが国については相続税及び贈与税が対象です。
　日本の相続税及び贈与税は，財産の取得者である相続人又は受贈者に対し課税するのに対し，米国の連邦遺産税及び連邦贈与税は，財産の移転者である被相続人又は贈与者に対して課税するので，両制度間で基本的な差異があります。その結果，相続人（受贈者）が日本に居住し，被相続人（贈与者）が米国に居住する場合，日米双方で無制限納税義務を負い二重課税が生ずることになります。このような国際的二重課税は排除する必要があります。相続税条約が締結された主たる理由は，この二重課税の排除にあります。

> 【コーヒー・ブレイク】
> 　米国における連邦遺産税は，1916年の税制改正によって創設されました。その後，共和党政権下での決定によって2010年にいったん廃止された後，オバマ政権下で復活されました。

第 2 条 (一般的定義)
[(1) 省略]
「(2) いずれの一方の締約国がこの条約の規定を適用する場合にも,特に定義されていない用語の意義は,文脈により別に解釈すべき場合を除く外,自国の租税に関する法令における解釈によるものとする。
(3) この条約の適用上,各締約国は,被相続人若しくは被相続人の遺産の受益者が被相続人の死亡の時に又は贈与者若しくは贈与の受益者が贈与の時に<u>自国内に住所を有していたかどうか</u>又は<u>自国の国籍を有していたかどうか</u>を,<u>自国の法令に従って決定することができる</u>。」(下線は筆者によります。)

　2条は定義規定です。例えば,(1)項の「日本国」と「権限ある当局」の定義は,所得税に対する日米租税条約のそれと実質的に同様です。(2)項は,本条約に定義されていない用語の意義は,文脈により別に解釈すべき場合を除き,自国の租税に関する法令における解釈による旨定めています。後記 2 のとおり,わが国の相続税法上の相続税又は贈与税の納税義務の有無及び範囲は,被相続人若しくは相続人等の住所や国籍によって影響を受けます。(3)項は,これらをわが国の法令に従って決定することができるとしています。

☕【コーヒー・ブレイク】
　受贈者が国外資産(具体的にはオランダ法人の株式)の贈与を受けた時において日本国内に住所を有していたかどうかが争われた著名な事件として,武富士事件があります。最高裁は,住所の判定について,次のように説示しました(最高裁平成23年 2 月18日判決(判決39)。
「(1) 法[筆者注:当時の相続税法] 1 条の 2 によれば,贈与により取得した財産が国外にあるものである場合には,受贈者が当該贈与を受けた時において国内に住所を有することが,当該贈与についての贈与税の課税要件とされている(同条 1 号)ところ,ここにいう住所とは,反対の解釈をすべき特段の事由はない以上,生活の本拠,すなわち,その者の生活に最も関係の深い一般的生活,全生活の中心を指すものであり,一定の場所がある者の住所であるか否かは,客観的に生活の本拠たる実体を具備しているか否かにより決すべきものと解するのが相当である(最高裁昭和29年(オ)第412号同年10月20日大法廷判決・民集 8 巻10号1907頁,最高裁昭和32年(オ)第552号同年 9 月13日第二小法廷判決・裁判集民

事27号801頁，最高裁昭和35年㈱第84号同年3月22日第三小法廷判決・民集14巻4号551頁参照）。
(2) これを本件についてみるに，前記事実関係等によれば，上告人は，本件贈与を受けた当時，本件会社の香港駐在役員及び本件各現地法人の役員として香港に赴任しつつ国内にも相応の日数滞在していたところ，本件贈与を受けたのは上記赴任の開始から約2年後のことであり，香港に出国するに当たり住民登録につき香港への転出の届出をするなどした上，通算約3年半にわたる赴任期間である本件期間中，その約3分の2の日数を2年単位（合計4年）で賃借した本件香港居宅に滞在して過ごし，その間に現地において本件会社又は本件各現地法人の業務として関係者との面談等の業務に従事している。これが贈与税回避の目的で仮想された実体のないものとはうかがわれないのに対して，国内においては，本件期間中の約4分の1の日数を本件杉並居宅に滞在して過ごし，その間に本件会社の業務に従事していたにとどまるというのであるから，本件贈与を受けた時において，本件香港居宅は生活の本拠たる実体を有していたものというべきであり，本件杉並居宅が生活の本拠たる実体を有していたということはできない。」

なお，住所が日本国外にあったと認定された上記武富士事件とは逆に，シンガポール法人の株式を香港において贈与された者の住所が日本にあったと認定された裁判例もあります（東京地裁平成17年1月28日判決（<u>判決40</u>））。

3条は，財産の種類ごとに所在地を定めています。これは，所得税条約における各種所得の源泉ルールに実質的に相当する重要な規定です。なお，参考までに，わが国の相続税法の対応する条文である10条の規定を上記各号の末尾【　】に記載しました。

第3条（財産の所在地）
「(1) 被相続人がその死亡の時に若しくは贈与者が贈与の時に合衆国の国籍を有し若しくは合衆国内に住所を有していた場合，又は被相続人の遺産の受益者がその被相続人の死亡の時に若しくは贈与の受益者がその贈与の時に日本国内に住所を有していた場合には，これらの時における次に掲げる財産又は財産権の所在地は，租税の賦課及び第5条によって認められる税額控除については，もっぱら次に定めるところに従って決定されるものとする。

1 遺産，相続等に対する租税に関する二重課税の回避及び脱税の防止のための日米間の条約　◆393

(a) 不動産又は不動産に関する権利（本条において他に特別の規定があるものを除く。）は，その不動産に係る土地の所在地にあるものとする。【筆者注：相続税法10条1項1号も同じ】

(b) 有体動産（通貨及び発行地で法貨として認められているすべての種類の貨幣を含み，本条において他に特別の規定があるものを除く。）は，それが現実にある場所にあるものとし，運送中である場合には，目的地にあるものとする。【10条1項1号も類似】

(c) 債権（債券，約束手形，為替手形，銀行預金及び保険証券を含み，債券その他の流通証券で持参人払式のもの及び本条において他に特別の規定がある債権を除く。）は，債務者が居住する場所にあるものとする。【10条1項4号，7号及び8号並びに2項も同様】

(d) 法人の株式又は法人に対する出資は，その法人が設立され，又は組織された準拠法が施行されている場所にあるものとする。【10条1項8号】

(e) 船舶及び航空機は，それらが登録されている場所にあるものとする。【10条1項1号】

(f) 営業上，事業上又は専門職業上の資産としてののれんは，その営業，事業又は専門職業が営まれている場所にあるものとする。【10条1項13号】

(g) 特許権，商標権，実用新案権及び意匠権は，それらが登録されている場所（登録されていない場合には，それらが行使される場所）にあるものとする。【10条1項10号】

(h) 著作権，地域的独占権（フランチャイズ），芸術上又は学術上の著作物に対する権利及び著作権のある著作物，芸術上若しくは学術上の著作物，特許，発明，商標，実用新案若しくは意匠を使用する権利又はこれらの使用を許諾された地位は，それらを行使できる場所にあるものとする。【10条1項11号は，「著作権，出版権又は著作隣接権でこれらの権利の目的物が発行されているものについては，これを発行する営業所又は事業所の所在」と規定しています。】

(i) 鉱業権若しくは租鉱権又は採石権は，採鉱又は採石が行われる場所にあるものとする。【10条1項2号】

(j) 漁業権は，その権利の行使について管轄権を有する国にあるものとする。【10条1項3号は，「漁場に最も近い沿岸の属する市町村又はこれに相当する行政区画」と規定しています。】

(k) 前各号に規定されていない財産は，いずれか一方の締約国が自国内に財産があることのみを理由として租税を課する場合には，その締約国の法令で定めている場所にあるものとし，また，いずれの締約国も自国内に財産があることのみを理由として租税を課するのではない場合には，各締約国の法令で

定めている場所にあるものとする。【10条1項3号は，「第1項各号に掲げる財産及び前項に規定する財産以外の財産の所在については，当該財産の権利者であった被相続人又は贈与をした者の住所の所在による。」と規定しています。】
(2) 本条(1)の規定は，特定の財産及びその一部分で同項の規定がなければ両締約国によって租税が課せられるもの（諸控除がなければ租税が課せられることとなるものを含む。）についてのみ，適用する。」

3条(1)項(k)号の規定はわかりづらいですが，当時の大蔵省主税局担当者は次のように解説しています（加藤清「日米租税条約について」（税法学41号21頁・22頁））。

「日米両国のうち，例えば米国が無制限納税義務者として課税し，日本が制限納税義務者として課税する場合には，制限納税義務者として課税する日本の国内法の定めている場所にあるものとし，日米両国のいずれもが共に無制限納税義務者として課税する場合には両国の国内法において定められている場所にあるものとしているわけである。
　このような取扱いにした理由は，前者の無制限納税義務者として課税する場合は，財産の所在地の如何をとわずすべてこれを課税対象とするので，制限納税義務者として自国に財産があることのみを理由にして課税する国の国内法の原則を尊重する方が合理的と考えられたからであり，後者の両国が共に無制限納税義務者として課税する場合には，両国の国内法を平等に尊重し，もしその間に不一致があったときは，後述する如き税額控除の方式をとることによって二重課税を防止することとしているからである。」

第4条（控除の配分）
「被相続人がその死亡の時に若しくは贈与者がその贈与の時に合衆国の国籍を有し若しくは合衆国内に住所を有していた場合，又は被相続人の遺産の受益者がその被相続人の死亡の時に若しくは贈与の受益者がその贈与の時に日本国内に住所を有していた場合において，一方の締約国が自国内に財産があることのみを理由として租税を課するときは，その租税を課する締約国は，
(a) 当該被相続人，贈与者又は受益者に対し，その者が自国の国籍を有していたとするか又は自国内に住所を有していたとすれば自国の法令に基づいて認められることとなる特定の控除を，当該控除の額に

> (A) 第3条の規定により自国内にあるとされる財産で両締約国によって租税を課せられるもの（諸控除がなければ租税を課せられるものを含む。）の価格の
> (B) その被相続人，贈与者又は受益者が自国の国籍を有していたとするか又は自国内に住所を有していたとすれば自国の租税を課することとなる財産の全部の価格
> に対する割合を乗じて得た額を下らない額により，行うものとし，また，
> (b) 租税の額を決定するに際しては，本条(a)の規定を適用する場合及び別に定められている他の比例控除を行う場合を除く外，第3条の規定により自国外にあるとされる財産については，課税価格の計算上考慮しないものとする。」

控除に関する上記4条については，次のように解説されています。

「条約では，相手国の居住者（無制限納税義務者）に対して自国の非居住者（制限納税義務者）として課税する場合に，これに対して自国の居住者にのみ認めている控除を適用することとし，いわば一般の自国民待遇を認めることとしている。……本条約では，両国の何れかが制限納税義務者として課税する場合にも，無制限納税義務者に対すると同様の控除の特典を与えようというわけである。但し，制限納税義務者については，自国にある財産のみを課税の対象とするので，控除金額は，無制限納税義務者の場合の控除額の全額を認めることとせず，これに自国で課税の対象とする財産の総財産に対する割合を乗じて計算した金額とすることとしているのである。」（前記・加藤「日米租税条約について」21頁・22頁）

> 第5条（二重課税の排除）
> 「(1) いずれの一方の締約国も，被相続人，贈与者，被相続人の遺産の受益者又は贈与の受益者が自国の国籍を有し，又は自国内に住所を有していることを理由として租税を課する場合には，自国の租税（本条の規定を適用しないで計算したもの）から，相続又は贈与の時に他方の締約国内にある財産で両締約国によって租税の対象とされるものについて当該他方の締約国が課する租税を控除するものとする。但し，その税額控除の額は，控除を行う締約国が課する租税のうち前記の財産に帰せられる部分をこえないものとする。本項の規定は，本条(2)に掲げる財産については適用しない。

(2) 相続又は贈与の時に両締約国外にある財産（又は各締約国が自国の領域内にあるとする財産，一締約国がいずれか一方の締約国内にあるとし，且つ，他方の締約国が両締約国外にあるとする財産若しくは各締約国が他方の締約国内にあるとする財産）について各締約国が被相続人，贈与者又は受益者が自国の国籍を有し，又は自国内に住所を有していることを理由として租税を課する場合には，各締約国は，自国の租税（本条の規定を適用しないで計算したもの）から，他方の締約国が課する租税で当該財産に帰せられるものの一部を控除するものとする。本項の規定によって各締約国が行う税額控除の額の合計額は，各締約国が当該財産に課する租税の額のうちいずれか少ない方の額に等しいものとし，且つ，当該財産について各締約国が課する租税の額に比例して両締約国に配分するものとする。

(3) 本条の規定によって認められる税額控除を行う場合には，その控除は，控除を行う締約国の法令によって認められる同一の租税の税額控除に代るものとし，個々の場合に行う税額控除は，本条の規定によって認められる税額控除又はその締約国の法令によって認められる税額控除のうちいずれか多額のものとする。本条の規定の適用上，特定の財産に帰せられる各締約国の租税の額は，その財産につき課せられる租税に関して行うすべての軽減又は控除（本条(1)及び(2)の規定による税額控除を除く。）を計算に入れた後に確定されるものとする。なお，この条約に基づいて税額控除を行う締約国といずれかの第三国との間の他の条約又は税額控除を行う締約国の法令によって同一の財産についての第三国の租税の税額控除が別に認められる場合には，これらの税額控除の額の合計額は，控除を行う締約国の租税でこれらの税額控除を行わないで計算したもののうちその財産に帰せられるもののの額をこえてはならない。」

[(4)～(6) 省略]

　5条は，上記のとおり，財産の所在地国が課税することを認め，納税義務者の住所地国が同一の財産に対し課税を行う場合には，財産所在地国の税額について外国税額控除を行うこととしています。なお，国内法も外国税額控除を規定していますが（相続税法20条の2・21条の8），相続税条約上の外国税額控除が優先することが明記されています。ただし，実際に適用される外国税額控除の額は，国内法の規定する外国税額控除の額と条約の規定する外国税額控除の額のうちいずれか多い額とされており，相続税条約の存在により，納税者が不利になることはありません（同条約5条(3)項）。

上記5条(1)項及び(2)項の内容はわかりづらいように思えますが，当時の大蔵省主税局担当者が，次のとおり解説しています（前記・加藤「日米租税条約について」22頁・23頁）。数字を使ったわかりやすい解説なので，少し長くなりますがそのまま引用します。

「自国の無制限納税義務者（日本の場合は，日本に住所を有するとき，米国の場合は，米国の国籍を有し，又は米国に住所を有するとき）が相手国又は第三国に所在する財産について課せられた相手国の税額を自国の税額から控除する方式を採用している。その具体的な方法は次の如くである。」

［例題1］が相手国に財産が所在する場合，［例題2］が第三国に財産が所在する場合の税額控除の方法を説明しています。

［例題1］［筆者注：5条(1)項の適用例］
「相続開始の時に被相続人が米国に住所を有し，相続人が日本に住所を有していたとする。そして，「米国法人の株式5万ドル，米国に在る不動産5万ドル，日本法人の株式3万ドルが相続財産であったとし，米国の税率30%，日本の税率40%とする」。この場合には，相手国に在る財産について課せられた相手国の税額を相互に控除することによって二重課税は回避される。両国の具体的税額は次のとおりとなる。
　(a)　日本（居住者）
　　130,000ドル×0.4（＝52,000ドル）－100,000ドル×0.3（＝30,000ドル）
　　＝22,000ドル
　(b)　米国（居住者）
　　130,000ドル×0.3（＝39,000ドル）－39,000ドル×$\frac{30,000}{130,000}$（＝9,000ドル）
　　＝30,000ドル
　すなわち，日本の税率の方が高いので，全財産が日本に在った場合の日本の税額（5万2千ドル）に等しい税額が日本と米国に分れて課税されることとなり，二重課税が回避される。」

［例題2］［筆者注：5条(2)項の適用例］
「被相続人は米国に住所を有し，相続人が日本に住所を有し，相続財産がメキ

シコ法人の株式10万ドルあったと仮定し、日本の税率が30%、米国の税率が20%とすると、日米両国の税額は次のようになる。

(a) 日本（居住者）
100,000ドル×0.3（＝30,000ドル）－20,000ドル×$\frac{30,000}{30,000+20,000}$（＝12,000ドル）
＝18,000ドル

(b) 米国（居住者）
100,000ドル×0.2（＝20,000ドル）－20,000ドル×$\frac{20,000}{30,000+20,000}$（＝8,000ドル）
＝12,000ドル

すなわち、この財産に係る日米両国のうち少い方の税額（米国の２万ドル）を両国で各課税額に比例して按分控除することにより、結局その財産が日本（日米両国のうち税率の高い方）にあったとした場合の日本の税額（３万ドル）に等しい税額が日米両国に分れて課税されたこととなり、二重課税が回避される。」

第６条（情報交換及び徴収共助）

「(1) 両締約国の権限ある当局は、この条約の規定を実施するため、租税に関して詐欺を防止するため、又は脱税に対処することを目的とする法規を実施するために必要な情報で両締約国のそれぞれの税法に基づいて入手することができるものを交換するものとする。交換された情報は、秘密として取り扱わなければならず、租税の賦課及び徴収に関与し、又はこれらに関する異議についての決定に関与する者（裁判所を含む。）以外のいかなる者にも漏らしてはならない。営業上、事業上、産業上若しくは専門職業上の秘密又は取引の過程を明らかにするような情報は、交換してはならない。

(2) 各締約国は、この条約に基づいて他方の締約国の与える控除その他の特典がそれを受ける権利のない者によって享受されることのないようにするため、当該他方の締約国が課する租税を、自国の租税と同様に、徴収することができる。」

上記の情報交換及び徴収共助に関する規定は、所得税に対する日米租税条約のそれと基本的に同様です。

第7条（相互協議）
「被相続人の遺産の代表者若しくは受益者又は贈与者若しくは贈与の受益者は，いずれか一方の締約国の税務当局の行為によりこの条約の規定に反して二重課税の結果が生じたこと又は生ずるに至ることを立証するときは，被相続人が死亡の時に国籍を有していた締約国又は贈与者若しくは受益者が国籍を有する締約国（被相続人がその死亡の時にいずれの締約国の国籍をも有しなかった場合又は贈与者若しくは受益者がいずれの締約国の国籍をも有しない場合には，被相続人がその死亡の時に住所又は居所を有していた締約国又は贈与者若しくは受益者が住所又は居所を有する締約国）の権限のある当局に対し，事実の申立を行うことができる。この申立に理由があると認められるときは，申立を受けた締約国の権限のある当局は，当該二重課税を衡平に回避するため，他方の締約国の権限のある当局と合意に達するように努めるものとする。」

7条は，所得税に対する日米租税条約25条（相互協議）とは，相当異なる規定振りとなっています。特に，二重課税の事実を納税者が立証しなければ申立を行うことができないというのは，「立証」を文字通り解するならば，納税者の相互協議申立に対する制約と成り得るものです。また，相互協議の申立先も，被相続人が死亡のときに国籍を有していた締約国，贈与者もしくは受益者が国籍を有する締約国（いずれの締約国の国籍も有しない場合には，その住所又は居所を有している締約国）となっており，日米租税条約25条とは大きく異なっています。

第8条（外交官・相互協議）
「(1) この条約の規定は，いかなる形においても，外交官及び領事館に対して現在与えられているか若しくは将来与えられる他の若しくは新たな免除を受ける権利を否定し，又はこれに影響を及ぼすものと解してはならない。
(2) この条約の規定は，いずれの一方の締約国が課する租税をも増額するように解してはならない。
(3) この条約の解釈若しくは適用に関し，又は一方の締約国といずれかの第三国との間の条約に対するこの条約の関係に関して困難又は疑義が生じた場合には，両締約国の権限のある当局は，合意によって問題を解決することができる。もっとも，この規定は，この条約に関して生ずる紛争を両締約国の交渉によって解決することを妨げるものと解してはならない。

(4) 両締約国の権限のある当局は，この条約の規定の解釈及び実施のために必要な定を設けることができ，また，この条約の規定を実施するため直接相互に通信することができる。」

上記(1)項は，日米租税条約が外交官等の特権免除に影響を及ぼすものではない旨定めています。(2)項はプリザベーション・クローズです。すなわち，相続税条約は，二重課税の回避を目的とするものなので，国内税法の規定による税額が相続税条約によって増額されるものではない旨を定めています。(3)項は，日米租税条約の解釈，適用に関し疑義等が生じた場合には，日米両国の権限ある当局によって解決できる旨定めています。所得税に対する日米租税条約25条3項に相当する規定です。

また，(4)項は所得税に対する日米租税条約25条4項に相当する規定です。

> ☕【コーヒー・ブレイク】
> 世界には相続税や遺産税がない国・地域が多くあります。例えば，シンガポール，マレーシア，中国にはありません。また，オーストラリアとカナダは1970年代に，ニュージーランドは1992年に，スウェーデンは2004年に，それぞれ廃止しました。

2 個人による国際的租税回避への対応

近年，富裕層の国外移住による租税回避に対する相続税・贈与税が，次のとおり強化されてきています。

1 平成25年度税制改正前までの課税強化

(1) 平成12年度税制改正前

わが国の非居住者は，日本国内にある資産を贈与又は相続によって取得する場合でない限り，贈与税又は相続税の納税義務を負いませんでした。

(2) 平成12年度税制改正の内容

上記武富士事件を契機として，平成12年度税制改正により，わが国の非居住者であっても，日本国籍を有しているのであれば，日本国外にある資産を贈与又は

相続で取得する場合に、取得時に海外居住が5年超であって、かつ、贈与者又は被相続人がその時点までに海外居住が同様に5年超でない限り、贈与税又は相続税の納税義務を負うこととされました。すなわち、相続税の無制限納税義務者の範囲は以下のとおりとされていました（旧相続税法1条の3）。

> 「① 相続又は遺贈により財産を取得した個人でその財産を取得した時において日本国内に住所を有している者
> ② 相続又は遺贈により財産を取得した個人でその財産を取得した時において日本国籍を有している者のうち日本国内に住所を有しないもの（その者又はその相続若しくは遺贈に係る被相続人が相続開始前5年以内に日本国内に住所を有したことがある場合に限ります。）」（『改正税法のすべて（平成25年版）』576頁）

2 平成25年度税制改正の内容及び改正の趣旨

(1) 改正の内容

日本国籍を有しない非居住者に対する課税強化のため次の内容の改正が行われました（『改正税法のすべて（平成25年版）』576頁）。

> 「相続若しくは遺贈又は贈与により相続税法の施行地外にある財産を取得した個人でその財産を取得した時において同法の施行地に住所を有しない相続人若しくは受遺者又は受贈者のうち日本国籍を有しない者（その相続若しくは遺贈又は贈与に係る被相続人又は贈与者が、相続開始又は贈与の時において同法の施行地に住所を有していた場合に限る。）は、相続税又は贈与税を納める義務があるものとされました（相続税法1条の3・1条の4）。」

(2) 改正の趣旨

上記の平成25年度税制改正の趣旨については、次のように説明されています。
平成12年度税制改正により「日本国外の居住者についても一定の範囲で国外に所在する財産の取得に対する課税が行われるようになりましたが、近年では、例えば、海外で生まれた孫等で、日本国籍を取得しなかった者に国外に所在する資産の贈与等をすることによって、贈与税の課税を回避するなどこの平成12年度税制改正後の制度によっても対応できない租税回避行為も見受けられるようになっ

てきました。そこで，平成25年度税制改正においては，こうした租税回避に対応するため，日本国籍を有しない国外居住者についても一定の範囲で相続若しくは遺贈又は贈与により取得した国外財産について相続税又は贈与税の課税対象とすることとされました。」(『改正税法のすべて（平成25年版）』576頁。)

3 平成29年度税制改正

(1) 改正の内容

平成29年度税制改正によって，相続税及び贈与税の納税義務について，課税強化のため以下の改正がされました(『改正税法のすべて（平成29年版）』577頁）。

「イ　国内に住所を有しない者であって日本国籍を有する相続人等に係る相続税の納税義務について，国外財産が相続税の課税対象外とされる要件を，被相続人及び相続人等が相続開始前10年（改正前：5年）以内のいずれの時においても国内に住所を有したことがないこととする。
　ロ　国内に住所を有しない者であって日本国籍を有しない相続人等が国内に住所を有しない者であって相続開始前10年以内に国内に住所を有していた被相続人等（日本国籍を有しない者であって一時的滞在（国内に住所を有している期間が相続開始前15年以内で合計10年以下の滞在をいいます。……）をしていたものを除きます。）から相続又は遺贈により取得した国外財産を，相続税の課税対象に加える。」

(2) 改正の趣旨

上記の改正の趣旨について，以下のとおり説明されています。

「海外を利用した課税逃れに対しては，過去の制度改正において無制限納税義務の範囲を拡大することで対応してきたところではありますが，それでも被相続人等と相続人等の双方が5年を超えて国外に住所を有することとなれば，国外財産について相続税及び贈与税を逃れることは可能となっており，これを相続税及び贈与税の節税策として喧伝しているものも散見されていました。……こうした状況を踏まえ，わが国の相続税及び贈与税の無制限納税義務の範囲をどこまで及ぼすのが適当であるかといった観点から検討が行われた結果」(『改正税法のすべて（平成29年版）』577頁)，平成29年税制改正においては，上記

の「5年」が「10年」へと延長されました。

4 平成30年度税制改正

(1) 改正の内容

　相続税及び贈与税の納税義務については，平成29年度税制改正において，「課税逃れを防ぐ観点から，日本に長期間（10年超）滞在した外国人が，出国後5年以内に行った相続又は贈与については，国外財産にも相続税・贈与税を課税することとされました。これについては，例えば引退後に母国に戻った外国人が死亡したような場合にまで，日本国外にある財産についても日本の相続税が課税されるのは酷であるとの指摘もありました。

　そこで，今般の改正においては，課税逃れ防止の必要十分な措置を確保しつつ高度外国人材等の受入と長期間の滞在をさらに促進する観点から，外国人が出国後に行った相続又は贈与（一定の場合に限ります。）については，国外財産には課税しないこととされました。」（『改正税法のすべて（平成30年版）』579頁・580頁）。

　上記の点以外にも，相続税の納税義務及び贈与税の納税義務についていくつか改正が行われました。

(2) 相続税及び贈与税の納税義務

　上記の平成30年度税制改正後の相続税・贈与税の納税義務の範囲は，次頁の表のとおりです（同表は『改正税法のすべて（平成30年版）』581頁の表を掲載しています。）。

5 出国税等

(1) はじめに

　平成27年度税制改正により，「国外転出をする場合の譲渡所得等の特例」（国外転出時課税制度（以下「出国税」といいます。））及び「贈与等により非居住者に資産が移転した場合の譲渡所得等の特例」（贈与等時課税制度）が創設され，いずれも，同年7月1日以降の国外転出および贈与等に適用されます。いずれの制度も，有価証券等の未実現の含み益がわが国の課税対象から逃れてしまうことを防止するためのものです。以下において，便宜上，贈与等時課税制度の概要を先に説明し，次に出国税制度の概要を説明します。

【平成30年改正後の相続税及び贈与税の納税義務の範囲】

被相続人 贈与者 \ 相続人 受贈者	国内に住所あり		国内に住所なし		
		一時居住者 （※1）	日本国籍あり		日本国籍なし
			10年以内に住所あり	10年以内に住所なし	
国内に住所あり	国内・国外財産ともに課税				
一時居住被相続人（※1） 　一時居住贈与者（※1）					
国内に住所なし　10年以内に住所あり					
相続税 　　外国人 　贈与税 　　短期滞在外国人（※2） 　　長期滞在外国人（※3）				国内財産 のみに課税	
10年以内に住所なし					

※1　出入国管理法別表第1の在留資格で滞在している者で、相続・贈与前15年以内において国内に住所を有していた期間の合計が10年以下の者
※2　出国前15年以内において国内に住所を有していた期間の合計が10年以下の外国人
※3　出国前15年以内において国内に住所を有していた期間の合計が10年超の外国人で出国後2年を経過した者

(2) 贈与等時課税制度

　平成27年度税制改正によって、株式等一定の資産をわが国の非居住者に贈与又は相続もしくは遺贈（以下「贈与等」と総称します。）した場合に、対象資産の譲渡があったものとみなして、含み益について贈与者又は被相続人に所得税が課税される制度が導入されました。

　まず、贈与の場合、1億円以上の有価証券等（株式、社債、匿名組合契約の出資持分等を含みます。）、未決済信用取引等、未決済デリバティブ取引（以下「対象資産」と総称します。）を所有する居住者（贈与者）が、非居住者に贈与したときに、対象資産の譲渡等があったものとみなして、対象資産の含み益に対して居住者である贈与者に所得税が課税されます（所得税法60条の3）。上記課税の対象となる

者は，(i)贈与時に所有している対象資産の価額の合計額が1億円以上であり，(ii)贈与日前10年以内において，国内に住所又は居所を有していた期間が5年超である者です（同条5項）。

次に，相続又は遺贈の場合，対象資産を所有している居住者が死亡し，非居住者である相続人等がその相続又は遺贈により対象資産の全部又は一部を取得した場合には，その相続又は遺贈の時に取得した対象資産について譲渡等があったものとみなして，対象資産の含み益に対して居住者である被相続人に所得税が課税されます（同条）。上記課税の対象となる者は，贈与の場合と同様，(i)相続開始時に所有等している対象資産の価額の合計額が1億円以上であり，(ii)相続開始日前10年以内において，国内に住所又は居所を有していた期間が5年超である者です。

ただし，所定の場合，例えば，対象資産を贈与等により取得した非居住者が贈与又は相続開始の日から5年以内に帰国し，その帰国のときまで引き続き対象資産を所有している場合には，国外転出時課税の適用がなかったものとして，課税を取り消すことができます（同条6項1号）。また，所定の要件を満たせば，納税の猶予も認められます（同法137条の3第1項・4項）。

(3) 出国税
ア　制度創設の趣旨

出国税制度創設の趣旨については，『改正税法のすべて（平成27年版）』が，わかりやすく解説しているので以下に引用します（同書81頁）。下記解説から，出国税の創設は，BEPSプロジェクト，特に「租税条約の濫用防止」の検討を踏まえて行われたことが理解できます。

「株式等のキャピタルゲインについては，株式等の売却等により実現した時点で納税者が居住している国において課税されることが原則となっています。こうした仕組みを利用して，巨額の含み益を有する株式を保有したまま国外転出し，キャピタルゲイン非課税国において売却することにより課税逃れを行うことが可能となっています。

　そのような課税逃れを防止する観点から，主要国の多くが国外転出時点の未実現の所得（含み益）を国外転出前の居住地国で課税するようになってきています。平成26年9月に公表されたBEPS（税源浸食と利益移転）プロジェクトの

行動計画第1弾報告書においても，行動6「租税条約の濫用防止」の中で，国外転出時における未実現のキャピタルゲインに対する課税が，租税回避防止措置として位置づけられていました。

　そこで，日本においても，主要国と足並みを揃え，一定の国外転出者に対して，国外転出直前に対象資産を譲渡してこれを同時に買い戻したものとみなして，その未実現のキャピタルゲインに課税する譲渡所得等の課税の特例を創設することとされました。」

> 【コーヒー・ブレイク】
> 　国外転出時課税（出国税）制度を導入している国としては，米国，カナダ，オーストラリア，ニュージーランド，ドイツ，フランス，オランダ，ノルウェー，スウェーデン，フィンランド，デンマーク，オーストリアなど多くの国があります。
> 　なお，EUが2016年7月12日に採択した租税回避対策指令（ATAD）には，租税回避防止措置の一つとして出国税（Exit taxation）が定められています（ATAD 5条）。上記の国外転出時課税（出国税）制度との大きな違いは，ATADにおける出国税は，個人の譲渡所得に対して課税するものではなく，法人税の納税義務者である法人の資産が本支店間で移転された場合等において，当該資産の譲渡益に対して法人に課税をするものである点にあります。

　上記『改正税法のすべて（平成27年版）』は，出国税制度の理解に資するため，上記の解説に続けて，次頁の概念図を示しています（同書8頁）。

<概念図>

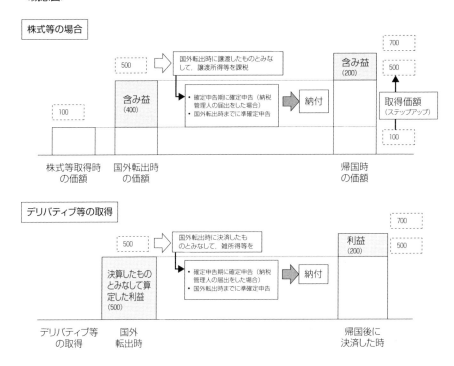

イ 出国税制度の基本概念

(i) 対象資産

出国税制度の下でみなし課税の対象となる資産は、上記の贈与等時課税制度の下での対象資産と同じです（所得税法60条の2）。

(ii) 国外転出

出国税制度は、国外転出を契機に発動されますが、「国外転出」とは、「国内に住所及び居所を有しないこととなること」をいいます（同条1項）。

(iii) 課税対象者

出国税の対象となる者は、(i)対象資産の合計金額が1億円以上で、(ii)国外転出日前10年以内に国内に住所又は居所を有していた期間が5年超である居住者です（同条5項）。これも、上記の贈与等時課税制度と同様です。

(iv) 国外転出後5年経過日までに帰国した場合等の取扱い

国外転出日から5年を経過する日までに帰国した場合，帰国時まで引き続き保有している対象資産については，みなし譲渡による所得の金額はなかったものとすることができます（所得税法60条の2第6項1号）。

(v) 納税の猶予

国外転出をする居住者で，国外転出時において有する対象資産について出国税制度の適用を受けた者が，国外転出日の属する年分の確定申告書に納税の猶予を受けようとする場合には，納税管理人の届出をし，かつ，当該年分の所得税にかかる確定申告期限までに納税猶予分の所得税額に相当する担保を供した場合には，国外転出日から5年を経過する日まで，その納税が猶予されます（同法137条の2第1項）。

ウ 出国税の課税に伴う二重課税調整

出国税の課税に伴って，国際的二重課税が生じる可能性があります。そのような二重課税は排除する必要があるので，そのための調整制度が設けられました。同制度の趣旨及び概要については，『改正税法のすべて（平成27年版）』がわかりやすく解説しているので，以下に引用します（同書672頁・673頁）。

> 「例えば，ある国において国外転出の際に未実現のキャピタルゲインに課税され，国外転出先の国において後にキャピタルゲインが実現した際に更に課税された場合には，同一のキャピタルゲインに対して国外転出元の国と国外転出先の国との間で二重課税が生じることとなります。
> 　このような国外転出時の課税に伴う二重課税の調整については，2015年9月，「BEPS（Base Erosion and Profit Shifting：税源浸食と利益移転）プロジェクト」の成果物の一つとして公表された「行動計画6：条約の濫用防止（Action 6: Preventing the Granting of Treaty Benefits in Inappropriate Circumstances）」と題する報告書の結論や，国際的な二重課税調整は最終的には居住地国で行うとの国際課税の基本的な考え方を踏まえれば，原則として，実際に二重課税が生じる時点の居住地国である国外転出先の国（＝新しい居住地国）において行うことが適当です。
> ［筆者注：（参考）省略］

そこで，今般，わが国において国外転出をする場合の譲渡所得等の特例が創設されたことを踏まえ，わが国への転入者（＝わが国の居住者）が国外転出元の国で国外転出時に未実現のキャピタルゲインに課税されていた場合には，わが国におけるその者の譲渡所得等の金額の計算上，当該国外転出元の国で課税された資産の取得価額をステップアップすることにより，国外転出元の国における国外転出時の課税に伴う二重課税を調整することとされました（所得税法60条の4第1項・2項）。

(注) 上記の国外転出時の課税に伴う二重課税調整に併せて，わが国への転入者が国外転出元の国で国外転出時に未実現のキャピタルロスを認識されていた場合には，国際的な二重非課税に対応する観点から，わが国におけるその者の譲渡所得等の金額の計算上，当該国外転出元の国で課税された資産の取得価額をステップダウンすることとされています（所得税法60条の4第1項・2項）。

また，今般の国外転出をする場合の譲渡所得等の特例の創設に当たり，その適用を受けた居住者で納税猶予を受けているものがその適用対象となった有価証券等を譲渡した場合において，国外転出先の国が国外転出をする場合の譲渡所得等の特例による課税に伴う二重課税を調整しない国であるときは，国外転出をする場合の譲渡所得等の特例により課された所得税から国外転出先の国で課された外国所得税を控除することにより，わが国において二重課税を調整することができることとされました（所得税法95条の2第1項）。」

上記の二重課税制度調整制度も，BEPSプロジェクトにおける検討結果を踏まえて導入されたことがわかります。上記『改正税法のすべて（平成27年版）』は，上記制度の趣旨及び概要の説明に続けて，二重課税調整制度の理解が容易になるように，次のイメージ図を記載しています（同書673頁）。

国外転出時の課税に伴う二重課税調整（イメージ）

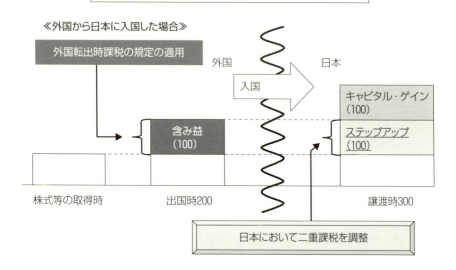

≪外国から日本に入国した場合≫

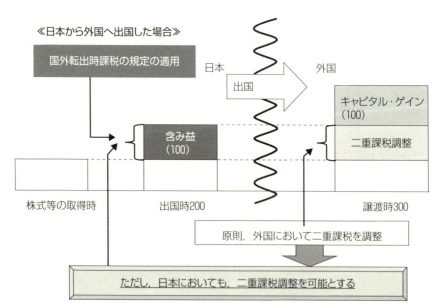

≪日本から外国へ出国した場合≫

☕【コーヒー・ブレイク】

　外国を出国する際に特定外国子会社等の株式について出国税を負担している場合でも，わが国の外国子会社合算税制の適用を受けるのかという点が争点となった東京地裁平成28年5月13日判決（判決42）において，裁判所は，次のように判示しました（なお，同判決は東京高裁平成29年5月25日判決（判決41）によって支持されました。）。

　「措置法40条の4第1項の規定が適用されるか否かの判断に当たって，居住者が保有する特定外国子会社の株式に係る租税について，外国の法令により課される租税を勘案して調整をする旨の規定は見当たらないから，同項の規定が適用される居住者が保有する特定外国子会社等の株式について日本国外において出国税を課されていたとしても，そのことによって同項の規定の適用が排除されるということはできない。そして，原告の主張する租税負担が外国子会社合算税制との関係で二重課税になるか否かはともかく，措置法40条の4第1項の規定の適用において，明文の規定なしに，納税者において国際的な二重課税が生じていないことを要件とすることは，法的安定性の要請に反することになるものといわざるを得ない。」

【著者紹介】

藤枝　純（ふじえだ　あつし）

長島・大野・常松法律事務所 パートナー　弁護士　ニューヨーク州弁護士
税務訴訟，調査対応，相互協議案件（移転価格事案等）等を多数手がけ，主な移転価格案件としては，本田技研工業株式会社に対する課税処分の訴訟手続での取り消し及び武田薬品工業株式会社に対する課税処分の審査請求手続での取り消しがある。University of California, Los Angeles 卒業（LL.M.）。2005 年 4 月，東京大学法科大学院，一橋大学大学院国際企業戦略研究科，及び神戸大学大学院法学研究科トップローヤーズ・プログラムを含む複数の大学院において，実務家教員として，租税条約を含む国際課税の講義を担当。日本機械輸出組合　国際税務研究会委員。

角田　伸広（つのだ　のぶひろ）

KPMG 税理士法人 パートナー　税理士　法学博士　経営法博士
国税庁において国際業務課長及び相互協議室長等，東京・大阪国税局において課税第 1 部長，調査第 1 部長及び国際情報課長等を歴任し，租税条約等に基づく情報交換，OECD グローバルフォーラム，FATCA，相互協議，移転価格調査及び事前確認等の実務を行う。OECD 租税委員会各部会では，OECD モデル租税条約及び移転価格ガイドラインの改訂並びに BEPS 行動計画の策定に参画，国際連合国際租税協力専門家委員会では，国連モデル租税条約改訂及び新興国・途上国のための移転価格実務マニュアルの策定に参画。2013 年 KPMG 税理士法人に入所。

租税条約の実務詳解
―BEPS防止措置実施条約から情報交換・相互協議・仲裁まで―

2018年12月20日　第1版第1刷発行

著　者　　藤　枝　　　純
　　　　　角　田　伸　広
発行者　　山　本　　　継
発行所　　㈱中央経済社
発売元　　㈱中央経済グループ
　　　　　パブリッシング

〒101-0051　東京都千代田区神田神保町1-31-2
　　　　　電　話　03(3293)3371(編集代表)
　　　　　　　　　03(3293)3381(営業代表)
　　　　　http://www.chuokeizai.co.jp/
　　　　　印　刷／文唱堂印刷㈱
　　　　　製　本／誠製本㈱

Ⓒ 2018
Printed in Japan

＊頁の「欠落」や「順序違い」などがありましたらお取り替えいたしますので発売元までご送付ください。(送料小社負担)
ISBN978-4-502-28611-7　C3034

JCOPY〈出版者著作権管理機構委託出版物〉本書を無断で複写複製(コピー)することは,著作権法上の例外を除き,禁じられています。本書をコピーされる場合は事前に出版者著作権管理機構(JCOPY)の許諾を受けてください。
　JCOPY〈http://www.jcopy.or.jp　eメール：info@jcopy.or.jp　電話：03-3513-6969〉